遗失的文明

走进神秘的考古世界

[意] 法比奥·波本 著
梁卿 译

中国画报出版社
北京

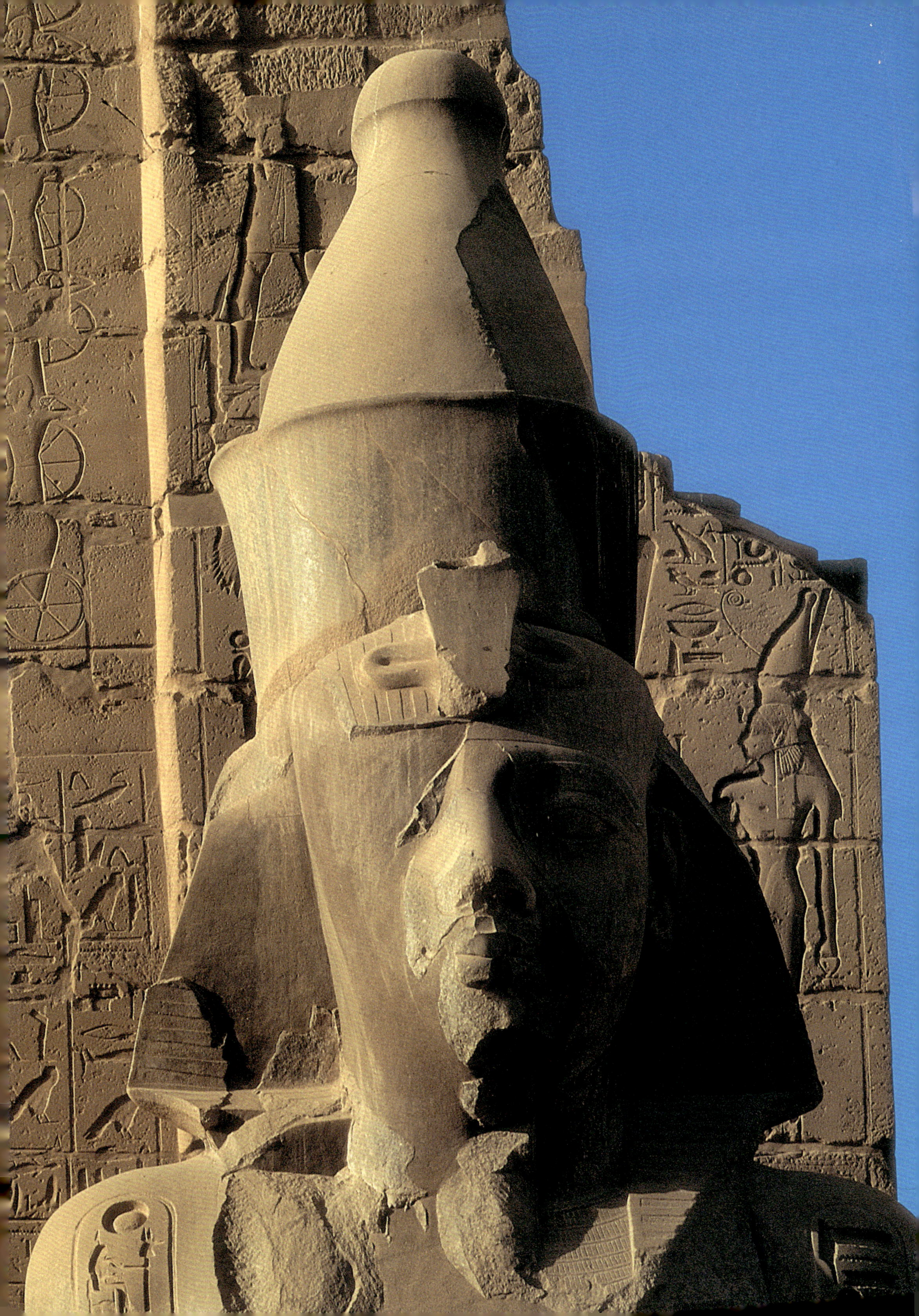

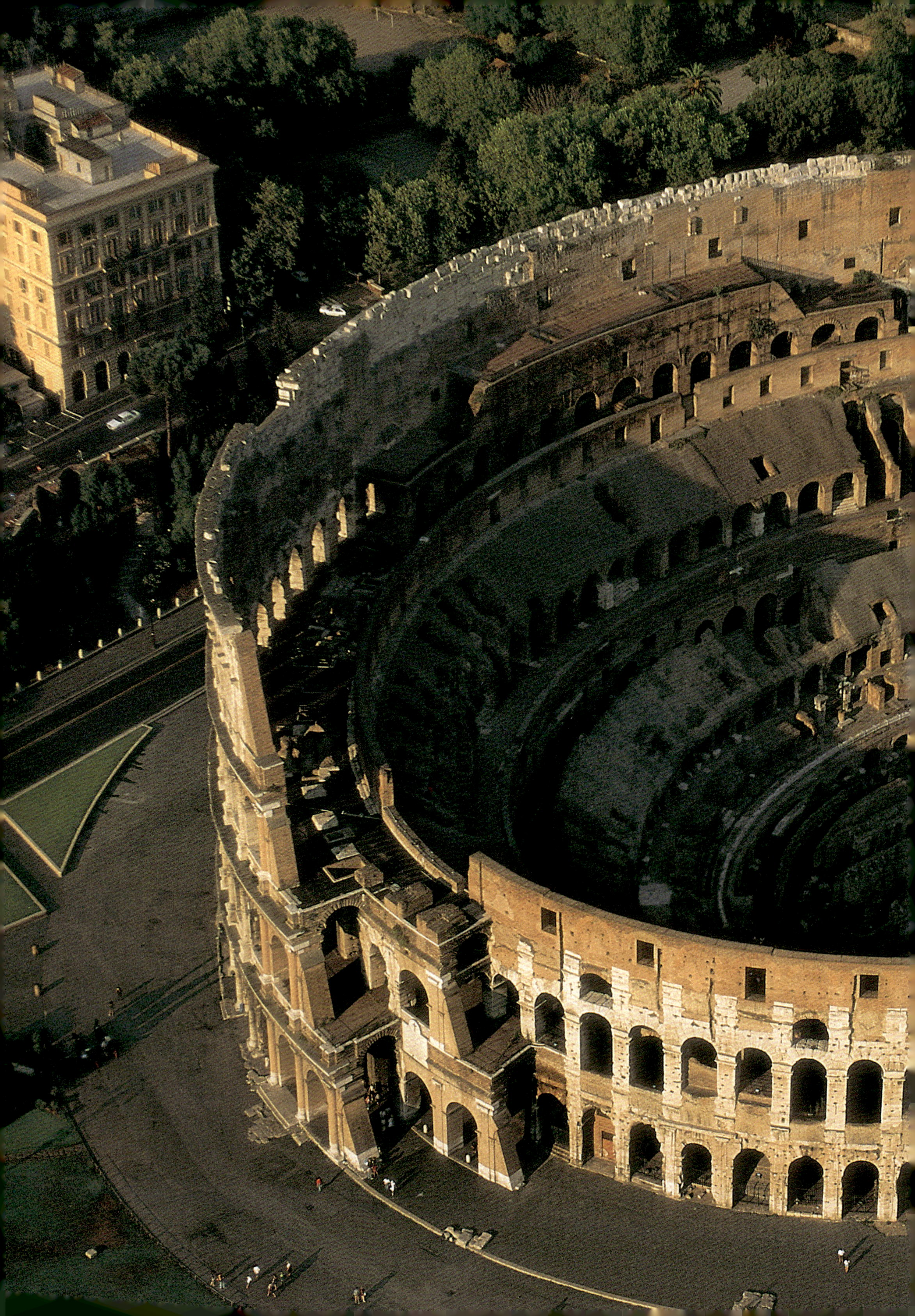

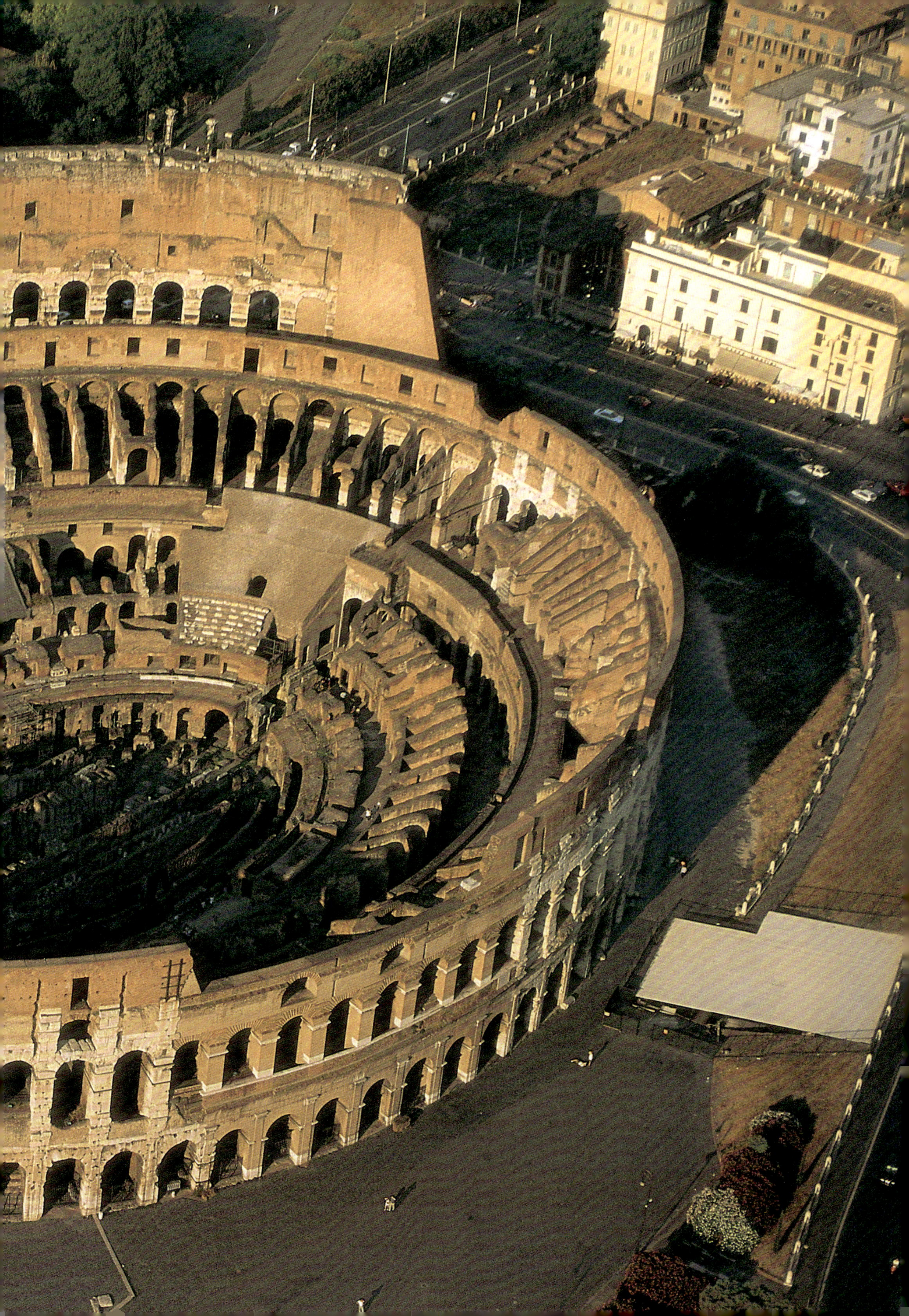

目 录

序言　8

欧洲

拉斯科：史前的西斯廷教堂　20
卡纳克：史前巨柱村　24
巨石阵：巨人的石阵　26
克诺索斯：米诺斯宝座　28
迈锡尼：阿伽门农的金石头　36
雅典：追求完美之地　42
帕埃斯图姆：诸神和英雄　50
塔尔奎尼亚：画在岩石上的来世生活　56
庞贝：一座重生的城市　60
罗马：世界之都　72
哈德良别墅　86

非洲

萨卡拉和吉萨：孟斐斯的墓葬地　96
卡纳克：阿蒙的王国　106
卢克索：永恒之美　114
西底比斯：法老最后的家园　118
努比亚神庙：从水中抢救出来　130
阿布辛贝：纪念拉美西斯二世　134
菲莱：尼罗河上的珠宝　140
大莱波蒂斯：非洲的罗马　144

亚洲

内姆鲁特山：石神之山　154
以弗所：哲学家、商人和皇帝　160
希律堡：希律王的堡垒　166
马萨达：罗马的挑战者　168
佩特拉：玫瑰红的城市　172
帕尔米拉：芝诺比娅女王的骄傲　182
巴比伦：幼发拉底河上的超级大都市　192
乌尔：在美索不达米亚的门槛上　196
波斯波利斯：波斯帝国的首都　200
桑奇：佛国的中心　214
玛玛拉普兰：微型神庙　220
阿旃陀：佛陀的石窟　226
蒲甘：佛陀的王国　232
婆罗浮屠：大乘教佛陀的圣山　242
吴哥窟：众神的宫殿　248
西安：兵马俑　260
洛阳：龙门石窟　268

美洲和大洋洲

梅萨维德：岩石宫殿　278
特奥蒂瓦坎：众神之城　282
阿尔班山：石头历法　288
帕伦克：玛雅建筑的杰作　294
蒂卡尔：森林里的金字塔　302
乌斯马尔：普克风格的首都　308
奇琴伊察：圣井之城　314
昌昌：神秘的城堡　322
库斯科：世界的中心　326 
奥扬泰坦博：印加人的据点　330
马丘比丘：失落的古城　334
蒂亚瓦纳科：权杖之神　340
复活节岛：巨石像之地　344

专有名词表　350
参考书目　351
插图鸣谢　353

1 这条装饰在帕特农神庙的爱奥尼式雕带，展示了坐着的波塞冬、阿波罗和阿耳忒弥斯，是希腊古典艺术的杰作及理想典范（全书图注序号为本书页码）

2—3 永远镌刻在卢克索神庙的石头上的拉美西斯二世[1]肃然凝望着时光流逝，一去不返

---
[1] 拉美西斯二世（Ramesses II，前1303—前1213），古埃及第十九王朝第三位法老，杰出的政治家、军事家、文学家、诗人、建筑家，执政时期是埃及新王国最后的强盛年代。——译者注（本书脚注如无特别说明，皆为译者注）

4—5 斗兽场是古罗马宏伟壮丽的名胜古迹，数百年来已经成为这座城市的代名词

6 这幅桑奇一号佛塔上的精美浅浮雕与上千年的佛教艺术息息相关，是精雕细琢、繁复恣肆的印度装饰品位的典型代表

7 吴哥窟坐落在今柬埔寨境内，在9世纪至13世纪曾是高棉帝国辉煌的都城，一群法国植物学家在1860年发现了它。图中，在绿树掩映、草木葱茏的北门高处，四面佛（原文为观音菩萨，译文根据中文通用译名改，余同）表情祥和神秘，遥望着没有尽头的远方

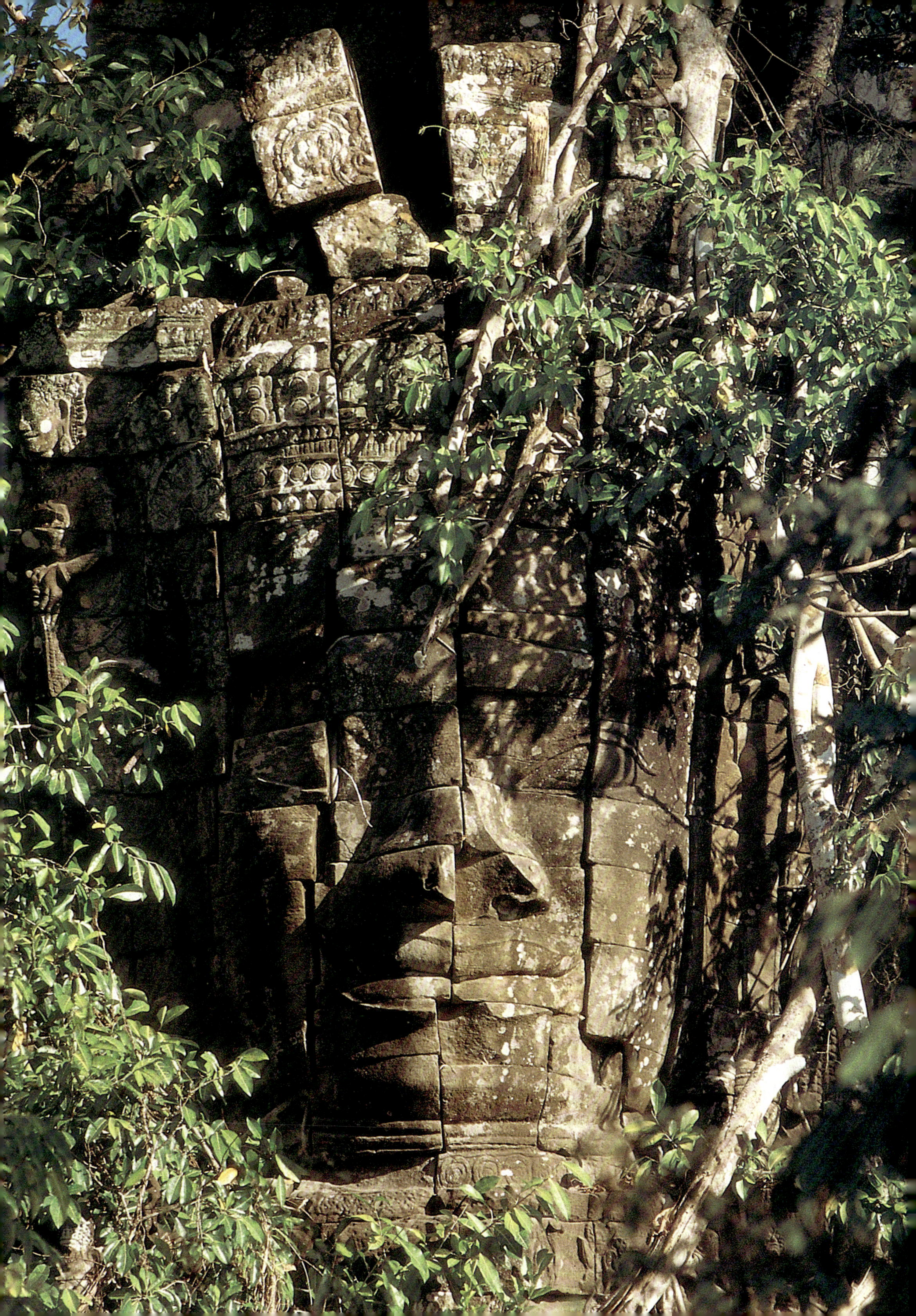

序　　言

多少次我们暗自思忖："他们有何遭遇？"徜徉在考古发掘后重见天日的遗址之中，或者简单一点，舒舒服服地坐在扶手椅上观看纪录片，翻阅印有庞贝古城图片的杂志时，多少次我们心生好奇："他们过着怎样的生活？他们有什么习惯和爱好？日常生活有什么困扰？"

这时候我们就得进一步提出疑问："他们是生活在此时此地的我们的先辈，他们怎么看待自己的先辈，他们对往昔提出了哪些问题？"

看似奇怪，却千真万确——罗马人参观吉萨金字塔群，对兴建了它们的法老生出满脑子问号；阿兹特克人在特奥蒂瓦坎占地广阔的遗址闲逛，纳闷这座废弃荒凉的大都会的主人魂归何处。

自从文明伊始，人们想到一代代逝去的故人，都会思索这些问题。他们意识到，历史长河中的短暂瞬间之所以具有意义，只是因为一切都变动不居，没有定论。它不是一部有开头、有结局的电视剧，而是一个无穷序列的组成部分，一段在永恒的变迁演进中相互作用的因果。人们很快发现，要想深刻地了解自己，既需要追溯过往，也需要把自己的证据留给注定追随自己的后人。正是出于这个原因，历史总是不厌其烦地澄清过往事件，尽可能地领会它们的意义和前因后果。

在这个孜孜以求的过程中，每个不起眼的细节都自有其用，每件证物都可能价值连城——铭文、羊皮纸、莎草纸文献，以及纪念碑、雕像、日用品、兵器、炊具和瓶罐。一言以蔽之，即林林总总的考古发现，这些物品都对历史有用，可以帮助我们擦亮眼睛，呈现一幅较为完整的图景。在这项艰巨的任务中，考古学是我们的至亲盟友。

考古学（**archaeology**）这个词源自希腊语，字面意思是"古老事物的科学"。这意味着考古学是通过搜寻埋藏的证据来研究往昔文明的学科。考古学把恢宏的都城遗址与金戈铁马、胜负成败的记忆从湮灭无闻中发掘出来，向世人展示，但考古学也增补关于古人日常活动的知识，他们曾生老病死，爱恨悲欢，跟我们一样。考古学把反映古人奋进、追求、怀抱信仰、参悟生死的或璀璨或质朴的残存物品展现出来。考古学把往昔的艺术交还给我们，帮助我们了解它的来龙去脉。

考古学还原了战场，说明数百年前早已灰飞烟灭的军队使用什么兵器。

考古学发现了普里埃内的议事厅（**boleuterion**），揭开了希腊人运行政务的方式。考古学让高高耸立的蒂卡尔金字塔从郁葱葱的密林深处露出来，使我们能够推想玛雅人举行宗教仪式的步骤。考古学还原了塔克西拉的佛塔[1]，发现了佛教演变发展的过程。从这些角度来看，考古学不再是我们通常以为的枯燥学科。

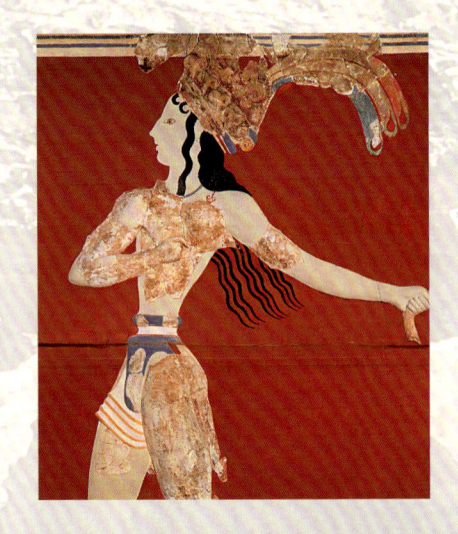

它不单单是重新摆放一堆石头，吭哧吭哧地拼凑一些残片碎块，绘制断壁残垣的四方形的平面图。它是重新发现我们生而为人的本真所在，是捕捉我们从未品尝过的醉人香料的可口滋味，是兴奋地为大同小异的问题找到殊途同归的解决办法。

当我们不再把考古学视为一堆老生常谈的建筑遗迹、一排排玻璃柜里分门别类细致陈列的物件——对非业内人士而言冰冷无趣——考古就变成了一场波澜壮阔的历

---

[1] 佛塔（stupa），源自印度梵文，音译为"窣堵坡"，又称为宝塔、浮屠等，意思是"坟冢"。

8上　这个形象优雅庄重，人称"戴百合花的王子"，是装点克诺索斯宫大厅和门廊的墙壁饰带上的一位脍炙人口的人物。克诺索斯城是米诺斯文明的摇篮

8下　在庞贝的梅南德宅邸（House of Menandrus）出土了一面银镜，这幅华美的女性肖像装饰在镜子背面。罗马世界的一些重大发现出自这座被掩埋的城市

险，一种能够引领我们踏上时光之旅的鲜活生灵。考古学为我们打开窗户，让我们看到从未想象过的场景；它揭开小物件和失传的习俗的隐秘奥义——还有些姿势动作百世沿袭，已然不知所起——让我们大开眼界。

每天，在世界某处，考古学家都在对我们的上千问题给出答案，把往昔变成鲜活的人间万象，这答案有可能改变我们看待当前现状的角度。想知道罗马人怎么吃饭、穿衣、装饰房屋，以及他们怎么自我消遣，打发长夜，这种好奇心不仅仅是想象力的锻炼。着力考究中国古代的取暖和照明手段也不纯粹是空洞的姿态。

搞清楚印加人不用金属器具怎么切割巨大的石块，是类似于学习使用电脑一样具体实在的活动。回答这些问题可以帮助我们加深一点对自己的了解。罗马贵妇打伞、拎手袋，埃及妇女涂抹抗皱霜、染发，探究这些事情不只是好玩的消遣，还教我们懂得，欲念、渴求、特定问题的解决办法不分时间地点亘古皆然，正因为这一点，我们才位居智人（**homo sapiens**）之列。不构想往昔，就无从思考当下的世界，我们只能设想逝去的世界跟眼前的世界如出一辙，有着从存在伊

8—9中 纳巴泰人的都城佩特拉是多种文化的交会点。在众多的崖壁古迹中（图中所示为"修道院"）叙利亚的艺术风格与从希腊罗马世界引入的艺术风格并行不悖，相映成趣

9下 历史伟人也有无奈之事。这尊阿蒙诺菲斯三世[1]巨像矗立在卢克索神庙第一座庭院通往大柱廊的通道前，它曾被拉美西斯二世挪用

1　Amenophi III，也称阿蒙霍特普三世（Amenhotep III，约前1390—前1353），古埃及第十八王朝第九位法老。

始就加诸人类的需求、习性和生活方式。套用修昔底德的话，考古学是 ktèma es aièi，即永恒的财富，因为它把通往普遍认知的钥匙交给我们，让我们用来迎接未来，知道在所有时代，我们都可能面临与曾经存在过的纷扰世事如出一辙或相差无几的社会现实。更重要的是，考古学超越伦理、政治和宗教模式，它不臧否，不评判，只是证实彼时彼地是何状况。在资讯和数据的汪洋大海中，要靠我们自己来提炼出真正的、名副其实具有普遍性的心得体会。

事实上，考古学告诉我们，在不同的时间和地点，人们以相同的方式膜拜不同的神祇，为同样的理想发动不同的战争，建造形态各异的楼宇来抵挡大自然一视同仁的风吹雨打。它告诉我们，一些文明兴起，一些文明陨落，纵贯地球，人们搭建桥梁跨越河流，横穿地球，人们建造房屋来安家栖身，庇护子嗣。考古学勉力回应我们最初的问题"他们有何遭遇？"，为了解答一个更大的难题："我们将会怎样？"

它还告诉我们，前人犯过哪些错误，犯了多少次。这是警戒，也是希望之源，因为它说明，一次次失败之后是一次次涅槃重生。总而言之，考古学让我们懂得——这是它伟大的教诲——抛开宗教、语言和肤色，人类无非是英国人类行为学家德斯蒙德·莫里斯（Desmond Morris）所描述的"裸猿"，一百万年前从树上下到地面的猴子而已，至今仍在这座星球上苦苦摸索自己的道路。

我们常说"时代变了！"，真的变了吗？

让我们翻开这本书，看看这些寺庙和城堡吧。

在柬埔寨的密林里，在秘鲁的高原上，所有营造都是为了满足相同的需求。"死海"边马萨达宫里的洗漱设施跟我们每天使用的惊人地相像，伊特鲁里亚人倾倒的同款美酒仍在愉悦今天的我们的味蕾，婆罗浮屠的僧侣向上苍祈祷时的用词与其他地方的佛教信徒每天背诵的经文一般无二。

当然，单凭一本书不足以解释考古学的奇妙——在更加宽泛的意义上——和古代文明的奇迹。但这本书提供了五个大洲考古研究的最新概况，让我们能够在不知不觉中兴致勃勃地回到人类的过去，这要归功于精彩的照片和绘图[1]，归功于对世界范围内重要的文化发源地和发展中心的简要而又全面的文字说明。从古罗马的日常习俗，到帕伦克的玛雅金字塔脚下举行的宗教仪式，从建造阿布辛贝神庙的浩大工程，到吴哥城高棉宫廷的华丽奢靡，这些地方最初的面貌和居住者的生活方式由此重新浮出水面。

最后，对纳入书中的遗址做出取舍绝非易事，在一定程度上可能显得颇为主观。我们只想说，鉴于这本书雅俗共赏的属性，我们从视觉呈现的角度优先选择了不同文明最具代表性的遗址。

法比奥·波尔本（Fabio Bourbon）

---

1 绘图：指各章节的方位图、布局图和平面图。

10 左上　在土耳其的内姆鲁特山上，一尊巨像睁着神秘的眼睛，似乎暗示还有无穷的奥秘等待考古学去揭开

10 右上　在墨西哥的霍奇卡尔科（Xochicalco）出土了这张翡翠面具，可以看到一副神秘莫测的表情

10 下　复活节岛上的巨石像是神秘未知的典范

10—11　舞姬、圣贤、王孙和娼妓聚集在婆罗浮屠寺庙内，呈现出8到9世纪爪哇的生活场景。在考古学中，书籍往往写在石块上

12—13　缅甸的蒲甘平原上矗立着两千多座建于1057年至1287年的佛寺和纪念碑。莽莽苍苍间，它们展开了世界上一幅独特而迷人的考古画卷

14—15　19世纪初重见天日的帕伦克是一座重要的玛雅城市。从建筑学的角度看，它是这个古老文明历史进程中一个举足轻重的节点，部分遗迹尚待发掘

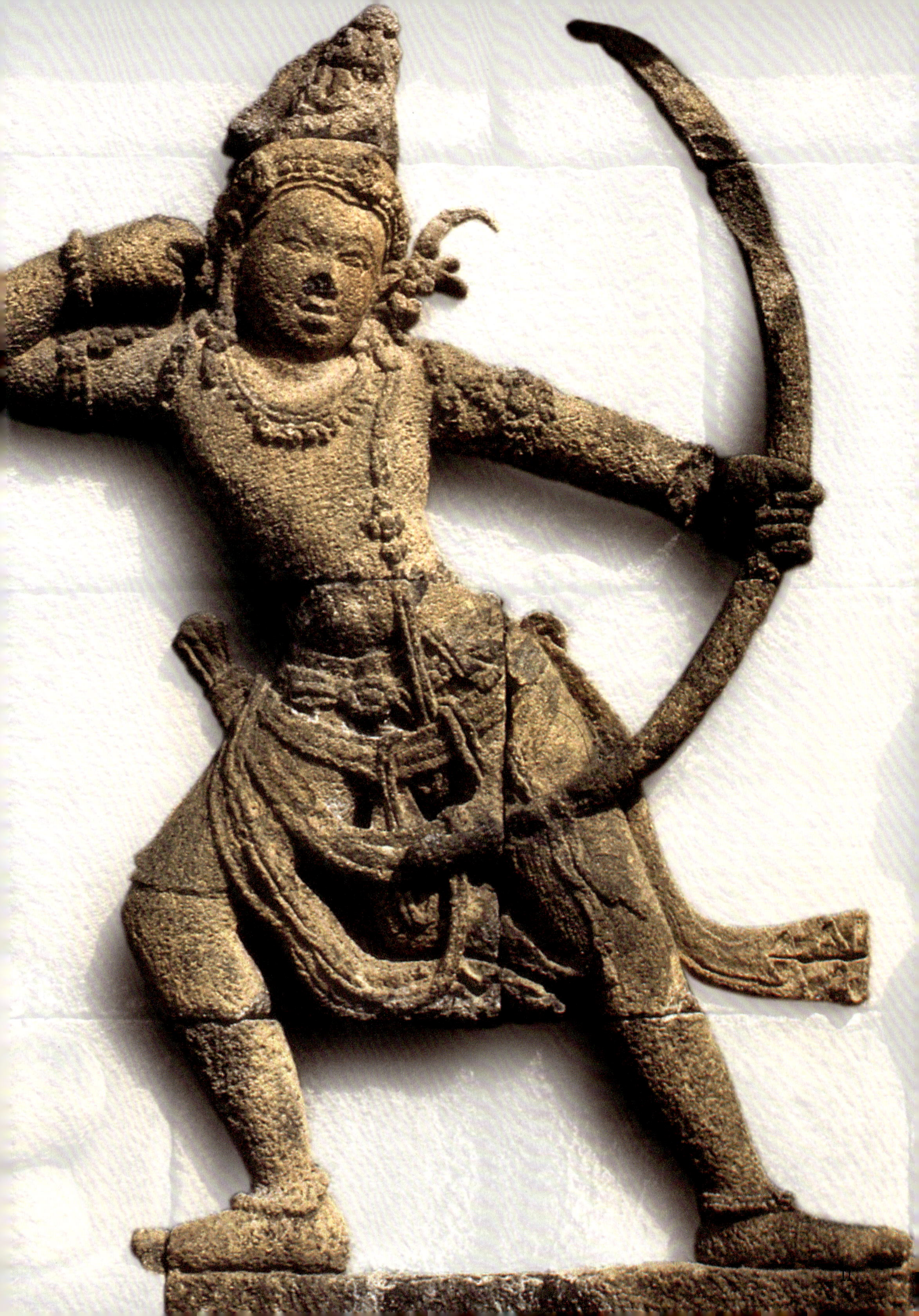

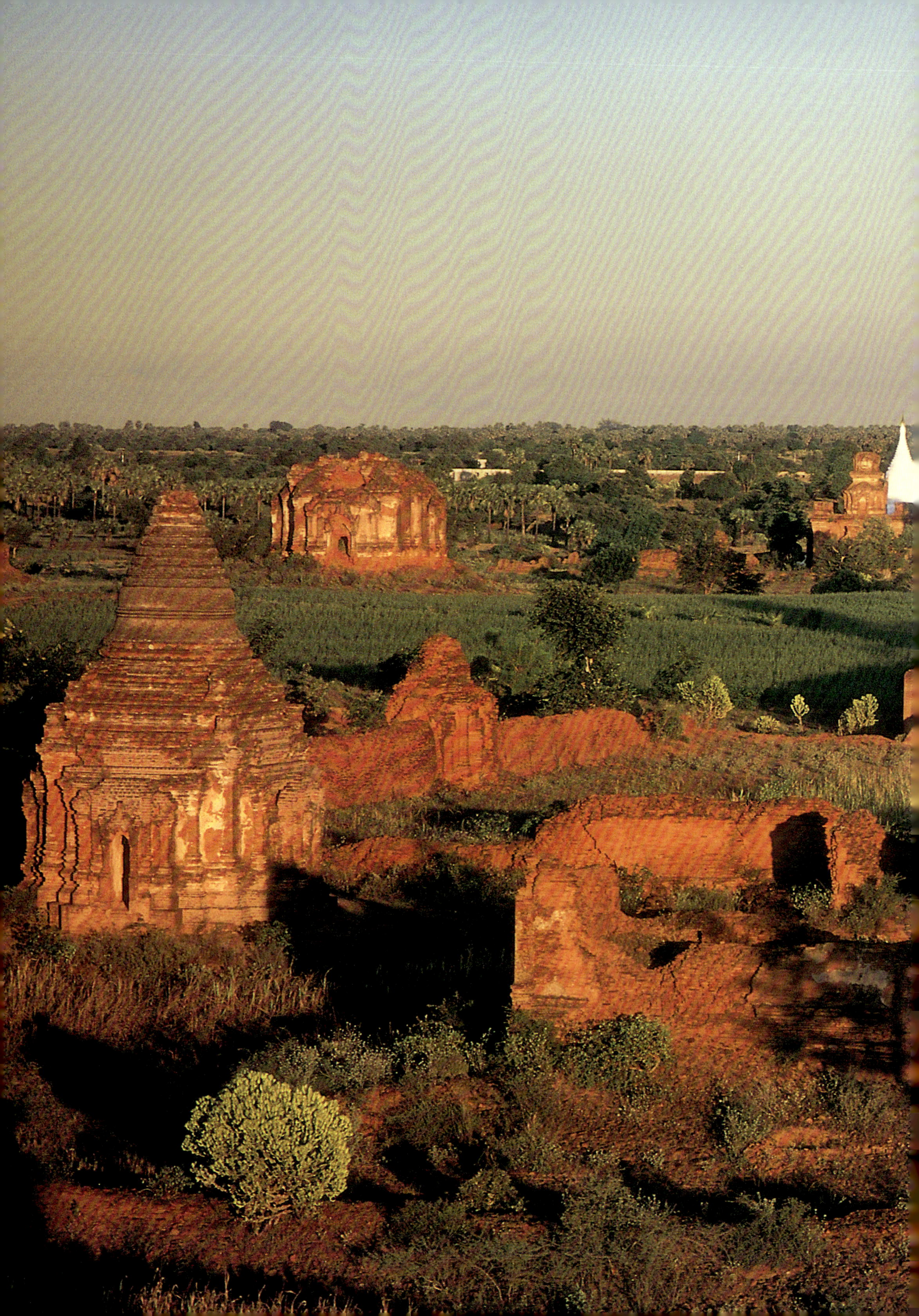

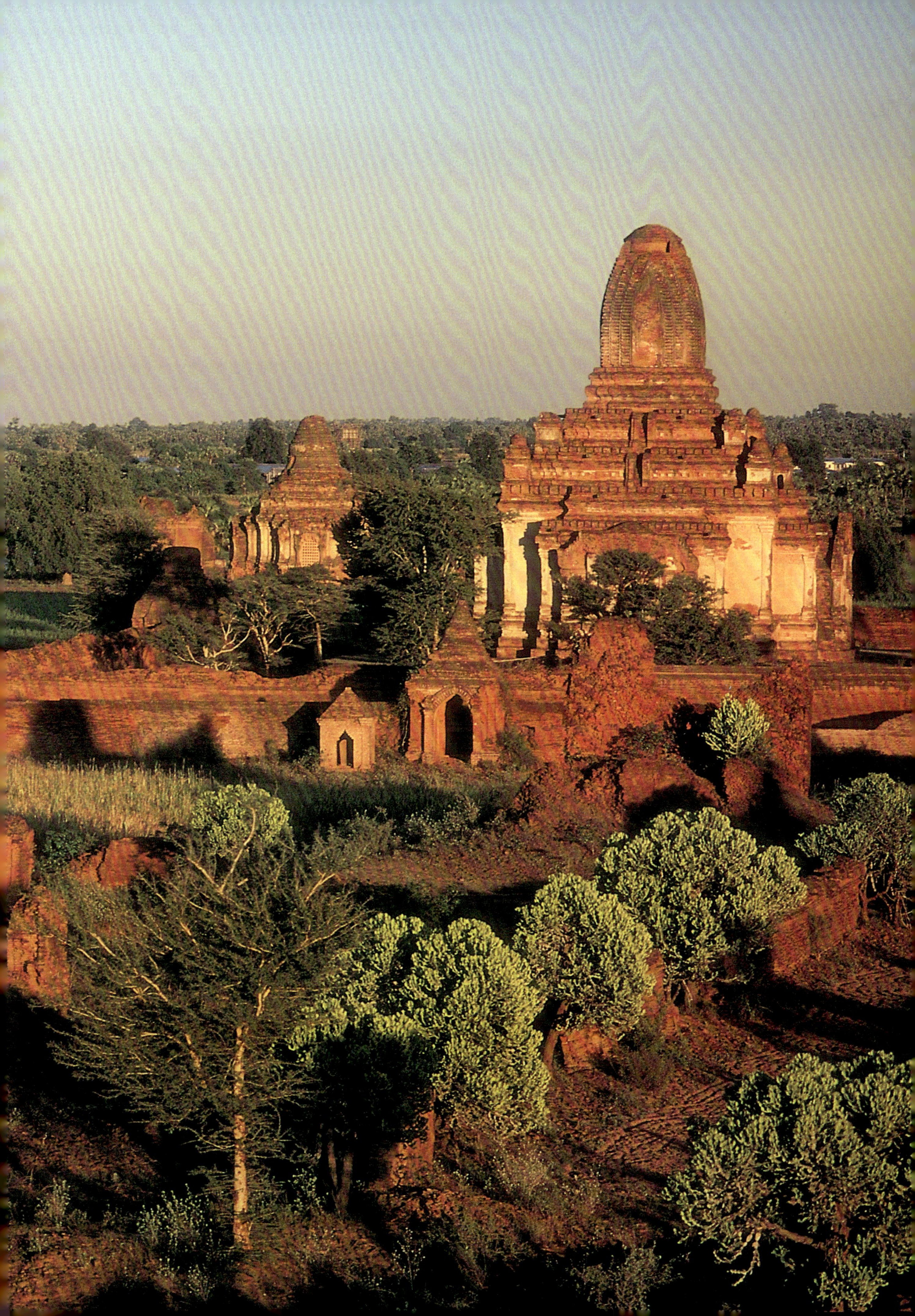

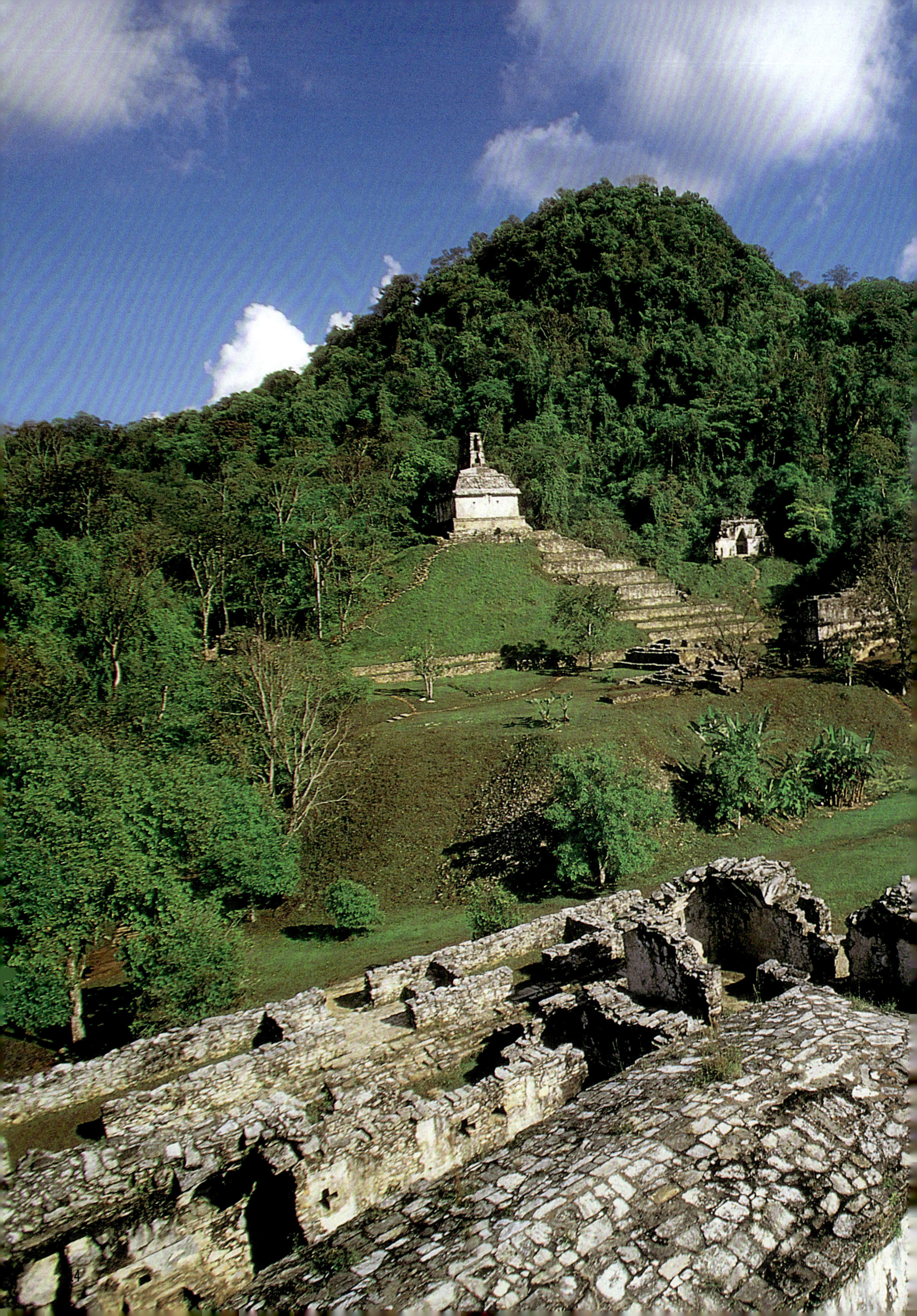

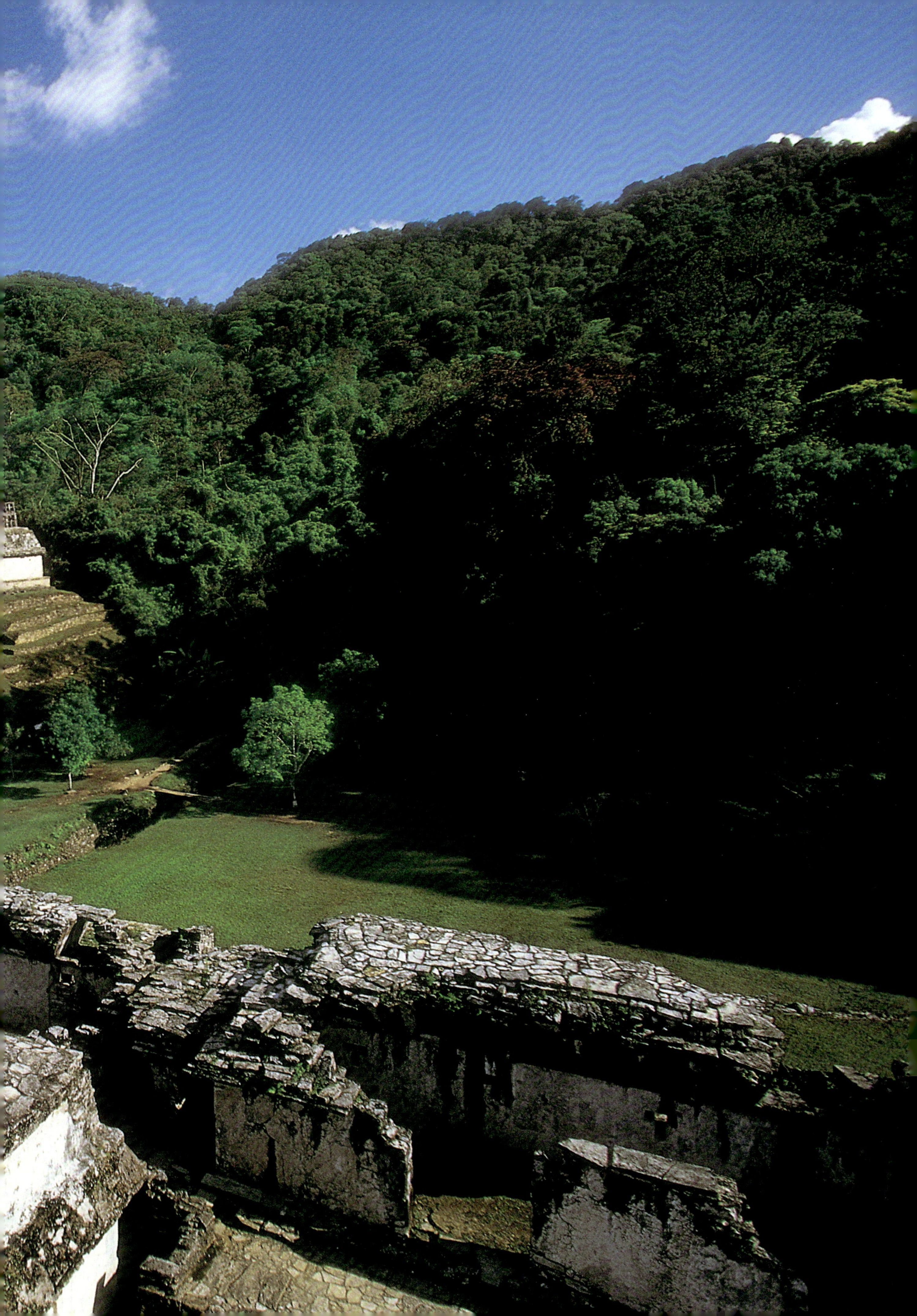

欧 洲

欧洲是西方文明古老的发源地，它的历史可以追溯到数千年前，只有堪称奇迹的举世闻名的考古遗址才会向我们昭示往昔的峥嵘，否则我们将永远蒙在鼓里。虽然名胜古迹依旧名不虚传，不过，这个地区还有些名气略逊的地方，它们所揭示的历史让我们大长见识。抛开是非对错，相关宝藏不仅可以在考古遗址看到，往昔生活的许多要素也赫然出现在欧洲乃至世界各地的博物馆里。

那么，请读者姑且把本书的这个章节看作在欧洲所能收获的所见所闻、所思所悟的介绍吧。有些读者刚刚起步，把考古学视为一门平易质朴的学问，这部分读者在这里可以找到前往卡纳克和巨石阵、迈锡尼和雅典、罗马和庞贝的路径，路上人来人往，轻车熟路。即使大家已经探访过这些遗址，也会看到关于这些地方的全新内容。此外，这些例子还可以激励大家将来去探访其他名不见经传的地方。

读者如果希望更进一步，那么可考虑寻访丹麦费凯特（Fyrkat）的维京城堡，西班牙安普里亚斯（Ampurias）的希腊式房屋，法国绿草茵茵的阿莱西亚（Alesia）高卢古战场，意大利的奥斯塔（Aosta）、阿奎莱亚（Aquileia）、卡苏莱（Carsulae）、赫多尼亚（Herdoniae）、皮亚扎·阿尔梅里纳（Piazza Armerina）和韦诺萨（Venosa）的罗马古迹，奥地利的哈莱因（Hallein）和哈尔施塔特（Hallstatt）的凯尔特岩盐矿，克罗地亚斯普里特（Split）的戴克里先（Diocletian）宫，还有伊庇鲁斯（Epyrus）偏居一隅的卡索皮（Kassope）。每处古迹都值得一游。

欧洲的古代史缤纷多彩，引人入胜。在希腊和罗马文明崭露头角之前鲜为人知的历史尤其有趣。

没有人确知人类最早何时出现；一些学者认为，法国和西班牙的古生物遗迹可以追溯到150万或200万年前。一般认为，在30万到100万年前的旧石器时代早期（一个相当漫长的时期，冰期与间冰期反复交替），可以确定直立人（Homo Erectus）是最早生活在欧洲大陆上的人类，他们似乎在西班牙、法国、德国和意大利周边活动。这些早期人类过着群居生活，小群体由懂得制作简陋石器的个体组成，以野菜和大型食肉动物遗留的猎物残骸为食。直到旧石器时代中期，他们才开始在德国呈现为智人（Homo Sapiens）、也叫尼安德特人（Neanderthal Man）的极其原始的社会形态，从事狩猎。他们组织制造较为先进和种类繁多的石器，学会了屠宰相较他们而言往往体型庞大的猎物。

正是在这个时期，我们发现了宗教的蛛丝马迹。

在漫长的冰河期之后，气候逐渐稳定，开启了虽然昙花一现、文化上却精彩纷呈的旧石器时代晚期（30000—13000年前），现代智人出现在欧洲大陆的广大地区，不同地区之间存在显著的文化差异。石器达到了很高的发展水平，可以支持井然有序的狩猎、捕鱼和采集活动。旧石器时代晚期的文化演变在原始艺术作品的创作中清晰可见，这些作品以大自然和魔幻为主题，表现为在洞穴中绘制壁画，用兽角、骨骼、猛犸象牙和石头进行蚀刻和雕塑。这里也能看到较为复杂的仪式和习俗的演化形成。

冰河期在公元前11000年前后结束，接着，整个欧洲出现了温暖宜人的气候。随着旧石器时代的文化向中石器时代转变，资源更加丰富且便于获得。他们有较为成熟的狩猎技术（如弓箭的发明），懂得用火，制作具有多种用途的小燧石工具，再加上广泛地采集包括豆类、海陆软体动物、淡水鱼和野生浆果等在内的充裕的食物，让生活进一步发生改变。从葡萄牙到伏尔加，从斯堪的纳维亚到"通往亚平宁山脉的铁门"（Iron Gates to the Appenines）特伦蒂诺（Trentino），许多社会开始尝试半定居的生活形态。

随着驯养野生动物、种植谷物和豆类、

16左 庞贝古城墙壁上至今仍清晰可辨的绘画的确是非同寻常的遗产，考虑到绘画是罗马艺术最具原创性的表现形式，这种感觉更加强烈

16—17 雅典的帕特农神庙，建于公元前447年至前432年，是希腊古典建筑在设计和结构上无可挑剔的象征

17左下 这尊不寻常的狮身人面像制作于公元前6世纪下半叶，它蹲踞在德尔斐圣地阿波罗神庙前的许愿柱上

17右上 著名的"真理之口"（Mouth of Truth），公元前4世纪制作，现存于罗马的科斯美汀圣母教堂（Santa Maria in Cosmedin）门廊内。它其实是个面具样的覆盖物

放牧和定居，新石器时代的巨大变革在公元前7000年从近东传到了欧洲。欧洲新石器时代最早的农牧民村庄出现在公元前6800年，位于希腊的克里特岛和塞萨利（Thessaly）。巴尔干半岛稍后不久进入了新的时期。这个时期出现了供社会群体居住的简陋房屋，社会经济有史以来第一次以产生盈余粮食为目的。考古发现揭示了当时的文化发展情况。用抛光的石头和黑曜石（一种锋利无比的火山玻璃）制成的工具表明，陆地和海上贸易四通八达，陶器表明村庄里存在储存粮食的需求，许多村庄周围出现了形态各异的防御墙。

在新石器时代的早期、中期和晚期，重要的文化散布在欧洲各地。我们在其中能够看到社会和经济等级的存在，可能的母系血统的传承，还有表达抽象观念的发达的宗教形式和艺术作品。这一时期是欧洲建筑中最早的纪念性表达时期。在青铜时代的公元前5000年到公元前3000年之间，有一些罕见但重要的例子，它们以令人叹为观止的巨石群的形式出现在布列塔尼和不列颠群岛，还有伊比利亚半岛、斯堪的纳维亚、普利亚（Puglia）和撒丁岛，这些巨石群既是神殿，又是墓葬圣地。

在早期农业和村落文化风起云涌的欧洲地区，随着铜的逐渐采用（金银时有出现），第二次大变革叠加在新石器时代的巨变之上。铜时代拉开序幕，在漫长的实验阶段之后，给社群造成了深刻的经济和社会变化。对金属来源、技术和制成品的掌控程度的不同，在懂得使用金属器具者与只能继续使用石器或者用骨骼、兽角或木料制成的器物者之间拉开了难以逾越的鸿沟。从希腊到巴尔干半岛，远至资源丰富的中欧和阿尔卑斯山及地中海沿岸，出现了两个文化群体，这两个群体根据陶器的标志性化石加以区分。参与变革活动的社群发展形成了能够交换从纺织品到金属制品等多种产品的社会。

随着用来锻造比纯铜更坚固耐磨的金属合金器物的新技术突飞猛进，希腊和巴尔干半岛也开始进入漫长的青铜时代。这一时期见证了欧洲早期真正的人口增长，最早（而且可能规模庞大）的人口迁移，以及贸易大发展。这也是一个多种聚落类型开始演变的时期。例如，特别是在公元前3000年的希腊，我们可以看到，建筑不自觉地发出信号，提示下一个千年的宏伟设计即将问世。在这个时代的欧洲，不列颠出现了巨石阵，马耳他出现了塔西安（Tarxien）神庙，这是巨像的尾声时代，是纷繁多样的文化迎面相遇、时有冲突的时代。特别是在公元前3000年末2000年初，多种文化沿着成群结队的动物开辟的道路，跨过海洋，经由陆路在整个大陆传开。

公元前2000年，铜冶金术传遍欧洲大陆，印欧人开始了第一个阶段的迁徙，这次迁徙持续了数百年。这时候我们看到了文化类型的定义，我们经常会把这些文化视为历史文明的前身，如原始的凯尔特文明和迈锡尼文明，还看到因为文化和族群的相互作用，这些文化得到了发扬光大。也是在这个时期，地中海盆地被系统地用作贸易路线，最早的海洋强国脱颖而出。

随着基克拉迪（Cycladic）文明、米诺斯文明和迈锡尼文明的发展，爱琴海凭借高度发达的经济，以远远超出族群定居地范围的四通八达的商品流通为基础，引领了时代潮流。克里特岛和迈锡尼引入原始的书写系统，贸易往来传播扩散，描绘了一幅东西交融的地理和经济画卷；阿尔卑斯山和中西欧的采矿文化欣欣向荣，从哈尔施塔特地区的凯尔特人到撒丁人，还有伊比利亚半岛青铜时代林林总总的文化层，诸多现象同等重要，不分伯仲。

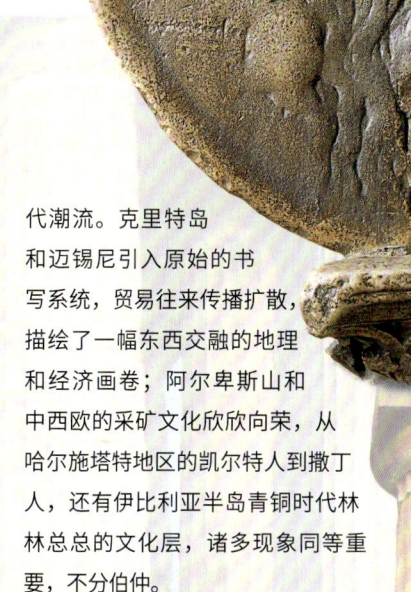

欧洲的历史文明在标志着千年终结的危机中诞生。事实上，从公元前10世纪末9世纪初起，在经历了一系列短暂而痛苦的事件以后，欧洲各民族的有识之士渐渐开始自我定义为希腊人、伊特鲁里亚人、罗马人、意大利人、高卢人、日耳曼人、伊比利亚人、伊利里亚人（Illyrians）、达契亚人（Dacians），还有来自东部的少数民族（西地中海的腓尼基人和迦太基人）。这是一段我们耳熟能详的历史，是梦想一统帝国的历史，是哲学和意识形态、希腊和罗马的历史。

弗里奥·杜兰多

年表

- 旧石器时代晚期和中石器时代（约前45000—前6800）
- 拉斯科洞窟岩画（前17000—前16000）
- 阿尔塔米拉（Altamira）洞窟岩画（前12000）
- 新石器时代和冶铜技术的最早传播（约前6800—前3500）
- 卡纳克（Carnac）最早的巨石林（前3000）
- 史前时期（约前2800—前1220）
- 米诺斯文明形成（约前2800—前2000）
- 最早的米诺斯宫城（约前1700—前1450）
- 巨石阵圣地的建立（约前1800）
- 米诺斯宫城的破坏与重建。希腊人入侵亚该亚地区[1]。迈锡尼欣欣向荣（约前1700—前1450）
- 克里特文明崩溃（约前1450）
- 迈锡尼人主导地中海贸易（约前1450—前1250）
- 特洛伊战争（约前1250—前1220）
- 印欧人入侵和迈锡尼文明终结（前1220—前1120）
- 最早的都会中心在希腊建立（前1100—前900）
- 伊特鲁里亚人在今托斯卡纳和拉丁姆（Latium）定居（约前800）
- 罗马建立（前753）
- 罗马王政时代（前753—前509）
- 奥林匹克运动会创办（前776）
- 意大利南部建立最早的希腊聚居区（前770—前708）
- 雅典和斯巴达最早的"宪法"（约前754—前753）
- 意大利南部建立其他希腊聚居区（前688—前648）
- 早期伊特鲁里亚墓葬画（前600）
- 德尔斐（Delphi）的阿波罗神庙失火（前548）
- 驱逐"高傲的塔克文"[2]，罗马共和国建立（前509）
- 罗马贵族与平民斗争（前509—前343）
- 雅典的民主宪法（前508—前507）
- 帕埃斯图姆兴建"海神庙"（约前500）
- 爱奥尼亚反抗波斯人的第一次起义爆发（前499—前494）
- 罗马人在雷吉鲁斯湖（Lake Regillus）战役击败拉丁人（前496）
- 罗马创建保民官（tribunes of the people）（前494）
- 第一次波斯战争（前490）
- 希腊人和迦太基人爆发第二次希梅拉（Imera）波斯战争（前480）
- 爱奥尼亚反抗波斯人的第二次起义爆发（前479）
- 提洛-阿提卡同盟（Delian-Attic League）建立（前478）
- 希腊人和伊特鲁里亚人发动库迈（Cuma）海战（前474）
- 雅典反抗厄基那（Aegina）和科林斯（Corinth）

---

1. 亚该亚地区（Achaean），又译阿凯亚。

2. "高傲的塔克文"（Tarquin the Proud），即卢修斯·塔克文·苏佩布（Lucius Tarquinius Superbus，？—前496年），罗马王政时代第七任君主。

- 的战争（前464—前455）
- 罗马颁布《十二铜表法》（前451）
- 希腊人和波斯人缔结和平条约（前449）
- 伯里克利（Pericles）在雅典的霸权（前449—前429）
- 伊克提诺斯（Ichtynos）、卡利克拉特斯（Callicrates）和菲狄亚斯重建我们今天所看到的帕特农神庙（前448—前438）
- 伯罗奔尼撒战争（前431—前404）
- 在雅典卫城兴建雅典娜胜利女神庙（前430—前410）
- 希腊人和迦太基人在西西里开战（前409—前392）
- 斯巴达统治希腊（前404—前379）
- 罗马摧毁维爱城[1]，消除伊特鲁里亚人的威胁（前396）
- 高卢人火烧罗马（前390）
- 罗马准许平民担任执政官（前367）
- 希腊臣服于马其顿的菲利普二世（前356—前338）
- 菲利普二世使马其顿成为希腊第一强国（前359—前336）
- 罗马人参加萨姆尼特（Samnite）战争（前343—前290）
- 亚历山大大帝统治时期（前336—前323）
- 亚历山大大帝的帝国分裂，希腊王国形成（前322—前281）
- 罗马人打败皮洛士（Pyrrhus）（前285）
- 希腊的马其顿君主专制（前276—前239）
- 罗马人和迦太基人发动第一次布匿（Punic）战争（前264—前241）
- 罗马人占领山南高卢（Cisalpine Gaul，前222）
- 罗马人和迦太基人发动第二次布匿战争（前218—前201）
- 罗马把希腊人从马其顿的统治下解放（前200—前196）

---

1 维爱城（Veii），又译韦伊。

- 罗马人设立西班牙行省（前197）
- 罗马广场兴建艾米利亚巴西利卡（Basilica Emilia）（前179）
- 第三次布匿战争和罗马摧毁迦太基（前149—前146）
- 科林斯遭围攻和沦陷，罗马把马其顿和希腊划为行省（前147—前146）
- 盖乌斯·格拉古兄弟（Caius Gracchus）在罗马遇刺身亡（前121）
- 罗马征服高卢南部（前121—前125）
- 马略（Marius）打败条顿人（Teutons）和辛布里人（Cimbers）（前102—前101）
- 意大利爆发同盟战争（Social War）（前91—前88）
- 苏拉（Sulla）在罗马实行独裁统治（前82—前78）
- 庞培（Pompey）和克拉苏（Crassus）担任执政官（前70）
- 喀提林（Catiline）阴谋（前63）
- 前三头政治（First triumvirate，前60）
- 恺撒征服高卢（前58—前51）
- 内战爆发（前49）
- 法萨卢斯（Pharsalus）战役和庞培之死（前48）
- 恺撒在蒙达（Munda）打败庞培的支持者（前45）
- 恺撒遇刺（前44）
- 后三头政治（前43）
- 屋大维在阿克提姆（Actium）战役击败安东尼（前31）
- 屋大维获得奥古斯都的称号（前27）
- 奥古斯都广场在罗马揭幕（2）
- 奥古斯都之死（14）
- 提比略帝国（Tiberius）（14—37）
- 卡利古拉（Caligula）帝国（37—41）
- 克劳狄（Claudius）帝国（41—54）
- 罗马人占领不列颠尼亚（Britannia）（44）

- 尼禄帝国（54—68）
- 韦帕芗（Vespasian）帝国（69—79）
- 罗马兴建斗兽场（75—80）
- 提图斯（Titus）帝国（79—81）
- 维苏威火山爆发，庞贝毁灭（79）
- 图拉真帝国（98—117）
- 图拉真征服达契亚（101—106）
- 图拉真广场在罗马揭幕（112）
- 哈德良帝国（117—138）
- 罗马重建万神殿（118—128）
- 安东尼·皮乌斯（Antoninus Pius）帝国（138—161）
- 马可·奥勒留（Marcus Aurelius）帝国（161—180）
- 塞普蒂米乌斯·塞维鲁（Septimus Severus）帝国（193—211）
- 卡拉卡拉帝国（211—217）
- 罗马兴建卡拉卡拉浴场（216）
- 亚历山大·塞维鲁（Alexander Severus）帝国（222—235）
- 奥勒良（Aurelian）重建罗马城墙（271）
- 戴克里先帝国（284—305）
- 戴克里先创立四帝共治制（293）
- 四帝共治制遭遇危机（306）
- 君士坦丁在米尔维安桥（Ponte Milvius）战役中击败马克森提乌斯（Massensius）（312）
- 君士坦丁统一东西方（324）
- 君士坦丁堡成为罗马帝国的首都（330）
- 君士坦丁去世，帝国分裂（337）
- 君士坦丁二世重新统一帝国（353—361）
- 瓦伦斯（Valens）在阿德里安堡（Hadrianopolis）战败（378）
- 狄奥多西（Theodosius）帝国（379—395）
- 阿拉里克（Alaricus）洗劫罗马（410）
- 阿提拉（Attila）入侵意大利（452）
- 西罗马帝国灭亡（476）

欧　洲

拉斯科：史前的西斯廷教堂

A 猫科动物室
B 主厅
C 后厅
D 沟壑
E 通道
F 中轴画廊
G 圆厅
H 入口

20右上 画在名叫"公牛厅"墙壁上的野牛具有令人难忘的尺寸。有些牛的身体长达5米

20上中 洞壁上描画的奔马都具有不成比例的躯体，比较躯体与马腿的长度便可一目了然

20左 拉斯科的动物形象是以惊人的技巧和对解剖细节的关注绘制的。此处注意画中母牛的口鼻

20下中 据信人类在旧石器时代举行奇怪的仪式，以保证狩猎行动满载而归。由于这个原因，一些专家说，当时的人画的是打猎时会遇到的动物

尽管考古学享有专业学科的声誉，但是事实屡次证明，它是这样一门学科：举世瞩目的重大发现几乎全都是偶然之举。很多时候，让人们对历史的看法发生一百八十度转变的大发现是业余爱好者促成的。业余爱好者可以分为两类。一类是对逸史旧闻兴趣浓厚，秉持信念按图索骥，终于找到了遗失的文明；另一类则是懵懵懂懂地闯入早已湮灭无闻的遗址废墟。业余爱好者为了验证自己的观点而孜孜不倦地钻研，海因里希·施里曼（Heinrich Schliemann）无疑是当仁不让的代表人物，他拒绝听从专家的劝阻，结果发现了古城特洛伊的遗址。还有很多别的例子。一个匪夷所思的例子是法国拉斯科附近蒙蒂涅克（Montignac）的四位小伙子意外地发现了洞窟岩画的经过。1940年9月8日，这几位年轻人在森林里远足，碰到一口深洞，他们简单地探索一番。9月12日，17岁的技工学徒马塞尔·拉维达（Marcel Ravidat）随同另外三位朋友返回原处。他下到几米深的黑布隆冬的洞里，进入一口开阔的天然洞穴，在这里跟朋友们会合。他们身上只带了一盒火柴，看不清多少东西，也不能摸索着走出太远，于是次日他们再次返回，这一次带了一盏油灯。

他们举着这盏灯，发现主洞穴是一个进深约30米的洞室，洞室尽头连着一道天然通道，通道虽窄，高度却足够他们直立行走。在这里，他们先是发现了若干用各种颜色描画在墙上的图案。再往前走几步，借着灯光，他们辨认出一些形状奇怪、大小不一的动物，画得有模有样。

他们立刻意识到，自己找到的是类似此前在多尔多涅（Dordogne）地区发现的洞穴，洞穴装饰着壁画，引起世人瞩目，

20—21 在许多动物的画像附近，我们可以看到至今仍然无法解释的几何图案。有些时候可能是箭头，还有些时候可能是法术符咒

21上 拉斯科精彩不凡的壁画用木炭黑和多种彩泥以高超的技巧绘制而成，用精妙的写实笔触再现了动物的毛色

他们知道自己发现了史前人类居住过的洞穴。他们探索了洞穴的各个犄角旮旯，每发现一幅新的壁画就大声彼此通告。直到灯油将尽，他们才恋恋不舍地回到外面。

又次日，他们回到洞穴，每人各带着一盏明亮的灯，继续探索和发现。日后叫作"井"的地方是一处阴冷潮湿而幽深的洞穴，拉维达决定一探究竟。在洞穴底部，他发现了一幅画，一头受伤的野牛冲向前端一个双臂张开的人，右边一只犀牛仿佛正要走开。这是一幅不寻常的写实画，是旧石器时代艺术中罕见的场景画。随后几天，成群结队的年轻人参观了这些洞穴。拉维达把岩画的素描拿给校长莱昂·拉瓦尔（Leon Laval）看，说服校长亲自前来查勘。

拉瓦尔顿时领悟到这一发现的价值，他与阿贝·亨利·布日耶（Abbot Henri Breuil）取得了联系。布日耶是当时在洞穴岩画领域造诣深厚的专家。他考察了这处遗址之后，把它昭告学术界，称此地为"史前的西斯廷教堂"。

四年后，一部关于拉斯科的电影拍摄完成。"二战"后，越来越多的游客前来探访这些洞穴。到了20世纪50年代，很明显，成千上万游客的存在导致绘画的色彩日渐黯淡。1960年，一种绿藻在洞穴中蔓延，造成破坏性影响。为了恢复当初的色泽，人们花

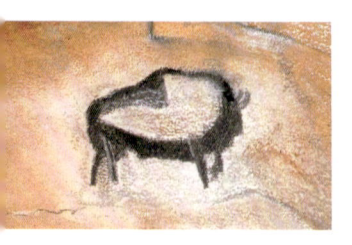

22上 拉斯科的壁画描绘了几头野牛，这种动物曾经在欧洲平原上司空见惯。在洞穴地面的考古挖掘中出土了动物残骸，以及用于绘画的颜料和几盏灯，灯内可能曾经装满油脂或动物脂肪。有了这些灯，拉斯科的史前人类能够驱除洞穴内的黑暗，创作壁画

了十年时间才把这种绿藻除掉。

1963年这些洞穴谢绝公众参观，后来永久封闭。如今，游客可以看到洞穴的复制品，这个复制的洞穴挖在距离原址不远处，洞内一笔一画原封不动再现了原来的洞穴壁画。西班牙的阿尔塔米拉洞穴也采用了相同的解决方案。

拉斯科的名气来自洞内岩画出类拔萃的

22中 在一面墙的正中央是一幅黑炭画，一些专家说，这幅画描绘了一个张开双臂的人被一头野牛撞死的场景。这只动物受了伤，内脏从体内流出来。并非所有学者都同意这种解释。有人说，画的是胜利的猎人跟刚遭到猎杀的猎物。无论如何，这种高度写实的场景在旧石器时代的艺术中是不同凡响的

22下 洞壁上画着鹿。这张精美的图画描绘着一大簇壮观的鹿角

22—23 拉斯科非凡的壁画属于名为"马格德林"（Magdalenian）的史前时期，这个名称来自法国的马德莱纳（La Madeleine）地区，此地的史前艺术体现出相当高超的发展水平

品质，岩画绘制于旧石器时代晚期，距今有16000到17000年。

这些洞穴总面积不到100平方米。一个有趣的特征是这些画的一致性，它们似乎是由同一批画家在短时间内绘制而成的。

所谓的圆厅离入口最近，厅内画着一群野牛、马和鹿，用炭笔和赭石描摹得栩栩如生，惟妙惟肖。侧壁画着鹿、马和牛；在通道和主厅，我们可以看到公牛、母牛、野山羊和鹿，尽管画得不太精准。"猫科动物室"当然画着猫科动物，还有数不清的其他动物的图画，包括犀牛。

拉斯科壁画中唯一的驯鹿画在名为后厅的区域，后厅的岩壁上留有许多未完成的画作，即我们前文描述过的"井"。在整个洞穴中，动物画像与抽象符号一起呈现，包括线条、方块和长条，这些符号尚未被破解。一些学者认为，这些绘画表明，旧石器时代的人类在画作前举行巫术仪式，跳仪式舞蹈，可能还包括向神献祭，以换得远行狩猎满载而归。

这意味着洞穴是个古老的崇拜中心。如果真相果真如此，那么，这些洞穴在好奇的人类面前再次被隐藏起来就合情合理了。

卡纳克：史前巨柱村

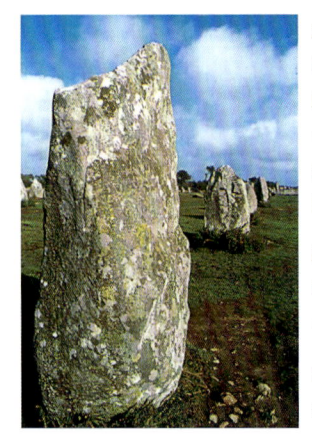

24左 其中一座石室冢墓的名称"马内·凯瑞翁德"（Mane Kerioned）来自森林地精（Kérions），即一种强大的精灵。据说精灵栖居在卡纳克的巨石群中

24右 整个卡纳克地区有许多单体巨石，如这幅在莫尔比昂（Morbihan）拍摄的图片所示

25 在梅内克石阵的西半部分，整整齐齐排列着11列巨石

新石器时代，人类开始使用由成形的石头制成的工具，所谓的巨石文明发展起来，并向外传播。这种文明的许多痕迹以墓地和大型纪念碑的形式保留下来，它们由装饰较为简单的巨大石块和石板构成。

这个时期最具代表性的是石室冢墓[1]和独石巨柱（menhirs）。这两个词都来自凯尔特语，分别指用几块巨石搭建的台桌和竖立的石块。

石室冢墓是个人或集体的坟墓，由两块石柱竖立在地面上，支撑着上方一块平放的巨大石板。独石巨柱则是单块巨石，通常修成长条状，竖立在地面上。它们往往孤零零地矗立在旷野中，在罕见的情况下排成行列或者圆圈。排成圆圈的石块通常叫作石圈[2]。它们有时与墓葬地点有关，充当坟墓的标记，但是在其他情况下，它们的存在很难解释，年代也很难确定。

这些巨石圈的含义笼罩着重重疑云。有些人认为，它们是原始的敬拜区、集会区或者如巨石阵那样，是天象台的边界标记，尽管普遍认为天象台也与宗教仪式有关。在整个欧洲，不列颠群岛、斯堪的纳维亚、法国、西班牙、意大利和马耳他等地分布着数百座这样的纪念碑。名气最大的或许是本书其他章节描述的英格兰巨石阵，但是就规模而言，全世界最令人啧啧称奇的无疑是法国布列塔尼南部海岸的村庄卡纳克的巨石群。

卡纳克的巨石群主要分为三组，分别叫作梅内克（Menec）、凯马里奥（Karmario）和凯尔莱坎（Kerlescan）。第一组有11排共1099根石柱，总长度超过900多米；第二组有10排共1029根石柱，长度超过900米；第三组有13排594根石柱，长度约800米。小梅内克（Petit-Menec）、凯泽罗（Kerzhero）和圣巴尔贝（Sainte'Barbe）还有些规模较小的石柱群，受到一定程度的破坏。单块石柱在这个地区司空见惯。凯马里奥也有一座冢。凯尔莱坎的石阵由39块石头组成封闭的石圈，至今仍然大致完好。距离主村庄约16千米的洛克马里亚凯（Locmariaquer）附近的"商人桌"（Table des Marchands）是一座巨型石室冢墓，上面留有雕刻的痕迹和人称"仙女石"的残块。"仙女石"是已知最大的独石纪念碑，当初的高度超过18米。相比之下，埃及的卢克索神庙前的方尖碑近21米高，它由拉美西斯二世在公元前13世纪建造，彼时卡纳克的巨石已经有1200多年的历史。这些数字不言自明。这些石头平均重量为一至两吨，许多石块硕大无朋。

可惜，当年想必是蔚为壮观的景象，我们今天所看到的只是一些遗存而已。过去数百年间，许多巨石四散零落，被用作建筑材料。例如，贝勒岛（Belle-Ile）灯塔就含有取自小梅内克的独石纪念碑。关于搬运和安放卡纳克的独石巨柱的方法，数百年来人们猜测纷纭。几年前，一群200人左右的志愿者相对轻松地演示了如何移动一块32吨重的石头。一根3.6米高的石柱的重量在10到12吨之间，我们应该想到，建造这些纪念碑所使用的劳动力数量可能并没有我们有时设想的那么多。

对于新石器时代的人类来说，建造这些纪念碑不可或缺的工具似乎是结实的绳索和制作滑梯、滚轴和杠杆的优质木材。通过使用倾斜的表面，从理论上说，即使无比巨大的独石也能够被放置在适当的位置。

这些石块要么朴实无华，要么只有简单的图案。石块采自本地。据信，这些柱群的建造必然是在一年当中重大的宗教集会期间进行的，因此，这项工作持续数十年，由祭司和经验丰富的工头主持，他们能够保障这项工作坚持不懈，有始有终。

虽然今天我们相信石柱的建造方式已经真相大白，对它们的意义却依旧懵懂无知。整个19世纪中期，人们认为这些废墟缘起于凯尔特人或德鲁伊教（Druidical），与某种形式的祖先崇拜有关。

一些广为流传的观点包括：它们是宇宙飞船的着陆点，用石柱表示五角星记号；它们其实是尚未被破译的巨型文字，阐述一个失落社会的章法规矩。多亏了现代的年代测定法，我们现在知道，这些浩浩荡荡的巨石纪念碑建于约4500年前，多数学者认为，宗教意义是它们的根本所在。

有些人试图为此处（和别处）遗址赋予天文学意义（见本书其他章节的探讨），但是，这些石阵参差不齐，残缺不全，石圈在两端闭合起来，都让这种说法无法自圆其说。有人开玩笑说，也许最好的答案是盛行的古老传说：石阵由一群强有力的"侏儒"建造，他们曾在文明出现之前统治地球。

---

1 石室冢墓（dolmen），又译支石墓、墓石。

2 石圈（cromlechs），又译环状列石。

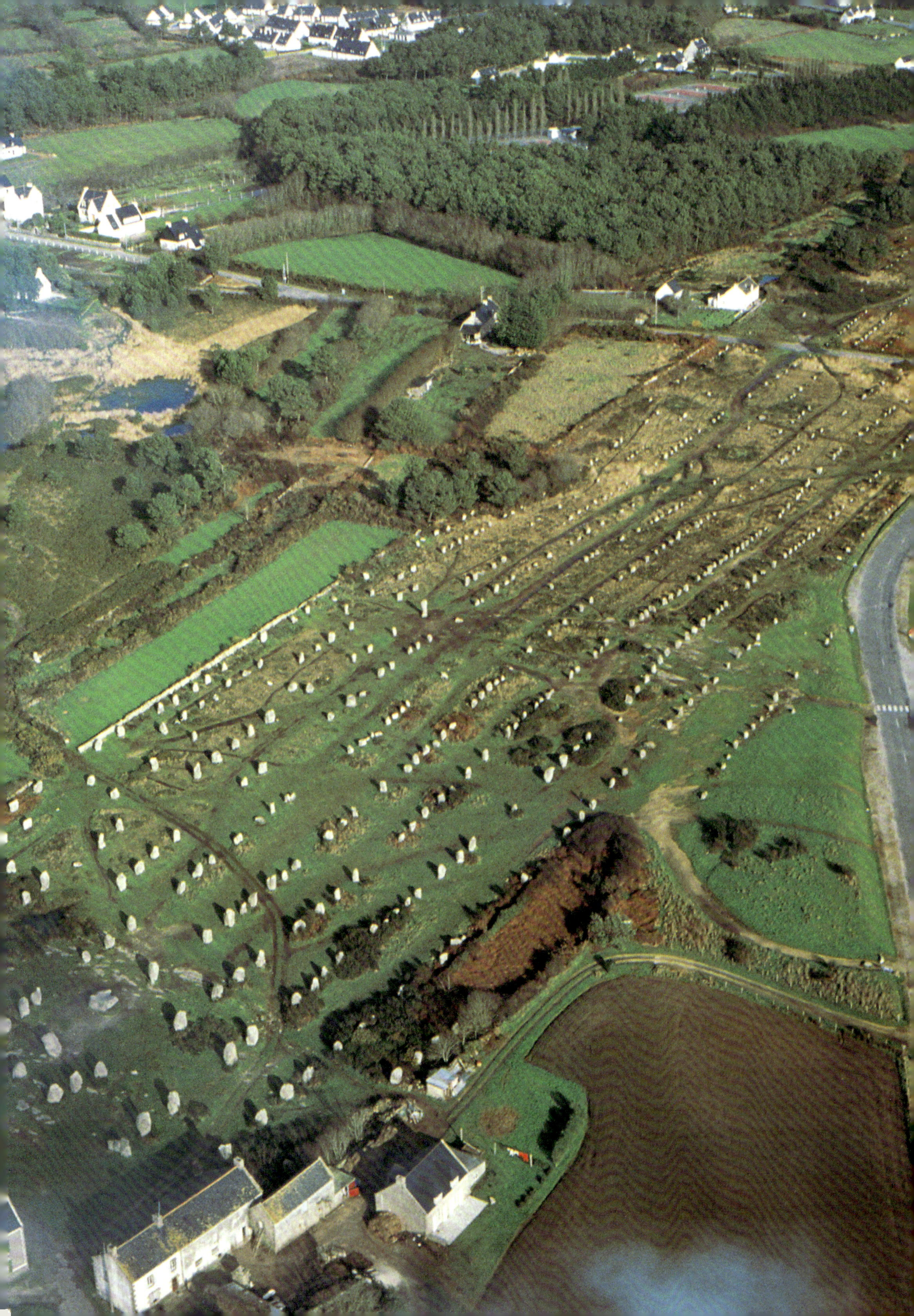

巨石阵：巨人的石阵

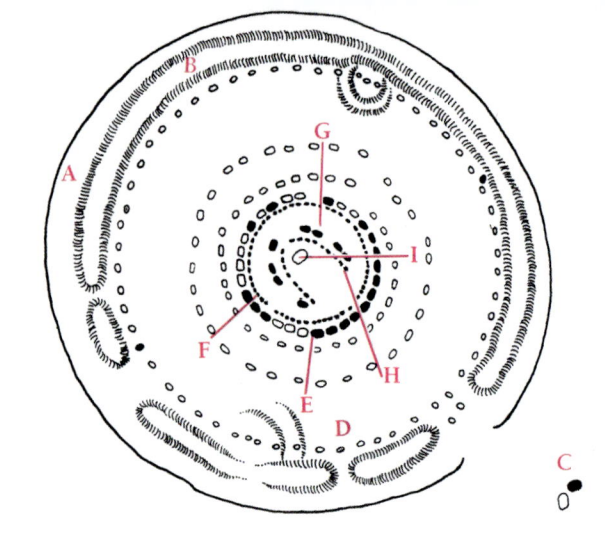

26 建立巨石群需要付出艰巨的努力，特别是这些古迹建造伊始，轮式车辆尚未问世。这些石块可能由数百人拉着雪橇运到现场，再用滚轴、树干、杠杆和木梁结构安放到合适的位置

A 沟渠　　　E 石圈　　　I 祭坛石
B 土垒　　　F 蓝石圈
C 脚跟石　　G 三石牌坊　　今天依旧挺立的石
D 圆孔　　　H 蓝石　　　块用黑色圆点标示

距离英国威尔特郡（Wiltshire）的索尔兹伯里（Salisbury）数千米的巨石阵是一个巨石建筑群，建于新石器时代与青铜时代之间。尽管它外观雄奇，举世闻名，却只剩下有限的一部分依然挺立。它包括一座巨型石室冢墓和若干块独石。这处古迹总是让访客流连忘返，过去，人们其实对它心怀恐惧。它的源起和目的仍然疑窦重重，已经产生了许多天马行空、脑洞大开的解释。

最早提到巨石阵是在蒙茅斯的杰弗里（Godfrey of Monmouth）1136年前后撰写的《不列颠国王列传》中。遗憾的是，他的叙述既乏善可陈，又荒诞不经。他写道，很久以前爱尔兰的巨人建造了巨石阵，后来亚瑟王传说中的魔术师梅林（Merlin）运用移动巨石的魔法，把它安置到如今的地点。杰弗里还写道，这些巨石具有神奇的疗效，能够治愈许多疾病。

这种认为巨石阵具有疗愈功能的迷信在某些群体中留存至今。过去，教会被迫正视巨石阵的法术问题。公元601年，教皇格里高利一世（Pope Gregory I）下令，不得毁损这座古不列颠人的神庙，还用圣水将其神圣化。

时光荏苒，这些石阵是寺庙遗迹的观念渐渐深入人心，但似乎没有人能够解答那个更大的问题：什么人建造了它？一种不太符合逻辑的观点认为，它的建筑呈罗马式，基本形状是刻意设计的，为了对不列颠群岛不谙世事的栖居者表示侮辱。另一种观点认为，建造者是来自斯堪的纳维亚的侵略者。还有人说它是德鲁伊教派的作品。

意识到它的功能重要性（不谈它的起源）的第一位学者是约翰·史密斯。1771年，他根据一些浅显简易的天文观测，测算出它作为日历的意义。19世纪中叶，由于希腊的数起考古发现，人们对迈锡尼人竖起这个巨石圈的说法抱着满腔热情，认为迈锡尼人掌握了移动和安放巨石所需要的技术知识。学者们揣想它可能由希腊征服者建造。拜伦勋爵和约翰·康斯太勃尔（John Constable）等诗人画家也为它着迷，他们对科学讨论兴趣不大，吸引他们的是这些废墟在威尔特郡平平无奇的绿色旷野中醒目兀立的外观。

直到19世纪末，人们才认可巨石圈是古代土著人建造的作品。随着现代年代测定技术的发展，就这处古迹的年代给出结论成为可能。碳14年代测定显示，这些巨石的竖立时间比迈锡尼的古迹早了四五百年，这就排除了它由迈锡尼人建造的观点。

20世纪50年代，R. J. C. 阿特金森（R.J.C. Atkinson）开展的工作表明，这个巨石群在多个时期分段建成。最初认为分为三个不同的阶段，不过今天普遍认为分为四个阶段。第一阶段，即公元前3000年下半叶，这处遗址是一条宽100米的圆形沟渠，沟渠两侧各有一个土堆。这个神圣圆圈的入口用两块巨石做标记，一块巨石至今仍在原地，叫作脚跟石（Heel Stone），竖立在这个封闭区域之外。后来，沿着土堆的内缘挖了56个洞。关于这些洞的用途仍然存在争议，出土的遗骨残骸表明，它们可能是火葬场所。第三阶段介于公元前3000年末至前2000年初，80块由火山活动形成的蓝石从数百千米外的采石场运来，呈马蹄形分两排竖立起来。

26—27 航拍图片显示了这处遗址的结构。夏至时，太阳的第一缕阳光穿过圆圈，触及脚跟石。冬至时，光线从里面"马蹄"端的三石牌坊中间穿过

27上 可惜，构成这座伟大的天象台的大部分巨石在中世纪遗失殆尽，当时巨石阵被用作建筑材料的采石场

人们认为，这处古迹兴建过程中最声势浩大的阶段发生在公元前16或公元前15世纪，当时移走了蓝石，用当地的砂岩制成30块巨石取而代之。这些石头排成一圈，由相同的砂岩材质的巨大横梁连接在一起。在第一个圆圈里面，用40多块蓝石围成第二个圆圈，在它们中间，5组巨大的三石牌坊（两块巨石在下，第三块巨石在上），每组高度都超过6米，呈马蹄形排列竖立起来。这个结构的焦点是一块扁平的单体巨石，叫作祭坛石，另一组马蹄形蓝石把它与三石牌坊隔开。天文学家弗雷德·霍伊尔（Fred Hoyle）发现，整个石阵是作为一种预测日食的工具而建造的。它可能被用来为宗教领袖赋予权力，他们通过展示预测此类特殊天象的能力，获取名望和权势。

今天，虽然巨石阵的诸多秘密已经水落石出，我们却仍然无法解释这些高耸入云的巨石（其中一些重达50吨）如何被搬运到如今的位置，法国卡纳克的相关工作（见本书相关章节）可能会给出提示。无论如何，考古学家能够证实，人类在这个时期掌握了执行这项任务所必需的技术。

克诺索斯：
米诺斯宝座

28上 这只气势不凡的角状杯[1]是宗教仪式中使用的花瓶，呈牛头形状，牛角镀金。它用皂石、硬石和珍珠母制成，年代为公元前1500年。这个发现非同小可。

28中 这幅克诺索斯南部居民区的图片向我们呈现了南部房屋修复后的遗迹。画面中间是一个在占地

---

[1] 角状杯（rhyton），音译为来通杯。

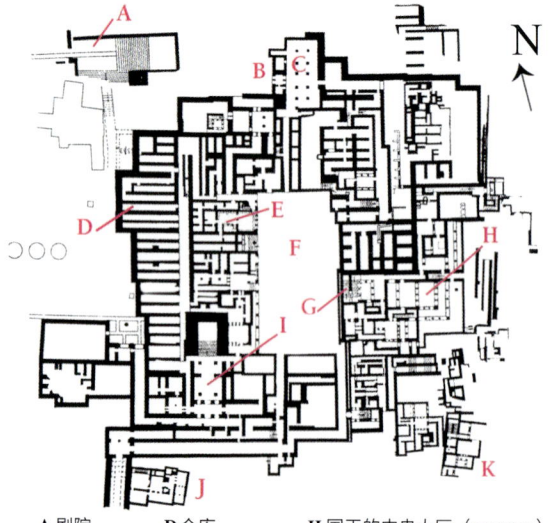

A 剧院
B 北入口
C 柱廊大厅
D 仓库
E 御座厅
F 中央庭院
G 巨大的楼梯
H 国王的中央大厅（megaron）
I 南门廊
J 大祭司之家（南楼）
K 东南楼

公元前16世纪，克诺索斯位于克里特岛的北部海岸（即今天的首府伊拉克利翁[Heraklion]所在的地方）与南边的群山之间，山间流淌着一条名叫卡恰巴（Katsabà）的河流，古称凯瑞托（Kairatos）。人们认为，在这个时期，这里规整有序，一栋栋白房子兀自独立，小村子和大农场呈现一派田园风光。距离爱琴海约11千米，在一座平缓起伏的山丘上，有一处被公认为公元前2000年西方世界最令人心动的建筑群，即占地广阔的米诺斯宫殿（又名克诺索斯的宫殿），附近还有贵胄富贾的宅邸和铺设的道路网。

广阔的米诺斯宫殿建筑中反复出现的装饰图案。这是一对硕大的风格化的牛角，或许是权力的象征

28下 这些名为皮托伊（pithoi）的大型硬陶土储存罐还留在原地，它们在宫殿的仓库里被用来储存食物

28—29 仪礼行列通道（Corridor of Processions）以城市的西入口为起点，通往克诺索斯的宫殿，通道内有一条带状装饰。今天，我们可以在修复后的门廊墙壁上看到呈现当年样貌的精美复制品

29下 这个局部画面取自仪礼行列通道墙壁上的壁画群，壁画显示出对大自然的强烈感觉、活泼明丽的色彩和克里特艺术特有的精致细节

一般认为，至少有八万甚至多达十万人居住在克诺索斯城，至少一万人住在宫殿里。这座城市把农业与采石业和种类繁多的金属加工相结合，还向世界各地派出一支庞大的商船队。

让克诺索斯闻名遐迩的不光是在其遗址上开展的考古研究，还有希腊神话，它在神话中扮演了举足轻重的角色。例如，迫使雅典国王埃勾斯（Aegus）每年用年轻的生命向他进贡的暴君米诺斯，迷宫（一些专家认为，迷宫就是这座"宫殿"本身）的发明人代达罗斯（Daedalus），与迷宫里牛头人身的怪物米诺陶（Minotaur）作战的忒修斯和阿里阿德涅（Ariadne）等，这些人物都以克诺索斯为据点。

克里特岛本身遍布考古遗址，其中克诺索斯出类拔萃。我们目前关于克诺索斯的知识在很大程度上归功于一位名叫阿瑟·J. 埃文斯（Arthur J. Evans）的英国人，他坚忍执着，耗费数十年挖掘了他能在岛上其他区域找到的与这座"宫殿"同时期的每一处遗址，确立了这座重要的地中海岛屿在青铜时代大放异彩的基本史实。

此外，他的工作为研究此前不为人知的克里特文明的发展奠定了年代序列的基础，埃文斯本人用米诺斯国王的名字称呼它为"米诺斯文明"。由于他的发现，修复和保护工作就此开启。遗憾的是，修复和保护以一

30—31 沿着北入口通往克诺索斯的宫殿的路上，可以看到精心修复的装饰着新宫殿（NeoPalatial）时期壁画的门廊遗迹。柱子当初为木质，呈现米诺斯的典型形状。向下逐渐变细的圆柱竖立在低矮的柱础上，用简单的外鼓环形柱头支撑着檐部（entablature）。修复时使用了与真迹一模一样的颜色

种非学术的、随心所欲的方式进行，也许这是早期考古工作的典型作风。

所谓的"宫殿"是一座延伸数万平方千米的结构，包括上千个房间和贯通两层、三层或四层楼的连接体，围绕一座足球场大小的中央庭院建造。

克里特岛的历史始于公元前3000年末。那时候，在繁华热闹的基克拉迪群岛，它在商业领域独霸一方，运作一支庞大的商船队，往来行驶于爱琴海和地中海东部海域，把势力蔓延到希腊大陆和伯罗奔尼撒半岛，

31上 这是一幅闻名遐迩的壁画,奇迹般地躲过了降临在克里特岛第二座宫殿的灾难。这块残片描绘一名年轻女子,她被昵称为"巴黎人"。壁画绘制于公元前17世纪。注意这里描绘服装、发型和妆容的生动自然的笔触

31下 这尊珐琅小雕像出土于克诺索斯神庙的祈愿池中,年代约为公元前1500年。这是个令人过目难忘的持蛇女神(Serpent Goddess)或女祭司的常见形象。人们相信它对生育具有神圣的影响力,与迈锡尼的"女兽主"(Lady of the Animals)有些相像

如多个神话表明的那样。

在这一时期,通过海上活动,克里特岛凭借数百年的持续发展赢得尊重和钦佩,并且与法老治下的埃及和中东王国等遥远的国度缔结贸易联盟,奠定了甚至早在古代就得到公认的最早的"制海权"的基础。

青铜时代伊始,公元前2000年至前1750年,早期的城市宫殿出现在玛里亚(Mallia)、费斯托斯(Phaestos)和克诺索斯。这些占地广阔的皇家府邸居住着成百上千人,有时成千上万人。它也有祭拜场所、行政区、仓储空间和属于工匠和商贩的店铺。人们相信,它们是绝对君主的权势和威望的表达,一些学者认为,绝对君主拥有类似于埃及法老的特权和势力。有人提出,米诺斯这个名称其实是指这一类统治者,而不是介于历史和传说之间的真实存在过的某个人。

这个说法很有道理。许多专家认为,这类统治者提供了驱动力,驱动克里特岛这座资源丰富、得天独厚的岛屿转变为地中海世界最早的真正意义上的海上强国。克里特人生活和劳作所仰赖的安全性似乎是全方位的,因为宫殿群周围没有防御设施。尚不清楚克里特社会内部如何划分阶层。

在相当早的时候,岛上若干中心的主导地位就已经确立。这些中心继续划分地盘施加控制,以交换食物和熟练工匠所造的物品为基础,分配从生产和贸易活动中取得的利润。工匠包括陶工、乌木雕刻工、金属工人和金匠,他们在宫殿的店铺里干活,售卖货品。

公元前1750年到前1700年,一种可能主要用于宗教目的的早期象形文字遭

到废弃，取而代之的是至今仍未破译的线形文字A（Linear A）。有一种理论认为，这种文字可能主要用于宫殿的会计活动。

然而，在公元前1700年前后，由于尚不确知的原因，大多数专家认为，极有可能是发生了一系列灾难性的地震，这些城市及宫殿遭到摧毁，后来以面积更大、更加奢华的形式重建。

这些后来的建筑群标志着所谓的米诺斯文明中期第三阶段新宫殿时期开启，根据这些建筑群，确定了像克诺索斯之类宫城最具代表性的特征。正是在这个时点，建筑物用精心设计的柱廊式前厅和通往开放空间的阶梯走廊装饰，如今往往认为开放空间是露天剧场的雏形，虽然不清楚它们是用于宗教仪式还是戏剧演出。在这个时期，我们还可以看到出现了种类多样的住宅模型，包括可能归贵族或富商所有的小宫殿、乡间的农场别墅（现存最完好的被认为是费斯托斯附近的哈吉亚·特里亚达），以及体现人口大发展、在当时的西方世界无出其右的乡村中心。

住宅和坟墓经常用进口的奢侈品装饰，包括来自东方和埃及的皇家礼物。在克诺索斯，铺砌的道路把小城镇

32—33 在克诺索斯的御座厅，我们仍然可以看到保存完好的椅子在房间内沿墙安放，与简洁庄严的雪花石王座呈直角。房间与中央大庭院的高度齐平。新宫殿时期壁画的精确复制品画着狮鹫蹲踞在高高的花丛中，壁画残片是在发掘过程中发现的，有助于再现这个房间高贵典雅的氛围。主色调为红色，非常适合尊贵的环境

32下 这幅著名的壁画描绘一群海豚和鱼群在海浪中跳跃，连同生动的花卉饰带，它们共同装点了王后大厅（Queen's Apartment）的墙壁。大厅位于一处舒适的住宅建筑群，配有宽敞的私人浴室

33右上 这些壁画与上一幅属于同一时期。图案描绘着用牛皮制成的双瓣盾牌，这不禁让人想起贵族府邸的墙壁上悬挂盾牌和旗帜的习俗

33右下 克诺索斯的宫殿的不同楼层由宽大的石阶连接，比如图中这道楼梯从中央庭院通向御座间附近的上方楼层

与宫殿和具有宗教或丧葬意义的建筑群连接起来。

米诺斯文化的影响蔓延到了南基克拉迪群岛。在锡拉（Thira），即今圣托里尼（Santorini），亚克罗提利（Akrotyri）遗址曾是一座欣欣向荣的城镇，房屋高达四层，装饰着壁画等财富的标志，后来，一场可怕的灾难让一切化为灰烬。

公元前16世纪上半叶至公元前15世纪中叶的某个时候，形成该岛的活火山突然爆发，如同日后庞贝的遭遇，火山灰喷涌席卷了锡拉，把它掩埋在超过45米厚的灰烬下。显然，岛上的居民及时脱了身，因为迄今为止尚未发现遗体，几位考古学家认为，克里特文明的衰落是这一可怕事件的副作用之一。除了倾盆大雨般从天而降的火山灰，还有地震、海啸和令人毛骨悚然的天空变暗，好比1997年加勒比海的蒙特塞拉特（Montserrat）岛发生的情形，这可能导致气候发生显著变化。

因此，实力削弱的克里特岛在公元前1450年到前1400年承受着迈锡尼人在爱琴海的不断扩张和入侵，这些以城市宫殿为中心的政治实体的独立性画上了句号。我们在研究克诺索斯宫殿的结构时，看到一种令人惊讶的能力：设计和规划一组含有一千多个房间的巨大建筑群，房屋高两层、三层乃至四层，配有楼梯、柱廊过道和供手推车通行的坡道。住宅建在露天庭院周围，不仅把光线引入其中，还提供了良好的通风条件。此外，整组建筑群的中央还有个开阔的、几乎无可挑剔的长方形庭院。这表明楼房的建造从一开始就做好了规划，而且完全不设防。在这座城市宫殿的各个侧翼，功能分配具有明确的逻辑。方位布局就是明证：仓库和店铺在西边，庄重严肃的御座厅与庭院齐平，厅内配有雪花石君王宝座，旁边供谋臣就座的长椅至今完好无损，皇家厅堂挨着今天叫作仆人活动区的房屋。皇家厅堂配有高效且奢华的洗浴设施。

我们上面提到的修复工作包括复原克诺索斯建筑群的某些部分，用灰泥涂抹，还原（想必是）当初的色彩。在承重结构中，它们强调石块和碎石与牢固稳定的木头框架切实有效的结合，木头框架广泛使用木柱支撑，这被认为属于典型的米诺斯风格。柱子向底部逐渐收窄，配有窄扁的颈圈柱头和石台基底，支撑着通风透气的门廊和敞亮的露天庭院，伫立在人们频繁光顾的气势宏伟的公共区域。这些地方用精美的壁画装饰，壁画如今保存在伊拉克利翁考古博物馆

（**Archaeological Museum of Heraklion**）。原址用还原的复制品替代了真迹。

很显然，从廊道曲曲折折却并不率性随意的走向看得出来，这个文明喜欢大气磅礴、浩浩荡荡的场面。这些廊道似乎是供游行用的，城市宫殿的楼层与侧翼之间的连接坡道也是。在这座城市宫殿从里向外看和从外向里看，它们不仅呈现全景，而且似乎是专门设计，引入周围景观的变化，打破建筑的紧凑密集。正是在这里，我们看到了这个文明精致的建筑装饰的成功，看到了克里特人对鲜艳色彩的热爱。

我们可以从这里沿着所谓的皇家道路，从平坦的剧院露台区域（其实更适合观众站立而不是落座）和一座名为"皇家舞台"的建筑，走向纪念碑式的西门。西门是名为"仪礼行列通道"的起点。如今，通道内装饰着壁画复制品，包括米诺斯绘画的杰作《戴百合花的王子》（**Prince of Lilies**）。

这座城市宫殿中许多房间的用途尚未确定，但是其中两个房间不会引起这样的问题。这是两座面对面的楼群。一座是埃文斯认定的墓葬教堂；另一座是富丽堂皇的皇家公寓，配有雅致的仆役和附属区，装饰着几幅名声在外的壁画，包括所谓的"海豚壁画"（**Frieze of the Dolphins**）。

虽然埃文斯和他的接班人挖掘出来的住宅建筑群很难近距离参观，但是我们可以在这座城市宫殿周围看到它们，它们对学者了解米诺斯文明中期和晚期的民居模型大有帮助。它们与基萨德（**Gypsades**）、扎弗·帕普拉（**Zafer Papoura**）、凯法拉（**Kephala**）、伊索帕塔（**Isopata**）和伊拉克利翁附近的埋葬区有何关系，从这个角度思考也不无收获。

34下 著名的高贵的"戴百合花的王子"行走在庄严肃穆的队伍中。最初的画面可能是一位作为祭品的受害者被绳子牵引着。克里特艺术家喜欢曲线，在这幅壁画中一目了然。壁画画在灰泥板上，人物形象用轻浅的浮雕呈现

34—35 毋庸置疑，这是克诺索斯一幅赫赫有名的壁画。它反映了对三维空间的某种敏感性。三个年轻人在玩危险的游戏，敏捷地在强壮的公牛背上跳跃。公牛的侧面被故意夸大，以突显年轻人的勇敢无畏

35下 在这些壁画中，左边，克诺索斯宫里两名贵妇复杂的发型和华丽的衣装展现出优雅妩媚；右边，在这个年轻人的形象中可以看到一种令人钦佩的自然主义，他在走路，手里捧着一只沉重的花瓶

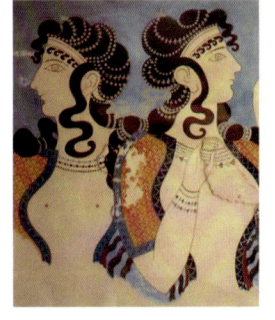

A 狮子门	D 阿特柔斯的皇宫	G 柱厅
B 墓圈	E 中央大厅	H 南门
C 神庙	F 北门	

迈锡尼：阿伽门农的金石头

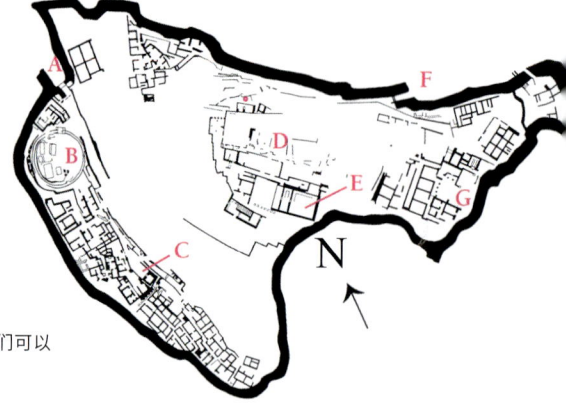

36左 迈锡尼绘画的最佳范例之一是这幅画着所谓"宫廷贵妇"（Dame of the Court）的残片。一般认为它绘制于前13世纪

36—37 在这幅迈锡尼废墟的鸟瞰图中，我们可以清楚地看到卫城顶部占地广阔的阿特柔斯皇宫

通往迈锡尼的道路以一排错落栽种的桉树和柑橘林为标记。走近迈锡尼，阿特柔斯家族（Atrides）曾经统治卫城，城墙与山上的天然岩石浑然一体，难以分辨，用来建造卫城的大块石头就是从山上开采的。用这种山石砌成的两座裸露的平台在城墙高处赫然耸立。1876年8月，由于发现了特洛伊和迈锡尼文明而声名远播的业余探险家海因里希·施里曼看到眼前这一幕，激动得难以自已。1868年他曾前来探访，1874年对发掘工作发表过评论。此时，他重返迈锡尼，首次开工发掘。

他沿着斯巴达将军普萨尼亚斯（Pausanias）在2世纪中叶走过的路线向前探索。普萨尼亚斯在论述希腊的著作中对这条路线用插图做了说明，这本书成了18和19世纪前来寻访希腊古迹的颇具文化素养的游客的主要指南和必读书目。

60名工人分成三组，分别把半埋在土中的高大的城墙、气势恢宏的狮子门和皇家陵墓暴露在世人面前。由于这项工作，"遍地黄金"的迈锡尼（Mycenae Polychrysos），这座荷马在史诗中提到的城市渐渐

37上 我们可以从墓圈A的局部看到外围的走廊和业余考古学家海因里希·施里曼1876年发掘的坟墓

37下 这条长长的人造长廊是从迈锡尼山的北侧挖掘出来的，通往佩塞拉泉（Spring of Persela）的水源，它是前14至前13世纪迈锡尼建筑的最佳范例之一。它尤其令人印象深刻，因为它使用假拱技术把大块石头堆叠起来。一长串低矮的楼梯从近120米的高处向下延伸到泉水边，使敌人无法依靠切断水源来占领这座城市

浮出水面，施里曼称之为迈锡尼人的民族历史也随同这座城市显现出来。他们是公元前20至前16世纪来到希腊定居的印欧人。

他们讲一种近似于日后的希腊方言的语言，人们在泥板上的文字记录中找到了这种语言，并称之为线形文字B（Linear B）。线形文字B是日后字母的远古雏形。迈锡尼文明兴盛于公元前16至前13世纪末。从伯罗奔尼撒到弗西奥蒂斯（Phthiotis）和克里特岛，以及阿尔戈利斯（Argolis）和拉科尼亚（Laconia），在肥沃的平原或山谷附近的天然农场，通常靠近得天独厚的天然港口，建立了很多小型定居点。它们在名叫瓦纳克斯（Wanakes）的统治者的带领下发展壮大，这种等级社会依靠占有土地和

38左上 迈锡尼的"狮子门"得名于这座设防城堡正门横梁上的巨大石块，它建于前13世纪。两只母狮面对面，前腿踩着米诺斯柱的底座，米诺斯柱是阿特柔斯宫殿的象征

38左中 迈锡尼最大的圆顶墓、人称"阿特柔斯的宝库"的入口。由大石块砌成一条长长的进出通道，入口在通道尽头敞开

38左下 从结构的角度来看，通往埃癸斯托斯（Aegisthus）[1]墓的道路十分有趣，基本上是依石山开凿而成

---

1 埃癸斯托斯（Aegisthus），希腊神话人物之一。为堤厄斯忒斯与其女菲洛庇亚为推翻阿特柔斯所生。

38右上 在这幅描绘年轻女人的壁画中（前14世纪），我们可以清楚地看到迈锡尼绘画的米诺斯起源，它的风格不够生动，比不上我们在克里特岛的艺术品中看到的那么潇洒活泼

39 迈锡尼主入口不寻常的鸟瞰图，坡道经过狮子门。右边我们可以看到墓圈A，海因里希·施里曼发掘的著名坟墓

武器来保持稳定，瓦纳克斯是最高等级。这个发展中的文明水平很高，取得了广泛的成功，它的关键在于把农业和乡村经济与加工业相结合，即把贵重或普通的原材料转化为受欢迎的制成品，包括精良雅致的陶瓷和做工考究的金、银和青铜制品。

多亏有一支开拓进取的商船队，把这些产品从伊比利亚半岛传到波河流域，从意大利中部和南部传到叙利亚和巴勒斯坦海岸及塞浦路斯岛，从巴尔干半岛传到埃及和赫梯（Hittites）王国。当然，这种流通对建立迈锡尼的地位至关重要。

望着迈锡尼，可以清楚地看到，典型的迈锡尼"城市堡垒"与米诺斯的"城市宫殿"之间在意识形态、技术、结构和装饰方面存在巨大的差异。詹姆斯·G. 弗雷泽（James G. Frazer）在其著作《帕萨尼亚斯等希腊素描》（Pausanias and Other Greek Sketches，1900年）中把迈锡尼比作"一位老土匪、一位天空岛（Skye）或洛哈伯（Lochaber）的领主的阴森森的巢穴"。

也可以说，有着简陋墙壁和塔楼的迈锡尼宫殿与意大利某些中世纪村庄不无相似之处，前者远比不上克里特人的宫殿疏朗开阔，后者则在封建领主的城堡周围蔓延铺陈。

迈锡尼的遗址能够留存至今，在很大程度上是因为在公元前12世纪多立克（Doric）入侵期间，它遭遇危机并骤然衰败。

尽管有迹象表明，人们在卫城继续居住，直到公元前468年阿尔戈斯（Argos）把它摧毁，但是卫城至今留有若干希腊化的遗迹，多立克的入侵并没有导致后来在这块区域重新兴建居民区，就像许多其他古城发生的情况。

环绕卫城的坚固的三角形城墙建于公元前14世纪中叶至前13世纪末，成排的石块规整有序地堆叠摆放，没有使用砂浆。最后的发展阶段还包括城墙内所谓的墓圈A（Burial Circle A）。这是一个人造的圆形平台，用小石子砌成的高墙来加固夯实。在这里，施里曼和希腊考古学家斯塔马塔基斯（Stamatakis）发现了6座几乎完好无损的墓室，里面的陪葬宝物有金、银、青铜器和陶器。

施里曼认为这些宝物属于阿伽门农和阿特柔斯家族其他一些传奇人物，《埃斯库罗斯的俄瑞斯忒亚》（Oresteia of Aeschylus）让这些人物流芳千古。事实上，现在人们认为，这座坟墓的年代应该比推想中阿伽门农统治时期早得多，即公元前16世

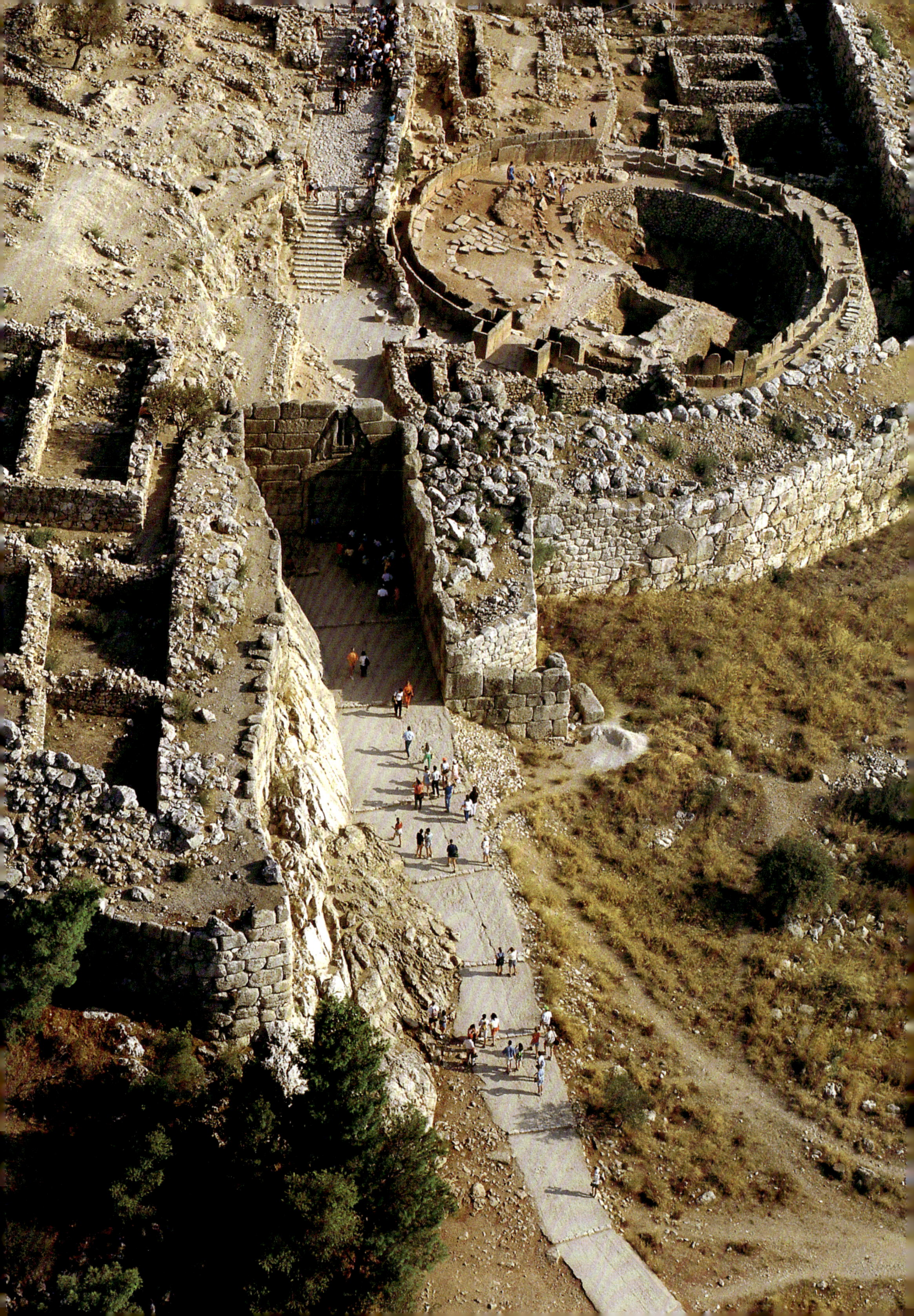

40左上 这只久负盛名的镀金高脚杯出自墓圈A的一处壕沟墓,施里曼认为它属于神话中的国王皮洛斯的涅斯托尔(Nestor of Pylos)。它的特殊价值更多地来自制作它所使用的珍贵材料,而不是设计,因为它采用的技术是这个时期迈锡尼金匠、雕刻家和陶器制造者留下的

40左中 这个出土于附近梯林斯(Tiryns)的镀金印章戒指上刻着游行队伍向生育女神致敬的画面,让我们对前15世纪迈锡尼的黄金加工艺术有所了解

40右 这把精美的铁匕首配有金银刀刃和镀金手柄。它是前16世纪迈锡尼艺术的典型作品,出土于墓圈A的5号墓

纪迈锡尼最早的繁荣时期。

进出城市的门户与今天仍在使用的是同一道门,即狮子门,狮子门得名于入口上方3米高的三角形石块上雕刻的浮雕。浮雕上刻着两只母狮,以纹章样式面对面伫立在一根柱子的两侧,这根柱子显然源自早期的米诺斯文明。

第二个出入口是北门。两道大门都设在主城墙和外墙之间狭长通道的尽头,侵略者的所有动静都在护墙上的防御部队面前暴露无遗。城墙的东北角现存一道小门。如同附近的人造走廊的情况,建造它是为了保证即使在遭到围困的情况下也能进入水源和珀尔修斯门(Gate of Perseus)。这道门的位置比卫城低得多,用"假拱"技术建造。大块石头向上层层叠涩到1.8米的高度,直到两端在顶部相接,把反推力沿着两侧向下传递到地面。

狮子门是迈锡尼建筑典型的技术结构解决方案的绝佳范例,即所谓的"传递三角"。大门上方,无论是用单块石头直接承重还是多根石柱支撑,建筑师都在门洞上方由单块石头构成的门框处留了个三角形豁口。按需雕刻的厚重石块放在层层叠涩的结构中,把它们的重量传递到门框两端,为结构提供必要的稳定性。

皇宫醒目地兀立在沿着卫城的斜坡和城墙向外分布的民居中间。这是个楼群,部分呈阶梯状,建在公元前17—前15世纪的城堡旧址之上。有一些较小的私人和仆役房间环绕在青铜时代的基本住宅模型周围。遗迹显示这种模型呈横向布局,带有双柱门廊、门厅和铺设灰泥地板的大厅、米诺斯风格的壁画和位于四根柱子中间的大型中央壁炉。

迈锡尼也提供了这个文明中可能最好的墓葬建筑的例子。墓圈A的壕沟墓年代为公元前16世纪。它们是地下墓室,用小石块或石板砌成,再在木梁上加盖石板,用泥土密封。从公元前15世纪起,迈锡尼出现了圆顶墓(tholoi)[1],又叫"假圆顶",呈现为埋在土墩下的大型圆形墓室的形态,这可能是根据克里特岛的原型演变而来的。

其中最著名的是公元前1330年前后的所谓"阿特柔斯的宝库"(Treasure of Atreon)。一条长30多米、宽5.5米的廊道,沿着由巨大

---

1 圆顶墓(tholoi),音译为托洛斯,又称蜂巢墓。

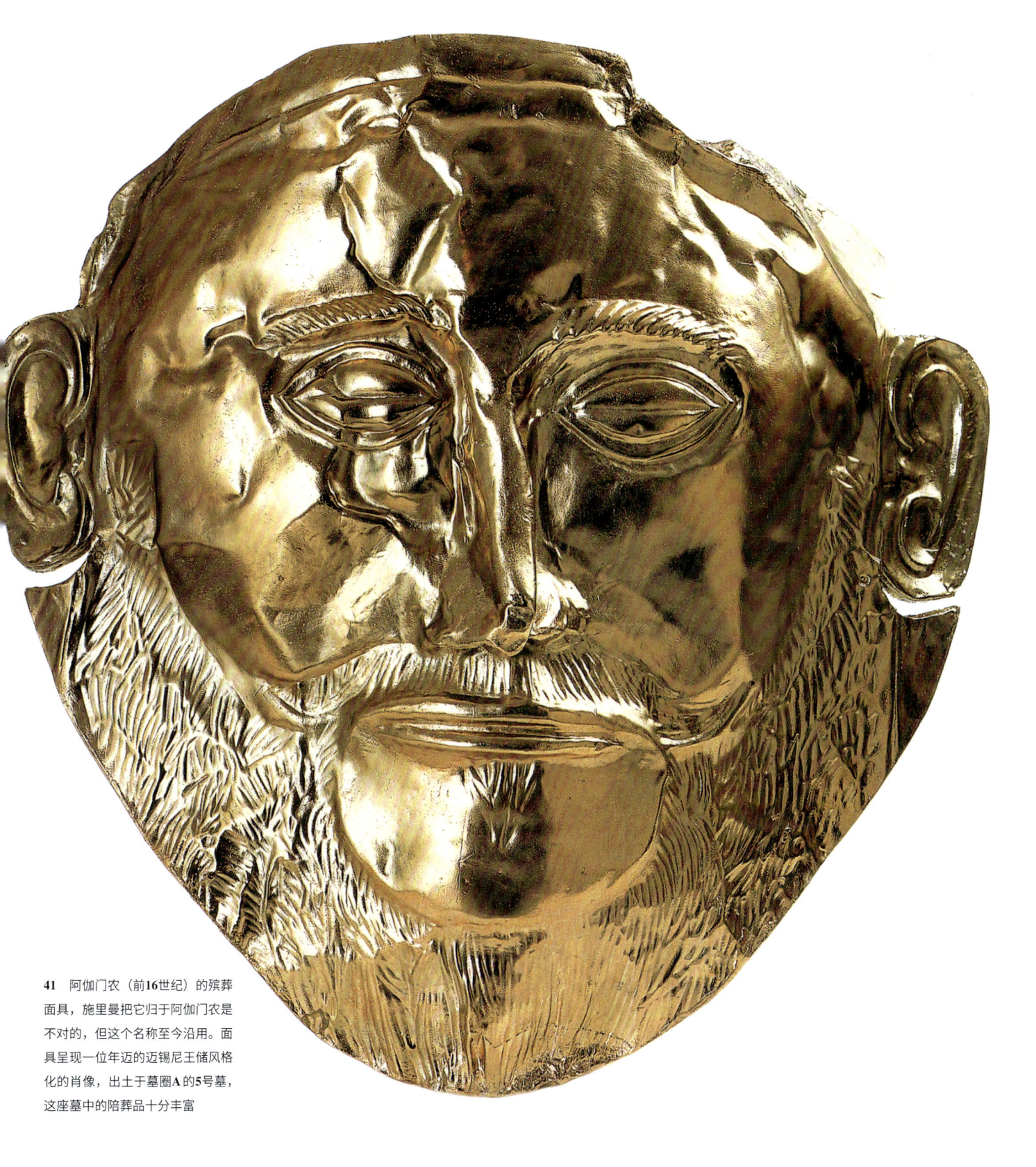

41 阿伽门农（前16世纪）的殡葬面具，施里曼把它归于阿伽门农是不对的，但这个名称至今沿用。面具呈现一位年迈的迈锡尼王储风格化的肖像，出土于墓圈A的5号墓，这座墓中的陪葬品十分丰富

的长方形石块砌成的陡峭的墙壁延伸。这些石块以偶数排列成行，通向宽敞的正面，正面设有一道高4.6米、宽3米的门。开阔的门框上方是"传递三角"。

我们穿过入口到达宽敞的圆形大厅。圆形大厅高27多米，直径14米。形状规整、刷着灰泥的石块砌了33圈，呈现为无懈可击的凹形。它们自下而上层层叠涩，直至这个结构的顶部；在顶部，这个系统的所有推力都遭到阻挡，并向下传递到基底处。

入口的右边是一座直接从岩石中挖出的小墓室。大圆顶墓里面，墙壁上原先可能有过青铜装饰物。附近的圆顶墓虽然面积较小，却同样有趣，只是状况很差。一些人认为，它们可能是阿伽门农不贞的妻子克吕泰涅斯特拉（Clytemnestra）和埃尼忒斯（Ae-gestes）的墓地。

迈锡尼的挖掘工作从墓圈A出土了许多宝藏，包括施里曼找到的死亡面具（它蒙在墓室中尸体的脸上）、镀金的陶器、珠宝和华美的匕首，以及从迈锡尼出口到整个地中海的精美陶瓷，还有妙趣横生的祭拜和祈愿物品及装点宫殿的壁画残片。

雅典：追求完美之地

42—43 雅典卫城是古代城市和辉煌灿烂的伯里克利时代的象征。它在阿提卡湛蓝的天空映衬下格外醒目，并且戏剧性地突出了帕特农神庙雄伟优雅的轮廓。帕特农神庙，这座古代世界精美绝伦的神庙是建筑师卡利克拉特斯和伊克提诺斯及雕塑家菲狄亚斯的杰作。南麓山脚坐落着希罗德·阿提库斯神庙和包含狄奥尼索斯剧场的圣殿建筑群，埃斯库罗斯、索福克勒斯、欧里庇得斯、阿里斯托芬等伟大的戏剧家都曾在该剧场上演过戏剧。右边的背景是利卡维多斯山（Likavitos），观赏雅典全景的最佳地点之一

A 雅典卫城
B 帕特农神庙
C 狄奥尼索斯剧场
D 阿提库斯音乐厅
E 柱廊
F 奥林匹亚宙斯神庙
G 普尼克斯
H 厄瑞克忒翁神庙
I 古市集
J 阿塔罗斯柱廊（Stoà of Attalos）
K 哈德良图书馆
L 罗马市集

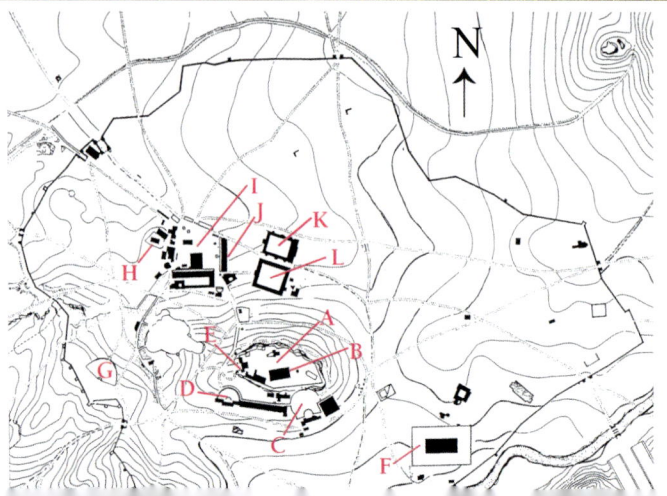

43左上 这个表情甜美的青铜女神头像是前5世纪末至前4世纪中叶具有代表性的阿提卡艺术品，可以在雅典的国家考古博物馆看到

在现代雅典的天空之下，这座拥挤的城市未能幸免于通常的大气污染，城市中被抢救出来的博物馆和考古遗址林立，继续向世人展示举足轻重的名胜古迹，讲述着它象征希腊和希腊文化的历史。

闻名遐迩的雅典卫城将近150米高，四周环绕着光秃秃的岩石。它是献给雅典娜的。此地自新石器时代起就有人类居住。自公元前10世纪以降，它一直是这座城市的宗教中心，虽然"城市守护神"帕拉斯·雅典娜的多立克神庙早已踪迹全无。第一座神庙建于公元前565年前后，长100阿提卡英尺。只有山墙上几幅彩绘雕像保存下来。第二座神庙兴建于希庇亚斯（Hypia）和希帕克斯（Hyparchos）残暴的统治时期，有双排立柱，呈现优雅的爱奥尼亚式比例。这座神庙的山墙上有几尊大理石雕像留存至今。

公元前480年，雅典卫城被波斯人洗劫一空。卫城的废墟，连同一些小型宗教建筑和艺术品被埋在名为"波斯坑"（Persian Fill）的沟壕中，它们曾使雅典享有"活生生的信念博物馆"的美誉。1886—1887年在此地展开发掘活动，出土了以这种方式被隐藏起来的惊人遗产。

我们今天所看到的是公元前5世纪雅典文明的非凡成果，彼时，这座城市处在民主政治的鼎盛时期。在政府首脑伯里克利的领导下，雅典致力于构建这样一个社会：利用数学和科学的不断精进，在哲学上臻于完善。这些努力最终凝结为一种艺术创造。

公元前449至前447年，伯里克利以一种更加周密详尽的方式继续兴建一项在客蒙（Kymon）执政时期开工的建筑工

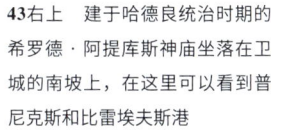

43右上 建于哈德良统治时期的希罗德·阿提库斯神庙坐落在卫城的南坡上，在这里可以看到普尼克斯和比雷埃夫斯港

44右中 典雅的雅典娜胜利女神庙（Temple of Athena Nike）建于前430—前420年，至今几近完好。它由建筑师卡利克拉特斯按照爱奥尼亚风格设计，正面设柱廊

43下 雅典卫城的宏伟柱廊由建筑师穆尼西克里（前437—前433）设计，它是戏剧性的帕特农神庙壮丽景观的序幕

44上 这是装点帕特农神庙内殿的爱奥尼亚饰带的局部，我们能够从中看到技艺精湛的雕塑家菲狄亚斯所达到的高超的艺术造诣。年轻的骑手们投入赛跑、也可能是向雅典娜致敬的游行，请注意他们跃跃欲试的动作怎样在美丽的白色大理石上逼真地展现。大理石采自距离雅典几千米的彭特利库斯山（Mount Pentelicus）采石场

44—45 这幅从西侧观看帕特农神庙的图片令人赞叹，我们可以看到它的比例和美学上的庄重典雅。这一边通向爱奥尼亚柱廊大厅，厅内立着一尊古老的雅典娜神像。正面描绘的是刻克洛普斯的神话，以及波塞冬和雅典娜为了保护这座城市而发生争执的画面

程。他为此拟定了意识形态和物质方面的指导方针，安排了所需资金，把施工现场和许多计划的监督权交给了古代世界公认的伟大艺术家、雅典人菲狄亚斯。菲狄亚斯雇用了建筑师、雕塑家、一流的画家和大量默默无闻的工匠来参与服务。每个人都为自己身为有名或无名的一员，参与兴建雅典卫城这样的佳作精品而满怀骄傲。

帕特农神庙（建于前447至前432年）供奉雅典娜，它是卡利克拉特斯和伊克提诺斯的作品。卡利克拉特斯是客蒙治下的建筑工程的负责人，伊克提诺斯利用了已经在卫城南侧修筑完成的大块平台和大量可用的建筑材料，结果建成了一座光彩夺目的多立克八柱神庙。经过设计，每个元素和空间都是一个系统的组成部分，这个系统呈现无可指摘

黄金象牙巨像，它是菲狄亚斯的作品，位于神庙的中心区域。可惜我们只能透过当年的描述和一些小型复制品对它有所推想，比如《瓦尔瓦凯的雅典娜》（Athene of Varvakion），比如《隆达尼尼的美杜莎》（Medusa Rondanini）的模型局部。

帕特农神庙的位置本身有助于强化它的尺寸和比例的完美和谐。我们穿过入口的门

的和谐比例。这座建筑不仅满足了宗教需求，突显了这座建筑作为绝对的美的典范，它还具有一种哲学功能，表达了对存在本身的理解。举例说明，在这座围柱式建筑（peristasis）[1]中，石柱的下端更密集，也更靠近神庙的内墙，石柱下端的直径与内部轴心的比例是4∶9，外立面与山墙的水平檐口的高度的比例也是4∶9。

研究表明，似乎存在一个长10阿提卡指（Attic dactyls，约7米）的基底模块。局部之间、局部与整体之间的比例关系全都以这个模块为基础。这座恢宏的建筑还包含一座雅典娜的

---

1 围柱式建筑，纵向连接格局，音译为派利斯塔西斯建筑，用来描述被门廊和柱子环绕的古希腊或古罗马神殿的样式。

45上 这幅出自帕特农神庙爱奥尼亚横饰带的残片描绘着坐在雅典卫城上的波塞冬、阿波罗和阿耳忒弥斯的形象。在纪念雅典娜的泛雅典节，队伍向卫城前进。这是菲狄亚斯的艺术水准空前绝后的又一个例子

45下 雅典卫城出土了一批令人印象深刻的从前6世纪到罗马时期的希腊铭文。它们通篇描述公共和私人的纪念碑式建筑作品、行政事迹和宗教行为，如今只余断章残句

廊，一眼看到的它的角度恰好把它的轮廓映衬在山南边的背景下，朝向比雷埃夫斯港和大海。这座建筑的设计师还做了些视觉调整，化解了肉眼能够捕捉到的不完美的景致的影响。略微外鼓上挑的基座形状避免了凹陷的错觉，空间扩张的印象通过柱子相对于轴线的特殊位置得以消除。

神庙中的雕像是菲狄亚斯和助手的杰作。山墙上讲述了两个对这座城市至关重要的神话故事。一个是雅典娜的诞生，她从宙斯的脑袋中跳出来；另一个是雅典娜和波塞冬为了占有阿提卡而发生争论。几组大理石雕像保留至今，显示了菲狄亚斯在塑造人物形象时所达到的理想化和自由度的高度。

这座围柱式建筑的多立克式雕带的方形空间是学者们讨论不休的课题，他们探讨它的原古典时期（**proto-classical**）风格，推测参与创作的艺术家数量。它们用神话和史诗反映善与恶、文明与野蛮、正义与不义的永恒斗争，东侧描绘巨人被杀，北侧描绘特洛伊的毁灭，西侧描绘亚马逊人被杀，南侧描绘厄瑞克

46上 这幅令人赞叹的图片显示伊瑞克提翁神庙的西面和南面，这座建筑的复杂性显而易见。它于前5世纪末在卫城的北部边缘兴建，主要供奉波塞冬。传说雅典娜送给这座城市一棵橄榄树，今天，在原来敬拜神树的地方种着一棵橄榄树

46中 伊瑞克提翁神庙的东面古朴大方，六根爱奥尼亚柱是希腊建筑技艺的明证。右边是北门廊。传说石头中隐藏着波塞冬的三叉戟留下的记号

46下 伊瑞克提翁神庙南侧门廊的女像柱（**Caryatids**）"穿着"雅致的爱奥尼亚式衣装。雕像近乎率性随意的站姿与附近帕特农神庙的宏伟庄严形成了和谐的对比

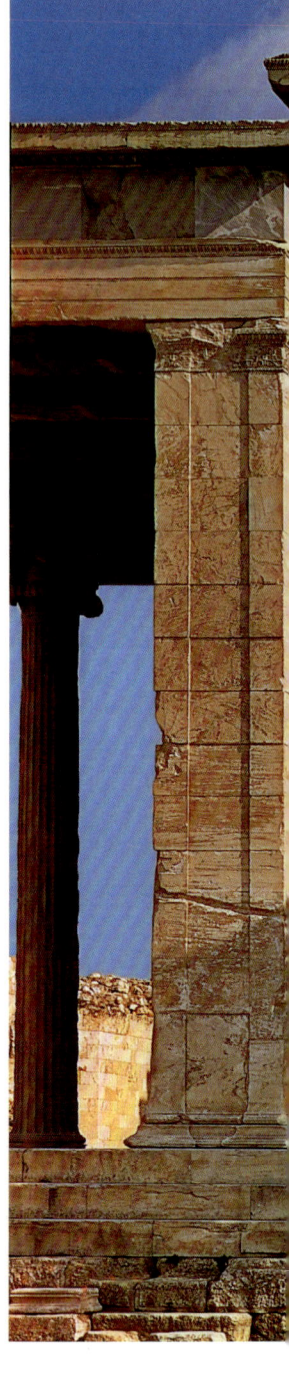

46—47 从西侧看，伊瑞克提翁神庙恢宏大气，这幅图体现了这座不寻常的建筑物的复杂性。它至少有两层，可能更多，细节显示了各种各样渊源古老的宗教。整个场景由爱奥尼亚建筑相统一，柱体修长，檐部残存着雕带

透斯（Erechtheus）和忒修斯（包括半人马）被杀的故事。神庙里面长长的爱奥尼亚雕带是菲狄亚斯的风格臻于完美的绝佳范例。

爱奥尼亚雕带描绘了各种赛事和四年一度的泛雅典人节大游行。节日期间，雅典社会的宗教、政治和意识形态等各个领域都得到庆祝和强化。公元前437至前433年间，建筑师穆尼西克里建造了卫城山门，这个雅典卫城的纪念碑式入口呈现典雅高贵的比例。这个六柱多立克式入口后面是开阔的前厅，几排爱奥尼亚柱把前厅分成三条通道，通道尽头是一堵设有五扇门的墙壁，车辆和牲畜经由四级低矮的台阶和一条中央坡道通行。东侧是对称的反向前殿（counter-pronaos），这里是瞻仰菲狄亚斯的作品《所向披靡的雅典娜》（Athene Promachus）青铜雕像和帕特农神庙的最佳位置。如今雕像已不复存在，只知道它曾经高达6米以上。在卫城山门西北面，我们仍然可以看到画廊旁边小小的门廊侧翼，画廊以绘画藏品闻名。

47下　这是伊瑞克提翁神庙东部门廊左起第六根柱子的局部，它让我们有机会欣赏这座建筑的爱奥尼亚式柱头的精致造型。涡卷装饰生动地突出了轮廓，顶板饰有珍珠图案，柱身顶部用植物花纹装点。所有这些笔触都使圆柱变得华丽丰盈，使之成为雕刻艺术而非承重元素的典范

优雅的四柱大理石的爱奥尼亚雅典娜胜利神庙（Athene Nike），以卡利克拉特斯公元前450年前后的设计为基础，位于雅典卫城西南堡垒上，是为了庆祝雅典在伯罗奔尼撒战争第一阶段的短暂胜利而建的。

最后一座建在卫城上的建筑叫作伊瑞克提翁神庙（Erecteon），它于400多年前在古代的集会场所兴建。集会场所曾被各种古老的宗教派别占用，这些宗教盛行于雅典娜被尊为多面女神之前。这座建筑由卡利克拉特斯、穆尼西克里或菲洛克勒斯（Philocles）设计，从它的T字形平面图来看，它似乎遵循了仪式要求和古老的模式。东边的六柱爱奥尼亚前殿比宗教膜拜的主体部分还要古老，雅典娜的古代木雕神像曾经摆放在正殿里。

北边，高峻的六柱爱奥尼亚门廊纪念波塞冬与雅典娜女神发生争执时做出的豪举。西边，一棵由雅典娜女神赐予的橄榄树备受尊崇。

南边是女像柱门廊（Lodge of the Caryatids），传统认为这里是神话中的国王刻克洛普斯（Cecrops）的陵墓。俯瞰整座遗址的是六尊衣着优雅的年轻女性雕像，她们取代原来的雕像，是具有代表性的爱奥尼亚装饰元素女像柱的后菲狄亚斯阐释的绝佳范例。狄奥尼索斯（Dionysus）是大酒神节戏剧比赛的保护者，著名的狄奥尼索斯剧场就坐落在雅典卫城南部。

这座神圣的露天剧场现存的结构可以追溯到公元前330年，在罗马时期曾经重建。希腊古典戏剧的不朽杰作曾在这里上演。气势恢宏的希罗德·阿提库斯（Herod Atticus）剧场自罗马帝国时代起就上演戏剧，直至今日依然如此。

越过亚略巴古山（Areopagos）就到了古市集，即这座城市的行政和经济中心。建于僭主时期到罗马晚期的遗迹包括经过

48左 提塞翁（Theseion）[1]神庙的两幅景观图。这是一座六柱多立克供奉希腊火神赫菲斯托斯的神庙，它与帕特农神庙建于同一时期，与后者具有许多相同的元素。这座建筑坐落在一处与古市集隔着一定距离的缓坡地带

48下左 卫城西南有三座山，分别是缪斯山、普尼克斯和仙女山。罗马雅典最有趣的遗迹之一、罗马执政官和阿提卡公民尤利乌斯·安提阿古·费洛帕伯（Julius Antiochus Philopappus）的纪念碑就在这三座小山中的第一座山上。这座建于公元114年至116年间的纪念碑是哈德良时代古典风格的绝佳典范

48下右 靠近罗马集市的地方有一座保存完好的八角形建筑，它以上方饰带中的形象命名，叫作"风之塔"。它其实是前1世纪基尔鲁斯的安德罗尼库斯（Andronikos Kyistes）制作的大型液压钟

48—49 雅典卫城南坡上著名的狄奥尼索斯剧场的台阶、乐池和舞台。该剧场仍然留有建于亚历山大大帝时期的大理石地板和华丽造型。虽然它不是希腊最大的剧场，但是就其中上演的作品而言，它绝对是最伟大的

---

[1] 提塞翁（Theseion），火神的别称。

现代改造的佩加蒙[1]国王阿塔罗斯二世（Attalos II of Pergamon，公元前2世纪）的柱廊、古市集博物馆（Museum of the Agora）遗址，还有几乎正对面的、至今保存完好的六柱多立克赫菲斯托斯神殿（Temple of Hephaestus）。赫菲斯托斯神殿与帕特农神庙建于同一时期，从尺寸和比例上看得出来，它是由一位显然仔细研究过雅典卫城的建筑师用大理石建造的。这座建筑所处的区域曾经是青铜雕刻家和陶工居住的地方，也许神殿就是为他们而建的。

陶工占据的地区凯拉米克斯（Kerameikos）是个别具趣味的考古区，因为它与占地广阔的墓葬区迪普利翁（Dipylon）相连。到处都可以找到希腊化时期尤其是罗马时期气势磅礴的遗迹。比如，在雅典卫城西南的山丘上矗立着菲洛帕波斯（Philopappos）的纪念碑，在罗马广场上耸立着由基尔鲁斯的安德罗尼库斯设计的"风之塔"，在雅典卫城的南部，哈德良皇帝下令完成了宏伟的科林斯双柱奥林匹亚宙斯（Zeus Olympio）神庙。

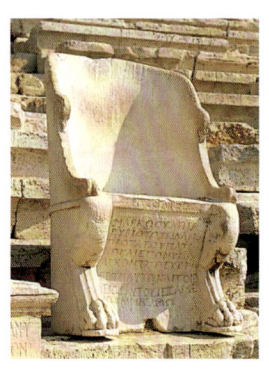

49下左 这张椅子安放在狄奥尼索斯剧场的尊贵位置，是为在大酒神节期间供奉酒神的祭司保留的

49下右 许多艺术作品讲述了酒神狄奥尼索斯的故事，向生活在今天的我们揭示了这尊神在往昔享有何等重要的地位。我们至今仍可在狄奥尼索斯剧场观看到这些作品

---

[1] 佩加蒙（Pergamon），又译帕加马。

帕埃斯图姆：
诸神和英雄

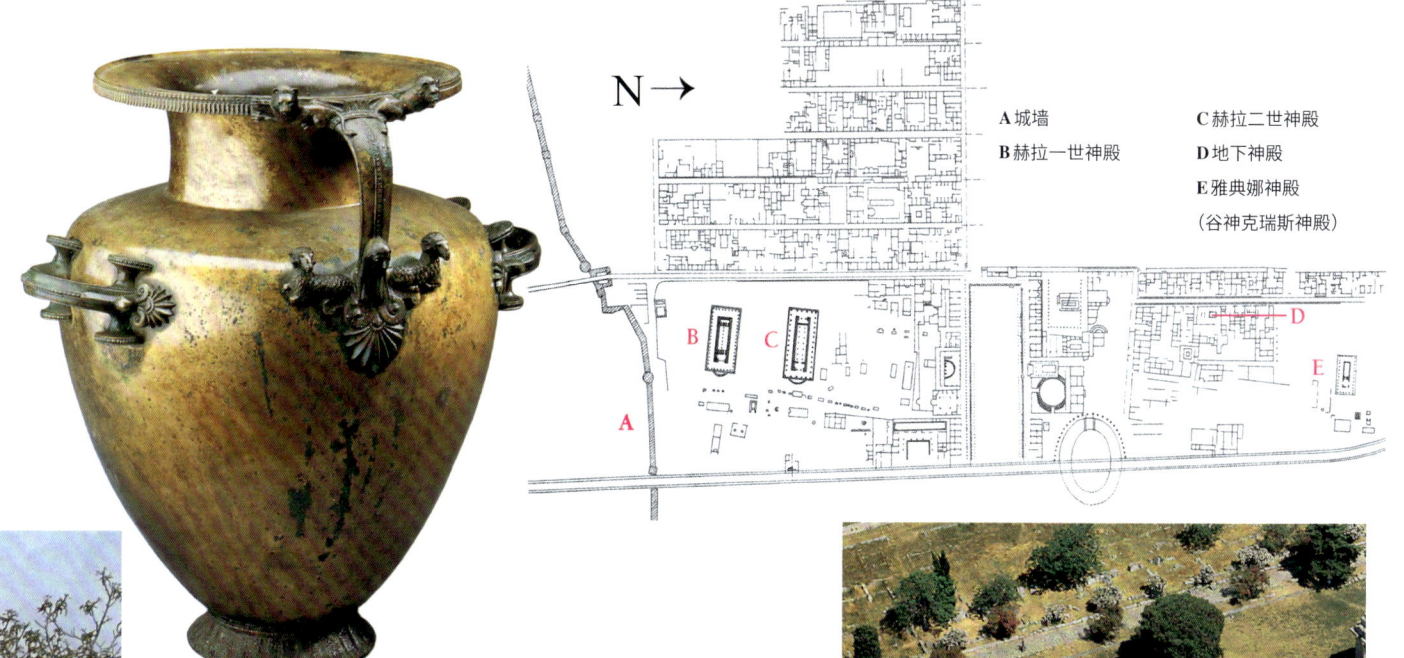

A 城墙　　　　　C 赫拉二世神殿
B 赫拉一世神殿　D 地下神殿
　　　　　　　　E 雅典娜神殿
　　　　　　　　　（谷神克瑞斯神殿）

50—51 这座建于前5世纪前后的建筑虽然名叫波塞冬神殿，但它供奉的其实是赫拉。它是古波塞多尼亚最优雅的神圣建筑，其多立克建筑风格的外形也体现了原古典时期的影响

50左下 形形色色的人物形象反映了古希腊的绘画特点，有些浅显简单，有些相当复杂。在古典时期，帕埃斯图姆居民用壁画来装饰坟墓

50右下 这幅精美的鸟瞰图片显示了帕埃斯图姆两座赫拉神殿，即赫拉一世神殿（又叫巴西利卡）和赫拉二世神殿（波塞冬神殿）规整有序的布局。它们显然是为了举行仪式而建的。这两座多立克式建筑在前6世纪中期至前5世纪中期建成，彼此之间相隔不到一个世纪。它们保存得极好

波塞多尼亚（Poseidonia）是锡巴里（Sibari）的一个次殖民地，位于今天的意大利南部，于公元前7世纪上半叶在第勒尼安海（Tyrrhenian Sea）附近的塞勒（Sele）平原上建立。在落入卢卡尼人（Lucani）手中之前，它繁荣了两个多世纪。公元前273年，它成为罗马的殖民地，获得了知名度更高的名称：帕埃斯图姆。今天，许多人认为它是希腊、意大利和罗马世界魅力四射的考古遗址之一，不仅因为它有三座保存良好的神殿，还因为现代的一次特殊发现。

1968年6月3日下午晚些时候，马里奥·纳波利（Mario Napoli）在北墓场进行考古挖掘时，让"跳水者之墓"（Tomb of the Diver）重见天日，其中有已知最古老的希腊壁画——留存于世的古希腊壁画寥寥无几——它已成为帕埃斯图姆的代表作品。

马里奥·纳波利如此描述这一发现："从一开始情况就很明朗，这一发现非同小可。从外面看，坟墓似乎得到了妥善的照看，我们观察到接缝非常致密，用灰泥做了填塞和平整，保证里面密不透风。坟墓朝向正常的方向，为东西向。里面没有泥土的痕迹，底部用产自本地的天然石灰石铺就。尸骸所剩无几，接触到空气后迅速腐烂。残存的碎屑让我们注意到，头是朝向东部的。彩画保存得完好如初……在一个惊心动魄的瞬间，我们意识到了这一发现非同一般，最清晰和最直观的信号是，彩画不仅画在棺材四壁，还画在棺盖上。这是个前所未有的全新发现，一个了不起的发现……"

对陪葬宝物的分析使确定墓穴的年代成为可能。这个墓穴建于公元前480年，因为里面有一只这个时期具有代表性的画着阿提卡棕榈树的莱基托斯陶瓶（lekythos）。壁画由艺术家先在灰泥上画出最初的草图。侧墙上的壁画描绘贵族的节日聚会。天花板上的壁画表现的主题

51左上 这只瑰丽的青铜提水罐是前510年希腊金属作品的杰作，与其他珍贵的艺术品一道出现在希腊世界常见的柱廊式圣地庙形坟墓（Heroon）的宝藏中，这座圣地用来敬拜本地神话中的英雄

51右 赫拉二世神殿的另外两幅图。它们让我们有机会注意到结构的生动和谐，中间的宗教区域用双排圆柱分成三个中殿。前6世纪末，萨罗尼科斯湾（Saronic）的厄基那也使用了类似的布局图

52上 这座巴西利卡的不寻常之处在于它的短边有**9**根柱子，长边有**18**根柱子。它厚重的轮廓和典型的略微鼓出的多立克式柱身是古代设计的标志

很不寻常，一个裸体的年轻人从可能是蹦床的东西上跳入水中。

长边的欢会场景描绘十个半裸的男性人物，按照习俗头戴棕榈叶花环，半躺在克里奈[1]或卧榻上，卧榻旁边摆放着低矮的花环桌。短边画着年轻的仆人在倒酒，笛手在指点两名男子。

北侧，半躺在右边卧榻上的两名男子呈现出一副深情款款的姿态。他们神情专注，举止亲昵，似乎在呢喃细语，互诉衷肠，处处传达一种简单却优雅的风度。

左边的人手握七弦琴，表明现场存在背景音乐。中间是另一对男性形象。右边的客人看着他们，似乎在跟他们说着什么，同时他举起一只基莱托斯陶杯，这只杯子与他同伴手中的酒杯一模一样。

这位不知名的艺术家以鲜活逼真的笔触描绘了宴会最后的祝酒时刻。酒是一种精美而昂贵的产品，聚会是用美酒把客人凝聚在一起的友谊的载体，在这个语境下，祝酒不仅是对这种贵族聚会传统的庆祝，也是尘世生活的清晰而又痛苦的隐喻：一首多愁善感的挽歌——生活的欢愉终将不可避免地被死亡摧毁。

为了充分理解这些壁画和它们高度凝练的设计所体现的文化水平，我们必须正确地阐释天花板上的人物形象。如果我们决定反对这样一种假设，即在画着两株风格化的小树的自然环境中，跳水者栩栩如生地从蹦床跃入水中，他表示一名已故的运动员（来自波塞多尼亚的多位运动员参加了奥林匹克比赛），那么我们只能得出这样的结论：跳水象征着灵魂踏上了去往来世的旅程，潜入

---

[1] 克里奈（klines），古希腊家具，一种带有床头板和踏足板的长榻。

52—53 帕埃斯图姆的巴西利卡其实是赫拉的第一座神殿,由古波塞多尼亚的希腊殖民者建造。它建于前550—前530年,保存得很好,巨大的多立克式基座安然无恙

53上左 帕埃斯图姆的陶器呈现出纷繁多姿的精致风格和色彩。这只前360—前330年由陶工制作的精美的双耳细颈瓶描绘美神在海浪中诞生

53上右 此类小雕像出自前5世纪,表示对丰收和生育女神德墨忒耳(Demestra)的崇拜。女神坐在宝座上,左手托着一枚石榴

53中 一幅气势雄伟的巴西利卡图,呈现了(可能被认为是)建筑物不同部分之间相当不和谐的关系。长度过长,柱体坚固,笨重的多立克式楣带不加装饰,这些都是大希腊[1]早期大型宗教建筑的典型特征。这些建筑是当时希腊正在开展的有价值的实验,尽管殖民城邦的建筑作品也很重要

---

[1] 大希腊(Magna Graecia),公元前8—前6世纪古希腊人在安纳托利亚、北非和南欧的意大利半岛南部建立的一系列殖民城邦的总称。

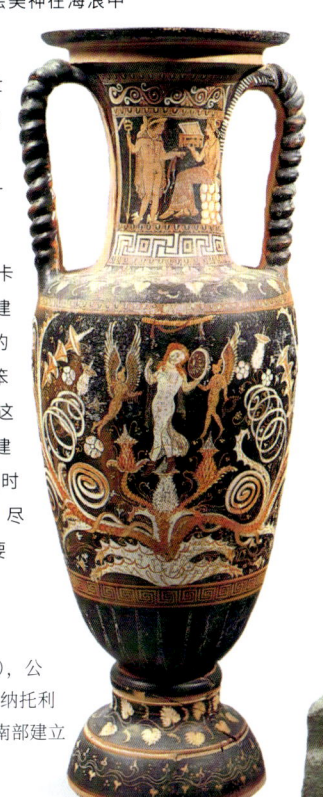

未知,然后在呼吸之间得到净化,让人回想起毕达哥拉斯的哲学和他的灵魂轮回说。

这座坟墓并不是前往帕埃斯图姆的游客唯一感兴趣的地方。它的街道至今仍被卢卡尼和罗马时期改造过的希腊城墙环绕,从这个道路网中,我们既能看到最初的希腊殖民样式,它以一个实用的直角布局为基础,也能看到后来罗马的平面图。我们从主入口到达这座城市时,它的视觉冲击力令人久久难忘。

这座城市供奉的是波塞冬,不过对

53下 在城镇北部的神圣区域,谷神星克瑞斯神庙(Temple of Ceres,其实是前510—前500年左右献给雅典娜的)优雅的轮廓保存得格外完好。该建筑具有四面透风、和谐均衡的结构,在门廊处将气派的多立克风格与爱奥尼亚圆柱相结合。该建筑的尺寸与希腊大陆上那些30米高的神庙完全相同

53

54上左 这个年轻仆人给客人倒酒的形象出现在跳水者神庙（Temple of the Diver）的一个短边上。他的肩膀上方是一只涡卷装饰的大碗，类似于6世纪末5世纪初在帕埃斯图姆使用的碗

54上右 这块彩绘石板来自黑骑士墓（Tomb of the Black Horseman），也制作于帕埃斯图姆的古典时期。它具有鲜明的自然风格，与周围的环境融为一体，是一个重要画派存在的证据

54—55 这个出自"跳水者之墓"长边一块石板上的场景集中体现了贵族聚会的欢乐气氛。乐师刚刚演奏过巴比托琴（barbyton，一种古琴）。在他旁边，两名男子躺在同一张卧榻上继续聊天，另一张卧榻上开始演奏双笛（double flute）。笛手旁边的男子看起来好像在使劲回想这首歌的歌词

54下 对面的石板上画着两个人在宾客中间兴味盎然地泼洒美酒，玩柯塔波（kottabos）铜盘游戏。画面中的人举着高脚酒杯，杯子带有杯柄，杯身扁而宽。这些高脚杯与当时使用的酒杯一模一样，它们由技艺精湛的雅典工匠制作，在帕埃斯图姆墓的陪葬品中很常见

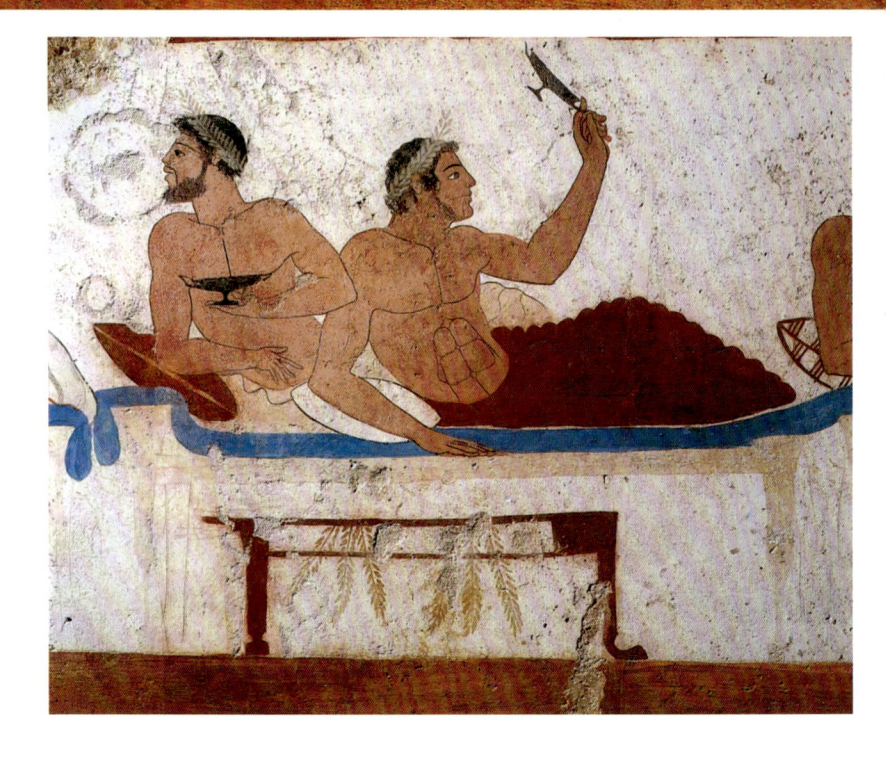

55上　这块覆盖在"跳水者之墓"上的石板为这座珍贵坟墓的名字来源。它的画面神秘难解，持续地引人着迷：一个裸体的年轻人纵身跃入水中。有人认为它比喻死者踏上去往来世的旅程

赫拉和雅典娜也都很虔诚。两座赫拉神殿东西而立，位置靠得很近。它们原本是一处宗教建筑群的组成部分，如今两者保存状况极佳。前者是波塞多尼亚最古老的宗教建筑（或许建于公元前550年到前530年间），它用产自本地的棕色石灰石建造，粉刷灰泥，矗立在约45×23米的宽阔平台上，柱廊由9×18根圆柱组成，是九柱多立克神殿的一个罕见范例。

古代传统元素，比如把宗教中心分为两个中殿，建筑物的承重构件尺寸巨大，整体结构厚重敦实等，都深受爱奥尼亚和小亚细亚文明的综合影响。

波塞冬神殿是波塞多尼亚体量最大、保存最好的神圣建筑。它建于公元前460至前450年左右，使用了当地典型的石灰岩，岩石随着时间推移呈现为强烈的暗金色。它和谐的比例体现了与奥林匹亚气势宏伟的宙斯神庙的紧密联系，宙斯神庙是伊利斯人李班（Libon of Elydes）的作品。波塞冬神殿是一座经典的六柱多立克式建筑，柱廊错落交叉的设计呈现光影的变化，软化了圆柱锐利的边缘和笨重敦厚的观感。尽管这个结构大体上古朴厚重，如此组合却产生了一种轻盈的效果。檐部的装饰和中间的宗教区域使它成为这一时期外部模式影响建筑方式的绝佳典范。

沿着古老的神圣路（Via Sacra）再往前走，就到了古罗马广场与帕埃斯图姆共和国与帝国时期占地广阔的遗址，再往前是俗称的克瑞斯神殿，它其实供奉的是雅典娜。它建造于公元前500年左右，拥有经典比例，但也同时受到了爱奥尼亚和多立克风格的影响。

建在此处遗址的考古博物馆收藏着大量文献，涵盖了数十年来的研究成果。一件出色的藏品是公元前540年的多立克四柱国库屋[1]的复原品，还有后来在塞勒平原上发现的赫拉神庙（Sanctuary of Hera）及殿内的系列雕刻（公元前510年），它们是研究西部殖民城邦的古代艺术史的基石所在，其价值还远远不止这些。

这座博物馆还收藏有丰富的祈愿和装饰物品、风格独特的本地学派的珍贵雕像，以及充裕的进口陶器。最后，还有工艺精巧而富丽奢华的青铜花瓶，它出土于广场上所谓的庙形坟墓，这座地下圣殿的年代为公元前510至前500年，同时出土的还有一只绘有数个黑色人物形象的双耳细颈瓶，表现赫拉克勒斯成神的故事。

1　国库屋（thesauros），是小型的寺庙式结构，用来储存战利品或个别贵族为纪念神灵或古代英雄而供奉祭品的坚固房屋。

塔尔奎尼亚：画在岩石上的来世生活

A 城市现址　B 伊特鲁里亚城　C 伊特鲁里亚古墓

56上　这块华美的陶瓷残片塑造了一对长着翅膀的马，制作于前4世纪。这是名为"女王祭坛"（Queen's Plow）的宏伟神庙木制檐部的装饰，实际上神庙供奉的可能是朱诺

56下　这幅壁画出自所谓的"男爵墓"（Baron's Tomb，前510—前500），画面中有装饰性的树木，表现向故去的贵族道别

塔尔奎尼亚，这座神话传说中塔尔孔特（Tarcontes）建立的城市，被认为是意大利南部伊特鲁里亚地区的一颗明星，它曾把自己的统治者塔克文尼乌斯·普里斯库斯（Tarquinius Priscus）和塔克文尼乌斯·苏佩布斯（Tarquinius Superbus）强加给罗马。今天它的主体仍然掩埋在名为皮安·迪·奇维塔（Pian di Civita）的广袤平原上，周围是一圈巨大的墓场，完美地衬托出中世纪的塔楼和钟楼线条清晰的轮廓。玛尔塔河（River Marta）流经古伊特鲁里亚干涸贫瘠的土地，从陡峭的火山岩上倾泻而下汇入大海。

人们对书写塔尔奎尼亚充满热情。G. W. 丹尼斯（G.W. Dennis）1848年出版了著作《伊特鲁里亚的城市和墓地》（Cities and Cemeteries of Etruria），书中写道，塔尔奎尼亚让他如痴如醉。D. H. 劳伦斯（D.H. Lawrence）也写过它，可惜，他对内容的准确性满不在乎。

这座城市可能建于公元前10世纪。可以确定的是，到公元前9世纪，它已经建立。它是名为微兰诺微（Villanovan）文化的发源地之一，这是伊特鲁里亚文明的第一阶段（公元前10至前8世纪），其标志是用许多模制的锥盖陶罐作为骨灰瓮，陶罐上装饰有几何图案。它的位置介于海洋之间，这意味着它能够与希腊人和腓尼基人往来交流，意大利中部第勒尼安的矿藏、此地肥沃的土壤和出色的防御系统使其成为该地区最具活力的中心之一，它准备接受和改造周围地中海和意大利地区正在发生的文化和经济变革，使其对自己有利。塔尔奎尼亚是最早放弃维拉诺瓦[1]模式，接受并发展地中海文明中东阶段形态的伊特鲁里亚城市之一。这与公元前7世纪某些贵族家庭手中的权力日益巩固有关。在公元前6世纪，这座城市似乎加入伊特鲁里亚-布匿轴心，在对抗希腊人的势力均衡中发挥了举足轻重的作用，并为确立伊特鲁里亚的第勒尼安海上强国地位立下了汗马功劳。此外，它处在欣欣向荣的贸易地区，能够吸引具备经济和文化才能的人士，包括艺术家。城市在这一时期迅速发展壮大，在当时和随后的数百年间，它凭借在意大利无出其右的数量惊人的地下墓室而为人所知。

墓室里画着色彩绚丽的壁画，它们是传承古代绘画发展知识的基础。古代绘画在这里得到介绍和传授，可能主要由希腊人或师承希腊人的艺术家执行。

公元前474年，希腊人在库马取得胜利，它在第勒尼安的主导地位不复存在，权力被日益强大的罗马夺去，随之而来的危机导致

1　维拉诺瓦（Villanovan），意大利最古老的文化阶段，约公元前1000年。

56—57 优雅的爱奥尼亚式伊特鲁里亚古风画的影响反映在今天叫作"母狮之墓"(前530—前520年)的壁画中。这名男子斜躺在奢华的卧榻上,卧榻上盖着一块边上绣着海豚和海鸟的布,他显然是个贵族

57上 公元前3世纪的艺术家用精湛的画笔描绘了这幅戴着贵重王冠的美丽的黑发头像,画家几乎可以肯定是希腊人。画中人表情阴郁地注视着远方。艺术家娴熟地用画笔为我们忠实地呈现了那个时期人们的发型和装扮

57下 "母狮之墓"的另一幅壁画描绘两名舞者在宴会上招待客人的场景。这个场景不仅表示忧伤地告别尘世的生命,也让人记起死者及其家人的贵族身份

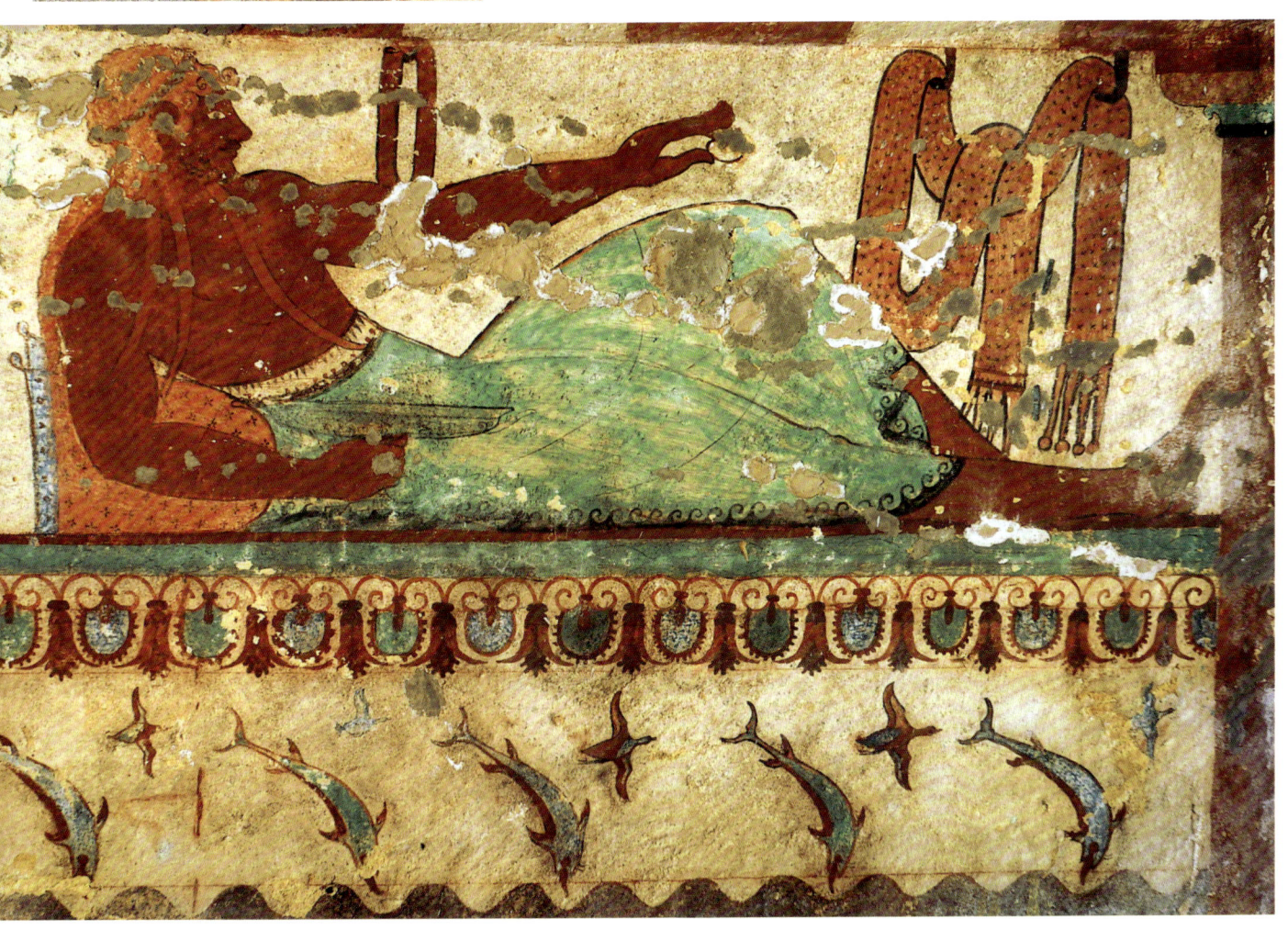

了一个相对衰落的时期。在此期间,这个文明原本以开拓创新的商业和手工业经济为特征,然而它们逐渐让位于以土地所有权和权力集中在贵族手中为基础的农牧经济。

后来伊特鲁里亚与罗马爆发了一系列战争(公元前4世纪),这座城市成了罗马共和国的组成部分,是罗马盟友中的一个举足轻重的中心,从而把相当辉煌的状态保持到了公元前1世纪初,此后,伊特鲁里亚文明被罗马人完全吸收。

今天参观塔尔奎尼亚,首先意味着瞻仰它坟墓中的彩绘这一非同寻常的遗产。其中一些特别值得一提,因为壁画保存得完好如初。"占卜师之墓"(Tomb of the Auguries)尤其声名远播。它的名称源自伊特鲁里亚祭司,他们的职责是通过破解鸟儿的飞行轨迹来预见未来。这是个单间墓室,建于公元前520年。墙壁上华丽的装饰画由一位可能是希腊-爱奥尼亚(可能来自福西亚)或伊特鲁里亚-爱奥尼亚的画家设计,描绘一系列体育赛事、盛大的表演和各

种仪式，这些为了缅怀亡故贵族的活动全都在占卜师的指导下举行。摔跤和悲悼的场景与含义尚不明朗的血腥的弗苏（Phersu）游戏交替出现，这种游戏可能是为缅怀死者而举行的角斗。

"男爵墓"的年代略近一些，为公元前510年至前500年之间。它是一位希腊-爱奥尼亚艺术家的作品。如果我们认为用缰绳把奔跑的骏马拽住是一种象征的话，我们可以把这个安详镇定、四平八稳的场景看作是死者出发前往来世。这里再一次明显地呈现出伊特鲁里亚绘画绚丽、生动的着色和填充人物的倾向。

伊特鲁里亚坟墓被认为是死者来世的居所，有时绘有凸显房屋建筑结构的装饰，为我们提供了关于住宅建筑历史的珍贵资料。例如，"巴尔托齐尼墓"（Bartoccini Tomb，前520年）和"马车墓"（Tomb of the Chariots，前490年）的天花板就是这样，雕带下方的壁画描绘了一场盛大的宴会，体育运动和马术比赛精彩纷呈。另一座大名鼎鼎的坟墓叫作"狩猎与捕鱼墓"（Tomb of Hunting and Fishing），年代为公元前510年左右。它得名于绝无仅有、名声在外的狩猎和捕鱼场景，人物形象充满动感，传达出人物与山川河流息息相关的强烈感觉。

这座坟墓可能是为一位富有的贵族建造的，他既从事海上贸易，也参与贵族阶层惯常的休闲活动。

"公牛墓"（Tomb of the Bulls）的年代可能在公元前550年。主墓室的后墙上画着一个罕见的源自希腊史诗的场景，或许蕴含着葬礼意味。这个场景描绘了阿喀琉斯（Achilles）伏击年轻的特洛伊王子特洛伊罗斯（Troilus）的故事。特洛伊罗斯贸然进入阿波罗·提姆拜奥斯（Apollo Thymbaios）的神圣森林，到喷水池边接水，阿喀琉斯则藏在后面。山河大地是高度风格化的，场景反映了悲剧发生前的瞬间。这个画面显然易于理解。反过来，另一个似乎描绘着各色人等呈现性爱姿势的场景，则颇为晦涩难懂。

出自"冥府1、2、3号墓"（Ogre I, II and III）的公元前4世纪和前3世纪的绘画是伊特鲁里亚艺术古典和希腊化阶段的组成部分。这些坟墓属于地位显赫的维尔查和斯普林纳（Spurina）家族。第一座墓描绘贵族的宴会场景，新婚夫妇衣着华美。人们认为这里韦利亚·维尔查（Velia Velcha）忧郁的侧影格外妩媚迷人。

在另一面墙上，地下恶魔卡伦（Charun）的可怕形象——希腊人和罗马人管它叫卡戎（Charon），让人想到死亡，在某种意义上，也让人想到伊特鲁里亚本身的衰落。金属工艺风格雅致，表明它由某位处在希腊世界、可能是塔兰托（Taranto）影响下的工匠制作。

"冥府3号墓"的绘画场景很不寻常，画面色彩艳丽，笔触颇为天真，不过，它竭力画得逼真，因此十分有趣。它描绘尤利西斯和同伴把普罗米修斯刺瞎，独眼巨人（Cuclu，Cyklops）和奥德修斯（Uthusie，Odysseus）这两个人物上方的文字是这样解释的。

塔尔奎尼亚的最后一座彩绘墓是提丰（Typhone，前200—前150年）的贵族墓，它属于庞普（Pumpu）家族。这个长方形墓有

58—59 "花豹墓"（Tomb of the Leopards）中这幅精彩的绘画作品的创作年代在前480—前470年，是在塔尔奎尼亚发现的最重要的绘画之一。这里画的是某种庆典，宴会上两位乐手在招待一位宾客。一位演奏双长笛，另一位演奏巴比托琴（一种带有龟壳制成的音箱的弦乐器）

59上 这个场景出自简单却大名鼎鼎的"占卜师之墓"。它描绘了为缅怀死者而举行体育比赛的习俗，这种习俗显然源于希腊贵族。两位赤身裸体的摔跤手正面相搏，他们左边，一名占卜师在追踪从右边飞来的鸟儿，破解它们飞过的轨迹预示着什么

59中 "狩猎与捕鱼墓"中的绘画活灵活现，讲述冲突激烈的故事。塔奎尼亚墓葬群以此场景命名，在此场景的局部中，动态的人物形象在厚重背景的衬托下显得格外鲜明

59下 这只考究的大理石棺制作于前4世纪的最后25年，现藏于塔尔奎尼亚的国家考古博物馆。这是一座贵族墓，棺盖被塑成他的身体的形状。棺材上刻着反映亚马逊战役的浮雕

一段分级台阶，墓室中央杵着一根坚固的柱子。柱子上画着恶魔形象，恶魔赤裸身体，生有翅膀，腿脚呈蛇形。画像保存不佳，斑驳残缺。他的表情活像看到了幻影。身体的可塑性和夸张的表情让人想起佩加蒙的巴洛克风格。

庞贝：一座重生的城市

61 这块著名的庞贝壁画残片现藏于那不勒斯的国家博物馆，画着一对年轻夫妇。女子手中举着一块蜡板，男子手握卷轴。人们认为，画像上这两位宛然如生的人物是帕奎乌斯·普罗库鲁斯和他的妻子；他是个获得自由的奴隶，后来作为镇上一家面包店的老板而发财致富。从墙上发现的某些选举标语判断，他可能已经当上了地方行政长官。无论真假，看到中产阶级在第一罗马帝国时代显然生活优渥，这是很有趣的。在通过贸易或政治积累财富之后，这个阶级成为社会的中坚力量。这幅画像反映了罗马妇女解放的高度，这在古代世界十分罕见

60左 这幅庞贝城的鸟瞰图显示朱庇特神庙两侧曾经矗立着两座砖瓦砌成的荣誉拱门，拱门当初贴着大理石。一座献给提比略（Tiberius），另一座献给日耳曼尼库斯（Germanicus）

60右上 广场，从这里看建有公共建筑的一侧，它由三片相邻的开阔空间组成，主要法庭设在其间，庞贝的政治、经济和宗教生活围绕这个中心展开。广场四周是由多立克式柱支撑的连续柱廊，部分柱廊上方耸立着第二层爱奥尼亚式柱廊

60右下 朱庇特神庙占据了广场区的南侧，是一座庞大的科林斯式建筑，建在高高的平台上

罗马皇帝提图斯在位第一年，即公元79年8月的一个早晨，帕奎乌斯·普罗库鲁斯（Pacuius Proculus）突然被一种伴着隆隆巨响的震动惊醒，他小时候体验过一次这种轰隆。震动让他感到不安，但他没有放在心上。维苏威火山蠢蠢欲动已经数日，数次类似的微震已经让仆人受到了惊吓。其实他一点儿也不担心。这种事在坎帕尼亚（Campania）即后来的意大利区域相当频繁。无论如何，为了这点须末小事耽误工作是很可笑的。然而这次与17年前尼禄统治时期那次地震的情形有所不同。

这是一场名副其实的地震。接着，神庙的柱子倒塌，屋顶裂开，家族守护神的雕像也栽倒在地。这天早上，直到帕奎乌斯的妻子恳求他跟随自己到宅邸的内院亲眼看看，他才不由得紧张起来。他的妻子是个向来气定神闲的女人。维苏威火山上腾起巨大的云

A 阿波罗神庙
B 朱庇特神庙
C 广场
D 欧马齐娅楼（Building of Eumachia）
E 维蒂之家（House of Vettii）
F 三角形广场
G 中央浴室
H 角斗士营房
I 剧院
J 音乐厅
K 世纪之家
L 帕奎乌斯·普罗库鲁斯之家
M 大体育馆
N 圆形剧场

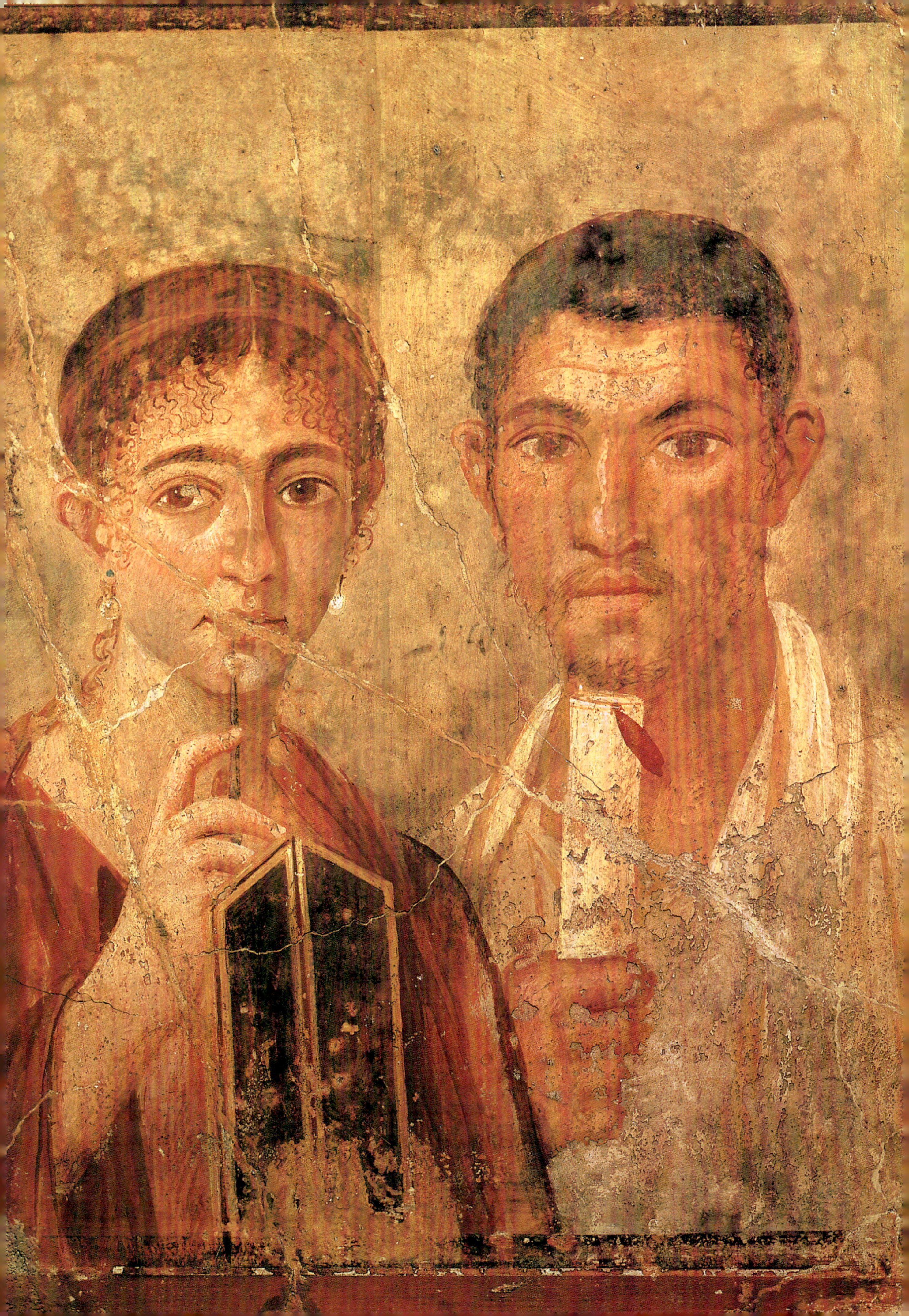

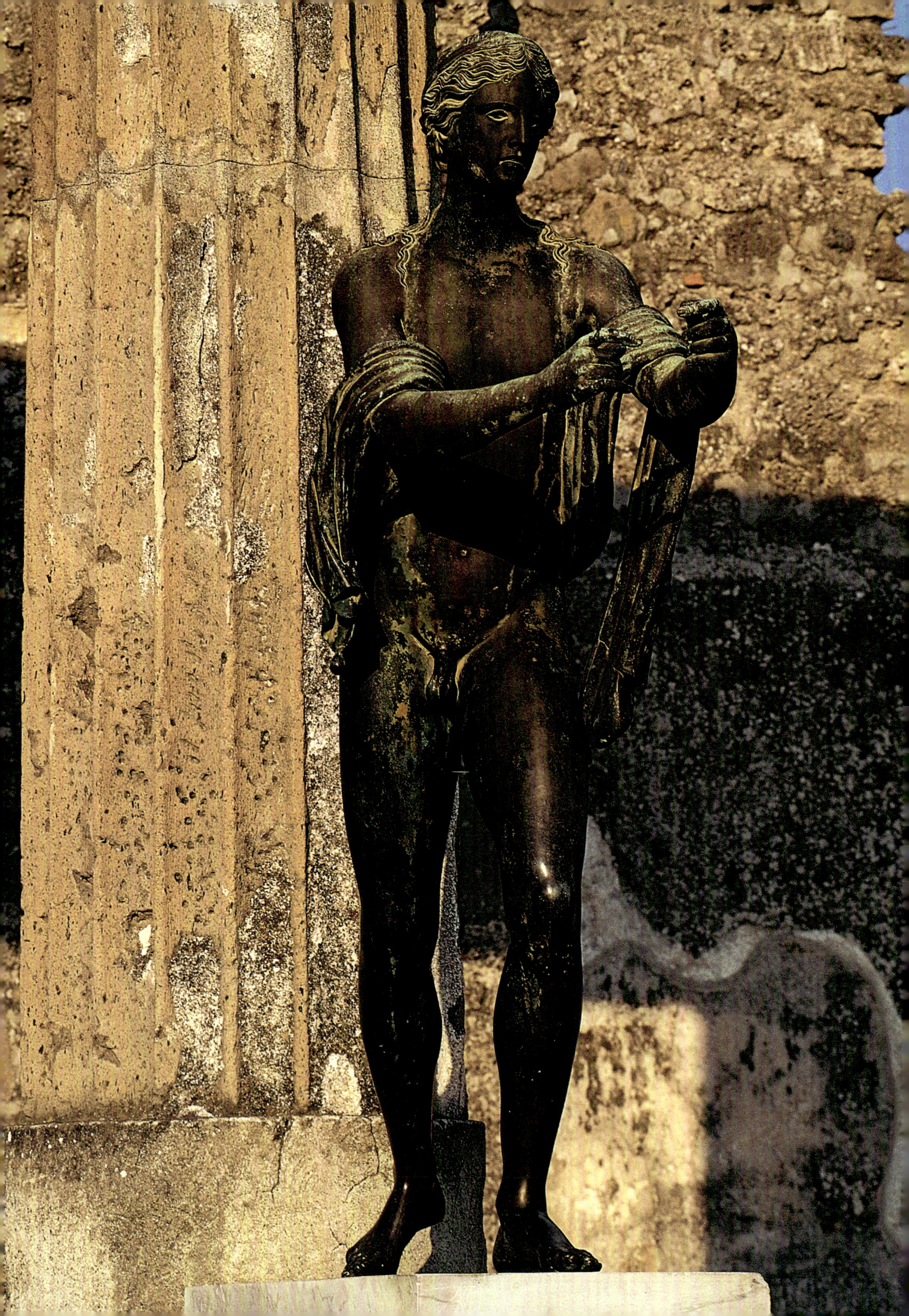

62 阿波罗神庙建于前2世纪，坐落在广场附近，位于一座48柱庭院的中心。门廊前面的一条长边上矗立着一尊阿波罗弯弓射击的青铜像，如今用复制品取代

63左上 公元62年地震发生后，供奉阿波罗的圣殿重建。这些柱子最初是爱奥尼亚式，后被改为科林斯式，裸露的楣梁涂抹了一层灰泥，还用鹰头狮和花环雕带装饰。这些改动在今天几乎荡然无存，所以整个建筑群呈现较为古老的面貌

63左下 建于前2世纪末的巴西利卡遗迹，位于广场西角。这是现存最古老的此类建筑之一。它曾用作法庭和生意场所，历经数百年的演变，直到成为基督教建筑的最早形态

团，滚滚黑烟冲天而起，然后不断膨胀，形成了酷似地中海松的树冠的轮廓。

不过，他到底是个商人，觉得不能浪费时间观看维苏威火山喷发。生意要紧，这令人震撼的景象不是店铺迟迟不开张的借口。他把妻子留在家里跟仆人在一起，自己尽量保持平静，即使大地仍在抖动。渐渐地，一场火山灰的蒙蒙细雨降落到花坛上，起初只有薄薄一层，若隐若现。丈夫帕奎乌斯的意外归来让她稍感安心，可是，随即一声可怕的巨响压倒了其他一切响动，她最担心的事情发生了。家里的装饰物哗啦作响，摆放在家族守护神像前面的油灯的火光摇曳不定。整座房屋在摇晃，好像随时都可能倒塌。街上传来号哭和尖叫声。

天空突然变暗，空气重浊凝滞，散发出强烈的硫黄味，人几乎无法呼吸，浑身酸软无力。帕奎乌斯脸色煞白，面如死灰。他的妻子顿时明白，一切千真万确：众神背弃了庞贝！在这一刻，她知道他们要想活下去，必须赶快逃走，舍弃全部身外之物，头也不回地逃之夭夭。

63右上 丰足街连同诺拉大道（Via Nola）是庞贝两条主要的东西向道路，贯通整个道路网。这条重要的道路连接城市的多个中枢，车水马龙，川流不息。沿街不仅有私人住宅，还有各种商店、旅店、餐馆、妓院和私人俱乐部。波皮迪乌斯·蒙塔努斯（Popidius Montanus）宅邸的顶层，曾有那个时代的棋盘游戏选手（latruncularians）俱乐部

63右下 广场附近的浴室建筑群在庞贝城虽然规模最小，却最为优雅。它用彩色灰泥、大理石和马赛克装饰。它虽然规模很小，却包含整套沐浴仪式的所有设施（更衣室、冷水浴、温水浴和热水浴室），男女分开。这幅图为高温浴室，这里水温最热，大理石浴室十分宽敞。

帕奎乌斯夫妇著名的肖像画是在庞贝城出土的，我们永远无法知晓，在这个可怕的日子里，他们是亲历了庞贝城遭遇的灭顶天灾，还是顺利脱身，没有落得镇上许多其他居民的结局。人们身体扭曲，垂死挣扎。考古学家渐次发现了他们的尸骸，并用石膏填充，以呈现他们临终时的情形。

当时，庞贝的许多居民压根没有反应过来：火山即将带来可怕的厄运。他们不愿马上弃房而逃。事实上，他们当中许多人仍在修复公元62年的地震造成的破坏。成百上千人死去，被维苏威火山群裂开的缝隙喷出的致命云团窒息而死，被受惊的马践踏而死，被掉落的砖石砸死。

我们了解这些可怕事件的许多细节，是通过小普林尼本人写给朋友塔西佗（Tacitus）的信件，他向友人，也向日后的我们讲述了事发经过的清晰而可靠的历史事实。他本人从几千米外的米塞努姆（Misenum）逃出，也是在千钧一发中九死一生。他比自己赫赫有名的叔叔老普林尼幸运，老普林尼在斯塔比亚（Stabia）因窒息而死，后者去那里向朋友一家施以援手。

64上 在这幅鸟瞰图中，我们可以看到广场（上）、斯塔比安浴场（Stabian，中）和剧场，还有毗邻的音乐堂（左）。斯塔比安路在浴场拐角处与丰足街交叉

64中 建于公元前80年的庞贝圆形剧场是此类建筑中最古老的。与后继者不同，这座建筑的台阶在外面，竞技场下方没有通道

64下 公共喷泉在庞贝的街道上隔三岔五频繁建造。到目前为止，已经发现了40多个，通常相距不超过78米。这意味着没有自己供水系统的人们总能在离家不远处找到一处供水点。图为丰足喷泉，丰足街便得名于此

64—65 这幅著名的马赛克镶嵌画制作于前1世纪，签名是希腊艺术家萨摩斯的狄奥斯库里斯（Dioscuris of Samos），出土于所谓的西塞罗别墅（Villa of Cicero）。它描绘了库伯勒[1]教派的巡回乐师中的几位成员

---

1 库伯勒（Cybele），罗马帝国时代最主要的崇拜体系，被尊为众神、人类和动物之母。

65中 这幅马赛克镶嵌画表现几位准备表演的演员。其中一位在弹奏提比亚管（tibia），一种类似长笛的乐器

65下 大剧场建于前3世纪至前2世纪，在奥古斯都时期依靠霍尔科尼（Holconii）家族的慷慨捐赠进行了扩建。建筑结构充分体现了希腊风格的影响。竞技场可以容纳5000名观众，它背靠一道天然斜坡，而不是像后来典型的罗马建筑那样建在砖砌地基上

18岁的侄子才华横溢，他描述道，在悲剧降临时，生活在维苏威火山周围的人们惊恐万状。文章译自拉丁语，大致内容如下："可以听到女人的尖叫、孩子的啼哭和男人的叫嚷声。一些人呼喊父母的名字，另外一些人呼唤孩子或配偶，他们通过声音辨认自己的亲人。有人为自己的命运哭泣，有人为所爱的人哭泣。一些人出于对死亡的巨大恐惧向死神祈求，许多人向诸神举起拳头，还有些人宣称诸神不复存在，世界末日已经来临。"

就这样，在公元79年8月24日这一天，庞贝城销声匿迹。无情的灰烬和石块滂沱而下，接着又落了四天。同样的命运降临到赫库兰尼姆（Herculaneum）、斯塔比亚和奥普隆蒂斯（Oplontis）。那不勒斯、索伦托（Sorrento）和诺拉在大地震中遭到严重破坏。提图斯皇帝立即向幸存者提供援助，但庞贝这座曾经欣欣向荣、富饶肥沃的城市已经沦为荒凉的不毛之地。

没有人返回庞贝居住，这座城市渐渐隐入尘埃，尽管小普林尼对这场灾难的生动叙述历经几个世纪留存下来。事实上，随着时间的推移，庞贝的具体位置湮灭无闻。1631年12月，同样恐怖的一幕再次上演，漫长的难民队伍向那不勒斯进发，安全评论员讨论了约1600年前的悲剧和小普林尼对它的描述。

大约在同一时间，17世纪初，负责梵蒂冈图书馆的日耳曼学者卢卡斯·霍尔斯特（Lukas Holste）写道，庞贝古城一定就位于今天叫作奇维塔的不起眼的城镇。在接下来的几十年里，一些零星的发现让赫库兰尼姆重见天日，但是庞贝的位置依旧是个谜。

在中世纪，这座被掩埋的城市的名称已经被当地人遗忘，16世纪的一些人文主义者把它与斯塔比亚混为一谈。然而，为了给波旁王朝的查理（Charles of Bourbon）寻找斯塔比亚，在展开挖掘工作时，庞贝城的首批文物于1748年由修道院院长曼托雷利（Abbot Mantorelli）展示在世人面前。25年后出土了一块碑文，它确凿无疑地证明，迄今为止出土的废墟和家具用品都属于庞贝。当时许多杰出人士到访了遗址，其中包括泰特菲尔·戈蒂埃（Théophile Gautier）、霍雷肖·纳尔逊（Horatio Nelson）和朱塞佩·加里波第（Giuseppe Garibaldi）。一些学者对当时的挖掘方法提出批评，但他们的访问进一步把这些发现昭告天下。

尽管如此，直到19世纪下半叶才开始系统的挖掘工作。挖掘循序渐进，伴随着修复，使用的技术也越来越先进，专家们竟然能够辨别庞贝城的花园里生长的乔木和灌木的种类。阿梅迪奥·马伊里（Amedeo Maiu-

66下 这幅图是两张戏剧面具,出土于"黄金手镯宅邸"(**House of the Golden Bracelet**),是缤纷多彩的墙壁装饰的组成部分。这座宅邸位于庞贝古城西部,挨着城墙

66—67 在"黄金手镯宅邸"花园圣地旁边的房间里,出土了一些富丽堂皇的第三风格(**Third Style**)壁画,壁画上画着鲜花盛开的花园和各种各样的鸟儿

ri)从1924年起到1961年去世,一直担任挖掘工作的负责人,他不仅致力于清除建筑物中固化的灰土,还强调采取一切可能的措施保护出土文物的重要性。

尽管约五分之一的遗址至今仍未被探索,但庞贝仍可能是世界上最著名的考古遗址之一。它讲述了一座重要城市的文化和生活方式,这座城市几乎在瞬间遭到扼杀,凝固成化石,而罗马时代其他都会中心具有代表性的情形则是日渐衰败,遭到遗弃。

今天我们知道,公元前8世纪末,庞贝城由一群名叫奥斯坎(Oscan)的人在维苏威火山以南的地区建造。他们之后,是伊特鲁里亚人,再后来是希腊人。在公元前5世纪末,这座城市被萨姆尼特人占领,直到公元前310年他们与罗马结盟。

在萨姆尼特时期,庞贝兴建了对公众生活至关重要的中心建筑,包括广场、所谓的三角广场建筑群、巴西利卡、体育馆、斯塔比亚公共浴场(**Spa Complex of Stabia**)以及附带中庭和雄伟的防御工事的房屋。时光荏苒,新老居民相互通婚,拉丁语和奥斯坎语成为庞贝的官方语言。后来,这座城市荣升为地方政府所在地,居民拥有了罗马公民的全部特权。公元前80年,内战结束后,它成为名叫"维纳斯守护的庞贝科尔内里亚"(**Cornelia Veneria Pompeianorum**)的殖民城邦,依靠苏拉党派的赞助,经历了一段时期的重大改造。这一时期兴建了一些主要的公共建筑,包括浴场、音乐堂、广场上的纪念堂卡庇托尔神庙

67 本页呈现的两处装饰局部也出自"黄金手镯宅邸"。它们用精湛的壁画技术制作而成，趁着灰泥未干时把颜色涂上去。庞贝的壁画抵抗了数百年的岁月侵蚀，甚至超越了文艺复兴时期的画作。着色技术的真实属性和罗马绘画的卓越品质尚待充分解释，而确凿无疑的是灰泥中的石灰与空气发生反应，在颜色上面结成一层碳酸钙薄膜，起到了基本作用。不过，用来萃取各种颜料的物质是已知的，亮红色用西班牙朱砂，绿色用氧化铜，黑色用树脂碳。在庞贝发现了两家颜料厂

（capitolium）和可容纳两万名观众的圆形剧场。也是在这个时期，街道铺设了石头路面。

公元前27年起进入一个激烈的罗马化时期，庞贝在这个时期引入新的艺术和建筑模式，它们反映了罗马的官方文化。朱里亚·克劳狄王朝（**Julian Claudian**）时期，圆形剧场旁边建造了体育场，还兴建了市场、欧马齐娅楼、奥古斯塔女神（**Fortuna Augusta**）庙和所谓的韦帕芗（**Vespasian**）神庙，但城市的基本格局保持不变。

和罗马一样，庞贝城按街区划分，拉尔的[1]神龛设在十字路口。这些街区的名称经常可以在涂于房屋外墙上的竞选拉票信息中找到。

沿着街道发现了**40**多个喷泉，通常间隔**73**米左右。供水来自几口深井，深井在熔岩和火山岩底部

---

1 拉尔的（Larian），名词为Lare，罗马的本土神，家庭的保护神。

67

68上 庞贝城的豪宅之一"维蒂之家"的下半部分有一道雅致的雕带，黑色背景中画着丘比特从事各种活动。这里展示丘比特在制备香水

68下 这幅壁画描绘孩童时期的赫拉克勒斯扼死赫拉派来的巨蟒，它是"维蒂之家"一个房间里的装饰，这处宅邸属于两位品位一流的富有商人

开凿，城市就建在熔岩和火山岩上方，奥古斯都皇帝时期兴建的水道也可以供水。水从维苏威门（Gate of Vesuvius）附近流入城市，这里设置了一个名叫水塔（castellum aquae）的大型储水装置，再通过主要的管道把水输送到全市。输水管道用铅铸造，铺设在马路下方，通过这些管道把水引入私人住宅。

庞贝的日用水量一定很大，罗马城市概莫能外。只有赤贫的家庭没有自来水，但他们可以使用公共喷泉。

庞贝有两座广场，它们是城市生活的中枢。在这些地方，人们聚在一起听政治家发表演讲，谈生意，当然还有单纯闲聊。第一座广场周围环绕着带有爱奥尼亚式门廊的多立克式柱廊，建筑物具有合乎逻辑的布局，尽管它们是不同时期在广场周围兴建的。卡庇托尔神庙和法庭位于较短的一侧，庭院周围矗立着神庙、教堂、有顶盖的市场、两座纪念拱门和欧马齐娅楼。欧马齐娅楼供奉欧马齐娅，她是维纳斯的女祭司，也是该市的主要工业——织工和染匠团体的女保护神。

第二座广场位于一处狭窄局促的三角形空间，也用作剧场。它最古老的部分可以追溯到公元前2世纪，还包括一座音乐堂，音乐堂是个小型的有顶盖的剧院。其余的公共建筑包括体育场和浴场。

不过，庞贝基本上以私人宅邸闻名于世。赫库兰尼姆和奥斯蒂亚能让我们对罗马的房屋具有如此完备的知识，从基本结构到装饰乃至家居装潢，全部特征一应俱全。多姆斯（domus）是庞贝城最常见的住宅类型，它的发展演变始于公元前4世纪的萨姆

68—69和69下 这些精美卓越的壁画也出自"维蒂之家"。虽然庞贝城的别墅在我们看来显得富丽堂皇，但是零星的家具一定让房间显得空空荡荡，这也解释了每面墙都布满装饰的必要性。当然，装饰的丰富程度与户主的财富和工匠的技艺成正比

尼特建筑，设有托斯卡纳门厅和气派的外立面，后来发展为共和国时期的房屋，此时的房屋反映了希腊的影响，内院优雅别致，墙壁粉刷灰泥，外立面多加装饰。

到了帝国时代，房屋具有了复杂、绵延的平面布局，以及精心描画的墙壁、阳台和悉心打理的观赏性花园。许多留存下来的壁画，也反映了罗马在品位特别是装饰品位上的发展情况。所谓的第一风格（First Style）在公元前

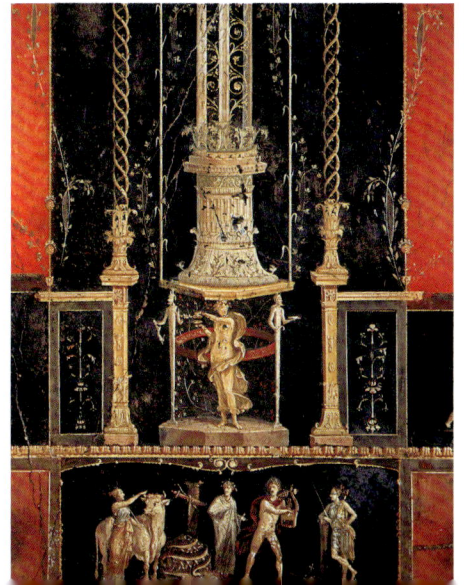

200年至前80年占据主导地位，它受希腊的影响，在浮雕上用着色的灰泥进行仿制，使图案看起来酷似大理石方块。公元前1世纪，第二风格（Second Style）占主导地位。这种风格以透视为基础，添加建筑或景观装饰。第三风格盛行于公元40年左右，富于装饰性，强调平面感，更严谨，有章法。第四风格（Fourth Sytle）在公元62年地震后流行起来，在构思上几乎荒诞不经，富于错觉效果。当地贵族居住在典雅的大房子里，房子通常铺设彩色大理石或马赛克地板。其中一些此类房屋包含临街的商店，这些商店出租给获得自由的奴隶，或者交给奴隶经营，向公众出售主人的产品，如食品。贸易是庞贝生活的主要内容，尤其是沿着现在名为丰足街的主干道。建筑包括作坊、印染坊、提供酒水的酒馆、客栈、妓院和赌场。

一般来说，在房屋和店铺里保存下来的家具、银器、锅碗瓢盆、灯具、玻璃器皿和工具都典雅精致，不同凡响。

庞贝还有个迷人的特征是它的许多铭文、彩绘的标志、选举海报和涂鸦，它们至今仍可在城市的墙壁上看到，让我们能够进一步了解公元62年前这座生机勃勃的城市的生活。

公元62年2月5日，灾难性的地震袭击了庞贝和附近的其他城市，包括赫库兰尼姆。

庞贝城卢基乌斯·卡伊基利乌·尤昆都斯（Lucius Cecilius Jocundus）家族神殿的浮雕显示了人们察觉到地震波时城中几座建筑物的状况。破坏严重到以至于15年后仍在进行修复和重建。

这次地震前，庞贝人口在两万人左右。地震后，人口减少了一半。贸易曾经是庞贝的主要活动，如今被重建和与之相随的房地产投机取代。钱是不缺的。这座城市几乎变成了一个巨大的建筑工地。但一切都是无用功。在公元79年8月24日这个可怕的日子，随着维苏威火山令人恐怖的爆发，这座城市被彻底摧毁，石块混杂着火山灰直冲到高达数米的半空中，足足持续了四天。许多人吸入有毒气体倒在地上，呈各种姿势，葬身于火山喷发物之下。他们的尸骸在岩石上留下的印记是庞贝的悲剧最具戏剧性的见证。

至少两千人无法自救，在此殒命。我们今天可以看到这些无名氏重塑的石膏像，以当初的模样躺在死去的地方。里面是否包含帕奎乌斯·普罗库鲁斯夫妇，我们不得而知。

"秘仪别墅"里这幅不同凡响的壁画绘有29个真人大小的人物，公元前1世纪由一位来自坎帕尼亚的艺术家绘制。它画满了一个房间的四壁，这个房间的入口为一扇门。由于仪式本身秘不可知，所以难以对场景做出解释。尽管庞贝城的绘画保存得完好如初，它们却辉煌不再——当年，它们曾如明镜一般熠熠生辉，同时代的作家描绘过它们的璀璨夺目。我们不知道这种辉煌是如何造就的。

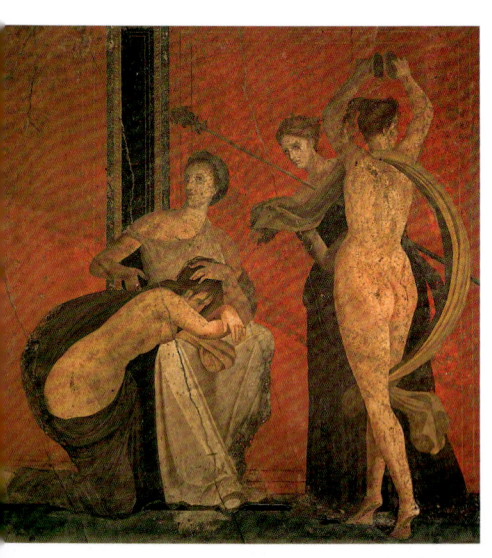

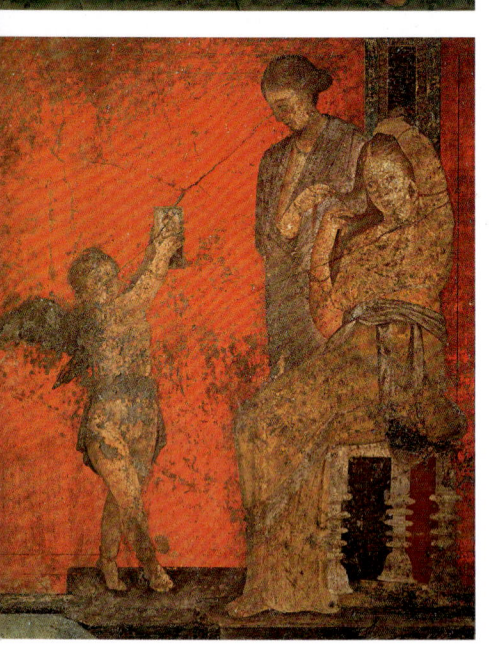

70—71　"秘仪别墅"（Villa of Mysteries）建于前3世纪中叶，多年来不断扩建和丰富。它的名称源自著名的横饰带，横饰带上描绘了进入狄奥尼索斯酒神神秘仪式（Dyonisian mysteries）最重要的流程

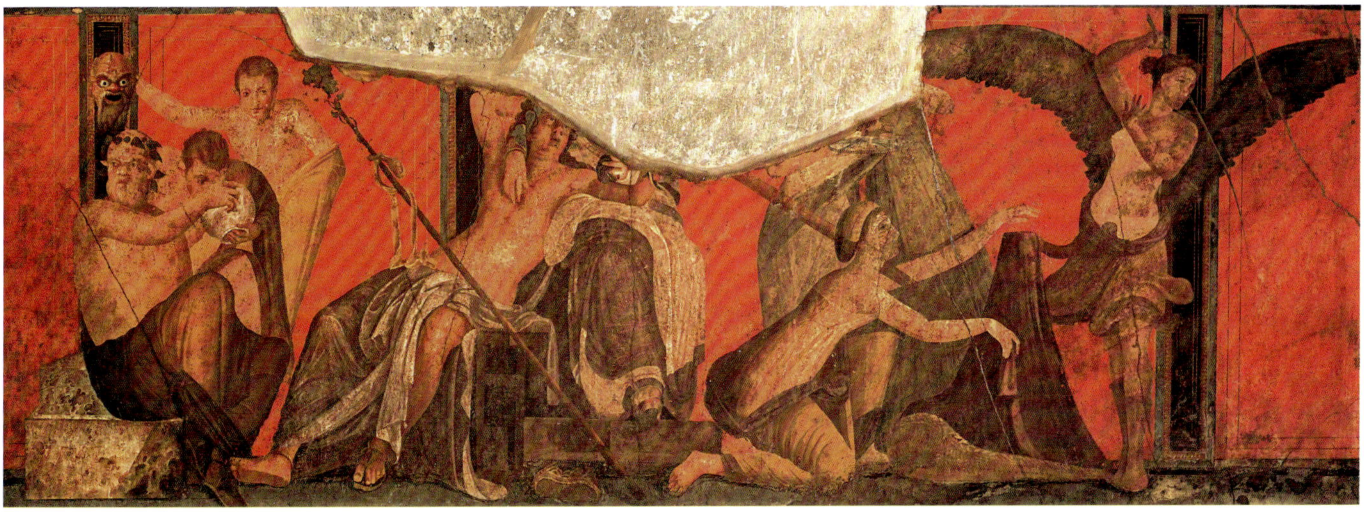

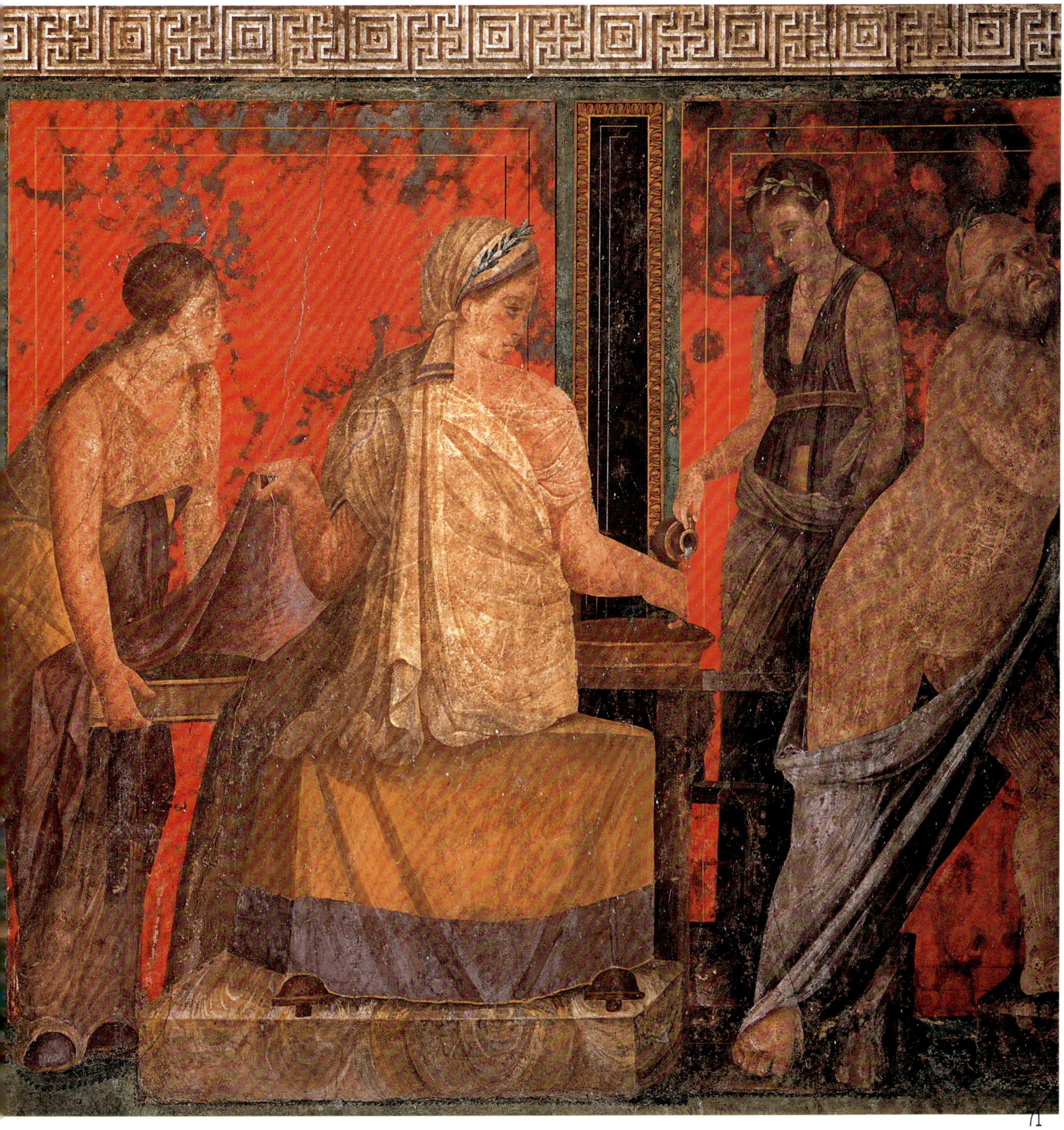

罗马：世界之都

A 哈德良陵墓
B 奥古斯都陵墓
C 战神广场（Field of Martis）
D 尼禄体育场
E 万神殿
F 庞培剧院
G 屋大维娅纪念门
H 马尔凯鲁斯剧院（Theatre of Marcellus）
I 朱庇特神庙
J 阿雷斯（Arx）
K 图拉真广场
L 君士坦丁浴场
M 戴克里先浴场

N 禁卫军营地（Castra Praetoria）
O 图拉真浴场
P 斗兽场
Q 维纳斯和罗马神庙
R 帕拉蒂尼
S 马克西穆斯竞技场南部
T 卡拉卡拉浴场
U 艾米利亚柱廊（Porticus Aemilia）

72下 矗立在基吉宫（Palazzo Chigi）前的马可·奥勒留圆柱（Column of Marcus Aurelius）建于176年至193年，为庆祝皇帝对日耳曼人和萨尔马提亚人（Sarmathians）的胜利而建立。它高约18米，带有描绘军事行动的螺旋状装饰

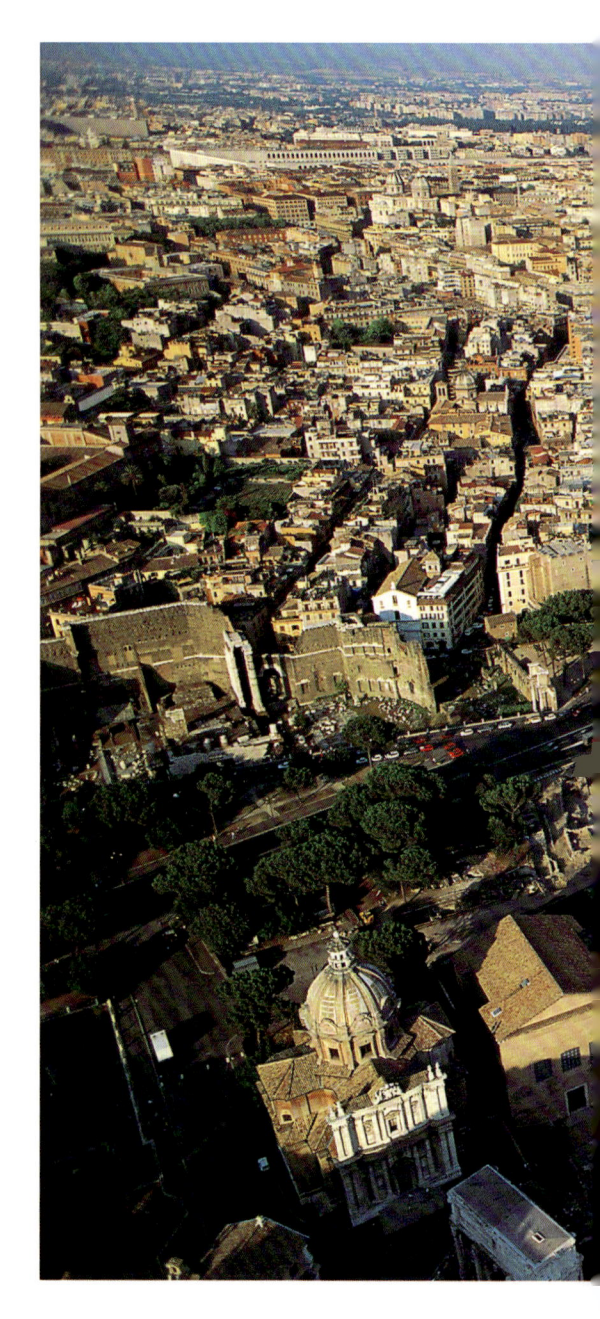

大都会的象征，一座巨大而复杂的城市，建筑物高耸入云，风格多样，变化无穷。迷宫般的街道生机勃勃，忙忙碌碌，交通繁忙，永不停歇，几乎给人一种神经质的感觉。商贾贵胄、俊男靓女、富豪贫民、家庭主妇、稚子孩童、工地上喧哗的建筑工人络绎不绝。简而言之，杂乱无章的声响和色彩，南腔北调的语言，五花八门的习俗，高档的商店和简陋的果蔬杂货店，时髦的夜总会和乌烟瘴气的酒吧，全都置身在戏剧性的建筑背景下，它们几乎要求人们尽情挥霍。

这里是纽约？

不，这里是罗马，古代的世界大都市。在这里，人们能想到的东西应有尽有。它拥有帝国一流的澡堂、顶级的图书馆、优秀剧团的戏剧表演、每天供应优质商品的商店、出类拔萃的医生、博学的律师。人人都能在罗马找到适合自己的东西。今天大多数令人赞叹的古迹兴建于罗马帝国时期，彼时，这座永恒之城的景观一定称得上辉煌壮丽。这是一座不断发展壮大的

72—73 罗马广场位于帕拉蒂尼山脚下的山谷中，数百年来一直是罗马公共生活中心。几个世纪以来，神庙、教堂、凯旋门和祈愿柱不断增加

73右 这个圆形浅浮雕是君士坦丁凯旋门上华彩装饰的组成部分，出自建于图拉真、哈德良和马可·奥勒留时代的建筑，这些建筑均衡有度地排布耸立

73下 这块大理石浮雕表现了古罗马富有戏剧性的风景，具有特殊的文物价值

城市，在公元4世纪拥有超过100万居民，还不算奴隶和新移民。迫于不断增长的人口，建筑师们不得不建造越来越高的屋宇，一些建筑高达六七层或更高。数不清的名叫"沿街商店"（tabernae）的店铺让这座城市看起来酷似一个巨大的集市，官方授权许可的流动小贩在人群中穿梭，大声叫卖货品，强化了这种印象：人人都能在罗马买到自己想要的东西。

"沿街商店"里琳琅满目，从果蔬、日杂到布料，从靠垫到陶器，从珠宝到书籍。还有许多地方提供收费服务，包括洗衣店、染坊、制革厂和面包店，以及铁匠、鞋匠、陶工、木匠、玻璃匠、雕刻师及刀具师的作坊。在"金钱商铺"（tabernae argentariae）可以进行兑换外币的交易。这些"银行"还提供存款服务和有息贷款，提供商业投资机会。人们如果卷入法律诉讼或者有要事商

74上 塞维鲁凯旋门建在罗马广场上，为庆祝皇帝在东部取得胜利而建立

74中 罗马广场上令人击节赞叹的古迹包括贞女之家（**House of the Vestals**）。贞女之家是守护灶神维斯塔（**Vesta**）的圣火的女祭司们居住的修道院。圣火在附近的白色圆形大理石神庙内燃烧

74下 君士坦丁凯旋门于公元315年完工，为了庆祝皇帝在米尔维安桥战役中战胜马克森提乌斯而建立。凯旋门有三个门洞，高约24米，单独耸立在斗兽场附近的一处空地上。这座凯旋门的许多建筑构件取自较老的建筑。一些专门为它制作的浮雕显然是仓促之作

议，可以选择去城市的不同地点以达成相关目的。罗马的公共活动层出不穷，包括盛大的赛事和特殊的表演。

休闲对古罗马人的生活就像对今天的我们一样重要。几乎各个阶层都有数不清的休闲方式可供选择。他们可以在广场和各种商业场所闲逛，在现代酒吧的前身喝酒娱乐。工作日早早结束，下午往往很漫长，晚上天黑以后被认为不安全，不宜外出。

在劳作和晚餐之间消磨时间的一种流行方式是洗澡，在现代的罗马仍可看到不少浴场，由卡拉卡拉和戴克里先兴建的两座浴场是其中顶尖的。去洗澡是全民的日常习惯，不分男女老少，富贵贫贱。在罗马帝国时期，进浴场洗澡几乎免费，至少比买一块面包的价格低得多。房间按照洗浴流程布局。首先是更衣室，接着是热水浴室，然后是中间的温水浴室，最后是冷水浴室。游泳池往往设在室外。

主浴室的四周都是较小的房间，用来蒸桑拿，涂抹油脂和药膏，按摩和脱毛。健身房也很重要，通常是浴室的组成部分。这些综合设施还包括图书馆、阅览室、会议室和小吃店。这些广受欢迎的公共设施不仅关乎健康，也是社交中心，人们聚在一起玩乐，谈论政治、体育和生意。另外两处吸引罗马人的地方是马戏团和圆形剧场。罗马的大型公共活动通常用来进行政治和选举宣传，它们是保持绝对皇权的宝贵的工具。随着这些节目发挥的作用日渐重要，它们变得日益频繁，与之相关的公共假日也

74—75 罗马广场不仅是庆祝领袖个人胜利的地方，也是讨论政治、洽谈生意、举行宗教仪式的地方和市场所在地。图片中，在安托尼努斯和法乌斯提那神庙（**Temple of Antonius and Faustina**）左边，我们可以看到中间维斯塔神庙的重建部分和右边双子神庙（**Temple of Discuros**）的三根残存的柱子。后面是建于公元81年的提图斯凯旋门，为了庆祝韦帕芗父子战胜犹太民族犹地亚人（**Judeans**）而兴建

75下 在装饰君士坦丁凯旋门的哈德良圆盘中（图中所示为其中两只），哈德良皇帝的头像被新领袖取代，新领袖在击败并杀死对手马克森提乌斯后成为罗马的统治者。为纪念重要人物而建造荣誉拱门是罗马文明的一个典型的建筑特征。拱门也可能具有宗教意义，或者用来标记城市边界

76上　这块大理石浮雕是罗马帕拉蒂尼山上一座华美宫殿的装饰

76中　根据传统的说法，罗穆路斯（Romulus）在帕拉蒂尼山上建立了罗马城，日后皇帝们在这里建起宫殿。前院是奥古斯都建造的奥古斯都宫（Domus Augustana）的遗迹。中间长条形结构是图密善（Domitian）体育场

76—77　罗马兴建的最后一座也是最宏伟的广场，于112年由图拉真用达契亚战争的战利品建造而成。它的建筑师是大马士革的阿波罗多洛斯（Apollodorus of Damascus）。图拉真广场呈宏伟的半圆形，共六层，各层店铺林立

与日俱增。

节目可以持续数小时乃至一整天，比如角斗士的搏击。这些活动通常在白天举行，晚上也时有所见，用火把照明。

马戏团的游戏最为古老，在马克西穆斯竞技场（Circus Maximus）举行，它的木制脚手架和石头台阶可以容纳25万名观众。人们喜闻乐见的项目包括战车比赛，由两匹、三匹或四匹马拉着特制的轻型车辆以逆时针方向高速疾驰，驶过中央平台，在跑道两端交会处，即立着三根锥形柱的地方掉头返回。比赛鼓励打破一切既定规则，意图很明确：迫使竞争对手的战车出轨，翻倒在地。

观众在圆形剧场里观战时更加群情激奋。这座建筑被命名为弗拉维圆形剧场（Flavian Amphitheater），即今天的罗马斗兽场，它配得上罗马这么大气磅礴的城市。剧场建成于公元80年，呈椭圆形，周长518米，高约45米。它可以容纳5万到7万名观众。竞技场下方的木制平台撒满沙子，平台下面是地下通道，用来提供各种必要的服务，包括用机械装置变换场景。它用大块帆布保护观众不受阳光暴晒，帆布由海军特种小队升起和降下。这座体育场曾被用作著名的狩猎场，野生动物来自罗马帝国各地；用来角斗时，受过训练的角斗士奋力搏击以求保住生命。观看这些比赛被认为是隆重的社交场合，观众盛装打扮以表达赛事的重要性。

尽管罗马有像马塞勒斯这样顶级的剧院，但戏剧表演的观众却较少。16世纪时，高贵的家族奥尔西尼（Orsini）在该剧院的地基上兴建了宫邸。罗马帝国时期的罗马人偏爱一些不甚高雅的、女演员衣着暴露的戏剧，而不是过去的经典杰作。

罗马举世闻名，备受尊崇，但它也遭受当今许多大城市的通病的折磨，包括交通

77下 图拉真广场上屹立着一根为庆祝皇帝战胜达契亚人而建的纪功柱。它高30米，柱身以螺旋形环绕，装饰着浅浮雕，画面最初是彩色的，包含约2500个人物，细致详尽地描绘了这场军事战役的主要情节。柱顶上方早年立着图拉真的雕像，如今立着1587年安放其上的圣彼得雕像。立方体柱基高9米，以雕带装饰，里面存放着图拉真皇帝的丧葬遗留物

78上 一块著名马赛克上画着角斗士。这块马赛克出土于图斯库鲁姆（**Tuscolum**），现存于罗马的博尔盖塞博物馆（**Galleria Borghese**）。角斗士是一位主理人（**impressario**）的财产，主理人自掏腰包训练他们，给他们配备装备。只有技艺娴熟的角斗士在经过漫长的职业生涯之后才获得解放，但他们通常留下来担任教练。一把木剑即自由的象征

问题。当局面失控、一筹莫展时，当局就会禁止白天通行，除了（比如）垃圾车和运送公共工程的建筑材料的车辆。这意味着它需要为车辆和马匹留出停靠区，因此开启了一项存续至今的新业务。可是，交通在罗马依然是个问题，因为大多数商贸活动在露天进行，货摊堵塞了街道和出入口。四轮客运马车与载重大得多的运货小车或农民用的小双轮车争夺道路空间。农民使用双轮车把货物运往市场。

名为"驿道"（cursus publicus）的快捷的公共交通服务使用一种轻型马车。街上可以看到五花八门的垃圾和种类繁多的车辆。

在罗马，人们的生活主要在户外进行，满载货品等重物的马车从街上驶过，噪声持续整天，直到深夜。

当局面临的严峻问题有垃圾处理、街道清扫，预防包括火灾在内的事故。消防队是一群穿着军装的巡视者，他们配备梯子、水桶、灭火毯和连接公共喷泉的水泵。

罗马的供水一直是个大众关切的主要议题。在公元3世纪和4世纪，这座城市靠11座水库供水，每天都能从中抽取大量的水。这个范围内所允许的每日用水量其实是如今可以达到的供水量的两倍。当然，浴场、喷泉等公共服务设施在总用水量中占有相当大的

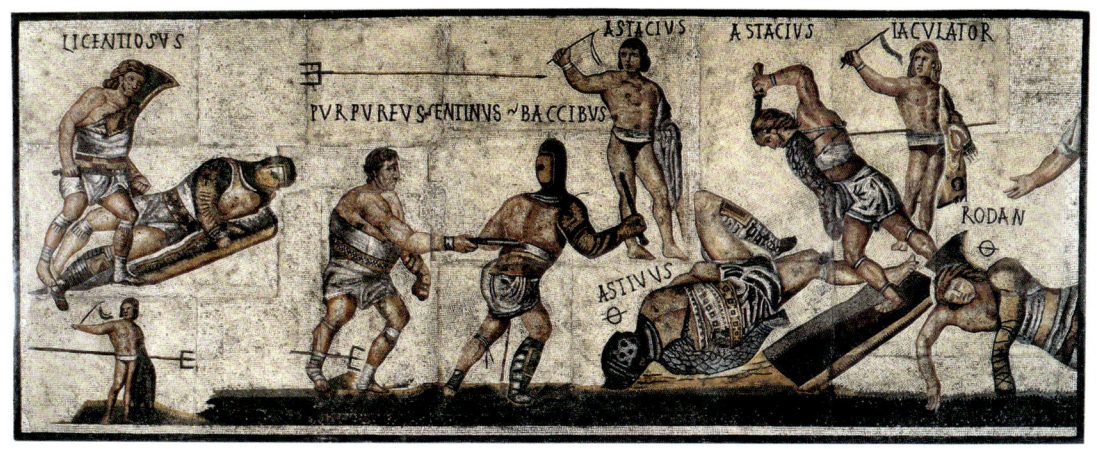

78—79 罗马斗兽场规模宏大，用来观看角斗士搏击和狩猎野生动物，是罗马最大的圆形剧场。图中可见这座建筑的形状，圆形的承重结构用石灰石建造，由砖瓦墙连接起来。从上方看，可以清楚地看到竞技场下方复杂的地下通道系统

79 如图所示，这些华丽的马赛克描绘了狩猎和角斗士搏击的场景。角斗士通常是被判处死刑或劳动改造的罪犯，或犯了重罪的奴隶。不过也有些自由人选择当角斗士，希望抓住机会名利双收。许多在赢得一场搏击后获释的角斗士选择继续搏击，因为可以赚到大笔金钱。他们中许多人结束了漫长的职业生涯后过着富足的生活。有人认为，享有盛名的职业角斗士在搏击时限制了风险，他们用高超的技巧让观众疯狂，有点像今天的摔跤运动。角斗士分成不同的组织，住在地势偏僻的特殊营房里，但是依旧能够接待来访的粉丝和被他们的健硕体格吸引的女性

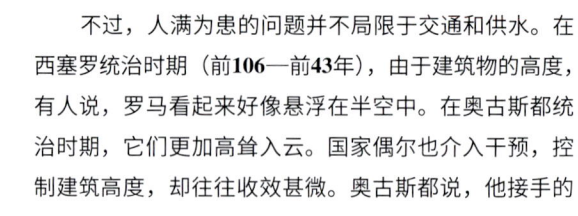

比重。罗马在鼎盛时期有856座公共浴场，两处模拟发动海战的场所，1352个喷泉和池塘及其他水上活动场所。古代世界最先进的污水处理系统有效地清除了污水。

不过，人满为患的问题并不局限于交通和供水。在西塞罗统治时期（前106—前43年），由于建筑物的高度，有人说，罗马看起来好像悬浮在半空中。在奥古斯都统治时期，它们更加高耸入云。国家偶尔也介入干预，控制建筑高度，却往往收效甚微。奥古斯都说，他接手的罗马是一座砖瓦建造的城市，他留下的罗马是一座大理石建造的城市。连他也无法解决贫民区过度拥挤和交通堵塞的普遍情况。

火灾和建筑物倒塌是司空见惯的事情。建筑的上层通常以木框架为基础，支撑着轻型砖石结构，这些结构造价低廉，施工简便快捷，但是非常脆弱，极易着火。尼禄制止了这种状况，部分翻新了城市。鉴于他总体而言名声很差，这项政令也许显得奇怪，但却值得赞扬。

公元64年的可怕火灾令大半个罗马城毁于一旦，于是罗马颁布了严格的法律，禁止未经授权的施工营建。业主必须确保遵守具体的安全规定。建筑的高度不能超过道路宽度的两倍，禁止使用木质天花板，外立面必须建造宽阔的柱廊，房屋必须彼此隔开。

罗马从来不是一座按照规划建造的城市。

在罗马帝国时代，它虽然是古代世界伟大的城市，

80左上 公元309年，马克森提乌斯竞技场（Circus of Massensius）建于城墙外，长500多米，是罗马世界保存得最好的竞技场之一

80左中 马克西穆斯竞技场可以追溯到罗马王政时期，曾数次重建。它是罗马最大的大众娱乐场所。它在图拉真时期长600多米。尽管专家们不认同，但大多数人认为，它能容纳25万名观众，在特殊场合，最多能容纳32万名观众

80左下 马塞卢斯剧院（Theater of Marcellus）于公元前13年依照奥古斯都的命令竣工，奥古斯都把它献给两年前去世的外甥兼原定继承人。人们相信，这座剧院可以容纳1.5万到2万名观众

80右下 在卡拉卡拉浴场的众多艺术品中，法尔内塞公牛（Farnese Bull）大理石群雕出类拔萃。这是一件出自安东尼统治时期的珍贵复制品，希腊真品由特拉勒斯的阿波罗尼乌斯（Apollonius of Thralles）制作

80—81 卡拉卡拉浴场于公元212年由塞普蒂米乌斯·塞维鲁开工兴建，四年后由他的儿子卡拉卡拉宣布竣工，并以其名字命名。这些浴场在罗马属于豪华浴场。它们绵延铺展，占地广阔，可以容纳1600人

81下 这张航拍图片显示了戴克里先浴场气势宏伟的遗迹，这是罗马最大的浴场。这个规模浩大的建筑群在公元298年到306年间全部用砖瓦建造。它可以同时供3000人使用。1566年，米开朗琪罗把长约87米、高27米的冷水浴室改造成了天使的圣玛利亚（Saint Mary of the Angels）教堂

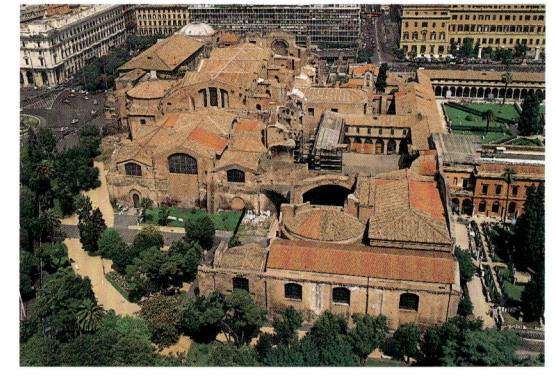

是一座真正的世界之都，但却既混乱不堪，又横七竖八，杂乱无章。在皇宫、市场、花园和数不清的公共建筑竣工后，居民都挤在剩余的一小块空间里。公元4世纪，据估计，该市约有1800栋私人住宅，还有44000栋公寓楼。高大的公寓楼是罗马最常见的住房类型。

它们用砖砌成，覆盖瓦片，一楼往往设有临街店铺。较为舒适的公寓朝向内庭院。其他公寓也可以经由楼梯抵达，与楼梯平台相通。厕所有时共用。共用的情况下，厕所设在一楼。如果公寓配备单独的厕所，那么厕所设在合适的小房间里，使用相同的污水管道排污。如今这些建筑的例子在罗马几乎消失殆尽，不过，奥斯迪亚（Ostia）还留存着多座此类公寓的遗迹。

由于罗马人口稠密，公寓楼往往高达30米。罗马的不同区域之间没有分界线，豪宅往往与四面透风的破屋陋室比邻而立，由狭窄的小巷相互连通。只有富人居住在宽敞舒适的宅邸内。多数人住在小房子里，更常见的是租住在质量参差不齐的公寓楼里。阁楼层、地窖、楼梯下方的角落，乃至商店的储藏区，通常都住着奴隶和贫穷的市民。

尽管如此，记住这一点很重要：一般来说，罗马和罗马的城镇为公民提供了日后消失很长时间的生活品质，这种生活品质直到18世纪末才重新出现。我们今天仍然可以看到的这些壮观的遗迹，它们见证了直到近代才得以实现的经济财富和生活质量。

82上 这座靠近屠牛广场（Boarian Forum）的神庙呈现如今的外观，是由于公元前1世纪重建了外立面

82中 这是奥古斯都大陵墓如今的外观。这是一座直径超过85米的圆形建筑。陵墓顶部曾是种着柏树的土堆。它的中心可能有过一个圆柱形结构，顶部曾立着一尊皇帝的镀金像

82下 奥古斯都和平祭坛是一处具有举足轻重的历史和艺术价值的古迹，20世纪30年代末在奥古斯都陵墓前的特别区域完全重建。为了庆祝在西班牙和高卢取得胜利之后整个罗马世界的和平，祭坛依照元老院的愿望建造，雕刻装饰繁复华丽。公元前9年在这里举行了奉献典礼仪式。

82—83 万神殿是一座献给保护朱利安家族的众神的神庙，公元前27年由奥古斯都的女婿阿格里帕（Agrippa）慨然出资兴建。一场大火之后依照哈德良皇帝的命令重建成如今的样貌。建筑由圆柱形的主体和门廊组成，门廊由16根科林斯柱支撑

83下 万神殿是保存最完好的罗马建筑，也是建筑领域登峰造极的作品。它的穹顶直径超过43米，是有史以来最大的未使用钢筋混凝土的穹顶。穹顶内部用五排凹格增加层次感

连同历史、战争、著作和戏剧，我们应该把古罗马的这一面牢记在心：它也是一座举足轻重的都会中心。因此，今天，它用一种语言对我们说话，这种语言我们能够明明白白地听懂，俨然是我们自己的语言。我们说过，古罗马所面临的问题与今天的一模一样。今天，我们的城市中的贫困地带人满为患，与富裕地区形成鲜明的对比，这种情况在古罗马也比比皆是。今天在许多城市中心，富人和穷人几乎比邻而居。我们和古罗马一样，都面临着保障安全健康的供水问题。像古罗马一样，如今的城市创造了越来越多的场所，让我们能够尽情享受，满足身体对清洁和健康的需求。但是，也许，当下的现实世界在古罗马各个角落得到反映，在普通人的家中，在耸立于古罗马天际线之上的公寓楼里，我们能够从中清清楚楚地看到自己。在世界各地，人们都居住在高楼大厦中，邻居住在前后左右和楼上楼下，我们倾向于认为这是当今时代特有的现象，其实古罗马人早已有过体验。伴随着大城市生活的新鲜刺激，他们晚上也受到噪声的干扰。我们已经看到古罗马人怎样恋爱，享受，放纵地消闲娱乐，也从中听到自己生活的回响。我们有电视和广播可供娱乐，却还是去现场观看体育赛事。我们的体育场座无虚席，孩子们戴着帽子支持自己偏爱的球队。我们为一方战胜另一方、一个人战胜其他人呐喊助威。这跟古罗马有何不同？

剧院是我们多姿多彩的生活的组成部分，无论是电影所呈现的戏剧还是现场演出。我们也跟古罗马人一样，可以选择不同语言或音乐的演出。而且，尽管我们当中许多人以欣赏高雅文化为荣，但阳春白雪的作品却往往不是票房最高的。罗马是往时，是今日，是未来，我们在整本书中一再强调，我们可以在往昔的生活中看到今日的自己。

84上 在哈德良陵墓前方，台伯河从典雅的埃利奥桥（Ponte Elio）下流过，桥梁由哈德良建造，以连接他的陵墓与马克森提乌斯竞技场

84中 法布里奇奥桥（Fabricio Bridge）连接了台伯岛（Tiberina）与台伯河左岸。它是罗马最古老的桥，建于公元前62年，长60多米

84下 盖乌斯·塞斯提乌斯（Caius Cestius）大理石金字塔是这位殁于公元前12年的法务官（praetor）和保民官（tribune）最初的陵墓，旁边是圣保禄门（Porta San Paolo）。这座金字塔受到罗马征服埃及后流行起来的模型的启发，上面覆盖大理石方块，高度超过35米。在建成近三百年后并入奥勒良城墙（Aurelian Walls）

84—85 哈德良为自己和接班人建造的巨大陵墓历经数百年后被改为今天人们口中的"圣天使堡"。这个庞大的圆柱形结构建在硕大的方形底座上，圆柱形结构上方是种着柏树的土堆，土堆上是高高的平台，平台上可能曾经立着一组雕像或一尊青铜骑马雕像

85上 前三头同盟之一克拉苏（Crassus）的儿媳切契莉亚·梅特拉（Cecilia Metella）的陵墓是亚壁古道[1]上久负盛名的古迹。这座陵墓建于罗马共和时期的最后十年，在中世纪曾被改为堡垒

85左下 最初马焦雷门（Porta Maggiore）的两个拱门并不是奥勒良城墙的组成部分，而是公元52年在克劳狄（Claudius）统治下兴建的高架渠的组成部分。铅铸水管沿着顶部延伸

---

1 亚壁古道（Appian Way），又译阿皮亚大道。

85右下 圣塞巴斯蒂安城门（Gate of Saint Sebastian）只有一个门洞，两侧各有一座塔楼，城门通向奥勒良城墙。城墙绕着城市延伸近19千米，它于公元271年在奥勒良统治时期开始修建，由普罗布斯（Probus）完成

哈德良别墅

A 剧院
B 圆形神庙
C 餐厅（Triclinium）
D 医院
E 图书馆庭院
F 海上剧场
G 内庭院（Peristilium）
H 多立克柱厅
I 金色广场
J 禁卫军营房
K 柱廊园（Pecile）
L 养鱼池（Aquarium）
M 水仙圣殿（Nympheon）
N 设有三间座谈室的房屋
O 主殿
P 小浴室
Q 大浴室
R 前庭
S 卡诺珀

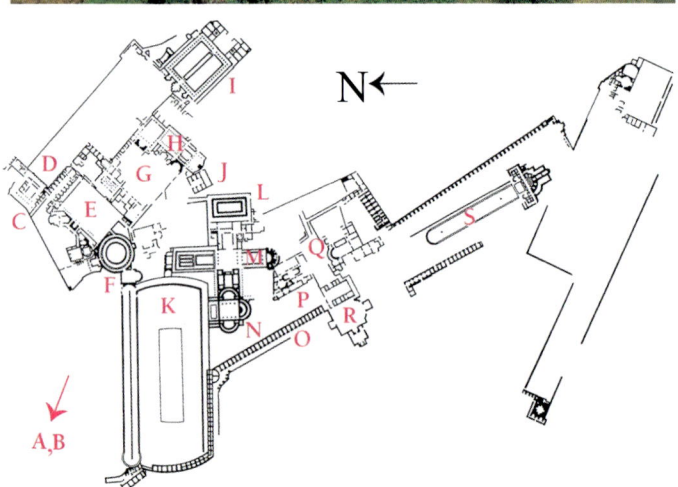

哈德良是一位世所罕见的伟大的历史人物。他是罗马皇帝，公元76年出生在西班牙的意大利卡（Italica），首次担任公职时非常年轻，他凭借品格力量和战场上的血性胆魄赢得了职位。

他多才多艺，不甘寂寞，灵魂浪漫，思想深刻，富于诗才，文质彬彬，欣赏希腊文明。

图拉真把罗马的疆域拓展到最远的边陲，哈德良被指定为图拉真的接班人。公元117年，他被任命为皇帝之际正担任叙利亚的总督，时年刚刚40岁出头。

哈德良回到罗马，着手落实一项复杂的计划，以巩固帝国的政治和军事体系。他巡视了日耳曼、法兰西和英格兰，在那里部署修建了名声在外的"哈德良长城"（Hadrian's Wall），还游历了西班牙、非洲和东方。

他于公元134年返回罗马。从这一年直到公元138年溘然长逝，他在意大利投入精力实施行政改革，对各行省进行财政重整。他最爱的地方是蒂沃利，他去那里规避公职压力。

这座古提布尔城（Ancient Tibur）坐落在罗马西南方向，最初由拉丁人建立，在奥古斯都时期成为富裕的罗马人风行一时的度假胜地。在蒂沃利寓居过的要人包括卡西乌斯（Cassius）、贺拉斯、卡图卢斯（Catullus）、奥古斯都和哈德良。

除了该地区舒适宜人的环境，吸引访客的还有声名远播的大力神赫拉克勒斯（Hercules）雕像、西比尔神谕（Oracle of Sybil）和附近据说具有疗愈功能的硫黄泉。

当然，今天，蒂沃利首先以宏伟的哈德良别墅而闻名，它坐落在小镇西南蒂伯廷山（Tiburtine Hills）下一片开阔的平地上。这个庞大而又复杂的建筑群占满一片面积广阔的区域，是意大利境内令人印象深刻的一座考古遗址公园。意大利以历史遗迹闻名于世。哈德良别墅建在罗马共和时期一座别墅的原址

86左上 在哈德良位于蒂沃利附近的豪华别墅里，他想追忆自己在前往帝国四面八方的长途旅行中见过的各种古迹，尤其是埃及和希腊。上图所示的柱廊园以雅典一座占地广阔的柱廊广场命名

86左下和右 哈德良是一位多才多艺的天才，其才能包括建筑师的才华。在他精心设计的别墅建筑群中，他用各种先进的建筑技术做实验，广泛使用圆顶和半圆顶，如小浴室和大浴室

86—87 这张航拍图呈现了由哈德良建造的绵延广阔的别墅建筑群。前景是设有所谓"养鱼池"的四方形柱廊遗址。左边是小浴室，右边是禁卫军营房（**Guards' Barracks**）和海上剧场（**Maritime Theater**）的圆形结构。背景是柱廊园的大池塘

87下 这幅出自哈德良别墅的精美马赛克画，用玻璃状材料的细小碎片制成。它是佩加蒙的索苏斯（Sosos of Pergamon）作品的复制品。据说哈德良会讲一口地道的希腊语，他高度欣赏古希腊文化

88—89 一些专家认为，由柱廊和护城河环绕的海上剧场其实是哈德良远离尘嚣、独自前去冥想的小别墅。奥古斯都在帕拉蒂尼山上的宫邸，甚至更早的时候老狄奥尼斯在叙拉古（Syracuse）的宫殿很可能也建于类似的目的。然而，瑞士学者亨利·斯蒂尔林（Henri Stierlin）近年提出一个观点：这个结构其实是个复杂的宇宙符号，它的中心类似天象馆的木制圆顶

89上 这尊红色大理石农牧神雕像是哈德良别墅出土的一件希腊化青铜原作的珍贵复制品。它现藏于罗马的卡比托利欧博物馆（Capitoline Museum）。哈德良文化品位很高，他在豪华的别墅内收藏了大量精美绝伦的艺术品，其中大部分在文艺复兴时期已流失。例如，在16世纪中期，红衣主教伊波利托·埃斯特（Cardinal Ippolito d'Este）出资对别墅遗址进行深入挖掘，目的是找到尽可能多的雕塑等作品，

上，与周围的山水风景融为一体，看起来仿佛浑然天成。不过，它是经过精心规划的。B. 坎利夫（B. Cunliffe）描述它是"一处巧妙构思的建筑景观"。

别墅的建筑工作始于公元118年，持续10多年，在此期间，哈德良游历并视察了帝国各地的行省。

这座别墅几乎可以被视为这些出访行程的记忆集锦，以及这位皇帝统一了广袤国土的象征。

哈德良热爱艺术和希腊传统，他从各个时期的经典名作中汲取灵感，尽情地模仿给他留下深刻记忆的古迹。

这解释了在该建筑群的宫邸两侧何以耸立着各种风格迥异的建筑结构，这在罗马建筑中很不寻常。

最初的工作包括对现有建筑进行简单的重新布局和扩建。新建了一个水疗体育馆建筑群和一座官方宴会厅。

其余的建筑，包括仓库、门廊、游泳池和剧院逐一兴建，在公元133年竣工时，这个地方最终呈现出纪念碑式的磅礴气势。

整片区域设有一套地下通道系统，其中一些通道适用于轮式交通。这显然是一种独立的服务网，旨在避免干扰上方正在开展的事务。

别墅的主入口开在北面，沿着滕比河谷（Vale of Tempe）从蒂伯廷路的一条小

路延伸过来，因它的自然环境与塞萨利的一处同名地点相似而得名。这里是守卫入口的禁卫军（**Praetorian guards**）的宿舍所在地。

附近是两个房间——人们以为是图书馆，其实是夏季餐室。它们是这栋楼最古老的组成部分。其中一个房间后面是海上剧场的遗址。海上剧场在整个建筑群中是一处令人拍手叫绝的地方。它由一面圆弧形的墙壁围起来，墙壁内侧立着柱廊，墙壁把这个结构与别墅的其余部分隔开，中间划出一块圆形岛屿的空间，曾经有两座小桥把岛屿与陆地连接起来。

这座人工岛上有一栋供休息和放松的微型别墅，别墅围绕一座带有喷泉的庭院建造，用一整套小浴场收尾。人们认为它仿照了奥古斯都建在帕拉蒂尼山上的宫邸，奥古斯都的宫邸又受到了叙拉古的老狄奥尼索斯宫邸的影响。当初设计哈德良别墅是打算用作政府大楼，配备所有必要设施，以便能够充当备用皇宫，甚至取代罗马的皇宫。

这座富丽堂皇的宫邸不仅能够满足身为皇帝的所有公共职能对办公场所的需求，还保证了隐私，让哈德良能够避开他在罗马时环绕在身边的宫廷人士，摆脱元老院的控制。

在这里，他还可以把自己的建筑理念付诸实践，有时他的理念似乎结合了经典与近似巴洛克式的繁杂富丽，他也急切地渴望运用新的建筑方法。

用来装饰他自己在蒂沃利附近典雅华丽的别墅

89下 图中所示为环绕着海上剧场的圆形柱廊，这个名称源于19世纪的考古学家给出的具有想象力的解释。不过，根据当代考古学家亨利·斯蒂尔林的说法，中间的小岛表示地球，四周的水域表示海洋，希腊人叫作柯罗诺斯（Chronos），即时间之神和宙斯之父。天象馆的木制圆顶覆盖在这种结构上方，哈德良不时前往中间的大厅去钻研天文学和气象学，练习占卜和制作天宫图这座别墅以多用曲面和各种类型的圆顶而闻名，包括半圆顶、分割圆顶、尖头圆顶，与精心处理光影的设计细节相结合。别墅的中心部分延伸到海上剧场以外。

它包括图书馆的庭院、宫殿、水仙圣殿（Nymphs' Shrine）、多立克柱厅和旁边的禁卫军营房，最后是金色广场（Golden Square），广场由开阔的列柱围廊和两个中殿的柱厅环绕。

多立克柱厅通向人称御座厅（Throne Room）的区域，这里很可能是某种会议室，供皇家宫廷人员正式开会之用。

金色广场北侧是一座八边形的前厅，前厅顶部是分割圆顶的一个著名范例。在南面发现了复杂而又广阔的半圆形水仙圣殿，可能是皇帝的夏季用餐区。

挨着海上剧场中"哲学园"（Philosophers' Hall）西墙的是柱廊园的一道短边。柱廊园呈开阔的四方形，由廊柱环绕，形成一个受希腊人影响的区域，专门为一边散步、一边引经据典地高谈阔论而设计。

往东是另一个系列建筑，其中最著名的是体育场和用于正式场合的夏季宴会厅。

其他区域包括大小浴场、前厅，最后还有卡诺珀（Canopy）。卡诺珀是古代世界声名远扬的建筑群之一，占据一道狭长的山谷，由长条形的大厅组成，它凸出的短边用柱廊和华丽的过梁加以装饰。

其他柱廊排列在山谷两侧的长边，当初装饰着希腊雕像名作的仿制品。山谷尽头是一座巨大的半圆形大厅，大厅顶部覆盖着扁平下凹的分割半圆顶。这是个精致又气派的夏季用餐区。

它的规划似乎从埃及的神庙中汲取了灵感，与邻近的水域相得益彰。在古代，亚历山大港通过一条运河与加诺珀斯城及其著名的塞拉比斯神庙相连。运河和城市以庆祝活动和宴会而闻名，我们在帕莱斯特里纳（Palestrina）著名的尼罗河马赛克中也可以听到回响。

哈德良的男宠、俊美的安提诺乌斯在加诺珀斯的尼罗河中溺亡，这一事件让哈德良深陷苦闷之中。

这或许可以解释为什么在这里发现了这个年轻人最传神的雕像，旁边还有厄瑞克透斯神庙的女像柱（Caryatids of Erechtheus）一丝不苟的仿制品。

许多其他雕塑名作的复制品，比如普拉克西特列斯（Praxiteles）仿制的尼多斯的维纳斯（Venus of Knidos）[1]像，分散在别墅各处，反映了哈德良对收藏的热衷和痴迷。

出土文物的丰厚和进入废墟的便捷性使哈德良别墅成为备受文艺复兴时期的学者和文物学家青睐的目的地。可惜的是，这意味着这座别墅的大量精美的遗产如今分散收藏在遍布欧洲各地的博物馆和私人藏家手中。

这种情况一直持续到1873年，这一年意大利政府拨出款项，开启了首次发掘工作。如今，哈德良别墅每年接待成千上万名游客，学者们继续对它开展研究。对于哈德良这位个性复杂的非凡人物，这是恰当的纪念方式。

1　一般指尼多斯的阿佛洛狄忒（Aphrodite of Knidos）。

90中　沿着水池边，一排雅致的柱廊占据了今天叫作卡诺珀的中心位置，它复制了几尊希腊雕像名作

90下　在卡诺珀附近发现了哈德良的宠臣安提诺乌斯（Antinous）的几尊雕像，他随皇帝前往埃及航行途中在尼罗河里溺亡

91　哈德良具有的建筑师才华在卡诺珀的精心布局中展现无遗，它占据了宫邸建筑群南边的一道人造山谷。在这处古迹中，皇帝打算复制埃及加诺珀斯（Canopus）的塞拉比斯神庙（Temple of Serapis），以及连接该镇和亚历山大港的运河。前景中，仿建的塞拉皮雍硕大的半圆顶显得非常醒目

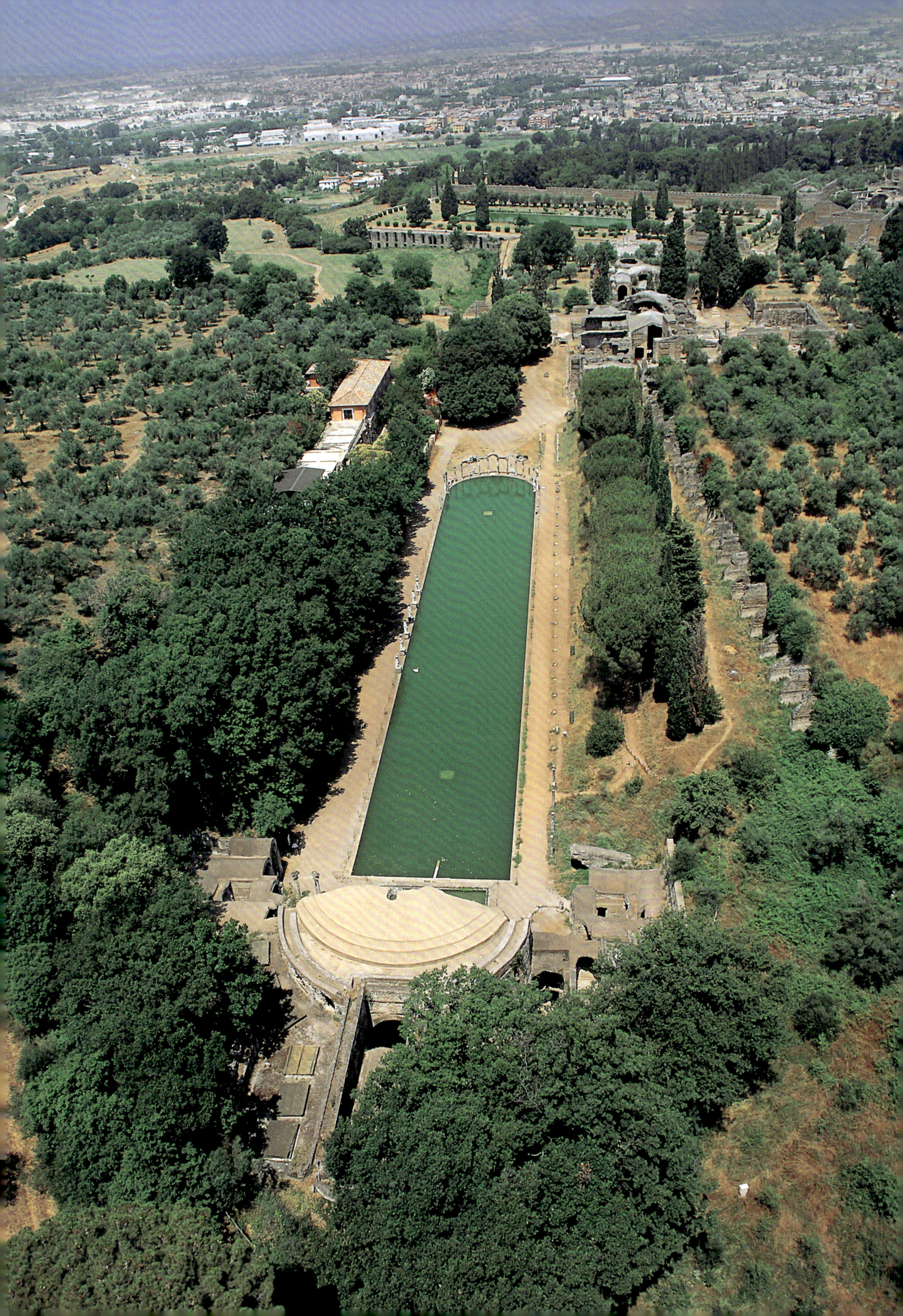

非 洲

撒哈拉沙漠宛如一片茫茫沙海，把北非一分为二。如同面对海洋，人们必须凭借渊博的知识想设法才能穿越沙漠。即使在今天，在撒哈拉沙漠无边无际、连绵起伏的沙丘中旅行，也是一场冒险。

在遥远的过去，沙漠的出现意味着地中海沿岸的非洲人与非洲大陆腹地的人们相互隔绝。北方和南方彼此独立，各自发展，形成不同的文化和生活方式，随着时间的推移，这种差异达到南辕北辙、无法调和的地步。

然而，在地中海与非洲其他地区之间，依然留有一个与东部交往的接触点。湍急的尼罗河在撒哈拉沙漠高原上的岩石之间绵延流淌数百千米，形成了一道土地肥沃的走廊，把维多利亚湖与地中海连接起来。洪水每年泛滥，创造了良好的生活条件，这是地球上最古老的文明之一——古埃及文明沿着河岸发展起来的基础。

在约6000至7000年前，可能来自撒哈拉南部边缘的人们在尼罗河沿岸肥沃的土地附近定居下来。然后，他们逆流而上，逐渐从以半游牧生活方式为主，即在能力范围之内以狩猎、捕鱼和采集水果蔬菜为生，改变为定居的生活方式，这使他们能够发展以农业和动物养殖为基础的经济。与美索不达米亚地区的贸易关系促进了技术和文化的快速发展。在公元前4000年中期和末期，生活在尼罗河第一瀑布（First Cataract）与地中海沿岸之间的人们形成了一个国家。学者们认为，埃及文明从一开始就显现出与众不同的特征，并在它近三千年的历史中一脉相承。

这个文明也建立了非洲大陆最早的城市。统一的埃及首次建都被认为是一件举足轻重的大事，这件事已经成为传奇。

根据传说，人们认为建立孟斐斯（Memphis）的功劳归于美尼斯（Menes），他是让自己作为埃及领袖登上神坛的第一人。于是，孟斐斯在历史上整个法老统治时期始终居于首屈一指的重要地位。

离孟斐斯城不远的沙漠被选为统治者的陵墓所在地。这些恢宏的墓葬群建在一块方圆60多千米的区域的不同地点。随着古王国（Ancient Kingdom）的确立，它们成为气势浩大的纪念碑。金字塔是如此独特和非凡，俨然成为整个埃及文化的象征。

今天，开罗拥挤不堪，住房严重短缺，它不断向外蔓延，已经抵达了屹立着胡夫（Cheops）、卡夫拉（Chefren）和孟卡拉（Mycerine）等多座金字塔的高原。吉萨不再只是这处历史遗址的名称，也指代现代埃及首都一个人口密集的区域——钢筋水泥的房屋沿着土路远远地向外延伸。

开罗是一座充满矛盾的大都市，在东西、新旧之间颠簸着保持平衡。通往考古遗址的道路两边林立着酒吧和旅馆，里面声色犬马，彻夜狂欢。

然而，第一眼看到吉萨金字塔是令人难忘的。它们雄奇的结构和神圣的光环使周围的一切黯然失色。它们在沙漠中神奇的存在令观者受到震撼，周边的事物仿佛化为乌有。

孟斐斯数百年来都是埃及的都城，后来它把这个角色让给了底比斯。埃及人称底比斯为Uaset，即"强大的"，今天的卢克索便建立在它的遗址之上。定都底比斯后，经过一段时间的领土分割和边缘小国间的内部争端，十一王朝的统治者（前2150—前1050年）再次统一了埃及。

孟图霍特普二世（Mentuhotep II）在代

92上 名为奈菲尔塔利（Nephertari）的涡卷形装饰多次出现在拉美西斯二世的皇室配偶（Great Royal Spouse of Ramses II）的陵墓中，这座陵墓是帝王谷气势最宏伟的地下陵墓。1822年，时年32岁的商博良（Jean François Champollion）破译了这些象形文字。1824年，他出版了奠基之作《象形文字体系》（*Precis du système hyeroglyphique*）

92下 因为非洲港口的战略位置和农业的丰饶财富，罗马对非洲兴趣浓厚。罗马人对地中海沿岸的管辖始于公元前146年迦太基遭到摧毁之后。在从今天的摩洛哥延伸到利比亚的广阔的古罗马领土上，埃是个独立自治的行省，欣欣向荣的城市迅速兴起，如大莱波蒂斯。这个面具就出自该城的塞维鲁广场

92—93 坐落在下努比亚的阿布辛贝神庙不仅是古埃及继金字塔之后知名度最高的古迹，也是强大的法老拉美西斯二世个人的胜利。这块圣地全部为公元前1260年前后从砂岩中挖掘而成，宽38米，高30多米

尔-巴哈里（Deir el-Bahri）的地势低洼处建造墓葬群，可以追溯到这一时期伊始。卡纳克的神圣建筑的遗迹，即供奉城市之神阿蒙（Amon）的神庙遗址大致建于同一时间。随着底比斯王朝崛起并占据埃及王位，对阿蒙的崇拜传遍全国，于是，卡纳克的神庙随着时间的推移不断扩展，每位统治者都在前人的基础上为它添砖加瓦。

今天，卡纳克是一处无与伦比的名胜古迹。一个人从中走过，会穿越时空回到过去。我们从托勒密王朝的塔门进去，穿过270多米的大厅、柱子、方尖碑、雕像和覆盖着彩绘场景和铭文的墙壁，到达图特摩斯三世（Thutmose III）兴建的建筑，这些建筑见证了将近1500年的人类历史。

底比斯在新王国（New Kingdom）时期有过一个璀璨夺目的阶段，当时法老正处于最强大的时期。第十八、十九和二十王朝的法老统治着广袤的领土，他们在这座富庶的都城兴建了许多纪念碑。统治者选中俯瞰卢克索的山谷作为墓葬地点。人们把他们最后的安息之所从深谷中发掘出来。山谷两岸岩石壁立，到了雨季，一条大河汹涌澎湃，滚滚流淌。1922年，人们就是在这里发现了完好无损的图坦卡蒙（Tutankhamen）陵墓，以及世所罕见的金碧辉煌的陪葬品。卢克索神庙的废墟位于底比斯东岸，卢克索神庙曾经由8千米长的斯芬克斯大道与卡纳克相连。拉美西斯二世统治时期进行了最大规模的扩建，第一座塔门的外墙上画着他在卡迭什（Qadesh）与赫梯人打仗的战争场景。

同样的场景和铭文也可以在阿布辛贝神庙的第一座柱厅的墙壁上找到。阿布辛贝神庙在卢克索以南480多千米的岩石上开掘而成。拉美西斯二世在这里歌颂自己的伟大，他在世时就把自己奉上神坛，用象征和典故宣传自己的荣耀。这座神庙越往里走，这一点就越发明显。较小的石窟神庙献给他的妻子，它只是复述了赞颂拉美西斯二世伟大又神圣的主旨。

阿布辛贝坐落在名叫努比亚的地区，它的北部边界以今天的阿斯旺镇为标记。在距离这里不远的地方，埃及法老的历史走向终结。专门供奉伊西丝（Isis）的神庙建筑群曾经矗立在菲莱岛（Philae），位于今天的阿吉基亚（Agilkia），是埃及后期一处至关重要的宗教崇拜中心。20世纪70年代，为了防止被洪水淹没，作为举世瞩目的阿斯旺大坝兴建工程的组成部分，人们把它搬迁到了现在的位置。它的墙壁上有一块公元前394年8月24日的碑文，被认为是迄今为止发现的年代最新的象形文字。伊西丝是奥西里斯（Osiris）的妻子。许多碑文提到埃及、希腊、罗马和麦罗埃（Merotic）朝圣者对她顶礼膜拜。

尽管埃及以举世闻名的丰富古迹在非洲考古学中占据主导地位，但是其他地区也留下了年代较近但同样辉煌的古迹。北非海岸从公元前1000年起就进入了一段生机勃勃的时期，在公元后1000年达到了绚烂精彩的巅峰。彼时，它们是罗马帝国的行省，是蒸蒸日上、生龙活虎的文化中心，许多为罗马文明的发展壮大立下汗马功劳的人物在此间诞生。其中一座城市就是利比亚的大莱波蒂斯。可以说，这座城市的遗迹胜过其他城市，证明在我们的时代破晓之际，北非海岸是人类历史上一个举足轻重的交汇点。

弗朗西斯科·蒂拉德里迪

93下 埃及文明的象征——狮身人面像在吉萨从卡夫拉金字塔前的沙漠中赫然显现。庞大的狮身用石灰岩雕刻而成，面孔为法老的肖像，长58米左右。这副神秘的面容曾在数百年间保持不变，千百年来凝望着太阳东升西落

非洲年表

- 旧石器时代和新石器时代（前60000—前3000）
- 埃及的前王朝时期（前3300—前2920）
- 早王朝时期（前2920—前2670）
- 第一王朝（约前2920—前2770）
- 第二王朝（约前2770—前2670）
- 古王国（Ancient Kingdom，前2670—前2150）
- 第三王朝（约前2670—前2570），主要统治者：萨纳赫特（Sanakht）、左塞尔（Djoser）、塞汉赫特（Sekhemkhet）
- 第四王朝（约前2570—前2450），主要统治者：斯涅夫鲁（Snefru）、胡夫、卡夫拉、孟卡拉
- 第五王朝（约前2450—前2300），主要统治者：乌塞尔卡夫（Userkaf）、萨胡拉（Sahura）、内弗尔卡拉（Neferirkara）、纽塞拉（Neuserra）、乌纳斯（Unas）
- 第六王朝（约前2300—前2150），主要的统治者：泰蒂（Teti）、佩皮一世（Pepi I）、梅伦拉（Merenra），佩皮二世（Pepi II）
- 第一中间期（First Intermediate Period，前2150—前2100）
- 中王国（前2100—前1750）
- 第十一王朝（约前2100—前1955）
- 第十二王朝（约前1955—前1750）
- 第二中间期（Second Intermediate Period，前1750—前1640）
- 希克索斯（Hyksos）统治时期（前1640—前1550）
- 第十三至十七王朝（约前1750—前1550）
- 新王国（前1550—前1076）
- 第十八王朝（前1550—前1295）主要统治者：图特摩斯一世、图特摩斯三世、哈特谢普苏特（Hatshepsut）、阿蒙霍特普二世（Amenophi）、图特摩斯四世、阿蒙霍特普三世、阿蒙霍特普四世即阿肯那顿（Akhenaton）、图坦卡蒙（Tutankhamon）、霍伦赫布（Horemheb）
- 第十九王朝（约前1295—前1188），主要统治者：拉美西斯一世、塞提一世（Sethi I）、拉美西斯二世、麦伦普塔（Merneptah）
- 第二十王朝（约前1188—前1076），主要统治者：拉美西斯三世、拉美西斯四世、拉美西斯九世、拉美西斯十世、拉美西斯十一世
- 第三中间期（约前1076—前664）
- 第二十一王朝（约前1076—前945）
- 第二十二王朝（约前945—前828）
- 第二十三王朝（约前828—前742）
- 第二十四王朝（塞易斯[Saites]，约前742年—前712）
- 第二十五王朝（约前712—前664），主要的统治者：沙巴卡（Shabaka）、塔哈尔卡（Taharqa）
- 第二十六王朝（约前664—前525）[1]，主要统治者：普萨姆提克一世（Psammetico I）、普萨姆提克二世（Psammetico II）、阿玛西斯（Amasi）
- 波斯第一次统治时期（约前525—前405）
- 第二十七王朝（波斯统治，约前525—前405）
- 第二十八王朝（约前405—前399）
- 第二十九王朝（约前399—前380）
- 第三十王朝（约前380—前343），主要统治者：内克塔内布一世（Nectanebo I）、内克塔内布二世（Nectanebo II）
- 波斯第二次统治时期（前343—前332）
- 马其顿王朝（约前332—前304），主要统治者：亚历山大大帝、菲利普斯·阿里迪乌斯（Philippus Arrideus）、亚历山大四世
- 托勒密王朝（约前304—前30）
- 罗马摧毁迦太基，开始统治非洲（前146）
- 昔兰尼加（Cyrenaica）成为罗马的行省（前74）
- 恺撒吞并努米底亚（Numidia，前46）
- 埃及成为罗马的行省（前30）
- 毛里塔尼亚成为罗马的行省（40）
- 韦帕芗在亚历山大称帝（69）
- 塞普蒂米乌斯·塞维鲁在大莱波蒂斯降生（146）
- 芝诺比娅女王的军队占领下埃及，遭到击退（268—270）
- 在君士坦丁统治下，埃及成为主教辖区（324—337）
- 埃及成为拜占庭帝国的一部分（395）
- 埃及被阿拉伯人占领（640）

---

[1] 第二十六王朝为塞易斯王朝时期。

大莱波蒂斯

萨卡拉和吉萨

卡纳克
西底比斯　卢克索
　　　　　菲莱
努比亚神庙
阿布辛贝

萨卡拉和吉萨：孟斐斯的墓葬地

96上 萨卡拉的左塞尔金字塔，高近58米。它是在28米深的墓沟上建造了第一座马斯塔巴[1]的基础上五次续建的结果

96—97 从西北向望过去，这座阶梯式金字塔在萨卡拉的考古遗址中脱颖而出。它被纳入一组纪念碑式建筑群，形成了占地约15.38公顷的"左塞尔建筑群"

---

[1] 马斯塔巴（mastaba），金字塔的前身，mastaba来自阿拉伯语，本义是长凳。

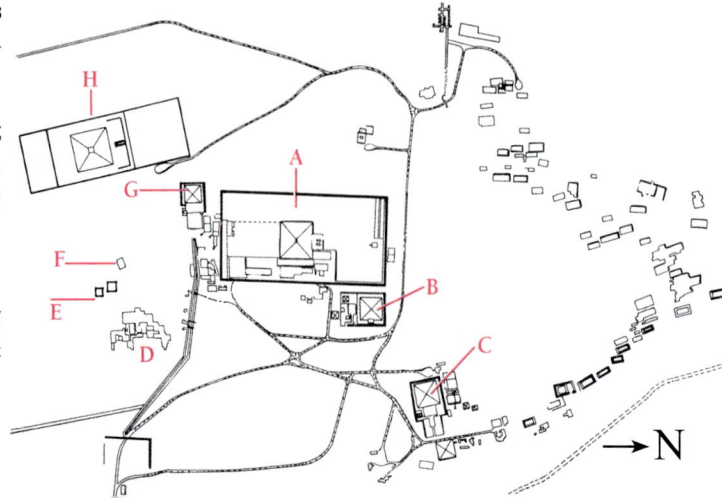

A 左塞尔墓葬群
B 乌塞尔卡夫金字塔
C 泰蒂金字塔
D 圣耶利米修道院（Monastery of St. Jeremiah）
E 霍伦赫布墓（Tomb of Horemheb）
F 马亚墓（Tomb of Maya）
G 乌纳斯金字塔
H 荷鲁斯·塞汉赫特（Horus Sekhem-khet）墓葬群

97上 这座长菱形金字塔（也叫弯曲金字塔）是代赫舒尔（Dahshur）考古遗址最醒目的古迹，它坐落在萨卡拉以南不到16千米处。这座巨大的建筑由斯涅夫鲁法老在公元前2570年前后建造，是一座设计简单的金字塔。两个斜面不寻常的坡度变化可能由工程问题导致

97中 代赫舒尔的红色金字塔，即斯涅夫鲁北金字塔，其名称的由来是它的石灰岩看起来通体红色。只有长菱金字塔比它更古老，可以认为它是埃及兴建的第一座真正的金字塔，这个形状后来被其他建造者采用。它几乎与胡夫金字塔一样大，底部边长约为220米，高度超过101米

97下 阿布希尔金字塔群建于第五王朝（前2450—前2300），位于萨卡拉北部，这里不仅包含私人坟墓和乌塞尔卡夫的太阳神庙的遗址，还有萨胡拉、纽塞拉和内弗尔卡拉三座金字塔。可惜的是，因为这一时期使用的特殊建筑技术和几乎无法抵挡风雨侵蚀的材料，这些古迹毁损严重，破败不堪

孟斐斯，法老的国度最古老的都城，建立它的功劳归于美尼斯。埃及人相信，是这位神话中的君主把国家统一起来，使之成为一个王国。虽然孟斐斯作为政治和行政中心的角色日后转给了其他城市，但它在此后相当长的时间内依旧保持了显赫威望。

例如，努比亚统治者皮耶（Pye，前750—前712）沿着尼罗河逆流而上，航行到第四大瀑布以北，直到进入孟斐斯的守护神普塔（Ptah）的神庙，才认为自己抵达了旅途的终点。皮耶由此相信自己已经征服了整个埃及，因为他已经深入了埃及的腹地，法老王朝在此间持续统治了数千年。在这位努比亚国王看来，美尼斯的后代继续统治北方也无妨，因为埃及的真髓在孟斐斯。如今，孟斐斯昔日的荣耀已然荡然无存。

在开罗以南32千米，米特·拉辛纳村（Mit Rahina）的棕榈树丛中，一个巨大的神庙建筑群掩埋在绵延广阔的碎石堆下，让人难以辨认。数百年来，这些神庙三番五次遭受洗劫，早已空无一物。许多用来给埃及的神祇建造圣殿的石头，如今嵌在开罗的楼宇中。然而，倘若我们相信拉美西斯时代即公元前14和公元前13世纪莎草纸上的许多描述，孟斐斯当年想必光芒四射。莎草纸上面写着诸如此类的词句："孟斐斯无可比拟……粮仓里谷粒和大麦满溢出来，湖泊上鲜花盛开，荷花摇曳，这里油料香醇，肉质肥美……"

法老统治时期的孟斐斯雄奇美丽，最重要的证明是其间的陵墓。陵墓在尼罗河西岸一条狭长的沙漠带绵延38千米以上，从吉萨北部的阿布·鲁阿什（Abu Roash）延伸到萨卡拉[1]以南约16千米的代赫舒尔。第二王朝的统治者最先把萨卡拉西部的沙漠选为王室陵墓所在地。如今他们的陵墓只剩下些许痕迹，墓葬区范围广阔，陵墓居于中间，在沙漠的流沙之下几乎隐而不见。

在兴建这些陵墓之前，生活在第一王朝时期的官员曾把这个地区用作墓地，当时法老的政府正在成形，已经把行政总部建在了孟斐斯。这些官员的陵墓可以与统治者的媲美，尺寸甚至超过后者。统治者安葬在上埃及的阿拜多斯（Abydos），这是统治王朝最初的发源地。

第三王朝的统治者左塞尔（前2630—前2611）决定在以前的王室陵墓的基础之上建立自己的陵墓。整个墓葬群由建筑师伊姆霍特普（Imhotep）设计，在当时具有革命性。这个结构的中枢是阶梯式金字塔（Stepped Pyramid），围绕它发展形成了建筑群，它们被用作君主周年大庆的背景。伊姆霍特普的创新之一是建筑材料的使用。左塞尔的墓葬一定是第一座完全用石头建造的重要建筑。芦苇、木材和尼罗河石灰突然遭到舍弃，建筑的形式语言从最古老的建筑所使用的材料发展而来。石头建筑揭示了它汲取灵感时所参照的模型。

例如，石柱是成捆芦苇束的形象再现，芦苇形象没有完全从后墙上脱离。外墙的顶部表明，装饰设计的灵感源自涂了泥层的芦苇栅栏。由于各种各样的情况，最初的平面图被改变。阶梯式金字塔起源于一座陵墓，它与先前某个王朝的陵墓很像。它经过了5次堆叠，通过另外叠加5座尺寸缩小的陵墓，达到近60米的总体高度。这座陵墓南边有个宽敞的庭院。左塞尔重要的禧年庆典在庭院里举行。

左塞尔的墓葬纪念碑开启了埃及王室陵墓的形式发生转变的过程。在几代人的时间

[1] 萨卡拉（Saqqara），又译塞加拉。

内，形成了如今我们耳熟能详的金字塔形式。这一发展的一个重要阶段发生在斯涅夫鲁统治时期（前2575—前2250），斯涅夫鲁建造了三座金字塔。第一座建在孟斐斯南部的美杜姆（Meidum）区，另外两座分别叫作"弯曲金字塔"和"红色金字塔"，坐落在代赫舒尔，距离首都约16千米。红色金字塔尽管斜面过大，却被用作吉萨的胡夫（Cheops）金字塔的原型，胡夫（前2550—前2528）是斯涅夫鲁的儿子和继承人。胡夫把王室陵墓向北迁移到吉萨和阿布·鲁阿什。第五王朝的统治者再次把萨卡拉选作墓址。我们首先要感谢他们延续了埃及的宗教，把太阳奉为神灵的宗教从卡夫拉统治时期就已经出现。乌塞尔卡夫（前2465—前2458）及其继任者的兴趣主要在于建造供奉太阳的神庙。今天，人们依然能够在吉萨和萨卡拉之间的阿布哥拉布（Abu Ghorab）观赏这些神庙的废墟之

美。再次把萨卡拉作为最后的安息之所，清楚地显示出这些统治者想要摆脱传统的愿望。乌塞尔卡夫金字塔的遗迹离左塞尔墓葬群不远，表明他与第三王朝声名赫赫的君主左塞尔缔结理想纽带的意愿。金字塔的设计在乌塞尔卡夫统治时期确定了最终的形式。金字塔从全部使用石灰岩的造价昂贵的建筑变成了一间墓室，上面主要用碎石堆覆盖，外面再贴上石灰岩板。用这种方式可以在减少材料消耗的条件下确保王室陵墓的纪念碑式外观。乌塞尔卡夫的继任者萨胡拉选择安葬在萨卡拉北部的阿布希尔（Abusir）。在此地附属于葬祭庙的裸砖建筑遗迹中，出土了大量莎草纸文件，让我们能够对这个远古时代的国家统治一窥究竟。乌纳斯是第五王朝的最后一位统治者，他再次把萨卡拉选作墓葬所在地。他的金字塔如今只余一片乱石，但他的墓室墙壁上第一次出现了包含"金字塔文"（Texts of the Pyramids）的铭文。铭文是一部文本集，已故的国王去往下一个世界时可能派上用场。这部文本集涉及广泛的主题——从献给诸神的赞美诗，到针对蛇的咒语，还有其他一些我们尚不理解的巫术文本。在萨卡拉，如同第六王朝统治者的金字塔，都是生活在这个王朝和前王朝之间的官员的坟墓。

墓中分成许多房间，如同他们活着时住过的宅邸。墙壁上装饰着彩绘的浮雕，描绘日常生活的场景。这些作品具有高超的艺术品质，为我们提供了准确无误的日常生活的画面，以及各种习俗和不可预测的事件，既有庄重严肃的，也有诙谐逗趣的。在这个意义上，泰伊（Ty）墓特别值得注意，而梅勒鲁卡（Mereruka）墓和卡杰姆尼（Kagemni）墓则被认为不够新颖生动，尽管在某种意义上，后两座墓的内容更加丰富。

在孟斐斯不再统御整个埃及的时期，萨卡拉继续被用作墓地。许多与阿肯那顿和图坦卡蒙有关的官员的坟墓建于新王国时期。其中，在霍伦赫布将军（General Horemheb，前1319—前1307）的坟墓中可以找到阿玛尔纳（Amarnian）风格的华丽装饰，他不久就掌权当上了法老。在拉美西斯二世统治时期（前1290—前1224），遵照卡穆赛特王子（Prince Khaemuaset）的命令，左塞尔墓葬群以北几千米处的阿匹斯神牛（Apis bulls）全部重新布局。

埃及在遥远的古代就奉行公牛崇拜，荷玛卡（Hemaka）的陪葬品中显示了这一点。荷玛卡这位官员生活在第一王朝的国王登（Den）统治时期。在这一时期，牛被视为大自然的生育力的化身。随着时间推移，它渐渐演变为孟斐斯的保护神普塔在世间的化身。崇拜神牛被认为能够提供救赎，晚期在埃及广泛流行。牛死后备受荣宠，与统治者的荣誉别无二致。人们为它举行复杂的仪式，把它制成木乃伊，装在备有丰厚陪葬品的巨大石棺内埋葬，墓室连着又长又深的墓道。在希腊罗马时期（GrecoRoman Period），这个地方叫作塞拉皮雍（Serapeum），这个时期许多访问尼罗河谷的旅行者都在叙述中提到过它。其中包括斯特拉波（Strabo），他的描述对法国人奥古斯特·马里埃特（Auguste Mariette，1821—1881）产生了影响。马里埃特进行了一些挖掘，想让塞拉皮雍的入口回归大众视野。经过艰辛的努力，他在1851年取得了成功。

随着这一发现，人们开始对埃及法老们最古老的都城孟斐斯的陵墓进行科学而又系统的探索。

98左中 在萨卡拉遗址，伊鲁卡普达（Irukaptah）陵墓的西墙上装饰着死者亲属的8尊硕大的彩色雕像。

98左下 在萨卡拉的梅勒鲁卡石室坟墓里，在六柱大厅的一个深壁龛中，我们在一张祭品桌前看到了真人大小的死者雕像。壁龛旁边还有梅勒鲁卡的另外两尊雕像

98右上 萨卡拉的普塔-霍特普（Ptah-Hotep）石室坟墓内有华丽的彩色浅浮雕。在右边的前景中，普塔-霍特普呈坐姿，身穿虎皮，正在从一个石制容器里嗅闻香料

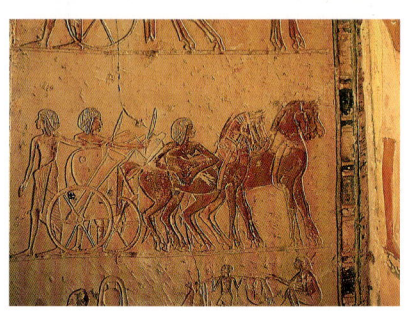

98右中 这辆华丽的战车出自萨卡拉墓场的彩色浅浮雕

99 在第五王朝最后一位国王乌纳斯建造的金字塔中，墓室的墙壁上刻着象形文字，这是已知最早的象形文字的例子。它们包含了祈祷和巫术方法、金字塔文，用来帮助消除法老的灵魂在阴间与太阳神拉相会的旅程中会遇到的邪恶力量

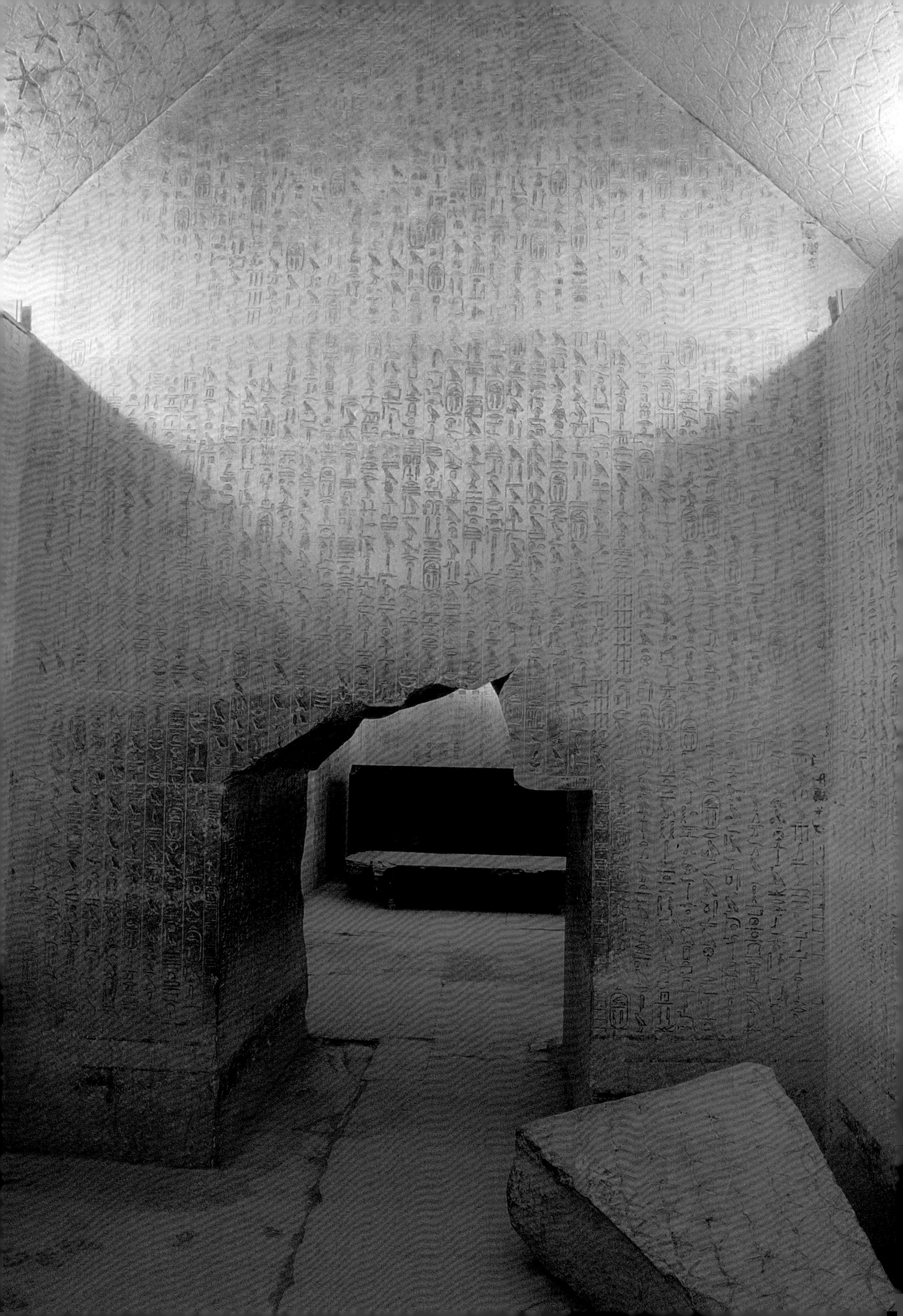

A 下游神庙
B 斯芬克斯神庙
C 狮身人面像
D 东墓场
E 卫星金字塔
F 太阳船壕沟
G 胡夫金字塔
H 西墓场
I 第二艘太阳船（尚未出土）
J 葬祭庙
K 卡夫拉金字塔
L 葬祭庙
M 孟卡拉金字塔
N 卫星金字塔
O 游行坡道
P 太阳船博物馆

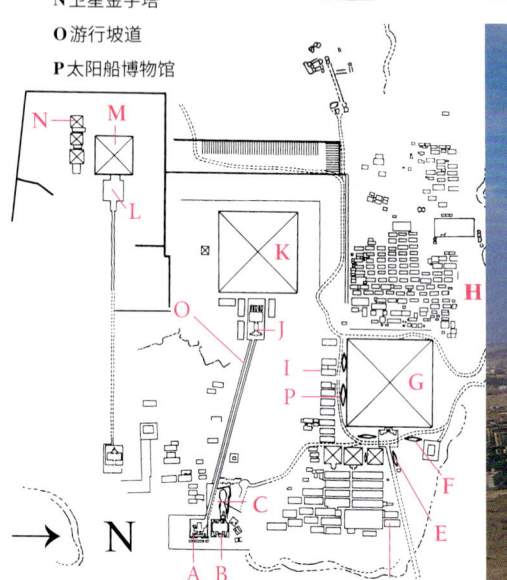

胡夫金字塔的建造标志着王室陵墓转移到孟斐斯北部的吉萨高原上。这座斯涅夫鲁的继承者的墓葬纪念碑被列为古代世界七大奇迹之一，它高达150多米，无疑是动人心魄的历史古迹。人们往往误以为它标志着埃及文化在建筑领域达到了最高成就，其实它只是埃及墓葬纪念碑的发展进入了一个新阶段而已。统治者继续安葬在金字塔里，中王国（**Middle Kingdom**）时期乃至以后，金字塔的规模更小，造价更便宜。不过，这座大金字塔总是激发人们的想象力，五花八门的传说应运而生，从希罗多德的报道，到一些今天继续让新闻媒体感兴趣的荒诞故事，不一而足。这一切都是因为它与造就了它的文化相互分离，这座埋藏着统治者木乃伊的庞大石块失去了原本的意义，导致我们不顾横亘在现代人与近5000年前埃及人的思维方式之间的时间和空间鸿沟，编造出各种理论。

如同埃及文化的众多符号，这座

100左上 这座象牙雕像出土于阿拜多斯，现藏于开罗的埃及博物馆，是现存唯一的胡夫雕像。他的金字塔是埃及金字塔中体积最大的一座，其统治时间为前2550年到前2528年

100右上 这尊狮身人面像长58米，在卡夫拉时代，模仿了卡夫拉金字塔东侧前面的一块石灰岩雕像。狮身人面像是男性形象和太阳神的象征，也是成为神灵的国王的形象

100—101 距离开罗中心约80千米，在一片沙漠高原的边缘，胡夫、卡夫拉和孟卡拉这三座金字塔按大小顺序自东北向西南排列

金字塔也包含了许多不同解释。它是沙漠中的一个标志，是已故统治者尸骸的记号。它规整完美的几何造型与周围的杂乱无序形成对比，令人感慨万分。即使已经去世，这位君主依旧继续通过金字塔扮演身为秩序（宇宙）守护者的角色，对抗无序（混乱）的侵扰。这种理念是领悟法老的性质的基础。延伸到从始至终的埃及文明，我们可以用这种理念作为一把答疑解惑的钥匙，勉力体会他们为何选择用金字塔这种形状来标记统治者的坟墓所在地。金字塔也让人联想到一座山，从原始的海洋中浮出地面的第一座山，整个创世的过程由此拉开序幕。我们还可以把这座金字塔比作太阳光的具象化，太阳从天上洒下阳光，照耀世间。最后，人们可以把这座金字塔看作上述一切，甚至更多。埃及人敏于洞察可能蕴含不止一种意义的符号，金字塔在埃及人中大获成功，就在于它具有启发一系列解读的内涵。归根结底，这座金字塔是个名副其实的符号。在胡夫金字塔周围，曾在他手下效劳的官员也建造了坟墓。在一个永生是君主独享的特权的时代，在阴间与他靠近是死后延续生命的唯一希望。

胡夫之母、斯涅夫鲁之妻海特菲莉斯（Hetepheres）的尸骸最初埋在代赫舒尔的沙土里，胡夫想把她安葬在自己身边。她的坟

101右上　狮身人面像庄严神圣的面孔超过4米宽，仍然留有彩绘的痕迹

101右中　这幅图展示了胡夫金字塔内部长长的通道

101右下　1954年，在胡夫金字塔附近的壕沟中出土了一艘完好无损的船，长43米，宽超过5米。这艘船经过16年的修复工作后被重新组装起来，如今在原址附近的博物馆中展出

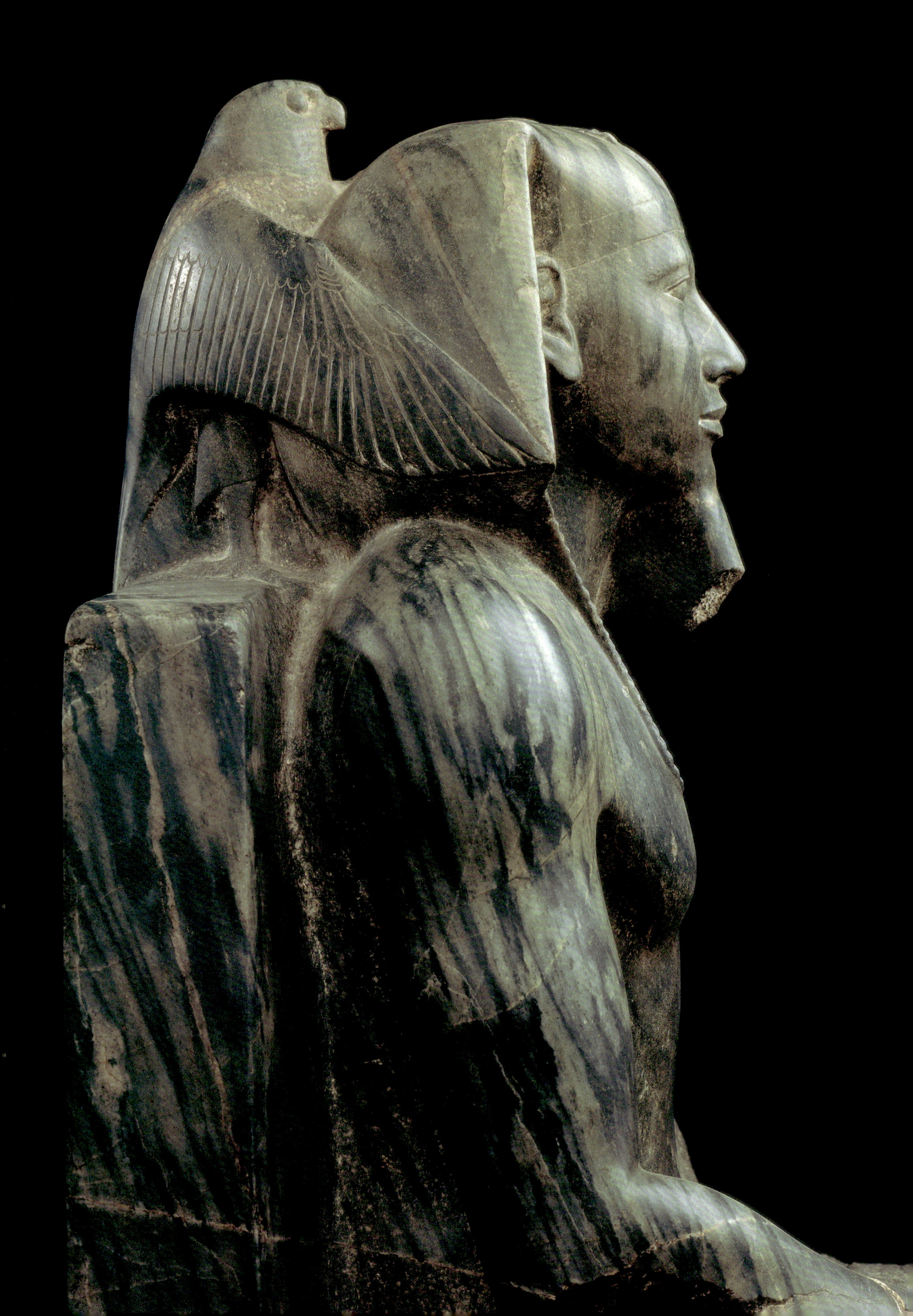

墓被发现于胡夫金字塔东侧。这位王后的尸骨一直没有找到，可能只找到了她的部分陪葬品。家具上贴着金箔，厕所里使用的花瓶也是黄金的，两只手镯是银制的。这些物品，连同一具雪花石棺，如今都收藏在开罗的埃及博物馆中。在胡夫金字塔南侧，近年来出土了一艘用黎巴嫩雪松制成的帆船。它被拆开，小心地安放在一条盖着石灰石板的壕沟底部。帆船显出磨损的痕迹，想必曾经安放在金字塔附近，以便在可能时供胡夫在死后的航行中使用。

经过修复和恰到好处的重建，这艘帆船如今在金字塔脚下一座特殊的博物馆展出，博物馆建在出土原址的壕沟上方。对该遗址的研究已经证明，存在另一条壕沟，里面埋着拆开的第二艘船，但是当局决定不开挖这条壕沟。

卡夫拉（前2520—前2494）的金字塔比其父亲胡夫的金字塔要小，但是由于它建在地势稍高的地方，看起来略高一些。它的顶部仍然看得出部分白色石灰岩覆盖物，人们把它们系统地从底部连同其他金字塔的石块一起拆走，在阿拉伯时期用来兴建开罗的一些建筑。卡夫拉墓葬群的保存状况比胡夫要好。在卡夫拉金字塔的东侧，我们仍然可以看到为卡夫拉举行仪式的寺庙的遗迹。从这里穿过一道有顶盖的下行斜坡，就可以到达下游神庙。卡夫拉的尸体在这里被净化处理，制成木乃伊。

下游神庙由花岗岩砌块组成，重达数吨，它的红色与雪花石地板的白色形成鲜明的对比。

大厅里空空荡荡，厚重的墙壁、石柱和楣梁相互平衡，这是第四王朝作品的一个鲜明的例子。在这座神庙里发现了一尊华美的闪长岩雕像。卡夫拉坐在宝座上，身后是一只象征荷鲁斯（Horus）神的猎鹰。猎鹰的翅膀呈通常的保护姿态，护着国王的头部，还有各

102和103左上 这尊巍峨华美的闪长岩卡夫拉雕像是法国考古学家奥古斯特·玛里埃特1860年在吉萨的卡夫拉金字塔下游神庙里发现的

103中 这组著名的雕像出土于吉萨的孟卡拉金字塔下游神庙，法老雕像左右两边立着两尊神像。左边是女神哈索尔，她与富足和生育有关；右边是上埃及第17行政区的守护神，上埃及由这尊神头顶上的象征物加以识别

103右上 从这幅鸟瞰图中可以清楚地看到卡夫拉金字塔的顶部，上面曾经盖着一块压顶石（pramidion）

103右中 从这个角度看吉萨考古遗址，卡夫拉金字塔投下的影子一直延伸到了后面的胡夫金字塔

103

种几何图案，说明了埃及这个历史时期抽象艺术的发展趋势。

下游神庙旁边是一堆石灰石，建造胡夫金字塔的石材就取自这里，剩下的石块留在原地。卡夫拉的能工巧匠把形状不规则的岩石加工打磨，雕刻成一种神奇的动物——狮身人面，使之成为卡夫拉权力的化身。后来，这尊巨大的雕像被奉为神灵——早晨的太阳拉-哈拉胡提（Ra-Harakhti）神。第十八王朝（前1550—前1295）时修建了一座神庙用来供奉该神灵。图特摩斯四世（Thutmose IV，前1401—前1391）在梦中听到指示，把神庙从沙土中清理出来。早期的希腊旅行家把这尊巨大的雕塑认定为他们自己绚丽多彩的神话中的一个形象——斯芬克斯。

孟卡拉金字塔虽然比前代君主的要小，但它的底部覆盖着正长岩板，这是在阿斯旺发现的一种特殊质地的花岗岩。顶部外层覆盖着石灰石板。在后来的时期，特别是拉美西斯统治时期，花岗岩被重新用作雕塑材料。孟卡拉墓葬群装饰着孟卡拉的大量雕像，其中许多是在发掘过程中被发现的。

所谓的"孟卡拉王三人组"雕像远近闻名。其中，孟卡拉站在女神哈索尔和上埃及的守护神中间。

这一时期最伟大的艺术杰作是一尊孟卡拉夫妇的雕塑。孟卡拉的王后用一只胳膊搂着自己的国王丈夫，姿势很亲昵，这在该时期的艺术作品中十分罕见。

随着古王国终结和埃及进入分裂时期，孟斐斯失去了它从埃及历史伊始就扮演的独占鳌头的角色。从这时起，吉萨高原作为墓葬地几乎彻底遭到抛弃。它在第一个千年期间再次被派上用场，同一时期，胡夫一位妻子的金字塔被指定为伊西丝的陵墓所在地，在东边建造了一座神庙供奉伊西丝女神。

104下 伊杜（Idu）的马斯塔巴也位于吉萨的公墓，里面有死者的大量高浮雕像。大殿东墙中央的假柱上也装饰着伊杜的形象，他双手向上摊开，接受祭献

104上和105下 在吉萨墓场，官员梅里涅弗·加尔（Merynepher Qar）的马斯塔巴凭借自己及家人的一系列雕像脱颖而出。它们都是雕刻在第一个房间南墙上的高浮雕，也有一些精美的浅浮雕

104—105 卡夫拉的妻子梅里桑克王后（Queen Meresankh）的马斯塔巴是吉萨一座精美绝伦的坟墓。彩色浅浮雕的卓越品质尤其值得注意。在第二个房间的北墙上挖出的一个很深的壁龛里，立着10尊硕大的女性高浮雕像，从左到右尺寸依次减小。虽然没有铭文，但是据信她们是梅里桑克王后跟她的母亲及8个女儿

卡纳克：
阿蒙的王国

卡纳克坐落在现代城市卢克索北部，是一处占地广阔的神庙建筑群，围绕供奉底比斯的阿蒙神的圣地兴建而成。这个建筑群还包括北部的蒙图（Montu）神庙和南部的穆特（Mut）神庙。一条仪式街道连接着卡纳克和向南约三千米的卢克索神庙，还有尼罗河上的一座码头。游行队伍从这座码头出发，前往对岸的王室神庙。

在新王国时期（前1552—前1069），卡纳克神庙成为古埃及最重要的宗教中心。追溯这座神庙的历史，意味着穿越时空，回到古埃及漫长的历史长河中，因为历朝历代的统治者几乎全部参与了建筑和装饰工作，最终造就了这座神庙。它最早建立在公元前1991至前1785年间留下的一块地基上，是各种风格的集合

106左　神庙的第一塔门在法老内克塔内布一世（前378—361年时期）时期开工兴建，没有完工。这座高大的建筑正面长113米，高44米。可以看到正面有8个大孔道，上面曾经插着巨大的标准三角旗

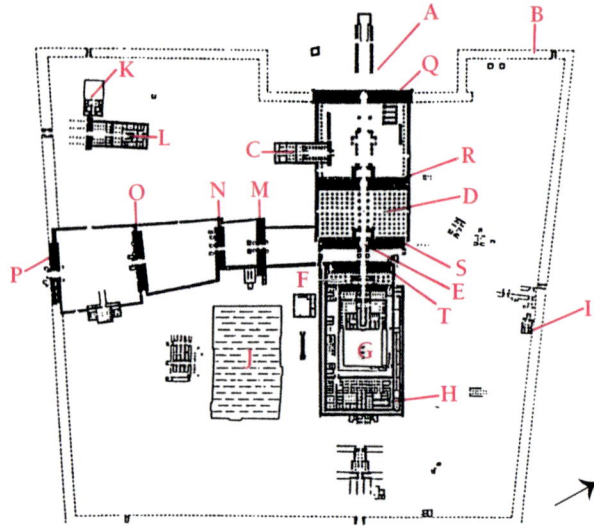

A 蛇头斯芬克斯出入通道
B 阿蒙城墙
C 拉美西斯三世神庙
D 大柱廊厅
E 方尖碑
F 小柱廊厅（Uagit）
G 中王国庭院
H 节庆厅（Akhmenu）
I 普塔神庙
J 圣湖
K 奥皮特神庙
L 孔苏神庙
M 第七塔门
N 第八塔门
O 第九塔门
P 第十塔门
Q 第一塔门（内克塔内布一世）
R 第二塔门
S 第三塔门
T 第四塔门

体，反映了埃及艺术历经数百年的演变历程。这座神庙在宗教层面和经济层面都至关重要，与它享有的威望相得益彰。

埃及每次兴建神庙，为了保障祭司的支持和举行仪式，卡纳克都会获得财产和收入。统治者持续不断地捐款捐物，使卡纳克成为该国最重要的经济中心，成为一个国中之国。

最古老的建筑可以追溯到塞索斯特里斯一世时期（Sesostris I，第十二王朝，前1962—前1928），他命人在一面西南向的城墙内兴建了一座石灰岩神庙，这座神庙如今只留下些许痕迹。神庙的前面部分包含一座神圣花园，花园周围环绕着柱廊厅，圣殿本身由并排的三间房间组成。这个核心直到第十八王朝伊始几乎没有改变。在整个新王国及以后直到托勒密时期，初始部分渐渐扩

106右上 神庙的第一座庭院里矗立着一尊巨大的拉美西斯二世像，高14米。法老腿间下部雕刻着王后的形象

106—107 从这幅气势磅礴的东向鸟瞰图中可以看到占地30万平方米的阿蒙拉（Amon-Ra）神庙。卡纳克建筑群，古埃及人称之为"精挑细选之地"（Ipet-isut），从塞索斯特里斯一世（第十二王朝）到内克塔内布一世（第三十王朝），历时1600年若干个阶段建造。神庙自东向西、自北向南建在两根轴线上，人们认为它们代表天和地，神权和王权。圣湖在图特摩斯二世时期开工兴建，遵照塔哈尔卡（前690—前664）的命令完工，由地下泉水提供水源。这片湖为净化仪式提供用水，也是神庙中圣鸟游泳的地方

107下 著名的斯芬克斯谷（Valley of the Sphinxes）通向第一塔门，可以继续前往神庙的主入口。斯芬克斯呈羊首，因为公羊是阿蒙的化身。它们腿上支着一尊雕像，代表法老拉美西斯二世的木乃伊

107

108上 这尊雕像呈现图特摩斯二世戴着皇室徽章。皇室徽章包括条纹帆布头饰与同时代表光明和皇权的眼镜蛇（圣蛇urea）

108左 纸莎草形状的柱头安放在122根柱子上方，柱子支撑着柱廊厅厚重的横梁。柱廊厅建于塞提一世（前1304—前1290）和拉美西斯二世（前1290—前1225）时期

108中 柱廊厅里这些柱子的柱身通体覆盖着描绘法老和达官显贵的浅浮雕

大，沿着东西和南北轴线加以修正。添加了大量纪念碑式入口，入口呈经典的埃及塔门的形式。两块巨石柱高耸入云，构成中央通道的框架。最后共兴建了10座塔门，其中6座在主轴线上，另外4座在轴线向南的延伸线上。

图特摩斯一世在塞索斯特里斯一世的神庙前建造了第四和第六塔门，两座塔门之间有个柱廊大厅。第一塔门前立着两根方尖碑。哈特谢普苏特和图特摩斯三世进一步扩大了这个建筑群，在塞索斯特里斯一世的基础上增加了更多的礼拜堂。哈特谢普苏特建造了著名的红色小教堂，用来在游行期间存放装着阿蒙雕像的圣船。这个小教堂由两个房间组成，用黑色花岗岩和红色石英岩建造，上面的浮雕再现了底比斯节日期间阿蒙游行的场景。这座小教堂被图特摩斯三世拆除，代之以一座新的圣殿，用来供奉他的编年史文本。从红色小教堂拆下来的石块后来被阿蒙霍特普三世重新用来建造一座新的塔门入口（东西轴线上的第三座塔门）的地基。坐落在卡纳克的"法埃中心"（**Franco-Egyptian Center**）目前全权负责该遗址的考古工作，近年来开始在卡纳克的露天博物馆重建红色小教堂。后来，图特穆斯三世在图特摩斯一世的两座塔门之间新建了

108—109 第七塔门由图特摩斯三世（1468—1436）沿着南北轴线建造，几乎毁损殆尽。这条轴线与尼罗河平行，象征陆地或者世间，东西向的轴线代表上天或神性。塔门前立着几尊巨大的法老雕像，只有底座部分保存下来

109上 名为"大厅小教堂"庭院里的奥西里斯系列之一，由拉美西斯三世建造，坐落在第二塔门前庭院的西南角。这座神庙的墙壁上覆盖着浅浮雕。这里被用作停放"底比斯三柱神"（Theban Triad）的圣船的地方，圣船在宗教大游行中使用

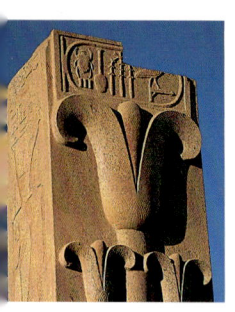

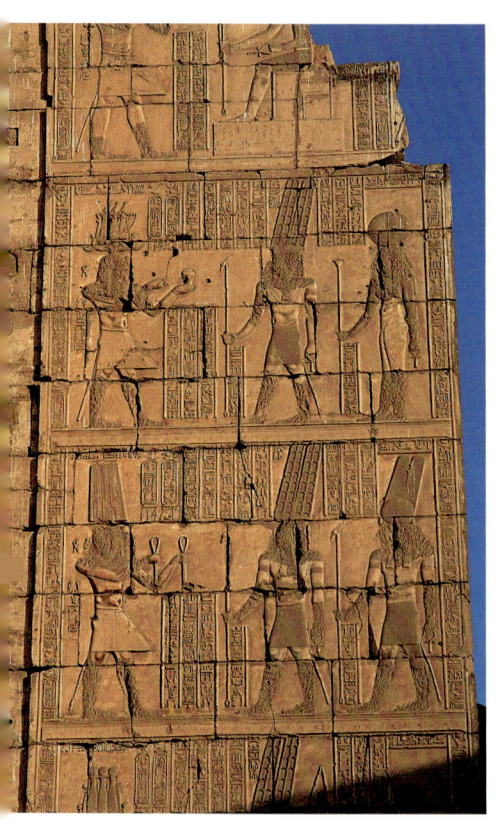

一座塔门（东西轴线上的第五座），哈特谢普苏特又在这座建筑物的南边、穆特神庙的方向新建了两座塔门，即第七和第八塔门。

在塞索斯特里斯一世建筑的东边，图特摩斯三世兴建了一座特殊的建筑，叫作"节庆厅"，用来供奉和膜拜封神后的国王，他化身为阿蒙神受到膜拜。这座建筑由一个中央大殿组成，由双排柱子（每排十根）支撑，形状有点类似于帐篷短桩钉，四周环绕着柱子，这些柱子形成了旁边的侧殿。这个房间的北边是用来供奉阿蒙的房间，人们称其中的两间为植物园。图特摩斯三世用浮雕装饰这些房间，浮雕再现了这位国王在位25年间从叙利亚带到埃及的动植物。

阿蒙霍特普三世建造了第三塔门。它高约41米，用从各种旧建筑上拆下来的材料建造而成。他还在游行大道上开工兴建南边的第十塔门。这座塔门由霍伦赫布在第十八王朝末重建，他还建造了第九和第二塔门。不过，卡纳克最震撼人心的建筑必须归功于拉美西斯一世。这就是闻名遐迩的石柱大厅，它坐落在第二和第三塔门之间，宽104米，深52米，包含134根柱子。中央大殿比周边要高，由12根23米高的钟形柱支撑，其他柱子高15米。内墙上装饰着日常礼拜仪式的各个环节的场景画，外墙上描绘着战争画面。

拉美西斯三世极大地充实了阿蒙和穆特之子孔苏（Khonsu）的神庙，神庙建在这个建筑群的东南区域。

110左上（左） 在第六塔门和无比神圣的区域之间的院子里，立着两根典雅的粉红色花岗岩柱，由图特摩斯三世下令兴建。如图所示，柱子上雕刻着莲花——上埃及的象征，还有莎草纸——下埃及的象征

110左上（右） 阿蒙拉、妻子穆特和儿子孔苏的雕像组成"底比斯三柱神"，他们是卡纳克神庙内供奉的主要神祇

110左中 数不清的神像装点着第二塔门气势雄伟的外立面，第二塔门是法老霍伦赫布（前1319—前1307）建造的。不幸的是，在基督教早期，接管神庙的科普特（Coptic）僧侣除掉了神像的面庞

110—111 第八塔门由哈特谢普苏特女王（前1490—前1468）沿着南北轴线开工兴建，由她的继任者图特摩斯三世（前1468—前1436）完成

111左下 第一塔门前的斯芬克斯像从第二塔门的入口处被移走，重新安放在目前的位置

111右中 所谓的"节庆厅"（Hall of the Feasts）是按照图特摩斯三世的命令建造的复杂建筑群的一部分，坐落在中王国庭院的东边，用来举行周年庆典

111右下 在第八塔门后面，从左到右分别为柱廊大厅和第一塔门

111

112左 这是图特摩斯三世兴建的两根上下埃及纹章柱的其中一根，上面装饰典雅的浅浮雕，描绘致敬伊西丝和奥西里斯的场景

112—113 这块描绘圣船的浅浮雕位于菲利普斯·阿里迪乌斯小教堂的南墙外侧。阿里迪乌斯是亚历山大大帝（前323—前317）同父异母的兄弟和继承者，他兴建了这座建筑——一座建于图特摩斯三世时期的小教堂的复制品。在一年一度的奥皮特节期间，人们把阿蒙拉、穆特和孔苏的船带到尼罗河上，沿着河道逆流而上，到达"阿蒙的南部后宫"（Southern Harem of Amon），即"南部圣殿"（Ipet-resit），也即卢克索神庙。在这里庆祝阿蒙与女王结合，庆祝活动以儿子降生结束，由此证实法老的神圣起源。节日以圣船回到卡纳克神庙告终

此外，我们还应该提到塔哈尔卡（前690—前664）在第二塔门前兴建的纪念碑式凉亭和圣湖附近的宗教建筑。最后，第三十王朝（前380—前343）时期用裸砖在四周兴建了高高的围墙。该围墙今天仍然可以看到，几道纪念碑式大门开在北边，位于孔苏神庙前面。

托勒密王朝的统治者和罗马人装饰了现存的部分建筑，兴建了几座小教堂。图密善（公元81—96年的皇帝）是最后一位在卡纳克营造建筑的罗马皇帝。在供奉阿蒙的神庙北边是又一个供奉蒙图的建筑群，这位神圣的战士在阿蒙崛起之前曾经在这个地区受到膜拜。南边是一个供奉阿蒙的妻子、女神穆特的建筑群。它大部分建于阿蒙霍特普三世时期，尚未被全部发掘。

113上和下 数百幅刻着长串象形文字铭文的浅浮雕几乎覆盖了这个庞大的寺庙建筑群的每个表面。核心主题是埃及人膜拜数不胜数的神祇和法老们向众神致敬的场景。这些形象，如同柱头和这块圣地的许多其他建筑，都用艳丽的色彩绘制，可惜的是，如今色彩多半褪色，不复存在

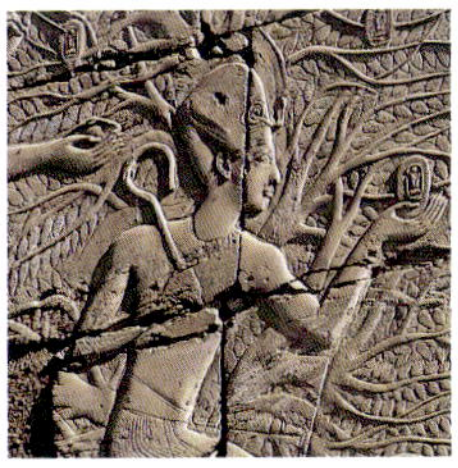
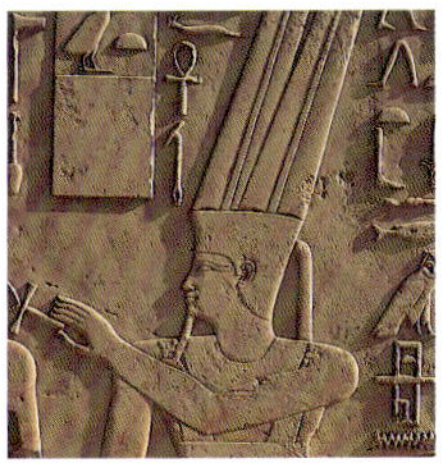
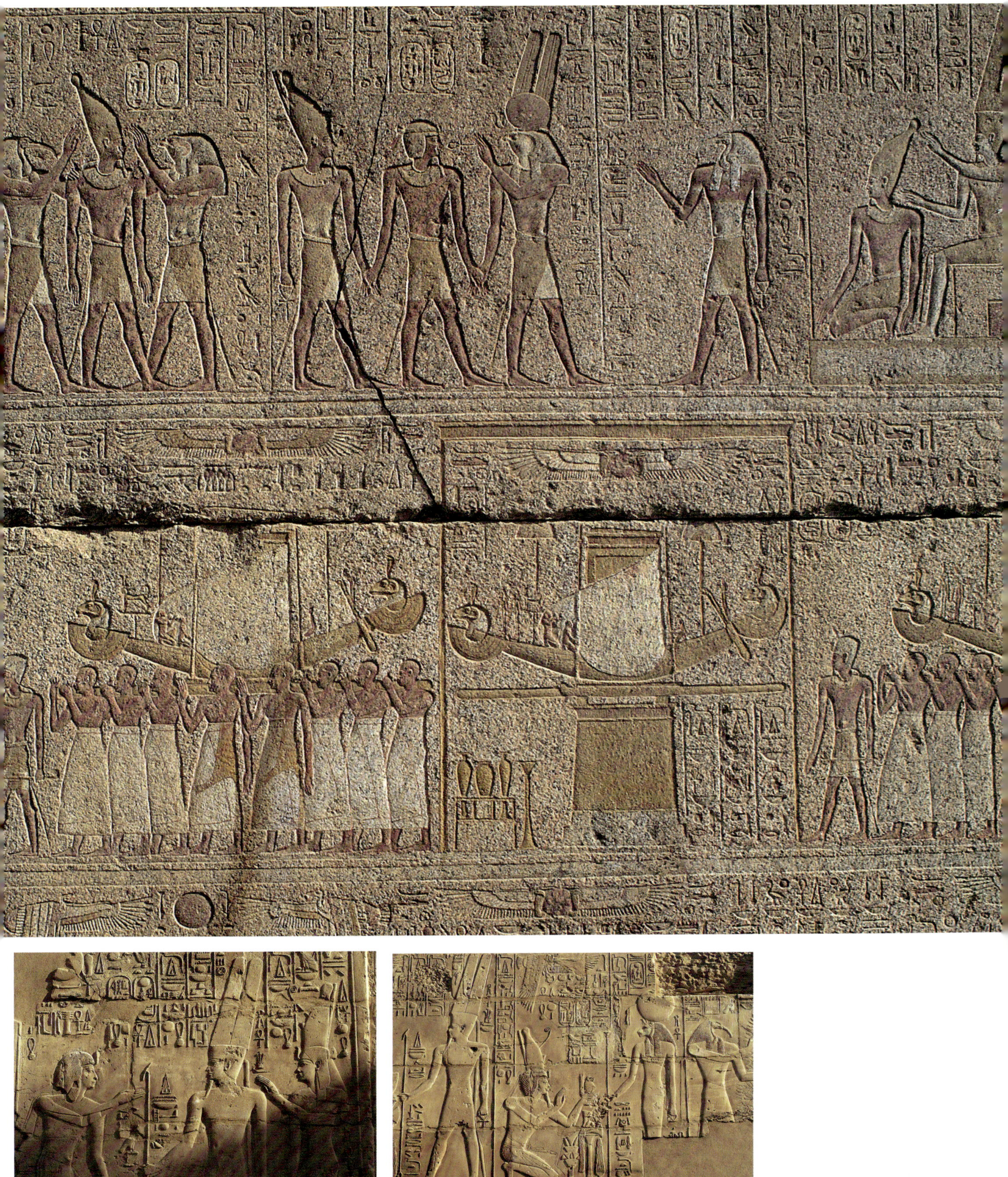
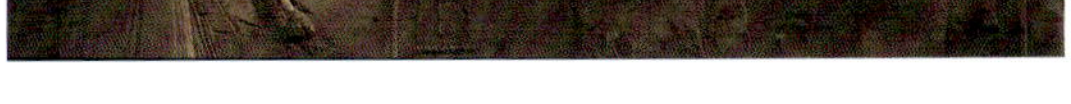
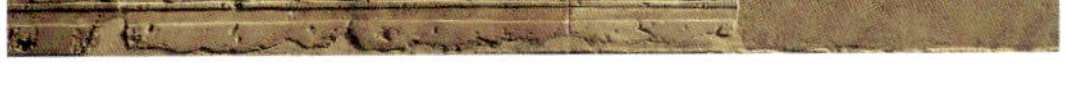

卢克索：永恒之美

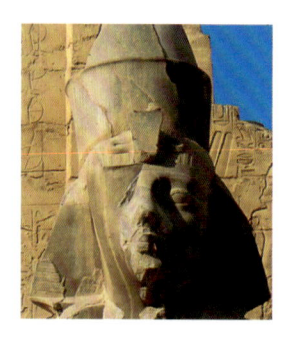

A 内克塔内布一世斯芬克斯大道
B 塞拉比斯神殿
C 方尖碑
D 拉美西斯二世塔门
E 哈特谢普苏特圣地
F 礼拜寺
G 拉美西斯二世庭院
H 大柱廊
I 阿蒙霍特普三世庭院
J 神秘结合处
K 其他柱廊
L 诞生厅
M 亚历山大圣船的神殿
N 阿蒙霍特普二世圣殿

古底比斯（即今天的卢克索）位于上埃及，坐落在开罗以南约480千米处。这座古城建在尼罗河东岸，尼罗河西岸有陵墓和重要的神庙建筑群。在古王国时期（前2670—前2150），底比斯大多数时候扮演着次要的政治角色，直到第六王朝末期才成为省会（前2300—前2150）。它在第一中间期（约前2150—前2100）是扩张政策的神经中枢，底比斯的王子们在孟图霍特普二世的统治下重新统一了整个国家，于是在这里定都。在随后的中王国时期（前2100—前1750），首

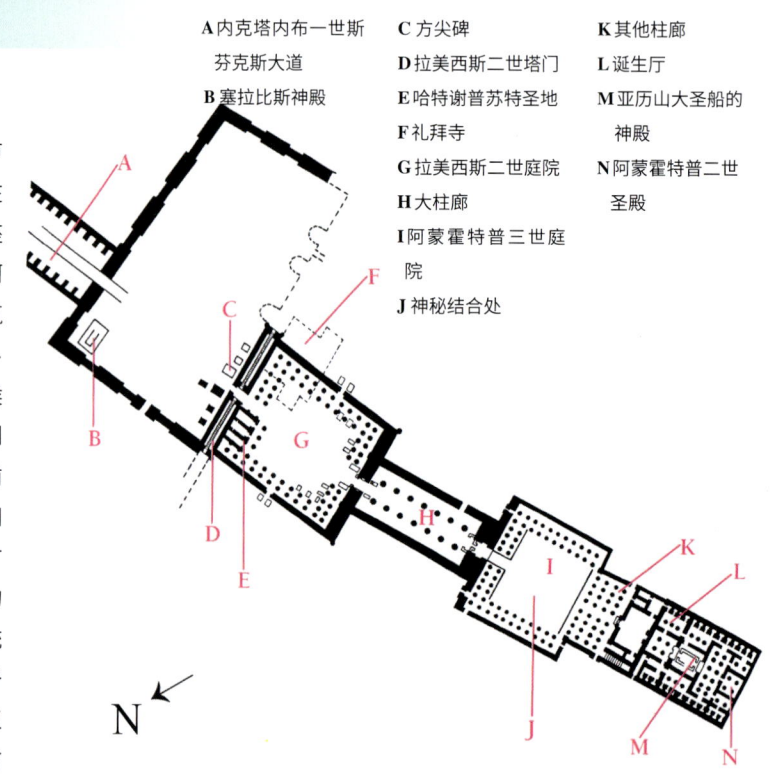

114上 图片所示为神庙塔门前一尊巨大的拉美西斯二世坐像的局部

114左下 这尊拉美西斯二世的神圣头像矗立在神庙前，与另外四尊巨大雕像组成一个整体

114右下 神庙塔门前幸存的粉红色花岗岩方尖碑四面雕刻着长串的拉美西斯二世纪念头像，延伸超过三列。底部的涡卷图案中包含这位对帝国扩张功不可没的伟大统治者的名字

都迁到北边，但底比斯依旧是上埃及的行政中心。从形形色色的建筑工程可以看出来，统治者仍然认为它至关重要。在第二中间期（约前1750—前1640），埃及再次分裂，南部继续处在底比斯的控制之下，这个时期最终再次成为国家统一运动的起点。然而，这座城市达到光辉灿烂的巅峰是在第十八王朝（前1550—前1295）时期，气吞山河的建筑群就是明证。也是在这个时期，尼罗河西岸代尔-巴哈里的天然岩石盆地后面，兴建起帝王谷（Valley of the Kings）作为法老的墓葬区。

法老阿肯那顿推动阿玛尔纳宗教改革，导致首都和王室陵墓短暂地迁移到阿玛尔纳。可是，随后的复辟不仅让底比斯恢复了该国宗教首都的角色，行政中心可能也转移到了北部，先是转移到孟斐斯，接着转移到培尔-拉美西斯[1]。底比斯虽然远离政治权力中心，却保住了在埃及宗教生活中的重要地位，这里是给国王们加冕、让他们在神庙中获得神圣合法性的地方，也是他们下葬的地方。

在第三中间期（前1076—前664），

1　培尔-拉美西斯（Pi-Ramses），意思是"拉美西斯的家"。

114—115　从这幅鸟瞰图可以清楚地看到神庙的结构，它呈现了拉美西斯二世建造的塔门和庭院，建于第十八王朝末期的柱廊，阿蒙霍特普三世的庭院，皇帝圣厅和圣殿

115下　遵照拉美西斯二世的命令兴建的大庭院矗立着双排74根纸莎草形状的柱子。16尊法老雕像至今依旧矗立在柱子中间

116 上 神庙前这条狮身人面斯芬克斯大道建于法老内克塔内布一世统治时期，部分取代了古道上建于阿蒙霍特普三世时期的狮身羊面像。可惜，由于现代城市卢克索是在古城的遗址上建造的，今天，连接卢克索神庙与3千米开外的卡纳克神庙的这条仪式大道，只有一小段可以通行

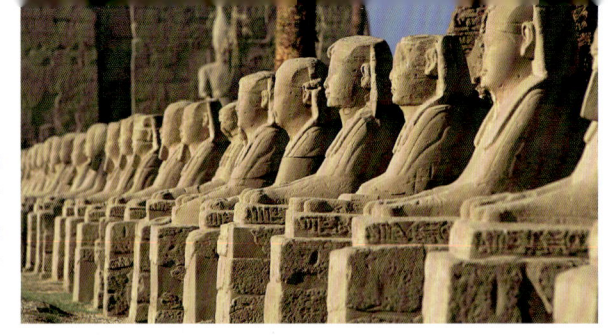

116 下 拉美西斯二世庭院近58米长，50米宽。令人颇为诧异的是，它并没有建在神庙最古老部分的轴线上。此处打乱布局很可能是为了在建筑群中加入一座由图特摩斯三世建造的小神庙，以便存放游行中使用的圣船

116—117 由拉美西斯二世建造的神庙塔门，正面超过60米，塔门上装饰着纪念前1274

真正的神权政治围绕卡纳克的阿蒙大神庙发展起来。神权政治步步为营，进一步扩大了它对该国南部地区的控制。不过，底比斯的重要地位一直保持到晚期，直至托勒密统治时期（约前304年—前30）它才沦为本省的一座下属城市。

这座古城建在尼罗河东岸，如今它的遗址几乎完全掩埋在现代城镇卢克索

年拉美西斯二世在卡迭什与赫梯人的战役中取得胜利的浅浮雕。它前面曾经立着两根方尖碑，只有一根留存下来。另一根在1836年由埃及总督送给了法国，竖立在协和广场上。留存下来的方尖碑高超过23米

117右上　神庙入口处的两尊巨大的花岗岩雕像（图中为左侧的雕像）高度超过15米，底部约1.2米。拉美西斯二世戴着上埃及和下埃及的王冠

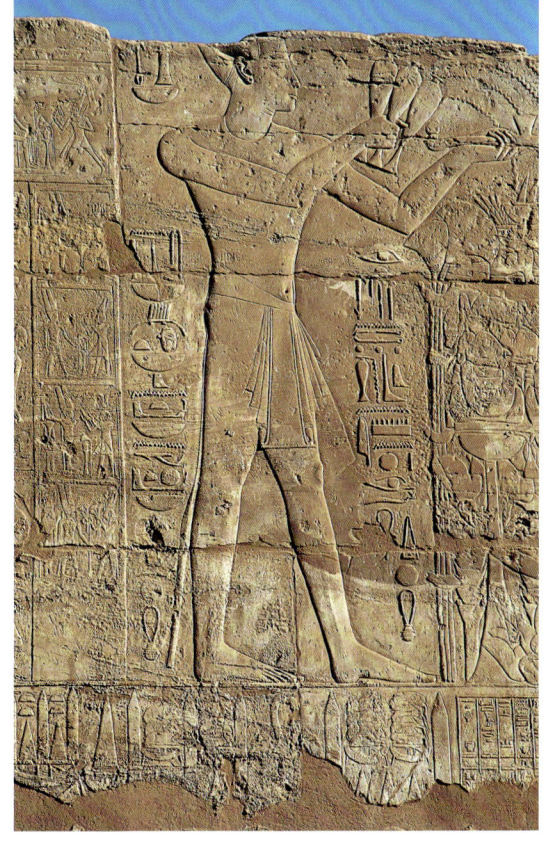

117右下　这幅浅浮雕表现拉美西斯二世向众神献上供品。庭院的墙壁上覆盖着许多描绘祭祀仪式的场景、法老本人及其陪臣

行盛大的底比斯节日庆典，向阿蒙神致敬而建造的。

在这些场合，阿蒙的神像被抬上神圣的驳船，人群跟在后面参加游行，从卡纳克出发前往卢克索，在卢克索神庙举行特殊的庆祝仪式。其中一些仪式无疑是为了确认参加仪式的统治者的权力。

这座神庙最初由一个宽敞的庭院组成，里面竖立着两排柱子，通往一块由32根纸莎草形状的柱子构成的空间，叫作入口大厅（pronaos）。穿过入口大厅就到了柱廊厅、敬献厅和存放阿蒙神像的驳船的圣殿。这座圣殿两侧分别是存放穆特和孔苏神像的驳船的圣殿，旁边配有附属建筑。在这座圣殿后面，又是一个宗教建筑群，供奉当地人膜拜的阿蒙。这个建筑群包括一间横向布局的柱廊厅、一座圣殿和三座小教堂。

后来，图坦卡蒙在庭院前建造了气派的入口柱廊，它由双排柱子（每排七根）组成，柱头为钟形。拉美西斯二世把它进一步扩建，在柱廊前又设了一个庭院，院子里竖起双排柱，国王的雕像矗立在柱子中间。进入这个庭院要经过塔门状的高大入口，塔门前立着两根方尖碑。

西边的方尖碑于1836年被运往巴黎，至今仍可在法国巴黎的协和广场（Place de la Concorde）看到。神庙外面被罗马人占领，他们把它用作营房，营房由墙壁包围起来。Al-Uksur[1]这个阿拉伯名称来源于拉丁语castra，意思是营房（camp），最终演变成卢克索（Luxor）。

的地表之下。两个重要的神庙建筑群留存下来。它们是卡纳克大神庙和往南约3千米处的卢克索神庙。卢克索神庙由阿蒙霍特普三世开工兴建，其他统治者进行了扩建，尤其是图坦卡蒙和拉美西斯二世。这座神庙坐北朝南，由一条斯芬克斯大道与卡纳克神庙相连，两座神庙之间存在紧密的宗教纽带。卢克索神庙供奉和膜拜卡纳克的阿蒙，是为了举

1　Al-Uksur，阿拉伯语的意思是"设防"。

西底比斯：法老最后的家园

A 卡纳克
B 卢克索
C 马尔卡塔（Malqatta）
D 阿蒙霍特普三世宫殿遗址
E 拉美西斯三世神庙
F 哈布城
G 麦伦普塔（Merneptah）神庙
H 门农巨像
I 图特摩斯四世神庙
J 拉美西姆
K 图特摩斯三世神庙
L 拉姆斯四世神庙
M 塞提一世神庙
N 孟图霍特普神庙
O 哈特谢普苏特神庙
P 帝王谷
Q 王后谷
R 代尔麦地那

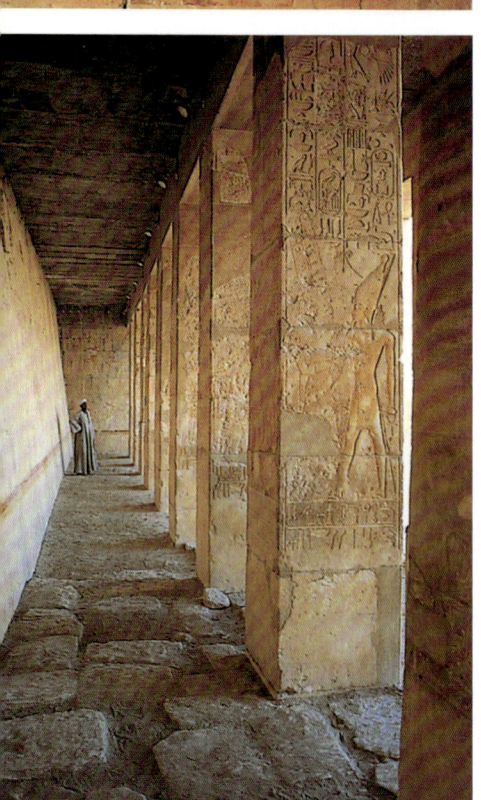

在尼罗河西岸的底比斯，耕地与沙漠的交汇处，矗立多座供奉和膜拜阿蒙和已故国王的神庙。其中最古老的是孟图霍特普（第十一王朝，前2100—前1955）神庙，建在代尔-巴哈里危崖环伺的谷地中。它包括一段入口坡道，坡道通往一座三面合围的庭院，庭院又通向一个平台。平台中心可能有过一列柱廊，柱廊中间有座马斯塔巴。神庙还包括从岩石中开凿出来的内室部分，一条长廊通往国王陵墓。后面的神庙全都建于新王国时期，没有王室墓室。帝王谷内的祭拜地与埋葬地相互分离，是这一时期的一个变化，这似乎是埃及人死亡观发生转变的结果。在代尔-巴哈里，孟图霍特普二世的神庙旁边是哈特谢普苏特女王的神庙，后者从前者汲取了灵感。女王神庙是靠山而建的三层平台，由一段入口斜坡串联起来。最上面的平台上分布着各种小教堂，里面供奉着重要的神祇，它们在神庙内受到膜拜。

墙壁上的浮雕讲述女王神圣的诞生和她统治时期的伟大事迹，比如前往蓬特探险和把两根大方尖碑运送到卡纳克神庙。后面的神庙在结构上都类似于同一时期专门用来膜拜神灵的建筑。

阿蒙霍特普三世神庙只剩下两尊巨大的雕像，即著名的门农巨像，耸立在入口两侧。

拉美西斯二世的陵庙叫作拉美西姆

118左上 阿蒙霍特普三世神庙的第一塔门装饰着门农（Memnon）巨像，巨像已经损毁

118左中 在哈特谢普苏特神庙第一道门廊的西南角，可以找到几块闻名遐迩的浅浮雕，上面描绘了蓬特（Punt）探险

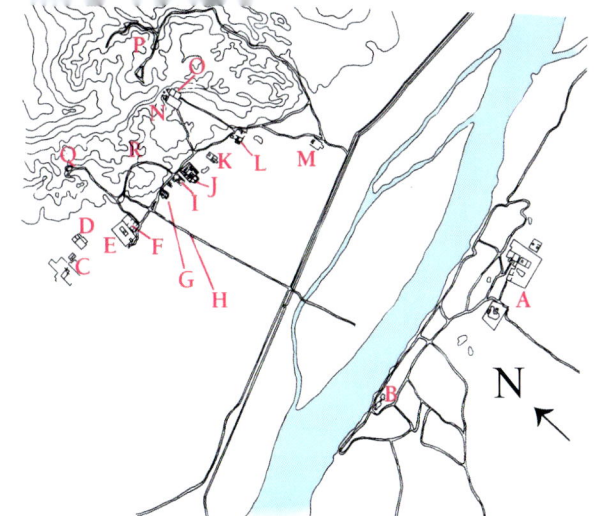

118左下 哈特谢普苏特神殿的中间门廊，也叫"蓬特门廊"（portico of Punt），用一排方形柱支撑，北面装饰着表现女神圣诞生的场景，南边装饰着著名的蓬特探险的画面

118中下 这尊华丽的彩绘石灰石头像是粘着假胡子的哈特谢普苏特，假胡子是皇室的象征之一。它属于代尔-巴哈里上柱厅的一尊巨大的奥西里斯雕像。这些雕像中只有几尊呈现了穿戴女性服饰的女王

118—119 恢宏浩大的哈特谢普苏特女王神庙在献给哈索尔女神的神圣山谷谷底拔地而起。这座建筑由三层平台串联而成，幽深的柱廊厅背靠石墙，是著名建筑师塞内穆特（Senenmut）的作品

119上 在代尔-巴哈里的哈特谢普苏特神殿底层平台的支撑墙上，荷鲁斯神数次以猎鹰的形象出现。在后面，我们可以看到一些留存下来的化身为奥西里斯的女王雕像

120左上 从这幅鸟瞰图可以看到拉美西姆的第二座庭院和柱廊厅。拉美西姆是遵照美西斯二世的命令建造的纪念神庙

120左中 拉美西姆的第一座庭院中矗立着用整块石头雕刻的巨大石像，高20米。如今只余碎片

120左下 位于哈布城的拉美西斯三世纪念神庙是西底比斯保存最好的神庙

120右上两图 华美富丽的浅浮雕装饰着拉美西姆宽敞的柱廊厅的遗迹（左）。神庙状况不佳，是因为在古代它只是作为建筑材料的来源地。这尊品质精良的拉美西斯二世黑色花岗岩头像（右）是法老以奥西里斯的形象呈现的一尊雕像的一部分，雕像曾屹立在拉美西姆第二座庭院中的柱子上。这座神庙以雄奇伟岸而闻名

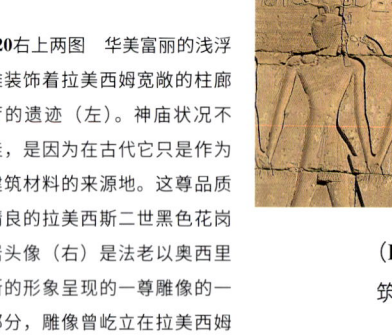

（Ramesseum），一个宏伟的裸砖仓库建筑群在它的三面环绕。

这座神庙本身有两个庭院和一个宽敞的柱廊厅，柱廊厅经由三间前堂通向专门供奉阿蒙的圣殿。南面的多个房间被用来供奉法老。

拉美西姆的南边是西岸最恢宏壮阔的建筑群，叫作哈布城（Medinet Habu）。

围墙里面，分布着神庙、仓库、房屋和坟墓，它们全都用裸砖砌成。这是一座名副其实的城镇，直到公元9世纪一直有人居住。

最古老的是供奉阿蒙的神庙，由哈特谢普苏特和图特摩斯三世建造，从那时起一再改建，直至托勒密时期。

阿蒙神庙后面是规模浩大的拉美西斯三世陵庙，一座大号的拉美西姆。靠着第一进院落南侧的是一座宫殿，供国王在年中某些时候于神庙里举行宗教庆典时使用。

国王的陵墓坐落在代尔-巴哈里的断崖底部一道通向底比斯山的山谷中。帝王谷包含62座坟墓，从第十八王朝到第二十王朝（前1550—前1076）的国王连同一些跟宫廷关系紧密的贵族都埋葬在这里。陵墓在岩石中开凿，是一条在山体内延伸的长长的通道，直至抵达存放石棺的墓室。

王朝不同，坟墓的结构和尺寸也各不相同。坟墓的轴线最初是弯曲的，后来变直；入口走廊最初直接通向石棺室，从图特摩斯三世起被一条沟渠打断。这是一道阻止盗墓贼的屏障，也是一处收集雨水的低点。它也具有特殊的宗教意义，象征从阳间到阴间的通道，因此对死者的重生至关重要。走廊尽头是石棺室，石棺室前面有个前厅。两间主厅周围是各种各样的存放陪葬物的附属墓室。

每次进行安葬，墓室和装饰都在最古老的坟墓基础上变得更加庞大和繁复。这种持续加码到拉美西斯三世时终止，

120

120—121 哈布城第一塔门长60米，装饰着纪念拉美西斯三世取得胜利的浅浮雕。浮雕描绘这位统治者把敌人作为祭品献给阿蒙拉神（左）和阿蒙-拉-哈拉胡提神（右）。在塔门右侧建筑的内部有一道楼梯通往大门上方的平台。外立面上的孔道曾经用来插旗杆，带有神圣徽章的旗帜迎风飘扬

121左下 哈布城第二座庭院的柱子上装饰着法老在诸神面前举行供奉仪式的场景

121右下 哈布城第二座庭院中的柱子上覆盖着浅浮雕和象形文字，至今仍色泽鲜艳，让今天的我们得以一窥埃及神庙当年生动活泼的色泽

122

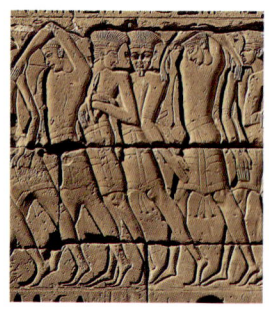

122—123 哈布城纪念神庙中闻名遐迩的浅浮雕之一，雕刻在第一塔门的西墙上，栩栩如生地呈现了一个场景：拉美西斯三世坐在战车上，在沼泽中狩猎野牛，身后跟着一群年轻的王子

122左下两张 在哈布城第二塔门的左边，一块浅浮雕描绘拉美西斯执政第8年时在战斗中俘虏的敌人

122右下 哈布城第二座庭院以奥西里斯柱为边界，柱子上曾经屹立着雕像，如今大多散佚不存

123右上 拉美西斯三世神庙第一塔门的东边是一座供奉阿蒙的小神庙，建于第十八王朝。图中所示的塔门为托勒密时代加建

123右中 不幸的是，哈布城的大柱廊厅如今仅存柱子的基座

123右下 哈布城的一道道门有序地排列延续，形成戏剧性的透视效果

124左上 从帝王谷的这个角度，可以看到图坦卡蒙墓的入口位于拉美西斯六世墓下方

124右上 这个贴着金片的木制小神龛出土于图坦卡蒙墓，上面蹲踞着化身为豺狼的阿努比斯（Anubis）神的雕像

124右下 四尊守护神的雕像保护着这个贴着金片的硕大木箱的每一侧。箱子里装着四艘船，船上存放着图坦卡蒙的内脏器官

124左下 图坦卡蒙墓中出土的王座，名气仅次于黄金面具

125上 图坦卡蒙结实的黄金面具，直接贴在这位国王的木乃伊面庞上，给予他神奇的保护，现存于开罗的埃及博物馆。它重10千克，用彩色玻璃和劣等宝石装饰。国王的肖像堪称经典。他留着仪式性胡须，宽大的衣领由12排同心排列的绿松石、天青石、珊瑚石和亚马逊石组成，佩戴头巾头饰，头巾上黄金与蓝色玻璃条纹相间。额头前面是王室圣蛇和秃鹫头，它们分别象征保护上下埃及的神瓦吉特（Uaget）和涅赫贝特（Nekhbet）

125右下 图坦卡蒙墓的墓室里面今天只剩红色的石英石棺，它曾装着第一层石棺和国王的木乃伊。这间墓室是墓中唯一装饰过的。在图中的墙壁上，我们可以看到这位法老出现在三个场景中。右边，图坦卡蒙呈现为奥西里斯的形象；中间，他在女神努特（Nut）前面；左边，他头戴头巾，在他的卡（ka）[1]陪伴下出现在冥界之主奥西里斯面前

1　卡（Ka），一种抽象概念，在古埃及表示精神、灵魂。

在他安葬以后，陵墓装饰以迥然不同的方式发展。较老的陵墓仅限于装饰被认为最有意义的元素，即石棺室、前厅和沟渠。直到塞提一世才开始装饰陵墓的所有元素。

在整个第十八王朝直到霍伦赫布统治时期，墙上都涂着彩绘的场景。霍伦赫布统治时期出现了浮雕技术，继而引入了速度更快的凹浮雕技术。陵墓的装饰包括画天花板上的神圣场景。这些是神圣的场景，以名为

《来世之书》（*Books of the Hereafter*）的方式再现陵墓之外的世界。死亡意味着踏上来世的旅程，目的是死者的再生和重生，他要行经相同的路线，如同阳光普照下在世间走过的旅程。墓葬书籍包括《来世之书》、《门之书》（*Book of the Gates*）和《洞穴之书》（*Book of the Caverns*），它们都是指导手册，告诉死者要行经的路线，保护他免受沿途将会遇到的危险侵害，包括企图在路上阻挠他

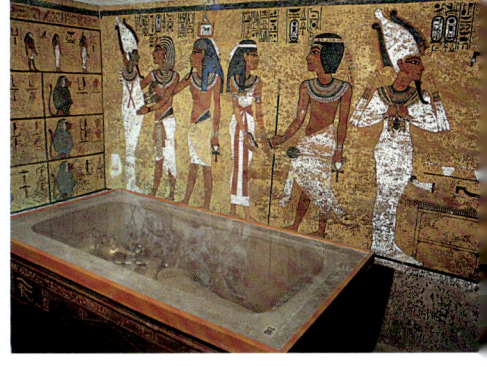

126左上 这里看到的两幅图出自《门之书》，装饰在拉美西斯三世墓中的一个大厅内

126左中 在拉美西斯六世墓的中央，石棺室的墙壁上装饰着《大地之书》（*Book of the Earth*）的文字和人物。《大地之书》是一本重要的巫术和宗教文本集

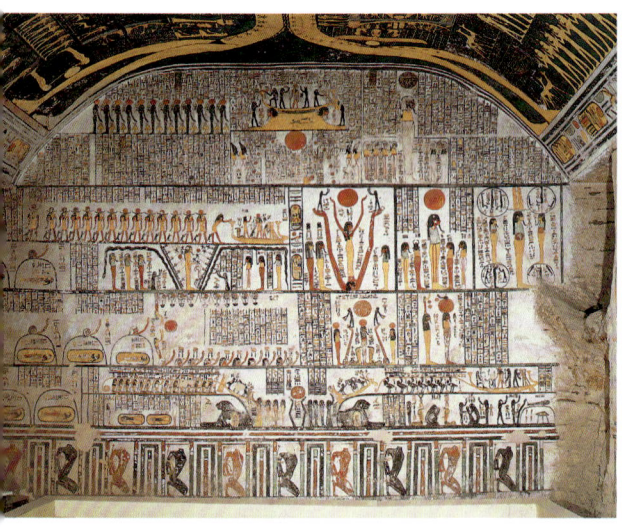

126左下 这个局部出自装饰在拉美西斯四世墓中石棺室内富丽堂皇的描绘天体的天花板。黑色背景上的金色图案，描绘着《日之书》（*Book of Day*）和《夜之书》（*Book of Night*）。虽然人们自古代起就知晓并且前来这座雄伟的陵墓参观，但是直到1888年它才被挖掘出来

126—127 图特摩斯四世墓中前厅的绘画体现了惊人的缤纷绚烂的色彩。图中表现了这位统治者在多位神祇面前的场景

走向重生的蛇和怪物。

从古代起，这道山谷的坟墓不断遭到盗抢，唯一几近完好的是H. 卡特（H. Carter）1922年发现的图坦卡蒙墓。墓中出土的金碧辉煌的陪葬品今天收藏在开罗的埃及博物馆里。皇后和皇室王储的坟墓在一道名叫Set Nefaru（意为"美之座位"）的岩石山谷中开凿，位于帝王谷的西南方向。20世纪初，由E. 斯基亚帕雷利（E. Schiaparelli）主持，在王后谷（Valley of the Queens）发起一次成功的考古挖掘工作，他发现了拉美西斯二世的妻子奈菲尔塔利的陵墓。尽管陵墓曾经遭到盗抢，装饰绘画却保存完好，它们鲜艳的色泽和绘画的品质别具一格。

王后谷附近是代尔麦地那（Deir el-Medina）村，王室陵墓的建筑工人和装饰工人

127右下 这些生动的壁画装饰在奈菲尔塔利墓的前厅。从这幅图中可以看到（从右到左）哈尔塞西（Harsiesi）神手拉手领着这位君主走向地平线上的最高统治者太阳神拉-哈拉胡提，太阳神身后是与冥界相关的女神哈索尔-阿蒙泰特（Hathor-Imentet）。在前景的柱子上，右边画着女神奈斯[2]

---

[2] 奈斯（Neith），埃及神话中的狩猎女神。

127右上 1904年发现的奈菲尔塔利墓被认为是埃及最美丽的陵墓，因为墓中的壁画品质超凡脱俗。在楼梯台阶的东墙上画着王后向女神哈索尔进献两只仪式花瓶的场景

127右中 因为华美瑰丽的墙壁装饰品质每况愈下，奈菲尔塔利墓在20世纪50年代向公众关闭。修复工作直到1986年才开始，此前国际科学家小组开展了漫长的研究。这项耗费心血的工作已于1992年完成。不过，为了保护绘画，埃及政府决定大幅限制游客的数量。图中所示为女王站在托特[1]神面前

---

[1] 托特（Thoth），古埃及神话中的智慧之神，同时也是月亮、数学和医药之神。

128

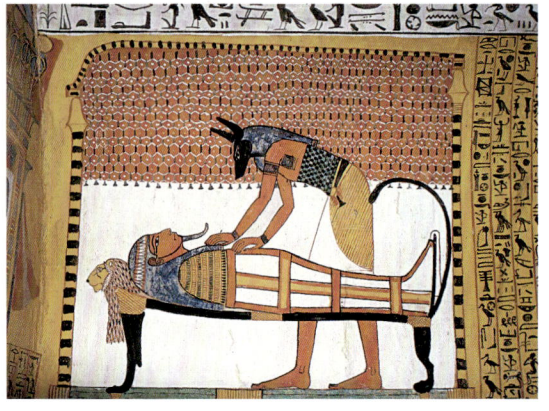

居住在这里。这座村庄的居民区和墓场都保存了下来。我们还应该提到宫廷官员和贵族的墓地，他们埋在自己效劳的法老的陵墓附近。

然而，把西底比斯这块区域整个用作墓地的做法一直持续到很晚，阿萨西夫（**Asasif**）在代尔-巴哈里前面为第二十五和第二十六王朝（前712—前525）的官员们建造了气势宏伟的陵墓。后来的墓葬甚至侵占了大葬祭庙。葬礼在迥然不同的宗教背景下举行，但人们仍然认为仪式是神圣的。

128—129 这些装饰森尼杰姆墓的著名壁画保存完好，可以认为是工匠墓场内最精美的壁画。在图中可以看到，西墙上，森尼杰姆和妻子埃尼菲尔蒂（**Iyneferti**）膜拜来世的众神。山墙上是两尊阿努比斯神蹲伏在神龛上

128左下 赫里奥波里斯（He-liopolis）猫在圣树下杀死阿波菲斯[1]蛇。这幅令人印象深刻的图画是工匠村（**Necropolis of the Artificer**）因赫卡拉（**Inherkhau**）墓墙壁上装饰的一部分

---

1 阿波菲斯（Apopis），又译为阿佩普。

128右下 在这个局部，阿努比斯神准备制作底比斯墓场受人尊敬的官员森尼杰姆（**Sennegem**）的木乃伊

129左上 阿蒙霍特普二世时期的高级官员森诺夫尔（**Sennefer**）墓，是贵族墓场中极为丰富多彩的一座。这个局部描绘了死者跟妻子在一起的场景

129右上 这个局部出自工匠墓场内帕舍杜（**Pashedu**）墓中的拱顶天花板，描绘拉-哈拉胡提（左）和哈索尔（右）这两尊神

129左下 通往帕舍杜墓墓室的狭窄通道装饰着两个一模一样的阿努比斯形象，呈豺狼形象

129右下 帕舍杜的妻子内杰穆特贝德（**Negemtebehdet**）以拉美西斯时期典型的清新、生动的风格描绘。她把头发卷成了小卷

努比亚神庙：从水中抢救出来

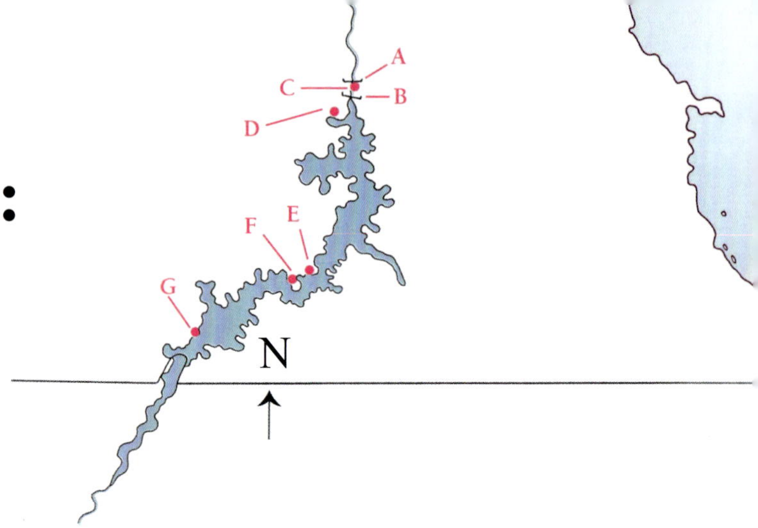

130左上 瓦迪·塞布阿神庙由拉美西斯二世建造，供奉阿蒙和拉-哈拉胡提，他们是拉美西斯时期埃及至高无上的神祇。神庙的塔门用泛红的砂岩制成，高18米

130左中 瓦迪·塞布阿神庙的庭院两侧以柱廊为界，柱廊各有五根柱子，上面立着呈现为奥西里斯形象的法老雕像

130左下 在通向瓦迪·塞布阿神庙的悠长走道的尽头，两尊巨大的雕像守卫着塔门，一尊躺在地上。两尊雕像都是拉美西斯二世

130中 瓦迪·塞布阿神庙前的斯芬克斯酷似拉美西斯二世，人们称这处圣殿为"阿蒙管辖的拉美西斯-梅利阿蒙（Ramses-Meryamon）之家"

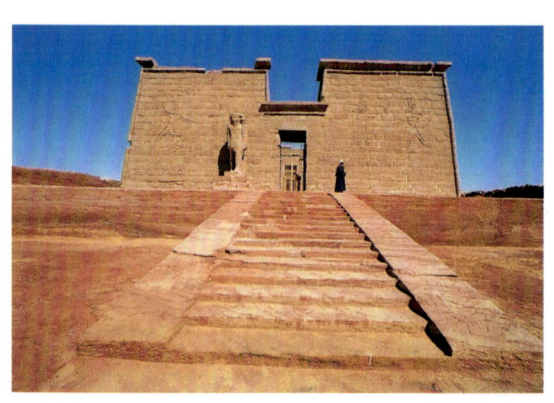

自古王国时期（约前2670—前2150）起，涵盖尼罗河第一瀑布南部的地区就处在埃及的控制之下。最初，埃及人仅在该地进行军事和贸易远征，但是从中王国时期（前2100—前1750）开始，他们在远至第二瀑布的范围内建立了直接的军事控制，兴建了坚固的堡垒。在新王国时期（前1550—前1076），埃及帝国将边界扩展到第四瀑布之外。埃及人在努比亚建造神庙，这是在征服该地区后施加文化影响的结果。这些神庙不仅供奉埃及人信仰的诸神，包括奉上神坛的法老们，也供奉努比亚本地的神灵。

对该地区的影响在拉美西斯统治末期减弱。公元前1000年伊始，整个地区摆脱了埃及的控制。公元前8世纪，努比亚人竟然征服埃及并建立了第二十五王朝。与亚述人（Assyrians）的冲突标志着这个王朝的结束，它回到了靠近第四瀑布的发源地纳帕塔。

在随后的数百年间，一个当地王国发展起来，它结合了源自非洲的某些本土元素与自托勒密时期以来埃及和希腊罗马传统中的其他元素。

麦罗埃（Meroes）的统治与希腊人对埃及的控制一道促使这个王国达到了最高水平，它给罗马帝国造成了麻烦。在居于第一和第二瀑布之间的

A 阿斯旺大坝
B 高坝
C 菲莱
D 卡拉布萨
E 塞布阿
F 阿玛达（Hamada）
G 阿布辛贝

130—131 长长的大道两侧各有一排斯芬克斯像，前面是两尊巨大的法老雕像，通向瓦迪·塞布阿神庙。如同大多数努比亚古迹，这座建筑物是从人工湖纳赛尔湖的水域中抢救出来的，即先把石块拆下来，逐一编号，再在距离原址约60千米处重新搭建。新地点叫作新塞布阿（New Sebua）

131上 达卡（Dakke）神庙结构紧凑，尺寸极佳，于公元前3世纪末奉埃塞俄比亚国王阿尔恰蒙（Arqamon）和"爱父者"托勒密四世（Ptolemy IV Philopator）之命兴建，后者是同时期统治马其顿的法老。后来托勒密八世·"施主二世"（Ptolemy VIII Evergetes II，前146—前117）增加了门廊，罗马人建造了它最终的外观。这座圣殿供奉托特神，在新塞布阿附近重建

下努比亚（Lower Nubia）地区，尼罗河河谷非常狭窄，迫使埃及建筑师在岩石上开凿整座神庙或者神庙的部分结构。20世纪60年代，埃及打算建设纳赛尔湖，这些圣殿全都面临着毁于一旦的威胁。联合国教科文组织制订了一项庞大的计划，来自世界各地的技术人员和考古学家纷纷参与进来。人们发现，可以把该地区的大部分神庙拆卸，包括阿布辛贝、阿玛达（Amada）和卡拉布萨（Kalabsha），再在地势较高的地方进行重建。后来其中一些神庙被埃及政府捐赠给了参与过这些行动的国家，这就是埃莱西亚（Ellesiya）现藏于意大利都灵的博物馆的原因。埃莱西亚是图特摩斯三世在岩石上开凿的神殿，供奉形形色色的神，包括法老塞索斯特一世。这一地区最活跃的法老是拉美西斯二世，他不仅兴建了著名的阿布辛贝神庙，还兴建了贝瓦利（Beit el-Wali）、盖尔夫·侯赛因（Gerf Hussein）、瓦迪-塞布阿（Wadi es-Sebua）和德尔（Derr）等神庙。塞布阿神庙建在尼罗河西岸，部分在岩

132上 这幅图中，左边的瓦迪·卡尔达西（Wadi Kardassy）小神庙是一座边长8米的方形小建筑，始建于托勒密时代晚期，在罗马统治时期竣工。为了从纳赛尔湖中把它抢救出来，这座建筑被拆卸，在距离原址38千米的卡拉布萨神庙附近重建（图中最右边）

132下 在1964年搬到新塞布阿之前，德尔岩石神庙是尼罗河右岸唯一一座底比斯神圣建筑。它在拉美西斯二世的统治下建造，供奉拉-哈拉胡提神，人称"拉管辖下的拉美西斯之家"。塔门和庭院已经遗失。门廊上后排四根柱子上曾经立着奥西里斯形象的法老雕像，柱子局部得以保存

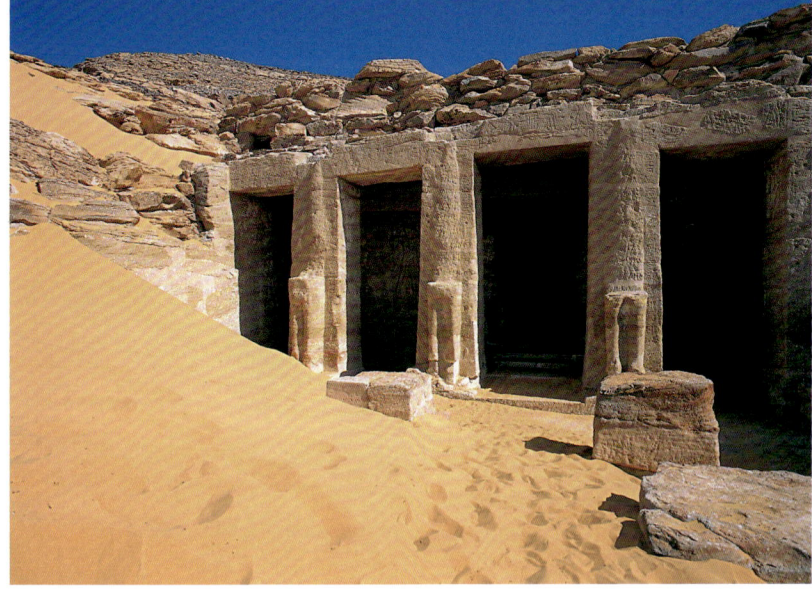

石上开凿，靠近阿蒙霍特普三世兴建的一座老建筑。神庙由两座通向庭院的塔门入口组成，第二塔门通往在岩石上开凿的那部分神庙，其中包括柱廊厅，一座前厅和圣殿，前厅周边有四座神龛。这座建筑供奉阿蒙和成为神的拉美西斯二世。

德尔是建在尼罗河东岸的唯一一座拉美西斯二世神庙，供奉拉-哈拉胡提。它完全在岩石上开凿，结构酷似阿布辛贝，但是外立面没有用巨大的雕像装饰。

传统类型的神庙建在上努比亚。在第三瀑布以南的索莱布（Soleb）耸立着阿蒙霍特普三世的大神庙，供奉阿蒙和这位封神的国王。这座神庙坐东向西，有两个带门廊的庭院，一间柱廊厅，柱子高6米，形状看起来像棕榈树，还有由几间屋子组成的圣殿。

这座建筑如今已成废墟，不过部分装饰和浮雕保存下来，浮雕描绘阿蒙霍特普三世周年庆典的各个环节，格外有趣。周年庆典是古老的传统，最初在统治者登上王位30年时庆祝，后来频率大大增加。

仪式过程中用一套复杂的庆祝体系来再次确认王族的权力。在稍微偏北的塞德因加（Sedeinga），阿蒙霍特普三世又建造了一座神庙献给他的妻子泰伊。20世纪60年代，意大利人M.希夫·乔治尼（M. Schiff Giorgini）率领考古探险队探索了这些遗址，其中许多出土文物现存于比萨大学（University of Pisa）。

再往南是坐落在博尔戈尔山（Jebel Barkal）的规模浩大的阿蒙神庙。这座神庙可能在图特摩斯三世统治时期开工，大部分在拉美西斯二世统治时期建造。这座神庙靠着一座可能曾是原始崇拜据点的山崖而建，是一处活跃的文化中心，其他神庙围绕它兴建起来，形成一座繁荣的城市，在第二十五王朝成为国王们的大本营，随后该市在麦罗埃时期被定为首都。

132—133 人们认为建于托勒密时期的卡拉布萨神庙是努比亚第二大古迹（排在阿布辛贝之后），神庙供奉当地的曼杜利斯（Mandulis）神，他与伊西丝和奥西里斯有关。神庙在奥古斯都帝国期间重建，始终朴实无华，没有装饰。1961年至1963年，神庙被拆卸，在向南39千米处的大坝西端新卡拉布萨（New Kalabasha）重建

133上 由图特摩斯三世开工、阿蒙霍特普二世继续兴建的阿玛达神庙规模不大，但精致典雅，外面覆盖着可爱的浮雕。在努比亚古迹的抢救行动中，这个小圣殿被完全封闭在一个重达900吨的钢筋混凝土框架中，用一条特制的三轨铁路转移到了近3千米外、比原址高76米的新址。最初，这座神庙的入口围着两座砖塔，如今已经遗失

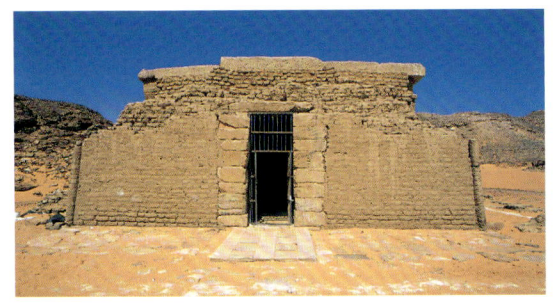

133左下 瓦迪·马哈拉卡（Wadi Maharraka）神殿只有由16根圆柱支撑的柱廊大厅留存了下来。这座建于罗马时期的建筑在新塞布阿重建

133右下 德尔神庙所谓的"节庆厅"是一间宽敞的柱廊厅，由六根柱子支撑，柱子上的浅浮雕描绘了拉美西斯二世出现在诸神面前的场景

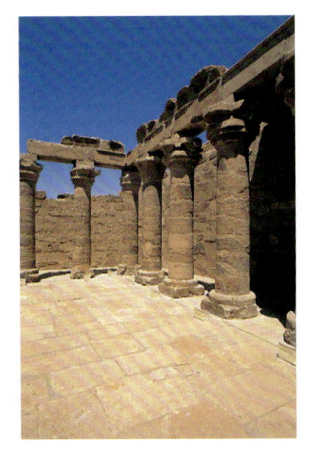

阿布辛贝：纪念拉美西斯二世

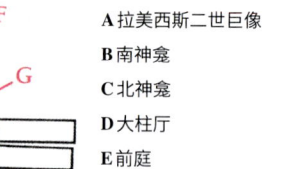

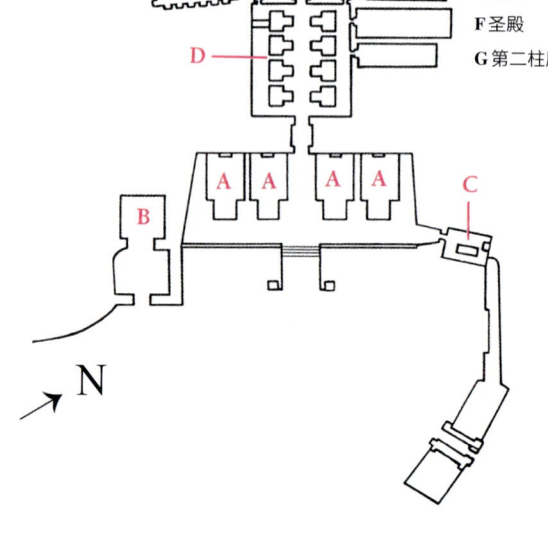

A 拉美西斯二世巨像
B 南神龛
C 北神龛
D 大柱厅
E 前庭
F 圣殿
G 第二柱厅

134右中 这块远近闻名的浅浮雕位于门廊的一面墙上，描绘了拉美西斯二世在卡迭什战役期间坐在战车上的场景。这位法老向敌人赫梯人开火时，他的弓箭和臂膀似乎是重叠的，仿佛画家经过重新考虑，用一层灰泥盖住先前的版本

阿布辛贝的两座神庙是瑞士旅行家约翰·路德维希·伯克哈特（Johann Ludwig Burkhardt，1784—1817）发现的。伯克哈特去马耳他增长阿拉伯语相关知识，逗留期间皈依了伊斯兰教，取名为易卜拉欣·伊本·阿卜杜拉（Ibrahim ibn Abdullah）。

他游历了埃及和近东，到达了其他西方人不曾涉足的地方。1813年，他启程探索努比亚的旗米拉（Qasr Ibrim）以南地区。回来的路上他决定在一个叫埃布萨巴（Ebsambal，即阿布辛贝）的村庄逗留。当地居民告诉他，此地有一座美丽绝伦的神庙，离尼罗河不远。于是，伯克哈特赫然出现在这座供奉奈菲尔塔利王后的恢宏的岩石圣殿面前，圣殿装饰着6尊巨像。

在离开之前，他决定进一步在该地区探索一番。他向沙漠进发，发现了第二座供奉拉美西斯二世的神庙，神庙几乎完全埋在沙子里。只有南侧巨像的上半部分露出地表，伯克哈特在笔记中热情洋溢地描述了这一奇迹。回到开罗后，伯克哈特把他看到的景象告诉了乔凡尼·巴蒂斯塔·贝尔佐尼（Giovanni Battista Belzoni，1778—1823），后者在

134上 这幅鸟瞰图显示阿布辛贝神庙相对于人工湖水域的新位置。20世纪60年代开凿纳赛尔湖，是为了纪念埃及总统贾迈勒·阿卜杜勒·纳赛尔（Gamal Abdal Nasser）

134左中 拉美西斯二世大神殿的门廊，完全是在岩石上开凿的，长18米，装饰着8根约9米高的奥西里斯柱，呈现以奥西里斯的形象出现的拉美西斯二世

134下 这座神庙最秘密和神圣的部分距离入口大门65米。在这间4米宽、7米多深的小室里安放着阿蒙拉、哈马基斯（Harmakhis）、普塔和拉美西斯二世的坐像

134—135 阿布辛贝大神庙的外立面装饰着四尊拉美西斯二世的巨幅雕像，雕像比例巨大。它们宽38米，高约33米，相当于一座9层楼的建筑。左起第二尊巨像在这位统治者在位第34年倒塌，可能是地震所致。第三尊巨像由塞提二世（前1214—前1208）修复

135下 从这幅图中我们能够领略这两座人造山的规模，山上安置了重建的阿布辛贝神庙。1964年至1972年，整个建筑群被拆卸后重新组装，以免没入纳赛尔人工湖的水中

第二次访问努比亚时参观了阿布辛贝。在这里，他费了很大功夫把大神庙的入口从沙土中清理出来，并且进入了神庙内部。从这一刻起，阿布辛贝的岩石圣殿就成了每位前往埃及的旅行者必去的景点。

当地居民被雇来清除堵塞了大神庙入口的沙土。等游客和探险家离开，当地人归来，又用沙土把入口堵起来，这样下次有人前来观光，就会再次雇用他们！到19世纪末，埃及文物管理局（Antiquities Service）正式决定终止这种局面，大神庙的外立面被彻底揭开。

20世纪伊始，尼罗河上修建了阿斯旺水坝，导致河水的水位上升，必须保护阿布辛贝免受洪水侵袭。到了20世纪50年代末，埃及决定修建大坝，情况变得越发危险。1960年3月8日，联合国教科文组织请求进行国际合作，保护阿布辛贝的岩石圣殿。在呈交的方案中，被选中的是逐块拆除神庙，再在地势较高处重建。这次规模浩大而艰苦卓绝的行动耗费了很多年。

这两处圣殿先是被小心地固定住，用沙子覆盖，以保护它们不受损坏，接着切割成数百块石块，最后把它们在距离原址150多米、比原址高60多米的地方重新组装起来。开凿神庙的两座山被盖着沙子的加固混凝土圆顶取代。

重建行动尽一切可能让两处古迹之间原先的环境、相对位置和距离保持不变。

1968年9月22日举行了正式的揭幕仪式，标志着这次抢救行动宣告结束。为拉美西斯二世（前1290—前1224）建造的这两座岩石神庙当初想必坐落在埃及的殖民据点附近，如今殖民据点的痕迹已经荡然无存。该地区可能具有控制南部边界与跟努比亚人开展贸易的双重功能。

大神庙的前面有个平台，平台前面有一片广阔而平坦的区域。外立面上立着四尊巨大的雕像（拉美西斯二世坐像），成对排列

在主入口的两侧。

由于地震,南侧靠里的那尊雕像的上半部分被损坏,地震发生时神庙建成不过数年。这次事件还造成了其他破坏,因此,外立面和内部结构的一些部分进行过修复。

这几尊巨像从山岩上开凿而成,他们沉稳地坐在宝座上。巨像的威严由人物佩戴的上下埃及皇冠加以强调。他们器宇轩昂的外形与温和平静的面部表情形成对比,这些表情似乎象征统治者的形象——公正、慷慨,准备聆听臣民的诉求。

在这些巨像脚下,矗立着这个王室家族的成员。王子、公主和王后的雕像填满了周围的空间,营造了一种拉美西斯时期典型的艺术品位,丰富多样,铺排得令人不解。周围的岩石上刻着各种各样的铭文,其中一块铭文讲述拉美西斯二世与一位赫梯公主联姻的故事。

神庙的主入口上方刻着拉-哈拉胡提的形象,是立体感非常强的深浮雕。浮雕呈现这尊神的正面,他在走路,手臂位于身体两侧。

他的右手搭在一名手持权杖的人物身上,左手放在正义女神玛特(Maat)的形象上。

这两个元素的存在让人们对整个构图给出第二种解释,即这是个图形字谜,意思是"正义的力量是拉"。我们可以把这尊雕像解释为拉的肖像或者拉美西斯二世的名号,这个事实意义极其重大。如此一来,它就成为自我美化的意图的组成部分,这是拉美西斯二世统治时期的一贯特色,在阿布辛贝表现得淋漓尽致。

在拉-哈拉胡提的形象两边,是另外两尊拉美西斯二世的形象,他呈现崇拜的态度。因此,可以把整个构图解释成是这位君主向拉-哈拉胡提致敬的场景,同时给自己授予荣誉称号。大神庙的设计方式是这样的:这座埃及经典神庙的主要部分全都被整合在一座完全在岩石上开凿的建筑结构中。

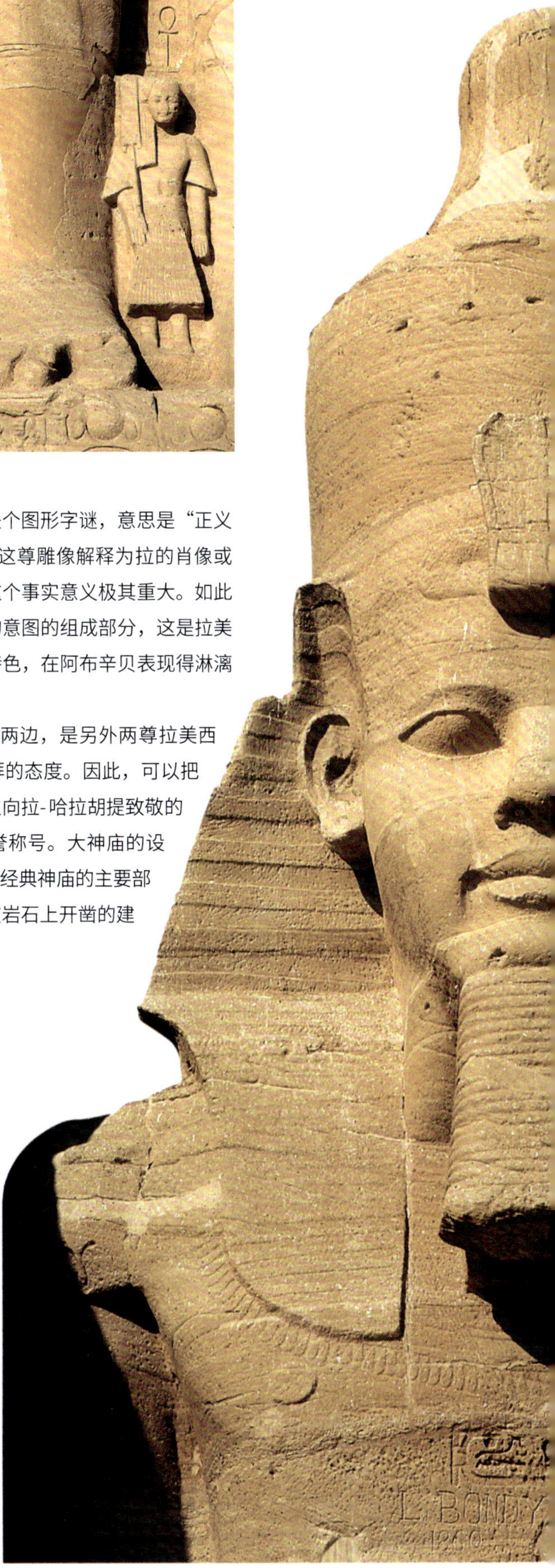

137上 每尊巨像的双腿之间都矗立着王室成员等类似人物的雕像

137左中 一群象征荷鲁斯神的砂岩猎鹰,装饰在大神庙前的栏杆上

137右下 拉美西斯二世的巨大雕像佩戴着上下埃及的双王冠和王权的象征物圣蛇

136—137 拉美西斯二世雕像,位于大神庙的外立面上,高18米以上,再现了这位君主的容貌

138—139 阿布辛贝的岩石小神庙建在大神庙北面的一个海角上。它供奉哈索尔，努比亚人认为她是荷鲁斯的妻子，王室的保护者猎鹰之神。外立面上的雕像高达9米多，安放在一系列内凹的壁龛中，它们是拉美西斯二世和他的妻子奈菲尔塔利。王后的两尊雕像酷似女神哈索尔，两边立着4尊拉美西斯二世像。王后雕塑与惯例不同，具有与法老雕像相同的尺寸，表明了王后举足轻重的分量。通过把王后等同于荷鲁斯的妻子哈索尔，而法老又是荷鲁斯在尘世的代表，她的王室属性和血统的连续性得到了确认

138下 在小神庙的入口上方发现了写有拉美西斯二世名字的涡卷形装饰

139上 此处两张照片展现拉美西斯二世的雕像。在小神庙刻着的铭文中，拉美西斯二世说，法老与他的妻子首次共同兴建了一座神庙

139中 小神庙里的两尊奈菲尔塔利雕像以哈索尔的形象出现，头上顶着太阳和两根羽毛。王后左手拿着叉铃（sistrum），这是哈索尔女神心爱的乐器

存放神庙的家具和祭拜器物。这些大厅里的浮雕描绘拉美西斯二世向包括国王本人在内的各路神灵敬献供品的场景。

第二间柱廊大厅位于第一间大厅后面，它引导访客进入较为私密的维度，因为这里空间更小，光线更加昏暗。它把我们领入神庙中最庄重的部分，也就是圣坛。在远处的墙上是构成所谓的"拉美西斯三柱神"的神像。他们分别是底比斯的阿蒙拉、孟斐斯的普塔和赫里奥波里斯的拉。旁边是拉美西斯二世的雕像。

在神庙这个最私密的部分，起始于

例如，第一间大厅的装饰与神庙的庭院相差无几，威严的统治者雕像由立柱支撑，雕像呈站立姿势，双臂交叉在胸前。

南侧一排柱子上的雕像头戴白冠（**White Crown**），象征对上埃及的统治；北侧一排雕像头戴双冠（**Double Crown**），象征对统一的埃及的王权。雕像脸上呈现的表情与我们在外立面看到的大同小异：平静，超然。

这间大厅的墙壁上内嵌浮雕装饰，描绘拉美西斯二世在战争中的辉煌胜利。北墙完全用来描绘卡迭什战役中的重要时刻。入口处画的是赫梯军队发起进攻时埃及人的营房。再往前走一点，可以看到埃及人对卡迭什的反攻。浮雕中奥龙特斯河（**River Orontes**）在城市周边流淌，河里漂浮着赫梯王子及其盟友们的尸体。柱廊大厅通向其他房间，只有局部做了装饰，它们可能曾被用来

这座建筑外立面的国王自我标榜的主题走到了终点。建筑之旅的终点也象征着对拉美西斯二世的歌颂达到高潮。这位君主尚在人世时就封神入圣，与该国的重要神祇平起平坐。

小神庙献给拉美西斯二世的妻子奈菲尔塔利，它也以纪念碑艺术的构成方式清楚地表达了王权神圣的概念。这座神庙颂扬奈菲尔塔利与伊卜谢克的女神哈索尔的关系，这是让王后成为与法老及神相匹配的妻子的确切方式。她的神庙是大神庙的微缩版复制品。

外立面立着六尊巨大的雕像，其中四尊是拉美西斯二世雕像，两尊是奈菲尔塔利雕像。两人都在行走，仿佛从身后的山上走出来。王后佩戴典型的哈索尔头饰——一个圈在牛角里的太阳圆盘，国王佩戴的王冠呈现多种多样的风格。这座神庙里面有一间6根柱子的柱廊大厅，装饰着哈索尔的象征图案，从正面呈现女神的面庞。它通向一间大厅，厅里有两个较小的房间通向中央神坛。神坛的后墙上凿有一个壁龛，里面立着哈索尔的雕像，以牛犊的形象保护着国王。墙上的装饰描绘着国王和王后崇拜诸神的场景。

菲莱：尼罗河上的珠宝

140 这座凉亭是罗马皇帝图拉真于公元105年在菲莱岛上建造的，是伊西丝圣船的存放地。前往努比亚南部神庙的游行中，要把女神的雕像装在圣船上。该建筑的形状是一座由14根花朵柱头的柱子组成的四边亭。底部主要由柱间墙连接，没有装饰

菲莱的神庙建筑群独具特色，与地道的努比亚神庙有所不同。它坐落在第一瀑布的一座岛屿上，此地一直是埃及与努比亚的一个交流点，因为它是供奉伊西丝女神的最重要的膜拜中心。岛上的神庙建筑群几乎全部在希腊统治埃及期间设计和兴建，这里成为一处信仰场所，不仅受到埃及人和努比亚居民的崇敬，也受到首都亚历山大的大都会公民的崇敬。菲莱的特殊位置使它在本地区的南部格外重要，它是努比亚人青睐的礼拜场所，即使在基督教到来之后，本地人仍然继续在这里信仰自己的宗教。事实上，公元378年狄奥多西颁布法令禁止"异教"行为后，菲莱神庙是整个罗马帝国唯一一座继续开放的神庙。直到公元535年查士丁尼时代，神庙才最终关闭，随后若干年，在这里建造了4座教堂。

菲莱岛上伊西丝崇拜的最早证据可以追溯到普萨美提克二世时代（Psammeticus II，第二十六王朝，前6世纪）。这位国王可能在努比亚战役后留在了菲莱，在这里兴建了一座小型建筑，供奉家乡赛斯（Sais）膜拜的女神。后来，阿玛西斯（Amasis，第二十六王朝）建造了一座小神庙。内克塔内布（第三十王朝）接着进行了扩建，还建造了一道纪念碑式大门，大门后来并入了伊西丝神庙的第一塔门，岛屿南侧还有一座较小的建筑，不

140—141 这幅视野开阔的鸟瞰图为菲莱岛全景，其中包括供奉伊西丝女神的神庙，第一塔门前的柱廊，图拉真凉亭（Kiosk of Trajan）和其他次要小建筑。大多数建筑都建于托勒密罗马时期

141上 第一塔门是两道几乎平行延伸的长柱廊。西边的柱廊由32根柱子组成，柱头形似植物。东边的柱廊不完整

A 内克塔内布一世前厅
B 阿瑞斯努菲斯神庙
C 西柱廊
D 第一柱
E 玛米西（Mammisi）
F 第二柱
G 赫伦多特神庙（Temple of Herendote）
H 戴克里先门
I 奥古斯都神庙
J 科普特教堂
K 伊西丝神庙
L 图拉真修道院

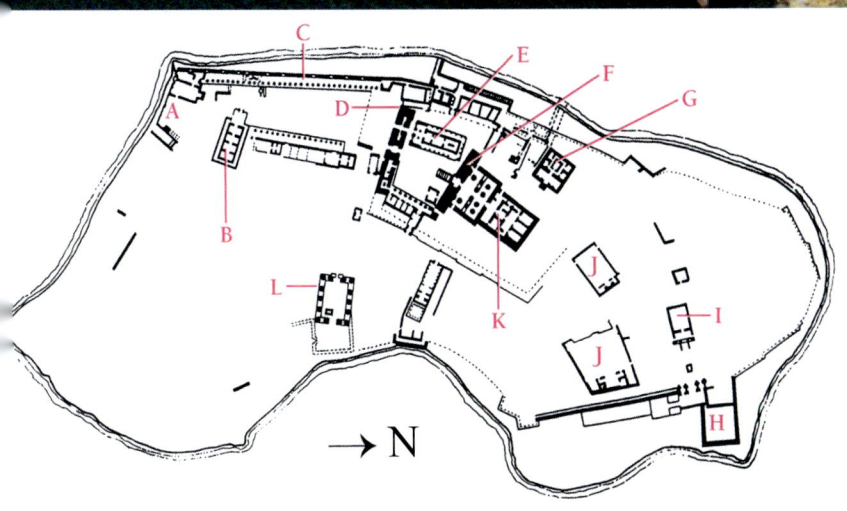

141下 岛屿南端是内克塔内布凉亭（**Kiosk of Nectanebus**），用于供奉女神哈索尔。这位美之神的雕像出现在6根柱子的柱头上方，原来的14根柱子现在仅存6根

142下 菲莱岛靠近尼罗河第一瀑布，建于托勒密时代的伊西丝神庙傲然挺立，神庙两侧是其他几座礼拜建筑。本来，这些建筑全都可能由于兴建阿斯旺大坝而没入水中。在联合国教科文组织的领导下，国际救援行动抢救了它们。1972年至1980年，它们被全部拆卸，在地势更高处重新组装起来

过始终没有完工。但是，让这座岛屿名扬四海的大神庙是托勒密（**Ptolemy of Philadelphia**，前3世纪）设计的。这位国王和他的继任者建造了最初的建筑群，建筑群把埃及的建筑元素与希腊风格的其他元素相结合，从根本上改变了埃及神庙中传统的空间概念。不对称的视角和希腊化的影响使这个建筑群在埃及独树一帜。

伊西丝大神庙有个塔门形状的纪念碑式双入口。第一塔门通向一座宽敞的庭院，东西两侧由其他建筑连接。西侧是一座柱子环绕的神庙，代表产房，用来举行特殊的仪式，庆祝伊西丝的儿子荷鲁斯降生。庭院东侧连着一道通向其他房间的门廊，即所谓的神庙附属建筑。第二塔门通向另一座较小的庭院和带门廊的外立面。天花板由两排各四根柱子支撑，前面四根柱子很可能在把这个建筑群改造成教堂的时候被拆毁。我们从这里穿过两间前厅，就来到了分为三部分的圣殿，这里保存着女神的雕像。墙壁上装饰着描绘呈敬献物品的浅浮雕。在托勒密时代末期，越来越多的人前来岛上朝圣，第一塔门前为朝圣者预留了一块开放空间，希腊语中叫作 **dromos**（道路）。

这个区域边缘的两道柱廊并不平行，体现了埃及建筑中的一种新趋势。在道路东侧兴建了三座小神庙，分别供奉努比亚的两尊神——曼杜利斯和阿瑞斯努菲斯[1]，以及与希腊的医学之神阿斯克勒庇俄斯（**Asclepius**）有关的伊姆霍特普。岛屿东侧是高大的图拉真凉亭，在尼罗河上举行仪式性游行时，它是登陆地点的组成部分。

岛上的其他建筑还包括北边一座献给奥古斯都皇帝的神庙，以及一个名为戴克里先门的出入口。

与努比亚其他神庙一样，为了兴建阿斯旺大坝，必须把这个建筑群搬迁到不会被水淹没的地方。

1972年开始动工拆卸这些神庙。这项工作在1980年完成，这个建筑群被整体搬迁到附近的阿吉基亚岛，并在岛上重建。

---

1 阿瑞斯努菲斯（Arensnuphis），头戴羽冠的人格化努比亚神，希腊罗马时期在埃及南部神庙中出现。

142—143 伊西丝神庙的第一塔门高约18米，宽近46米。它由托勒密二世（前285—前247）开工兴建，由他的继任者托勒密三世完成，但装修工作持续到后来的时期。这两座塔楼上描绘托勒密十二世尼奥多尼苏斯（**Dyonisus**，前81—前51）把投降归顺的囚犯交给伊西丝，伊西丝由儿子荷鲁斯和妹妹奈芙蒂斯（**Nephtis**）陪伴。门上是带着翅膀的太阳，门前蹲着两只粉红色花岗岩狮子

143中 在伊西丝神殿内，神坛处在半明半暗间，只从侧墙上方的两个小洞透进光亮。在这个房间里，我们今天仍然能够看到托勒密三世（前247—前222）和他的妻子贝勒尼基（**Berenice**）建造的花岗岩基座，女神的圣船曾经放在上面。在菲莱岛，伊西丝与"索西斯"（**Sothis**）这个名字联系在一起，天狼星（**Syrius**）的名称由此而来，它的出现标志着尼罗河的水位开始上涨。对伊西丝的膜拜与重要的季节性洪水密切相关

143右中 这是第一塔门大浮雕中的伊西丝，她在埃及的神祇中至关重要。她是太阳神拉的女儿，奥西里斯的妻子和妹妹。她被认为既是死者的保护神，也是造物的母神。她拥有非凡的巫术和许多神奇的能力

143下 荷鲁斯，猎鹰神，伊西丝和奥西里斯的儿子，被认为是天空之主和法老的保护神

地中海

的黎波里
大莱波蒂斯
利比亚

大莱波蒂斯：非洲的罗马

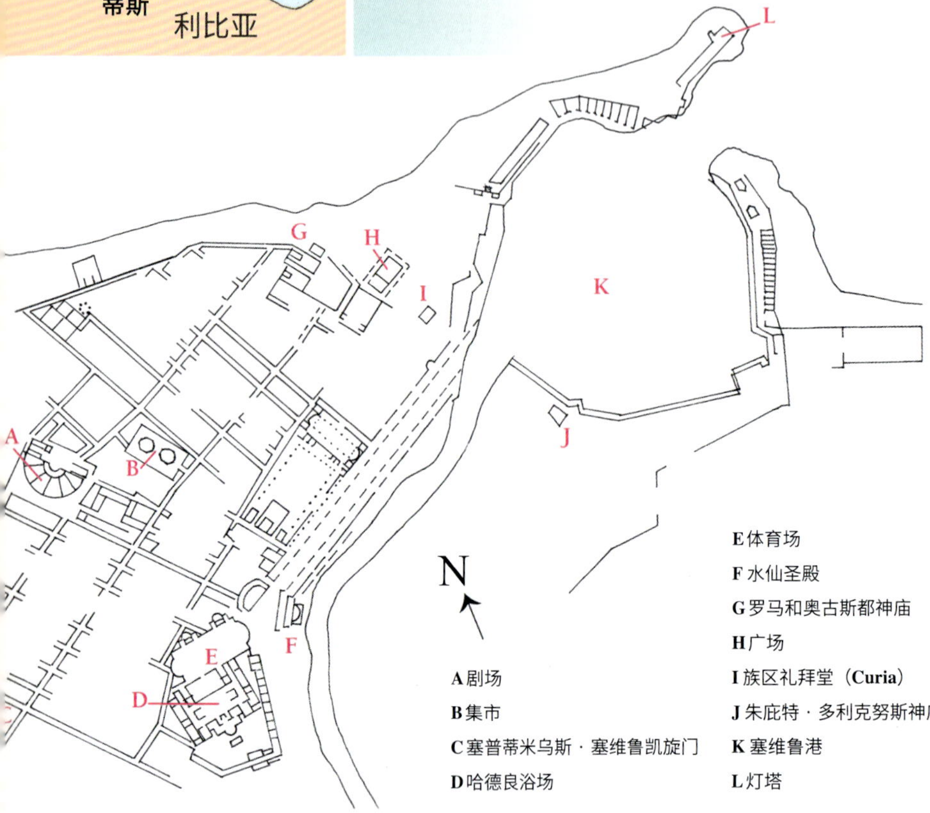

A 剧场
B 集市
C 塞普蒂米乌斯·塞维鲁凯旋门
D 哈德良浴场
E 体育场
F 水仙圣殿
G 罗马和奥古斯都神庙
H 广场
I 族区礼拜堂（Curia）
J 朱庇特·多利克努斯神庙
K 塞维鲁港
L 灯塔

144左下 塞普蒂米乌斯·塞维鲁下令大兴土木，把其出生地大莱波蒂斯变成了一座壮丽豪华的大都会。图片所示为一块美人鱼圆形浮雕，它们是塞维鲁广场（Severian Forum）装饰的组成部分

144右下 装饰在柱子上的莨苕叶涡卷，柱子构成了塞维鲁巴西利卡后殿的框架

144—145 塞维鲁广场上这座恢宏的巴西利卡体现了公元2世纪末进入罗马世界的新的美学风格。红色花岗岩大理石搭配白色大理石柱头，若干壁龛为高大宽阔的墙壁带来动感

人们往往把考古学视为一个逞英豪乃至危险重重的领域。这在一定程度上要拜好莱坞所赐，它塑造了诸多史诗级的人物，他们准备奋不顾身地抢救自己非凡的考古发现，不让它们落入恶棍手中。许多人似乎把考古学家看作印第安纳·琼斯[1]一类的人物，半是科学家，半是冒险家；许多人还以为考古遗址只能在偏远地区发现，埋藏在热带森林或滚烫的沙漠里，难以抵达，也许还处在阴险奸诈的武士和势不两立的部落的控制之下。

---

[1] 印第安纳·琼斯（Indiana Jones），《夺宝奇兵》系列电影的男主角。

当然，有诸如彼德拉斯·内格拉斯（Piedras Negras）和吴哥之类遗址，它们坐落在环境险恶甚至危机四伏的地区，考古学史列出了海勒姆·宾厄姆（Hiram Bingham）、约翰·劳埃德·斯蒂芬斯（John Lloyd Stephens）和弗雷德里克·凯瑟伍德（Frederick Catherwood）等人物的名字，他们是配得上探险家称号的卓越人士。然而，在大多数情况下，考古学没有电影情节那般浪漫。今天，考古学主要是一件凭借严谨的方法认真研究，使用先进技术在实地进行长期探索的事情。没错，在考古学早期，探索和挖掘都可能演变成名副其实的历险，但是在今天，技术进步和现代通信已经让我们走到了这一步：没有什么地方绝对无法抵达。即使是热带雨林里的挖掘，也能够借助曾经难以想象的后勤支持服务在相对舒适的条件下进行。机动车、直升机、卫星通信、回声探测、自充气帐篷、发热衣物、便携式净水器、超常保鲜食品的使用和许多其他创新在短短数十年间改变了考古学的进程。但这丝毫不意味着考古学已经失去了迷人的魅力。

考古学依旧是一门引人入胜、令人神往的科学，但是一定要站在今天的角度实事求是地看待它。人们常常提到，海因里希·施里曼是伟大的业余考古学家，不过，就连他也为探险进行了精心准备。事实上，一定要记住，即使在过去，了不起的考古发现也很少是惊世骇俗的人类英勇行为的结果。举例说明，把地中海非洲沿岸一座举足轻重的罗马城市大莱波蒂斯展示给世人的发掘工作，就几乎没有遇到什么阻碍。

这座城市在历史较晚时期被遗弃，再也没有恢复当初的繁华。这座城市基本上用石头建造，大风吹来沙漠中的尘土，把它掩埋，这在一定程度上保护了某些建筑细节、浅浮雕和灰泥免受侵蚀。关于大莱波蒂斯遗址的存在，最早的消息来自一个法国人。1668年到1676年他被阿拉伯海盗俘虏，关押在的黎波里。

他获释后回到法国，就自己的历险经过写了一份报告，报告中提到，他到访过一座大城市的废墟。

他笔下的这座大城市就是大莱波蒂斯。少数学者探索了它的遗址，它很快就沦为建筑材料的来源地。

人们把柱身、柱头、檐部、雕带和浅浮雕带到的黎波里乃至巴黎和伦敦，装饰公共和私人建筑。终于，1913年，意大利占领利比亚后，开始对这处遗址进行严肃的考古探索。这项工作最初由萨尔瓦托·奥里格玛（Salvatore Aurigemma）执行，随后由彼得罗·罗曼内利（Pietro Romanelli）等意大利学者执行。

事实证明，把这座被掩埋的城市清理出来是较为容易的。街道和房屋的轮廓线在沙层下清晰可见。实际上，唯一真正的困难在于，必须把沙子倒到尽可能远离挖掘点的地方，以免大风把沙子吹回来。

事实证明，对出土的大量建筑元素进行编目是一项漫长而又繁难的工作，这对如实还原城内的主要古迹却是必要的。1951年利比亚取得独立后，在英国考古学家的帮助下修复了各种各样的建筑。今天，由于大莱波蒂斯华丽堂皇的布局，人们把这座城市叫作"非洲的罗马"。大莱波蒂斯最早由腓尼基人建立，是该地区的主要港口。公元前46年，恺撒在塔普苏斯（Thapsus）战役中击败庞培的军队之后，它成为非洲行省的组成部分。在奥古斯都时期，这座城市已经开始呈现日后的布局。莱卜达河（Lebda）是一条带来严重季节性洪灾的小河。在河谷以西，城市围绕两条略微分叉的主轴建造。公元1世纪时，几位当地人慷慨出资，为这座城市添加了数座地标建筑，包括老广场。围绕广场兴建了集会室、巴西利卡、利柏耳·佩特（自由之父）神庙（Temple of Liber Pater）、爱奥尼亚式奥古斯都、赫拉克勒斯神庙和一个面积广阔的集市。

集市格外有趣，它是一块由柱廊连接的长方形区域，柱廊中间是两座有八

146

146上 广场区杂乱的建筑遗迹仍在等待修复和回归原位，以证明大莱波蒂斯在古代是何等丰饶富裕。可惜，早在1687年，法国领事就从大莱波蒂斯把柱子和大理石楣梁运去了巴黎，这座城市的许多珍宝被转移

146下 这尊美人鱼头像是广场上大量雕塑装饰的组成部分。我们可以清楚地看到，塞维鲁雕塑倾向于强调光影的戏剧性运用。这座广场由塞普蒂米乌斯·塞维鲁开工兴建，由卡拉卡拉于公元216年完成

146—147 塞维鲁式建筑品位既纤巧精致又富于戏剧性，建筑物倾向于搭配后殿、壁龛和柱廊。一个典型例子是塞维鲁巴西利卡的街道，毗邻老广场。老广场也很有趣，它巧妙地运用不同的材料来获得缤纷绚丽的效果

角形门廊的圆形凉亭。剧场在附近。礼堂的后半部分靠着一座天然形成的小山,前半部分用塞满石头的坚固结构支撑。附近还有卡尔吉迪库姆(**Chalcidicum**)[1],这座典雅的建筑是建于公元11年的购物中心。公元126年,图拉真统治时把大莱波蒂斯命名为侨居地,16年后,他的继任者哈德良让它变得更加璀璨夺目,在东南区域兴建了一个附带宽敞体育场的大型浴场建筑群。公元146年,日后的罗马皇帝塞普蒂米乌斯·塞维鲁在此地降生,他统治期间在这座城市大兴土木,大莱波蒂斯达到了登峰造极的辉煌。

塞维鲁规模浩大的工程分布在主要街道与莱卜达河谷谷地之间的区域,河床被移到了城外。城市的新主街是一条18米宽的大气磅礴的柱廊大道,大道以设有巨大的水仙圣殿的哈德良浴场附近为起点,一直延伸到港口盆地。这条街的西边是新广场和塞维鲁巴西利卡,巴西利卡配设精致华美的大理石雕像和浮雕装饰,浮雕往往由茛苕叶涡卷、动物头像雕塑和神话场景组成。

在这里,我们可以看到塞维鲁的建筑品位是多么戏剧化。他酷爱后殿、壁龛和柱廊景观,通过使用不同的材料来营造和加强持续的光影变化。同样奢华的、近似巴洛克式的品位也体现在大拱门上。考古学家耐心地

---

[1] 卡尔吉迪库姆(Chalcidicum),罗马建筑中公共建筑通往广场的前厅或门廊,特指罗马巴西利卡的入口门厅。

连同鱼酱油酿造业十分兴旺。鱼酱油是一种流行的酱汁,通过把咸鱼的内脏器官发酵后制成,是罗马烹饪的主要配料。由于内陆部落的入侵,也由于塞维鲁盆地的设计存在严重缺陷,港口迅速被沙漠掩埋,这座城市在公元4世纪开始衰落。后来,汪达尔人的入侵进一步给这座城市造成破坏,继查士丁尼统治下短暂的复兴之后,它一蹶不振。15个世纪倏忽即逝,一小队考古学家怀着无比的耐心,决定拂开利比亚的黄沙,让罗马第20位皇帝的出生地大莱波蒂斯将它昔日辉煌的往事向我们娓娓道来。

复原了这道拱门,它建在东西和南北通衢的交叉路口。

柱子的雕带与巴西利卡相似,雕刻装饰包括各种各样的政治和宗教场景,风格类似于后来的拜占庭艺术。这座城市的纪念碑式外观精彩纷呈,随着内陆的象牙、宝石、奴隶、异域动物和当地农产品的出口不断增长,它成为地中海上一座殷实富足的城市。在同时以橄榄油品质闻名的大莱波蒂斯,金枪鱼腌制

148—149 大莱波蒂斯集市是非洲各省最繁华的地方,也是非洲内陆大篷车商队的主要目的地,大篷车带来贵重商品、奴隶和异域风情的动物。从周围的乡村运来大量橄榄油,沿海地区则提供咸鱼等商品

149上 大莱波蒂斯剧场在奥古斯都统治时期由当地一位富有的商人慷慨出资兴建。精心设计的正面是公元2世纪在安东尼·皮乌斯统治时期增加的

149中 几根爱奥尼亚柱仍然矗立在老广场的区域。它们都是公元1世纪初建造的大力神赫拉克勒斯神庙的组成部分。柱子前面的广场一直是该城中心,最初在奥古斯都统治下进行了改造,塞普提姆斯·塞维鲁又加以翻新

149下 这幅图展示了公元126年哈德良下令兴建的大型浴场建筑群的一瞥

亚 洲

中东绵延2000多平方千米，比西欧略小些。它虽然面积相对较小，地形地貌、降雨和气候、植被和定居点却变化多样，不一而足。

山脉与洪水泛滥的平原及经常干旱的高原错综交织。底格里斯河和幼发拉底河等江河流经原本极度干旱的地区。所谓"新月沃土"，这个短语被用来泛指中东，是一块河水灌溉的半圆形沃土，农民和城市人口在此定居。它从巴勒斯坦延伸到叙利亚和美索不达米亚，南边是叙利亚-阿拉伯沙漠和安纳托利亚高地，北边是亚美尼亚和伊朗。这里情况复杂，不同生态区的混合状况尤其复杂。高原被山谷和盆地分割，它们是新月沃土地貌特征的缩影，河水灌溉的土地包含低矮的山脉和沙漠边缘，干旱的高原上也散布着绿洲。中东生态环境参差多态，这对于从历史角度理解同样千变万化的社会现象十分必要。

这个地区破碎的地理状况为发展战略的多种多样、政治框架的变化不定及持续不断的文化交流提供了注解。在这样的自然环境中，典型的发展模式是一个核心，即中心区域人口稠密，文明程度较高，周围环绕着河水灌溉的平原耕地，平原上散布着农业村落。

环绕在周围的草原或山脉就是郊区，郊区长期稀疏地居住着牧羊人、流浪汉和强盗，越往外人口越少，直至无人居住，只能用作原材料储存地。如今，在近东的背景下，我们必须想象一系列这样的中心和郊区不时地涌现，伴随着经济交流，留下文化和政治遗产。正是在这种背景下，坐落在美索不达米亚南部的乌尔城得以建立和发展，从简单的村庄发展为强大的城邦，继而成为统一的下美索不达米亚帝国的首府，后来被汉谟拉比国王统治下的巴比伦城沿袭。它由西闪米特游牧民族（阿摩利人）建立。他们大体上是个游牧民族，可以确定来自叙利亚-巴勒斯坦和上美索不达米亚地区，与一直居住在下美索不达米亚直至乌尔帝国瓦解的东部闪米特人判然有别。阿摩利游牧民族慢慢进入并渗透到乌尔地区，利用当时的危机局势为自己谋取好处，此前，他们作为一股外来势力始终处于边缘位置。

渐渐地，游牧民变成了定居的农民，至少被纳入了城市经济，从属于城市经济，他们的牲畜养殖和生产活动由于集中式管理而受到控制。伟大的波斯帝国由居鲁士二世建立，由大流士一世巩固，它接管了巴比伦文明的文化遗产。大美索不达米亚的中央基地与尼罗河流域、爱琴海、印度河流域和中亚等中心连为一体。古老的圣城巴比伦是帝国的一座都城，此外还有苏萨（Susa）和埃克巴坦纳（Ekbatana）等。

在波斯波利斯的纪念碑式艺术中可以找到巴比伦文化的特点，也可以找到埃及和爱琴海的风尚。帝国的这座璀璨的都城再次突显了整个帝国范围内的思想碰撞和人员往来。

薛西斯（Xerxes）烧毁雅典卫城，犯下可怕的亵渎罪，让波斯波利斯付出了惨痛的代价。亚历山大大帝烧毁了波斯波利斯金碧辉煌的宫殿，用一个讲希腊语的帝国取代了原先讲波斯语的帝国。在安纳托利亚的圣山内姆鲁特山（Nemrut Dagh）上，国王安条克一世（Antioch I）混合了波斯和希腊元素的土丘（陵墓）让我们想起这位统治者的古老根源。众神的纪念碑式雕像的名称听起来既有希腊语，也有波斯语，他们的脸庞呈现希腊人的特征，发型却似乎属于波斯人，雕像背后的铭文则是希腊文。

波斯并未试图把文化强加给当地的希腊人和安纳托利亚的本地人和外来移民。以弗所就是这种情况，它坐落在吕底亚（Lydian）、爱奥尼亚和卡里安（Karian）的交汇处，在公元前546年成为居鲁士大帝帝国的组成部分。闻名遐迩的阿耳忒弥斯神庙是当地人膜拜世间生育女神的古老场所，希腊人接管后专门供奉阿耳忒弥斯。遵循希腊理念，它被数次重建。公元334年，它获得亚历山大大帝的致敬——自掏腰包继续翻新扩建它。长途贸易沿着海上（波斯湾）、河上（底格里斯河和幼发拉底河）和陆上路线穿越近东，繁华的商队城镇佩特拉（Petra）在公元前1000年继续沿袭这个古老的传统。出于包括安全在内的诸多原因，佩特拉城建在约旦沙漠的腹地、死海与亚喀巴湾（Gulf of Aqaba）之间的半道上。这座城市是来自阿拉伯北部的游牧民族建立的纳巴泰（Nabateans）王国的首都，它在波斯时期控制了两条主要的商队路线，一条连接阿拉伯和波斯湾及地中海，另一条南北向的路线连接红海和叙利亚。由于公元106年罗马人占领佩特拉并建立阿拉伯行省，这座城市慢慢走向衰落，让附近叙利亚沙漠里的中心城市帕尔米拉趁势崛起。这座兼收并蓄的城市是东方、希腊和罗马文化的交汇点，商队想要沿着印度洋与地中海之间的最短路线航行，它成了重要的停靠站。先是佩特拉，接着是帕尔米拉，它们充当了古代东方与西方之间往来出入的门户。

德西德里亚·奥维拉

150左　吴哥窟坐落在柬埔寨北部，是东南亚最重要的古迹，它是人类艺术遗产的重要组成部分。遗址基本上掩映在丛林中，在绵延广阔的遗址区，这座高棉首都高耸的神庙醒目地出现。我们这里看到的是佛陀神秘莫测的面孔的细节，佛陀的形象在吴哥窟的佛塔上无穷无尽地重复

150右上　在南印度（South India）帕拉瓦王朝（Dynasty of Pavallas）的古都玛玛拉普兰，能工巧匠把神庙的石头打造成精致的浮雕和典雅的古迹

150—151　狮子和公牛战斗的主题在波斯波利斯王宫的浅浮雕中屡次出现。公元前6世纪大流士兴建了波斯帝国非凡卓越的首都波斯波利斯，他的继任者进行了扩建

　　从历史和艺术的角度来看，亚洲是世界上一个意义重大、魅力迷人的地区。往昔的遗迹数不胜数，重大发现至今仍然可能横空出世，比如1974年出土的秦始皇兵马俑。兵马俑由成千上万真人大小的武士组成，再现了公元前3世纪中国第一位皇帝秦始皇的军队。

　　佛教起源于印度，主要向两个方向传播，在南边从斯里兰卡传到印度支那，在北边沿着丝绸之路传到中国和日本。印度的桑奇佛塔和阿旃陀（Ajanta）石窟、爪哇的婆罗浮屠、缅甸蒲甘的寺庙、柬埔寨吴哥窟的巴戎寺（Bayon）和中国的洛阳龙门石窟见证了佛教的勃勃生机和博大精深。

　　佛教建筑以佛塔为起点，佛塔是个简单的半圆形坟堆，立在佛祖火化后的遗骸上方，经过一系列发展演变，比如在桑奇，栏杆和气派的塔门牌坊让最初的纪念碑变得饱满丰盈；在婆罗浮屠，它转化为神秘的朝圣山；而在蒲甘，它发展成名副其实的寺庙，配备可供使用的内部空间，众多的寺庙形态各异，令人难忘。就雕像而言，乔达摩·悉达多即佛陀的雕像最初只是象征性地让人想起本尊，后来，佛陀以千变万化的姿态出现在日益复杂的菩萨中间，菩萨也包含女性形象。阿旃陀的石窟壁画无与伦比，壁画把觉悟者（Enlightened One）的故事和佛教的演变表现为日常生活的组成部分，为历史提供了妙趣横生的线索。在中国，山体内部也成了圣殿。在龙门，一代代雕刻家在天然洞穴、裂缝和壁龛中雕刻了近十万尊佛像和菩萨像，反映了当地社会对佛教的虔诚。高棉的统治者，被雕刻成四面佛的化身。然而，佛教在亚洲产生了深远的影响，在印度却无立足之地。印度教是一种复杂的、全球性的存在方式，它超越宗教的边界，最终将佛教基本上逐出印度的疆界之外。印度文化具有鲜明的印度教属性，皈依印度教的和平浪潮从南部王国开始（玛玛拉普兰是其中一座古老而又迷人的都城），到达印度支那各国，并在高棉帝国得到了独特而崇高的表现。神王的首都吴哥继承了强大的印度教遗产，它的寺庙处处蕴含象征意义。

　　一定要强调指出的是，印度教与佛教的世界之间很难划定清晰的界限。在亚洲艺术中贯穿始终的思想表明，两者的共同点多于差异，特别是这样的基本理念：敬拜场所是一个具体而微的小宇宙，是神力汇聚的核心。建筑师——僧侣身为传统科学的守护人，促成从世俗向神圣和虔诚的转变，他们能够从建筑物的形式元素中读出深刻的象征意义。

玛利亚·奥西利亚·阿尔巴内塞

亚洲

以弗所

内姆鲁特山

帕尔米拉

马萨达　希律城

佩特拉　巴比伦

乌尔

波斯波利斯

年表

- 耶利哥（Jericho）建立（约前9300）
- 游牧民族在美索不达米亚的早期定居阶段（约前9300）
- 美索不达米亚出现早期陶器（约前7000）
- 乌尔建立（约前4500）
- 苏美尔人在美索不达米亚定居（约前3200—前2800）
- 美索不达米亚出现最早的书写形式（约前3400）
- 乌尔达到辉煌巅峰（约前2300—前2000）
- 乌尔遭到巴比伦国王萨姆苏-伊鲁纳（Samsu-iluna）洗劫（前1729）
- 巴比伦在汉谟拉比统治下主宰美索不达米亚（前1792—前1750）
- 巴比伦遭到赫梯人洗劫（前1595）
- 犹太人从埃及流散到巴勒斯坦（约前1200）
- 巴比伦衰落（约前1000）
- 大卫王征服耶路撒冷（约前1000）
- 亚述帝国在阿萨尔哈东（Esarhaddon）和亚述巴尼拔（Assurbanipal）领导下达到扩张的鼎盛时期（前680—前627）
- 亚述首都尼尼微覆灭（前612）
- 波斯帝国在居鲁士大帝统治下崛起，阿契美尼德（Achemenidean）王朝建立（前559—前530）
- 居鲁士大帝征服巴比伦（前539）
- 大流士一世建立波斯波利斯（前518）
- 乌尔被最终废弃（约前400）
- 亚历山大帝国（前333—前323）
- 亚历山大大帝烧毁波斯波利斯（前330）
- 塞琉古王国的创立者塞琉古（Seleuch）征服巴比伦（前312）
- 帕提亚人（Parthians）征服美索不达米亚（前141）
- 大希律王统治时期（前34—4）
- 耶稣基督之死（33）
- 第一次犹太起义（66—73）
- 耶路撒冷圣殿遭到破坏（70）
- 佩特拉成为罗马帝国的行省（106）
- 第二次犹太起义（132—135）
- 阿尔达希尔一世（ArdashirI）建立萨珊（Sassanidean）王朝（224）
- 帕尔米拉在芝诺比娅女王（Queen Zenobia）领导下反抗罗马（266—272）

152

- 麦加建立（约400）
- 穆罕默德宣扬伊斯兰教（600—632）
- 中国的半坡文化开始致力于发展农业，并生产出早期陶器（约前4800—前3600）
- 印度河文明发展（约前2750）
- 中国商文明诞生（前1600）
- 印度种姓制度发展（约前1300—前1100）
- 神武天皇（Jimnu Tenno）成为日本首位皇帝（前660）
- 佛陀生平（前560—483）
- 印度早期地区性王国（约前550）
- 孔子生平（前551年—前479）
- 阿育王把几乎整个印度统一成一个王国，并支持佛教传播（前272—前232）
- 秦朝统一中国（前221）
- 早期佛寺在中国涌现（约65）
- 萨特拉普（Kstrapas）的统治在印度巩固（约150）
- 旃陀罗笈多二世（Chandragupta II）在印度建立了笈多帝国（Gupta Empire，320）
- 北魏（386—534）
- 高棉人征服扶南（Funan），在柬埔寨建立印度教王国（约500—600年）
- 白匈奴人入侵印度，导致笈多帝国灭亡（510）
- 杨坚统一中国，建立隋朝（581）
- 唐朝建立（618）
- 爪哇兴建规模最大的佛寺婆罗浮屠（约760—810）
- 爪哇夏连特拉（Sailendra）[1]王朝巩固在柬埔寨的统治（约700—802）
- 阇耶跋摩（Jayavarman）把柬埔寨从爪哇人的辖制下解放（802—850）
- 北宋（960—1127）
- 占族（Cham）入侵并摧毁柬埔寨吴哥（1177）
- 缅甸王国成立，定都蒲甘（约900—1000）
- 蒲甘的势力达到顶峰（约1100）
- 阇耶跋摩七世重建和修缮了吴哥，高棉帝国达到顶峰（1181—1218）
- 成吉思汗统治时期（1206—1227）
- 忽必烈定国号为元（1271），南宁灭亡（1279）
- 蒲甘——第一个缅甸帝国走向终结（1287）
- 马可·波罗游历中国（1271—1291）
- 德里苏丹国（Sultanate of Delhi，约1300）
- 明朝建立（1368）
- 高棉人放弃吴哥，迁都金边（1434）

---

1 夏连特拉（Sailendra），又译沙伦答腊。

内姆鲁特山：石神之山

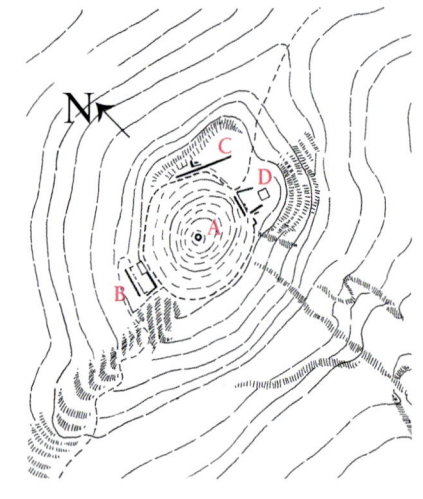

A 土堆
B 西平台
C 北平台
D 东平台

154—155 德国工程师卡尔·塞斯特把考古学家奥托·普赫斯坦带到了内姆鲁特山。这位年轻的学者立刻明白了这个发现的重要性。他日后担任了柏林考古研究院院长，并且凭借为"佩加蒙祭坛"重新排序而名声大噪。事实上，对安条克一世墓地的研究让世人了解了小王国科马基尼及其雄心勃勃的国王

卡尔·塞斯特（Karl Sester）是一名德国工程师，1880年被土耳其政府派往小亚细亚。他的任务是设计一条连接该地区与安纳托利亚中部和地中海港口的通信路线。为此他骑着马长途跋涉，足迹踏遍了这个地区。一天，几名库尔德助手把一座体积庞大的土墩指给他看。土墩位于托罗斯（Taurus）山脚下，名叫内姆鲁特山。

土墩隔着很远就能看到，塞斯特起初没有把土墩前伫立着巨型雕像的说法放在心上。

他很难相信这样的古迹在地图上没有标示，其他旅行家居然不知道。这个理由尤其说得通，因为他绝对不是涉足该地区的第一位欧洲人。许多欧洲人来过此地，前些年还来过几位著名学者。他认为他们一定注意到了土墩不寻常的形状，也听说了同样的故事。他无法相信没有人登上高处，查看一下土墩顶部是天然形成的，还是人工堆砌而成的。

不过，塞斯特依然望着土丘，在心里暗自盘算。最后，他决定亲自去看看土墩顶部是怎么回事。这次徒步旅行旷日持久且劳心费力。他登上顶部，发现他们告诉他的都是真的。

顶部果真是人造的，巨像坐在宝座上，跟他听到的说法一模一样。

周围区域散落着纪念碑式碎块，头像、四肢、兽首和刻着古希腊语铭文的石块，呈现出一种近乎超现实主义的错乱和混杂。很显然，多年来，甚至可能几个世纪以来，他是第一个登上高处的人。

塞斯特当即向柏林的学术界提交了他对这个发现的详细分析，得到的反馈却是基本上兴趣寥寥，有些群体更是全然不信。

这一年是1881年。仅仅过了7年，业余考古学家施里曼发现了特洛伊城，一时引起轰动。一些学者想，既然施里曼能够做出非凡的发现，这位不知名的工程师的说法至少值得一听，此时，塞斯特正在埃及亚历山大驻守。柏林的研究院与考古学家奥托·普赫斯坦（Otto Puchstein）取得联系，此时普赫斯坦碰巧也在亚历山大，研究院请他与塞斯特会面。普赫斯坦后来当上了柏林考古研究院（Archaeological Institute of Berlin）的院长，凭借对佩加蒙祭坛（Altar of Pergamon）的研究工作而名震四方。他立刻意识到塞斯特的发现的重要性。他向德国研究院提交的严谨报告深深地打动了委员会。第二年，研究院投入巨资，在普赫斯坦

155上 这尊浑身点缀着星星的狮子雕像是安条克一世的个人天宫图

155中 狮子是科马基尼王国的一种纹章动物

155下 鹰、安条克一世和其祖国母亲科马基尼的头像落在巨大雕像前面的地上，它们曾经是雕像的组成部分

155

156—157 立在墓葬土堆前两个大平台上的诸神巨像是安条克一世梦想的象征,这个梦想在他的有生之年就已经破灭了。石像呈现的鲜明特征都是试图把不同神灵的特色和五官融合在单独一位神灵身上,尽管这些神祇属于不同的群体和宗教,彼此之间几乎没有共同之处。他的人民不仅拒绝了这种新宗教,也拒绝希腊化和塞斯特的领导下发起了研究探险。

对这一发现的证实让塞斯特在考古学年鉴中获得了一席之地,他从往昔找回了一个湮灭无闻的王国及其君主的历史。

塞斯特起初认为,内姆鲁特山的废墟是亚述古迹的组成部分,但它们其实是科马基尼国王安条克一世规模宏大的墓地。这个肥沃的地区具有极其重要的战略意义,它相当于今天的安纳托利亚的一部分,位于托罗斯山脉与幼发拉底河之间。

它先是处在亚述帝国、继而处在波

斯帝国的统治下，又被亚历山大大帝征服，接着受塞琉古辖制。

大约在公元前162年，它终于赢得了独立，从那时起直到公元72年，这个小王国在尚武的波斯王国与强大的罗马帝国之间艰难地扮演着缓冲国家的角色。最终，它成为罗马的行省。从文化上讲，科马基尼从未完全统一过。尽管这个地区处在这样的地理位置，举足轻重的希腊影响却从未战胜过主要起源于闪米特种族的当地人的中东属性。

安条克一世于公元前98年登上王位，目标是在本国增加希腊的影响力。为实现这个计划，他的第一项行动是在阿萨梅亚（Arsamea）即今厄斯克·卡勒（Eski Kale）建造墓葬圣地纪念他的父亲米特里达悌·卡利尼库斯（Mithridate Kallinikos）。铭文为希腊文，浅浮雕为希腊风格。其中一个场景画着米特里达悌与赫拉克勒斯握手。后来，安条克一世着手在内姆鲁特山顶部给自己建造巨大的陵墓。他说，这座45米高的土墩是新的宗教秩序中心，他本人担任首领。为了强调这一点，他给它起名"墓葬圣地"（hierothesion），希腊语中指专门用来膜拜的墓葬场所。

安条克一世选定这个土丘的位置，一定很不容易。在他统治的大部分时间里，山顶都清晰可见，它的高度具有象征意义，表明它与天堂接近。

他似乎是这样一个人：他清楚地意识到，科马基尼处在东西文明之间微妙的天平上，充当二者的接触点。表面看来，正是出于这个原因，这位国王决定用希腊罗马的奥林匹亚诸神的形象和波斯乃至安纳托利亚的苍天来装饰坟墓。每个形象都是宗教的融合，把许多迥然有别的神祇的特色和五官汇聚到一位神灵身上。内姆鲁特山的铭文宣告安条克与罗马和希腊的友谊，却强调他在母亲一方是亚历山大大帝的后裔，在父亲一方是波斯国王大流士的后裔。他还深信，在他死后，他的灵魂将升入天堂，坐在西方首屈一指的神与波斯人至高无上的神阿胡拉·玛兹达（Ahura Mazda）融为一体的形象宙斯-奥罗马斯德斯（Zeus-Oromasdes）旁边的宝座上。为此，他在大土墩前的平台上给自己建了一尊比例庞大的雕像，坐在这个全新的神灵序列的主神旁边。

人们认为，这种把自己神化的尝试具有一定的合理性，他要向人民昭告自己的重要性，把他们按部就班地希腊化，但是这种做法却很不明智。

根据整个科马基尼各地出土的铭文，希腊文，特别是内姆鲁特山上使用的文学形式的希腊文，在这个地区不曾广泛使用，居民没有理由学习它或接受这种全新的宗教。即使是为了纪念神圣的国王而举行排场的仪式，纵情吃喝，载歌载舞，也不足以赢得人民的忠诚，他们觉得自己的文化背景遭到忽视，用怀疑的眼光看待整个行动。一般认为，安条克一世其实是想为科马基尼创造一种新的文化身份，但是，用这种劳民伤财的方式构建一种新宗教，让一些人疑心整件事是一个自大狂的痴心妄想。例如，在他生

156下和157 安条克一世希望通过把东西方相互对立的文化遗产融合为一种富于表现力的文化。请注意这些雕像在风格上多么不同，比较一下西平台上的大力神赫拉克勒斯-阿尔塔谷涅斯（Hercules Artagnes，**p156下**）与东平台上同一尊神的脸庞（**p157**）即可看出。虽然这些雕像已经四分五裂，但是众神继续守卫着安条克一世的墓地。到目前为止，考古学家没有发掘这位统治者最终安息的墓室，遗体周围可能堆放着大量陪葬宝物

158上 在东平台上大力神赫拉克勒斯-阿尔塔谷涅斯的头像上,岁月留下了沧桑的痕迹

158下 安放巨像的两个底座上装饰着大块的浅浮雕石板,如今已经碎裂。每块石板上都刻着神向国王伸出手。图右大力神赫拉克勒斯的身份可以根据他手持的大棒辨认出来

159 安条克一世头戴科马基尼古国的高王冠

命的晚期,他站在庞培一边反对尤利乌斯·恺撒,又支持罗马的死对头帕提亚人。

安条克一世在公元前31年前后去世,他没有看到自己的墓地竣工,但他仍然安葬在这里。他的儿子米特里达悌没有把陵墓修建完成,放弃了这种新宗教。因为除非出于权宜之计,统治阶级可能不赞成新宗教。

沿着两条陡峭的道路可以抵达这处古迹,每条道路都以靠近顶部的一根柱子为标记。今天,它呈现的形状是一个直径180多米的大土丘,东西两侧建有宽阔的人工平台,北边有个较小的平台。国王和国王本人遴选的众神的巨大坐像安放在主广场上。主广场由裸露的岩石开凿而成,一条183米长的游行大道把它围起来。这些形象刻着希腊语和波斯语铭文,依照相同的顺序排列在东西两个平台上。

从左到右是神化的安条克一世,挨着其祖国母亲科马基尼。科马基尼以一个女人为象征,她左手擎着象征丰收的羊角,右手握着一捆小麦和水果,头戴小麦花环,表示该地区土地肥沃。接着是宙斯-奥罗马斯德斯、阿波罗-密特拉(Appollo-Mithra)和赫拉克勒斯-阿尔塔谷涅斯,其中大力神的身份可以根据他手中握着的大棒加以辨认。宝座后面有一大段祈愿碑文,碑文几乎完好无损。碑文里这位君主不仅描述了为纪念他要举行的仪式,还阐述了他兴建这座墓葬圣地的目的,并向世界传达他的宗教理念。在东西两边,排成队列的诸神都由鹰和狮子护卫,它们是王国的纹章动物。

巨像的两个底座上装饰着大块浅浮雕,浅浮雕如今几近碎片,镌刻在上面的每尊神都向国王伸出一只手。最后,这两个平台由所谓的祖先画廊(Ancestors' Galleries)断续连接,这是两组画着国王的父系和母系祖先肖像的浅浮雕。

东平台是这座圣殿的主祭坛所在地和举行重要的宗教仪式的地方,这里有一只近1.8米高的狮子。狮子身上点缀着19颗星星,脖颈处有个半月形。这个奇怪的形象被认为是已知最古老的天宫图,但确切含义尚不清楚。有一种理论认为,它显示木星、水星和火星(或宙斯-奥罗马斯德斯、阿波罗-密特拉和赫拉克勒斯-阿尔塔谷涅斯)与狮子座的月亮同时出现,表示一个日期。一些学者说,它表示公元前98年;另外一些学者说,它表示公元前62年。也许是国王出生的年份,也许他登上王位的年份,也许是圣殿动工兴建的年份,等等,没有人确知究竟。不过,很显然,排列在东西两侧的新的神祇象征着安条克一世渴望东西方文化相互结合的理想。东边的雕像今天仍然状况良好,西边的雕像却只剩散落的碎石。令人惊讶的是,这座圣殿在大自然的风吹雨打中屹立至今,更令人称奇的是,考古学家和寻宝人依旧拿它无可奈何。

目前尚无人找到墓室的位置,一般认为它位于土丘下方裸露的岩石内部。

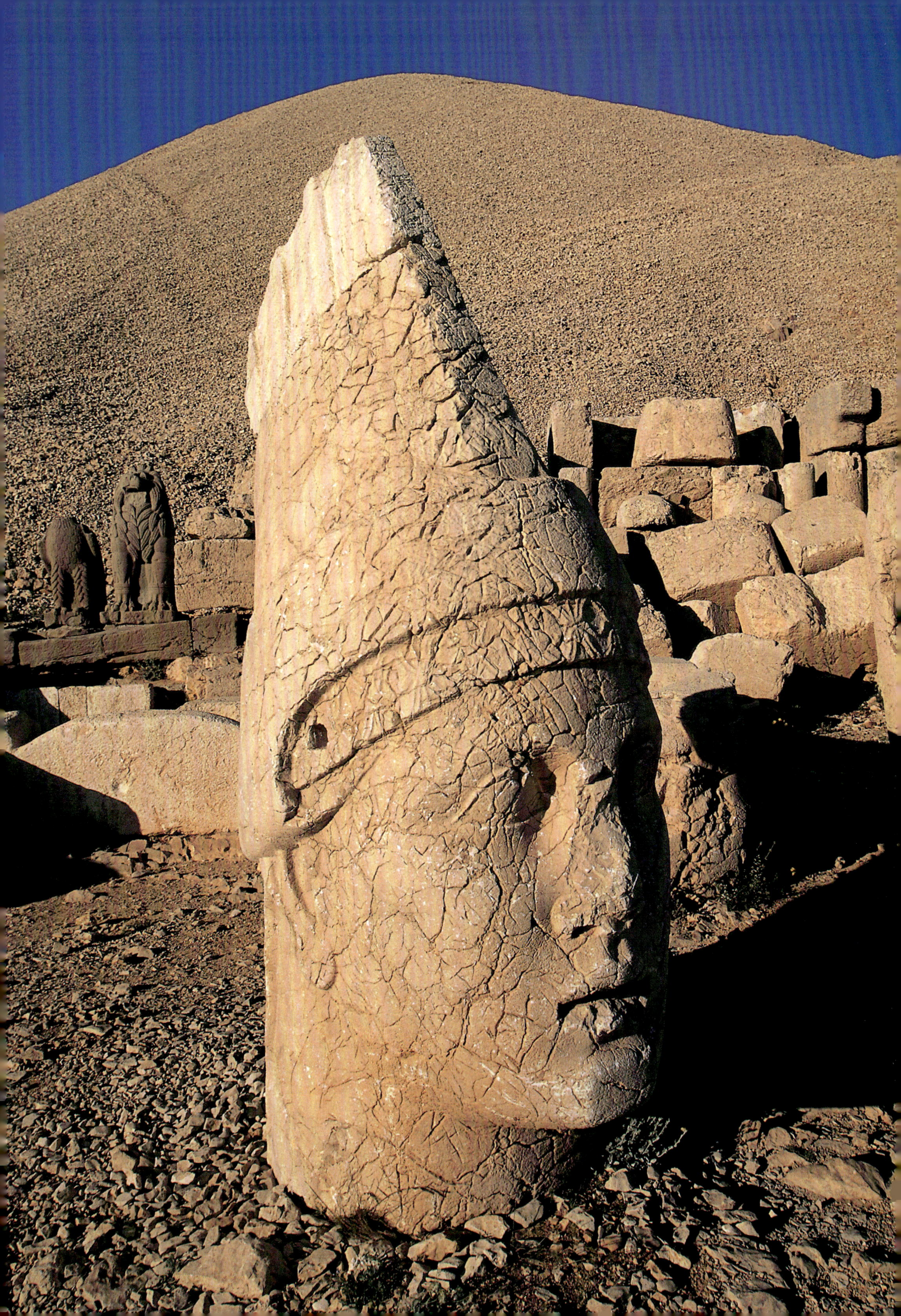

以弗所：哲学家、商人和皇帝

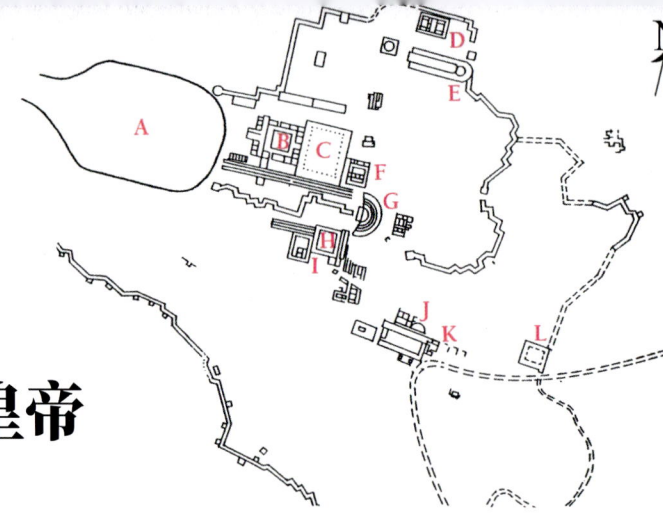

A 港口
B 港口浴场
C 维鲁拉努斯广场
D 韦里乌斯体育场
E 体育场
F 剧院体育馆
G 剧院
H 广场
I 塞尔苏斯图书馆
J 音乐厅
K 浴场
L 东体育馆

"对那永恒存在着的逻各斯，人们总是不理解，无论是在听到之前还是最初听到之时。因为尽管万物根据逻各斯生成，他们却像是对此全无经验的人一般，甚至在他们体验了我所讲过的那些事情之后。而我已按照实际构成辨识了每一个东西，并且指明了该物何以成其所是。他们醒后不知其所做，正如睡时不知其所为。"

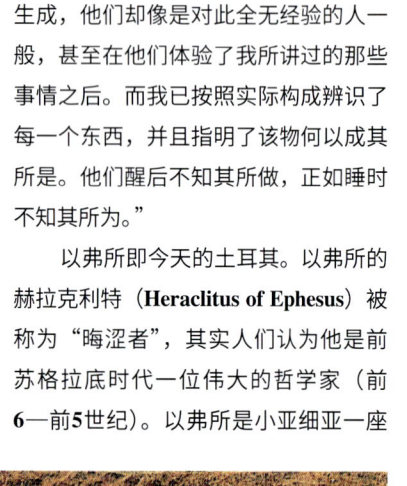

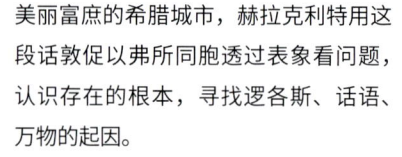

以弗所即今天的土耳其。以弗所的赫拉克利特（Heraclitus of Ephesus）被称为"晦涩者"，其实人们认为他是前苏格拉底时代一位伟大的哲学家（前6—前5世纪）。以弗所是小亚细亚一座美丽富庶的希腊城市，赫拉克利特用这段话敦促以弗所同胞透过表象看问题，认识存在的根本，寻找逻各斯、话语、万物的起因。

几个世纪后，大数的扫罗[1]（Paul of Tarsus）也试图用书信敦促以弗所的基督教团体，敦促人类关注逻各斯。在基督教《圣经》的其他地方也发现了类似的规劝。

以弗所在这两个时期都是一座举足轻重的城市。今天，它是一处备受欢迎的旅游胜地，游客可以参观距离爱琴海区区数千米的面积广阔而又精巧美丽的废墟。这些废墟仍然可以向我们揭示这座古爱奥尼亚城市的富庶奢华、繁盛忙碌的贸易，以及丰富多彩的文化生活。这座城市从公元前6世纪起，在包括寡头政治、暴政、波斯总督、民社政制、希腊化王朝和罗马总督等各种各样的政府和政治影响之下，始终繁华。

用寥寥数语把以弗所能够找到的瑰丽奇妙、令人惊叹的古迹加以概括是不可能的，更别提附近的塞尔丘克（Selçuk）镇收藏在超现代的博物馆中的许多奇珍异宝了。

一反希腊古代中心惯常的做法，塞尔丘克门口耸立着生育女神阿耳忒弥斯-以弗希雅（Artemis Ephesia）的圣殿，

---

1 扫罗，又称大数的搜罗，后改名保罗。

160左上 这位头戴鲜花手舞足蹈的姑娘是以弗所的盖乌斯·梅米乌斯（Caius Memmius）古典纪念碑现存的一块浮雕

160左下 市场边缘一条气派的柱廊大道通向一座典雅的小广场，广场俯瞰著名的塞尔苏斯（Celsus）图书馆

160右上 希腊人心目中美德的化身阿瑞忒（Aretes）的经典雕像，她衣着朴素，立在塞尔苏斯图书馆的壁龛里

160右下 仙女神龛和图拉真喷泉的遗迹是该城高雅的装饰和维护设施的绝佳范例。它们建于公元2世纪初

161 来自世界各地的游客前来瞻仰塞尔苏斯图书馆典雅富丽、充满动感的外立面。它也许是以弗所最著名的古迹，也是公元2世纪的一件结合了纯粹的古典希腊风格与雄浑壮美的东部希腊化风格的杰作

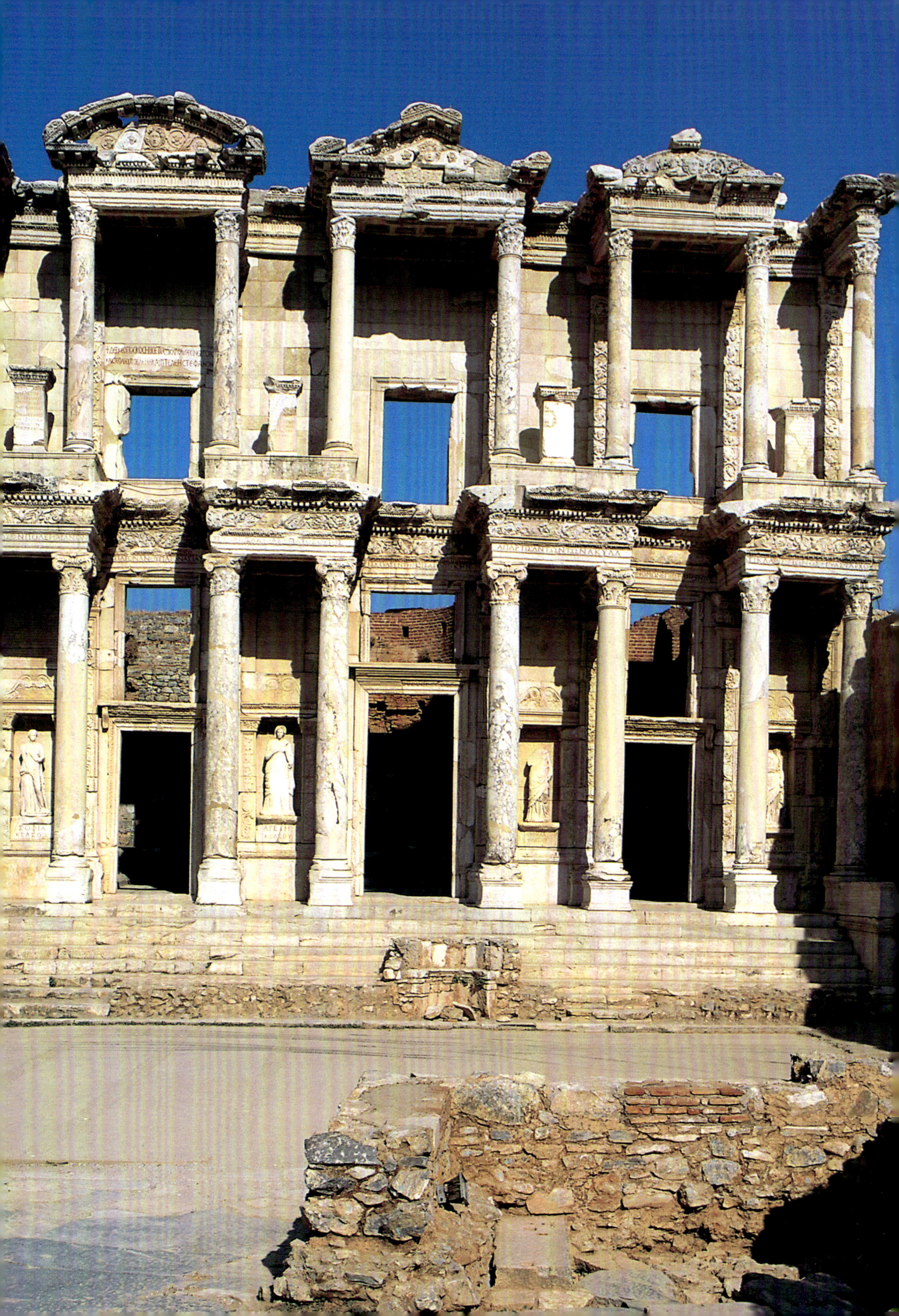

她裸露的躯干上生着数不清的乳房。这座宏伟的神庙长152米，宽46米，大约建于公元前6世纪中期，被认为是古代世界的七大奇迹之一。希腊历史学家希罗多德说，它由吕底亚的克洛伊索斯国王（Croesus King）作为赠品兴建，这位国王富甲天下。这座建筑物气势雄伟，具有纪念碑式属性，建筑师伽尔瑟夫农（Kersiphrones）和克诺索斯的梅塔杰尼斯（Metagenes of Knossos）在萨摩斯的西奥多罗斯（Theodorus of Samos）协助下把它装饰得美轮美奂，如今它们只在简图上得以复原。古代的阿耳忒弥斯神庙和两个世纪后约公元前350年重建的神庙几乎化为乌有。平面图上两个区域柱子的布置不同，一个区域为21乘8根圆柱，排成3列，另一个区域是9根柱子，给人的印象是酷似石头森林，很像在埃及圆柱密布的神殿内看到的情形。

这座神庙全部用浅蓝色大理石建造，它是改变了先前使用黏土的传统的早期范例。最重要的是，这些柱子气势逼人，高18米，刻有凹槽，通常底部以上2.7米处覆盖着描绘妇女或勇士游行的浅浮雕。

162上　以弗所宏伟的供水系统是奥古斯都时期遵照盖乌斯·塞斯蒂留斯·波里昂斯（Caius Sestilius Polliones）的命令修建的。这项工程包括修建水库、仙女神龛和喷泉，如图中所示这座配有大气的爱奥尼亚外立面的建筑

162中　罗马时代许多缅怀人物、纪念事件的雕像都是艺术作品，用来装饰以弗所的公共区域

162左下　我们今天仍然可以看到图密善神庙（公元1世纪末）的遗迹，神庙外面的柱廊是8根柱子，里面的神殿是3根柱子。它运用了罗马最先进的工程技术

162右下　以弗所卫城的废墟中一座圆柱形纪念碑，配有高帝国式风格（high Imperial style）的装饰

162—163　按照希腊的传统，以弗所剧场在公元前3世纪依山而建，在公元1世纪进行过扩建和改建，用于举办包括角斗士搏击和狩猎等赛事。它可容纳24000名观众。部分修复后，它正对如今已被掩埋的旧港口。当年舞台在半圆形的礼堂前耸立时，这个视角并不存在

部分残存的基座和其他一些文物现藏于大英博物馆。

公元前4世纪，神庙重建，原址只有一根柱子保存下来。柱子几乎完好地从地基外延向上升起，半截淹没在野树杂草中。

另一座激动人心的建筑是美丽的剧场，对于从以弗所港沿着阿卡狄亚路（Arcadian Way）进入这座城市的人来说，这是一处令人荡气回肠的目的地。剧场建于公元前3世纪，罗马时期在各种情况下进行了扩建。这座设有台阶的广阔区域坐落在古皮昂山（Mount Pion，也叫帕纳伊尔山）脚下的斜坡上，面向大海，视野开阔。当年显然有过一座高耸的建筑遮挡视线，并留下了部分遗迹。这座剧场至少可容纳24000名观众。

在城市中心，道路网风景秀丽，柱廊街道、气派的喷泉和希腊化风格的神庙错落交织，这是受到希腊和罗马影响的建筑的典型特点。街道两侧排列着富有阶层的府邸，府邸用马赛克和大理石雕刻来加强绘画和家居基本构件富丽堂皇的感觉。以弗所最典雅的古迹当数精美绝伦的塞尔苏斯图书馆，是尤利乌斯·阿奎拉（Julius Aquila）为缅怀自己的父亲图拉真当政时的元老尤利乌斯·塞尔苏斯·波莱梅努斯（Julius Celsus Polemeanus），于公元115年在露天集市边缘的一座小广场上兴建的。它综合了公共文化服务、陵墓和纪念死者的圣殿的功能，把死者抬升到近乎神圣的地位。塞尔苏斯的石棺安置在墓室内，墓室位于一个宏伟的、设有后殿的四边形厅堂的地板下方。厅堂外面围着两层墙壁，墙壁中间的空气充当保护，使珍贵的卷宗不至于受潮。塞尔苏斯的继承人至少为购买这些卷宗支付了部分资金。厅堂包括通往地下墓室的入口楼梯和楼上的两个阳台，阳台由两个通风透气的围柱式结构支撑。

外立面引入了一种新的艺术特征。它被设计成精美复杂的舞台布景，上下两排组合柱的位置稍微错开，使下方的柱子比上方的柱子向前突出。此外，檐部装饰华美，根据柱廊与门窗开口的关系，戏剧性地运用了光影的色彩效果，让这个外立面显得非常特别。弧形和三角形相互交替的幽深山墙增强了这种效果。虽然每个元素都属于古典建筑的基础，但是，整个外立面富于想象力的流畅动感让它不拘一格，脱颖而出，它强调审美胜过结构。

从建筑物上的题字和寓意深刻的关于美德的寓言雕像，以及人们出资兴建这座图书馆的慷慨之举，可以清楚地看出对文化的颂扬。尽管动机崇高，抱负远大，人们却发现，有必要在墙上警告那些参观过图书馆、享受过它的阴凉的人，不要留下味道难闻的"纪念品"！

以弗所遗址的一枚"小巧的珠宝"是哈德良神庙（公元127年），它以希腊化-罗马风格兴建，纯粹的科林斯柱与混合线条的檐部之间是科林斯双柱的正面。框缘的水平线被装饰精美的叙利亚风格的拱门打破。可以通过一扇宽大的矩形门进入单间的内部区域，门上的浮雕画着海妖从莨苕圣杯中浮现的场景。神庙显然曾经有过纵券顶天花板，墙上有大理石装饰，还有一尊供膜拜的雕像，如今都已遗失。

不过，在神庙前，我们仍然可以看到四帝共治时期各位巨头的雕像底座：戴克里先、马克西米安（**Maximianus**）、伽列里乌斯（**Galerius**）和君士坦丁一世，第二尊雕像日后被狄奥多西一世取代。

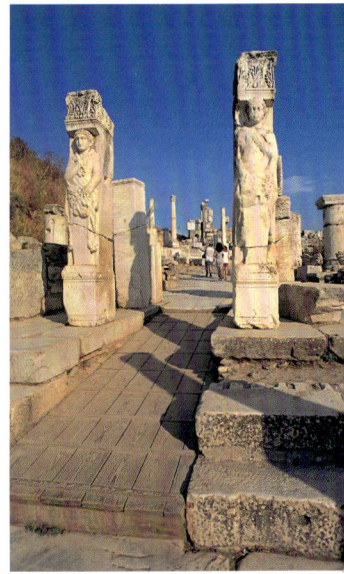

164上 这块浅浮雕装饰在以弗所的哈德良神庙入口上方，近似于巴洛克风格，很具代表性。注意从缠绕在一起的茛苕枝叶间浮现的海妖

164下 四块石板中的这块神话故事饰带的风格绝对属于古代晚期。公元4世纪末修复哈德良神庙时把它嵌了进去

164—165 这幅精美的哈德良神庙全景图突显了它的比例和装饰的和谐优雅。在檐部，我们看到典型的弧形元素，即叙利亚拱门，常见于小亚细亚和中东的中帝国式（mid-Imperial）建筑

165右 以弗所卫城的另一角度。大力神赫拉克勒斯门，以两根高大的柱子为标志，柱子上装饰着刻于公元4世纪的大力神的高浮雕形象

165

希律堡：希律王的堡垒

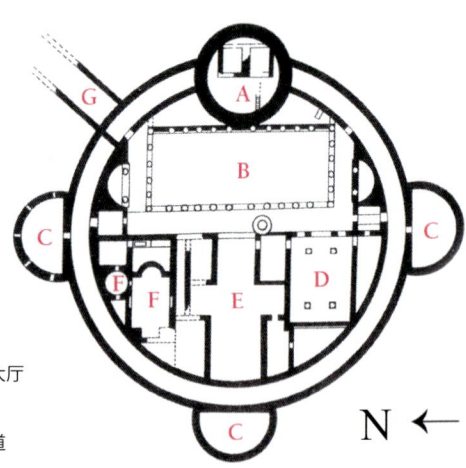

A 主塔
B 柱廊庭院
C 半圆形塔
D 犹太教堂
E 十字形大厅
F 浴室
G 地下通道

166—167 这幅鸟瞰图让我们清楚地了解这座建筑物各个部分严格的对称性。通往戒备森严的宫殿的隧道建在富丽堂皇的内部花园附近。弗拉维奥·约瑟夫斯（Flavius Josephus）[1]写道，入口楼梯有200级大理石台阶

167左 希律王建造这座宫殿作为避难所，也打算把它作为自己的陵墓。可是，在废墟中迄今尚未发现皇家陵墓的痕迹。考古学家发现了一座犹太教堂的遗迹、一个犹太教举行仪式用的浸礼池及犹太叛军用过的一些小烤炉

167右 为希律王建造的这座不寻常的圆锥形堡垒在犹地亚高原巍然耸立。希律堡被认为是西方世界一处非凡的古迹，它建在一座半人造山的山顶上，在山脚下的第二个住宅群可能是供客人使用的

---

1 弗拉维奥·约瑟夫斯（Josephus Flavius，37—100），犹太教历史学家。

随着公元前142年哈斯摩（Hasmoneon）王国的出现，犹太人开始扩张领土。在约翰·胡肯奴（John Hirkan）统治期间，他们控制了内盖夫（Negev）的广大区域。后来，他们征服了日后成为外约旦（Transjordan）的土地，这片土地一直延伸到班尼亚斯（Banias）和阿什克伦（Ashkelon）南部沿海的平原。然而，在公元前67年到63年，王位继承冲突引发了一场血腥的内战。罗马统帅庞培不久前在附近建立了叙利亚行省，他趁机率军袭击并摧毁了哈斯摩，接着占领了大部分领土。只有犹地亚被赋予权利保留自治的犹太国家地位，由哈斯摩·胡肯奴二世（Hasmoneon Hirkan II）治理，罗马宣布他为人民的领袖和大祭司。不过，罗马人同时任命安提帕特（Antipatros）为摄政王，任命他的儿子法撒勒（Phasael）为耶路撒冷总督，任命他的另一个儿子希律为加利利（Galilee）的分封王，以此加强罗马的存在。这些人是皈依犹太教的以土买（Idumenean）家族中最有影响力的成员，虽然他们表现得忠诚于罗马胜过自己的人民。

公元前40年，拥有波斯血统的帕提亚人入侵犹地亚，废黜了胡肯奴。新征服者把该地区的控制权留在了哈斯摩手中，玛塔提亚·安提戈努斯（Mattathias Antigonus）加冕称王。然而，这种局面只维持了三年。在帕提亚人入侵期间，安提帕特的儿子希律逃到罗马，罗马宣布他为犹地亚国王。在罗马军队的帮助下，公元前37年他返回家乡，赶跑入侵者，控制了以土买、撒玛利亚和加利利。接着，他挥师向耶路撒冷进军，经过五个月的围攻，耶路撒冷落入他手中。哈斯摩王朝随着玛塔提亚·安提戈努斯的处决画上了句号。

希律虽然是犹太人，甚至可能遵守犹太教的习俗和法律，却从未得到犹地亚的犹太人多数派接纳，他们认为他是罗马的奴仆。希律王雄心勃勃，贪恋奢侈生活，渴望取悦罗马，他以其统治时期涌现出众多雄伟壮丽的建筑作品而闻名。他下令在死海边建造了马萨达要塞，在耶利哥建造了豪华的冬宫；为纪念他的保护人和恩主恺撒·奥古斯都，又在塞巴斯蒂（Sebastes）兴建了一座现代港口；为效忠于他的军队新建了一座兵营。塞巴斯蒂靠近古都撒玛利亚（Samaria）和现代城市凯撒利亚（Caesarea）。耶路撒冷本身的面貌也发生了改变。

希律在耶路撒冷建了一座宫殿供自己使用，宫内有三座高耸的纪念碑式塔楼。接着，在公元前19年，他开始为犹太人兴建一座占地广阔、气势磅礴的神庙。不过，他最富于原创精神的杰作是在耶路撒冷南部建造的宏伟的宫殿，他把它命名为希律堡（Herodion）。从远处望去，在耶路撒冷南部干旱的高原大地上，它看起来像一座圆锥形平顶小山，规整得让人觉得奇怪。山脚下分布着大宫殿的废墟、一座大型游泳池、几间仓库和浴室。

这座恢宏的建筑是一座壁垒森严的宫殿，也充当宫殿主人的陵墓。可是，尽管历史学家弗拉维奥·约瑟夫斯描述过这位国王的葬礼队伍，希律王的陵墓却始终没有找到。这座建筑位于一座约60米高的半人工山的山顶上，两堵直径仅为60多米的同心圆墙壁把它围在中间。一座足有15米高的圆形塔楼耸立在围墙上，另外还有三座小塔从外墙上凸出。

这座山之所以呈现不同寻常的形状，是因为挖出来的碎石被用来奠定地基，建造宫殿余下的碎石连同其他多余的物料被抛到斜坡上，使斜坡更加陡峭。它只能经由带拱顶的地下通道进入，通道入口位于山脚。圆形宫殿的内里为两部分。一部分是圆柱环绕的花园，这是一片名副其实的沙漠绿洲。另一部分由金碧辉煌的公寓组成，一楼设有精致的浴室。地上铺着几何图案的马赛克，墙上涂着灰泥，雕刻成五颜六色的浮雕。在希律堡的地势最低处，正中央是一座大型游泳池。它被用作人工湖，面积广阔，不仅可以游泳，还可以驾驶小船。游泳池周围是一座与几间房屋相连的观赏植物花园和一个大型浴室建筑群。在这座半人工的山上发现了一个错综复杂的秘密通道网络，它部分利用了希律王的水下补给系统。公元132年，巴勒斯坦各地爆发第二次犹太起义（Second Jewish Revolt），这些通道是西缅·巴尔·科赫巴（Simeon Bar Kokhba）的追随者挖掘的。在通道内出土了许多工具和兵器及起义期间铸造的硬币。后来，拜占庭时期在宫殿的废墟上建立了一座修道院。如今，这个区域偏僻荒凉，这座建筑则更加显得醒目。

马萨达：罗马的挑战者

168右上　宏伟的马萨达北宫是作为希律王的私人宫邸兴建的。顶层设有后殿的大厅和下面的圆形房间用于接待贵宾。底层围绕一座内部庭院建造，是国王的私人活动区，附设一个小浴室建筑群

168—169　马萨达要塞屹立在一块与世隔绝的峭壁顶部，俯瞰死海西岸。地势平坦处的主要建筑和防御工事长300多米，宽120到240米，由希律王在公元37年建造。大片平原被开垦耕种，用储存在大型地下水窖里的水进行灌溉

169右上　在西宫附近的一座建筑中，这块开阔的空间被用作浸礼池，即犹太教举行仪式的浴池

169右下　北部建筑群中长而窄的房间被用作军火库和仓库，存放着国王大量驻军所需的粮食

马萨达，这座大希律王在犹地亚沙漠中兴建的堡垒至今仍是犹太人的一个活生生的伟大象征。在这里，公元73年，960名男女老少宁愿自杀，也不肯向罗马第十军团（Tenth Roman Legion）投降。三年前即公元70年，犹太人的反叛以耶路撒冷被提图斯的军队摧毁而达到顶点，这是叛乱的最后一桩事件。

这个岩石遗址靠近死海，处在得天独厚的理想位置，峭壁陡立，顶部平坦广阔，在哈斯摩时期被改造成一个军事据点。公元前40年，它对希律具有特殊的意义。他在躲避安提戈努斯的军队追击期间必须确保家人的安全。在他前往罗马寻求军事支援之际，安提戈努斯假冒帕提亚人登上了王位。他的亲朋好友连同800名负责保护他们的人承受着极端的焦渴，直到一场倾盆大雨及时降下，装满空空如也的水窖，挽救了众人的生命。后来，希律在罗马援军的帮助下收复故土，把马萨达改造成一座宫殿要塞，守护自己不受来自犹太叛军和埃及女王克利奥帕特拉（Cleopatra）的威胁。

整座城堡周围环绕着附设塔楼的防御墙，在战略据点用从裸露的岩石上开挖的大型水窖增强防御，水窖也用来给军队提供用水。但是这里最雄伟的建筑是坐落在这个建筑群最北端的光彩夺目的王宫。

王宫体现了相当先进的建筑理念和令人钦佩的房间布局。上面一层是一间宽敞的长方形大厅，大厅通向后殿，后殿周围环绕科林斯柱廊，可以眺望死海的壮美景色。宫殿的这个侧翼由一段有顶盖的台阶与中间一层相连，中间一层是一座平面图为圆形的建筑，由柱子环绕，顶部为钟形屋顶。

下面一层的平面图大致为方形，中间是内部庭院，庭院周围环绕着由科林斯式壁柱支撑的柱廊。旁边是个小巧而又奢华的洗浴建筑群。宫殿的内墙和柱子上覆盖着生动活泼的彩色灰泥，主要模仿珍贵的大理石装饰，其中一些至今仍可看到。地上铺着几何图案的黑白马赛克。上面一层四个房间的浴室建筑群格外有趣，它是以色列境内建于罗马时期、保存完好的一处遗址。

更衣室用灰泥装饰，地上铺着黑白地砖。我们还能辨别出温水浴室和冷水浴室，配有大型坐式浴缸。在温水浴室，我们仍然能够看到地下供暖系统，即地板由小柱子支撑，从锅炉里喷出的热气在地板下循环流通。浴室附近是成排的房间，用来储存食物和葡萄酒，并妥善地保管兵器和贵重物品。堡垒的这个区域，包括宫殿本身、浴室建筑群和仓库，由一面墙和一道门与堡垒的其他部分隔开。

这个豪华的综合体显然用来举办宴会，也是展示希律王的财富和权势的样板，同时它的意图还包括提供最后一道防线，抵御顺利地攀登城墙的侵入者。

另一方面，西宫必须更加实用。出于这种对功能的需求，它包括王室公寓、宾客活动区、仆役房间、作坊和仓库，

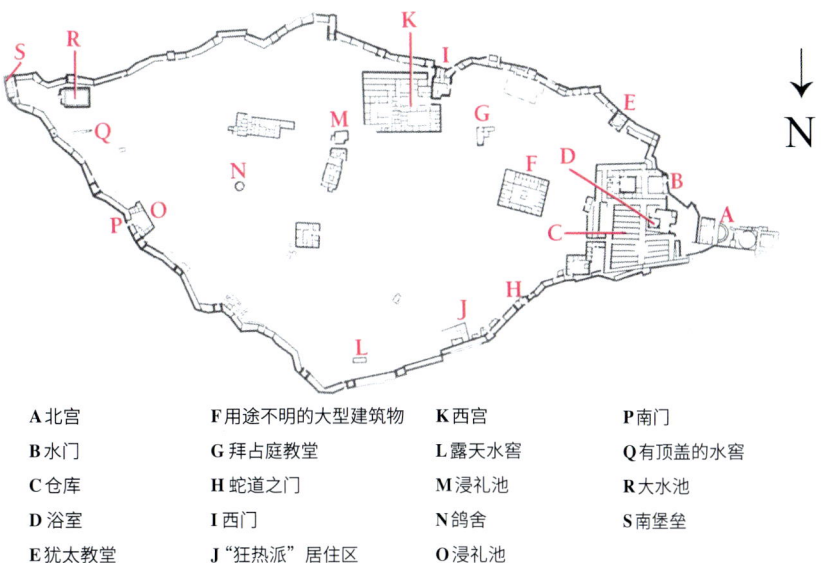

A 北宫	F 用途不明的大型建筑物	K 西宫	P 南门
B 水门	G 拜占庭教堂	L 露天水窖	Q 有顶盖的水窖
C 仓库	H 蛇道之门	M 浸礼池	R 大水池
D 浴室	I 西门	N 鸽舍	S 南堡垒
E 犹太教堂	J "狂热派"居住区	O 浸礼池	

169

以及具有某些行政功能的房间，包括公务接待处，这里的地面也铺着马赛克。这座建筑的某些部分足有几层楼高。附近还有另外三座较小的建筑，其中一座建筑里有个举行犹太仪式的浸礼池（mikveh）。

对马萨达这个可能需要同时容纳多达一千人的建筑群来说，最严峻的问题是水的供应和储存。这座堡垒不仅坐落在沙漠中，只有偶尔的季节性降雨，而且还是建在一座山顶上方的高台上，周围都是悬崖峭壁。

出于这个原因，它安装了一个输水系统，把从周围山谷大坝收集的雨水集中到堡垒底部由12个人工蓄水池组成的综合体中。

这些蓄水池具有巨大的容量，可以靠人力或者畜力把水从里面沿着一条艰险的道路运到堡垒内部的蓄水池。虽然马萨达地处偏僻，由陡峭高耸的城墙包围，几乎坚不可摧，但是高台上依然修筑了厚厚的墙壁把所有建筑物包围起来，再次加强防御，除了北宫。

防御工事由外墙和内墙组成，两者之间的空间被用途不一的房间占据。

马萨达的城墙长1500多米，设有70座角楼，30座塔楼和4道门。在长达6年的犹太人反抗罗马人的起义中，狂热派[1]攻克了这座要塞，他们对希律王的这个建筑群做了一些改动。为了容纳数量庞大的家庭成员，两堵墙之间的所有房间都被改造成家居用房，宫殿里的许多大厅被分成小隔间，以增加房间数量。狂热派还建了两个浸礼池，有证据表明，有一个房间可能被用作宗教神学

---

[1] 狂热派（Zealot），又译奋锐党人。

院（beit midrash），专门留出来供宗教研习之用。位于西北侧的犹太教堂局部进行过重建。这座犹太教堂面朝耶路撒冷，可能是狂热派在一座建于希律王时代的神庙的旧址上建造的。

马萨达是一处具有特殊考古价值的遗址，它的价值不仅在于建筑遗迹。干燥的沙漠气候把各种各样的出土文物保存下来，其中有些衣物残片，包括祈祷披肩、皮革凉鞋及陶器和篮筐。在遗址处还出土了硬币，这些硬币由叛军铸造。

在堡垒的不同地点出土了**14卷羊皮纸**，它们对研究《圣经》非常重要。发掘过程中出土了**700块刻有铭文的陶器碎片**，进一步向我们揭示了被困在马萨达峭壁陡立的高地的叛乱者所过的生活。这些碎片上主要刻着希伯来语和阿拉米语（Aramaic）的铭文，也有希腊语和拉丁语。其中大部分碎片在仓库附近出土，表明在围城期间实行了定量配给制度。

在四只箱子里发现了大件陶器，上面的铭文主要由姓名和数字构成，可能是管理者名单。

最具有轰动效应的发现是在仓库门口附近出土的**11块碎片**，每块碎片上都写着一个名字。其中一个名字是本-亚伊尔（Ben-Yair），即马萨达叛军的首领。一些学者认为，经过将近四年的英勇抵抗，形势已然明朗，叛军大势已去，这些碎片见证了十位叛乱首领在围城最后一天抽签定夺。犹太历史学家弗拉维奥·约瑟夫斯用拉丁文写道，每个人都接到任务把自己的家人杀死，然后自己再被杀死，剩下最后一个活着的人自行了断。

今天，在这座要塞周围仍然可以看到一些痕迹，证明弗拉维奥关于罗马将军弗拉维奥·席尔瓦（Flavius Silva）围攻马萨达的描述属实。

第十军团的官兵围绕山脚建造了**8个**设防营地，营地由一堵连续墙串联起来，墙上设有**12座瞭望塔**。这样一来，叛军既无法进入也无法离开堡垒，围攻者却可以获得粮食和增援，无安全之虞。

既然出入堡垒的唯一通道既陡峭又崎岖，无法供大部队行军，必须把攻城锤带到石山的顶峰才能摧毁墙壁，于是弗拉维奥·席尔瓦下令在山崖西边建造一个巨大的斜坡。他们把石弩设在附近的海角上，提供武力掩护，保护建造土方工程的士兵。

斜坡建好后，就可以把巨大的攻城锤抬到高处，希律王建造的城墙很快就被砸倒。狂热派在最后一刻努力自卫，迅速建起一堵沙石墙，却根本无济于事。沙石墙被罗马士兵推倒，马萨达陷落。今天，这座岩石上的城堡是以色列民族文化的一个重要象征，每年有成千上万游客前来参观。应征入伍的新兵以在山顶上宣誓为服兵役的起始点，誓言包括这句话：马萨达再也不会陷落。

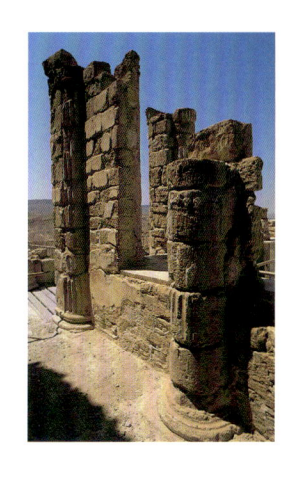

170—171 从这幅北向拍摄的鸟瞰图可以清楚地看到，右边是弗拉维奥·席尔瓦将军指挥的罗马士兵建造的大坡道。这是一处雄伟壮观的建筑

171左 北边的建筑群包括大浴室、仓库和其他仆役区及希律王的宫殿

171中上 马萨达的浴室建筑群体现了明显的罗马影响。热水浴室至今仍保留着在地板下运行的加热系统的耐腐蚀支撑柱

171中下 壁画显然汲取了罗马的灵感，部分壁画仍保存在希律王宫殿的底层

171右上 这两根科林斯式柱子是希律王宫殿底层内部庭院的组成部分。注意覆盖在砖结构上厚厚的灰泥

171右下 从这幅北向图来看，马萨达要塞周边似乎都是悬崖峭壁。尽管地势险要，固若金汤，这座堡垒还是被罗马军团攻克

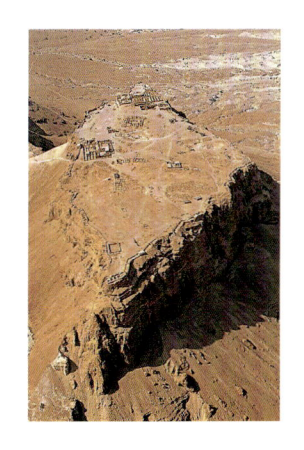

佩特拉：玫瑰红的城市

172左中 当我们从幽深的西克峡谷进入佩特拉时，突然看到卡兹尼神殿（Khasné），是一种绝无仅有、无可比拟的体验。它完美无瑕，世所罕见

172左下 卡兹尼神殿内部是一个宽敞的立方体大厅，边长12米多。三间小室与这间大厅由气派的门相通

约旦境内的佩特拉遗址是一处迷人的名胜古迹。城市的建筑品质超群，位置又异乎寻常，坐落在陡峭的悬崖绝壁中间狭窄的空间，这些因素结合起来，使岩石本身的玫瑰色更加鲜艳，它因此成为世界上一处得天独厚的景观。佩特拉位于约旦南部，《圣经》中偶尔以西拉（Sela）的名称提到，希伯来语的意思是岩石。阿拉伯人称之为"瓦迪穆萨"（Wadi Musa），意思是"摩西谷"（Valley of Moses）。原住民赋予这座城市的名称无法考证。当然，"佩特拉"只不过是表示岩石的希腊词语。

虽然已经知道这里在铁器时代就有人居住，但它的重要地位与公元前4世纪下半叶被纳巴泰人占领有关。

纳巴泰人原是来自阿拉伯半岛的游牧民族，后来定居下来，最终凭借贸易变得富庶，发展成为地位稳固的君主国。他们的要塞坐落在该地区一处岩石山坡上。公元前312年，他们抵制了安条克一世的征服企图，巩固了独立地位，为一个光辉灿烂的时期奠定了基础。

佩特拉处在三道陡峭山谷的中点，作为一座山城发展起来，逐渐成为附近部落聚集在一起开会和抵御外敌的地方。出于安全原因，它被指定为该地区的首府。由于它隐在群山之中，只有若干易守难攻的

172右上 纳巴泰雕刻师把裸露的岩石雕成各种各样的形状，造诣精深。这些细致入微的植物图案是此地发现的复杂的装饰设计的组成部分

172右下 穿过卡兹尼神殿的门槛，游客进入凉爽的前厅，这是一个长14米、进深5米的房间。它通向大厅和两间小室

173 卡兹尼神殿这座华美的墓葬神庙保存极好，可能是国王亚里达四世（King Aretas IV）在公元前85年到前84年建造的

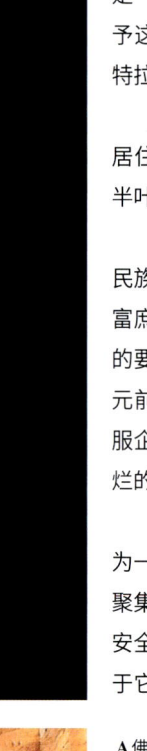

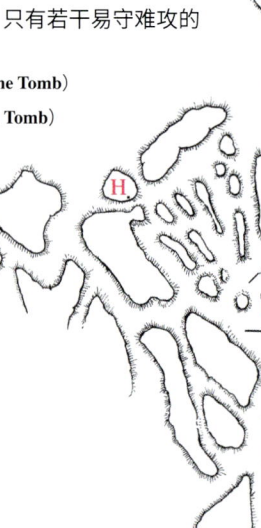

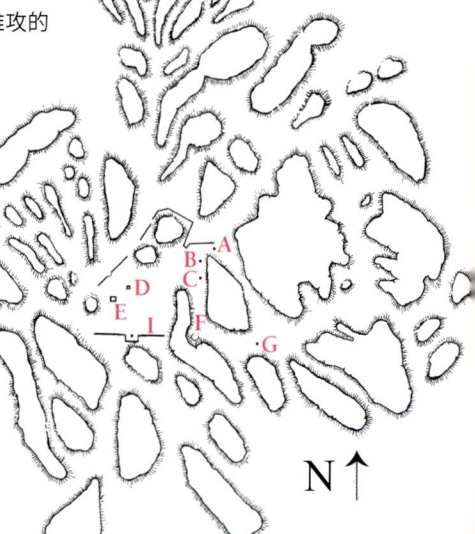

A 佛罗伦萨墓（Florentine Tomb）
B 柯林斯墓（Corinthian Tomb）
C 瓮墓（Tomb of the Urn）
D 罗马凯旋门
E 神庙
F 剧场
G 卡兹尼神殿
H 代尔修道院
I 墙壁遗迹

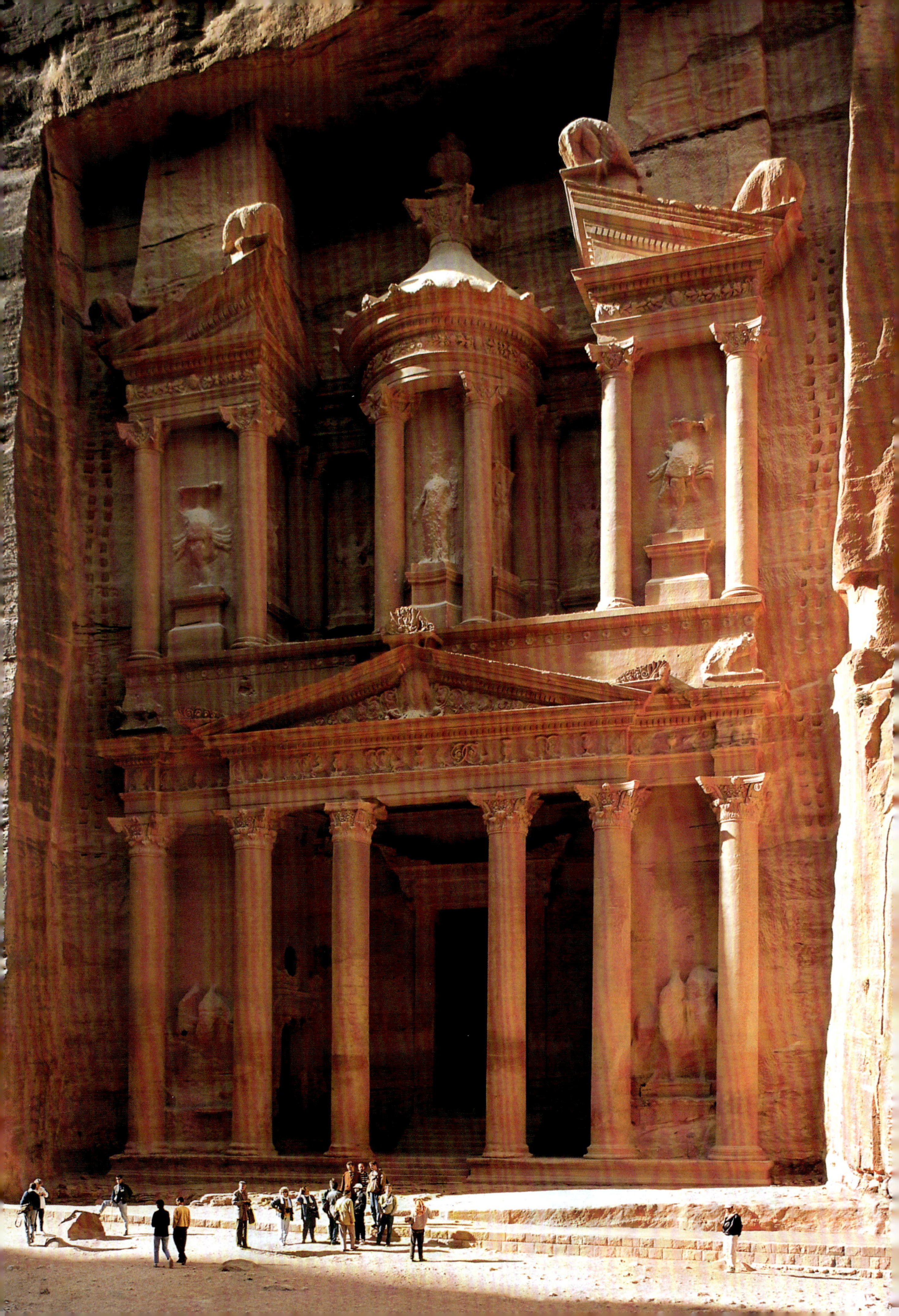

174左上 尖顶是典型的纳巴泰坟墓的标记，"方尖碑墓"得名于此

174右上 "狮子墓"（Tomb of the Lions）的名称来源于雕刻在门的一侧的狮子形象

174中 一般认为"瓮墓"开凿于公元70年，它是佩特拉一座精巧美丽的建筑。表面处理体现出一流的品质，外立面是从天然岩壁的表面向内开凿而成

174—175 "宫殿墓"（中）和"科林斯墓"（右）是纳巴泰人建筑技术的重要范例

出入口，所以它是避难和重整队伍的理想地点。它与红海的联系使它与阿拉伯和美索不达米亚建立贸易关系成为可能，而穿过内盖夫到达加沙的路线让它不仅能够通往地中海，还能够通往叙利亚的港口。

由于与主要贸易路线的持续连接，佩特拉日益繁荣，希腊的影响十分显著，这种影响在公元1世纪纳巴泰统治者于悬崖绝壁上开凿的纪念碑中尤其明显。佩特拉在登峰造极的时期大概有3万到4万居民，其中大部分参与贸易活动。

公元106年，图拉真统治下罗马人的占领和阿拉伯行省的建立延缓了这座城市的发展，但它并未陷入停滞。直到另外几个主要的贸易中心尤其是杰拉什（Gerasa）和帕尔米拉变得日益重要，公元3世纪首都迁到巴士拉（Basra），佩特拉才失去重要地位。

此后数百年间，它作为一个主教辖区依然举足轻重。戴克里先重组帝国时，它成为巴勒斯坦行省（Palestina Taertia）的省会。随着阿拉伯人对该地区的征服，它陷入衰败，尽管十字军短暂地兴建防御工事，守卫过这座城市。13世纪以后，它终于被西方彻底抛弃和遗忘，直到1812年瑞士探险家约翰·路德维希·伯克哈特让它重见天日。

然而，由于当地贝都因部落的阻挠，约翰·路德维希·伯克哈特不能细致地研究

这些废墟。27年后，苏格兰艺术家大卫·罗伯茨（David Roberts）成为首批获准在佩特拉扎营并研究其建筑的西方人之一。他也是最早为这处遗址绘制详尽的图文资料的人之一。

罗伯茨天赋超群，被认为是当代优秀的艺术家和一流的风景画家。他几度游历欧洲，都运用了绘画技巧，1838年前往埃及时继续磨炼技艺。第

175下 这座剧场建于公元1世纪，可容纳6000多名观众

二年早些时候,他探访了西奈半岛、巴勒斯坦、耶路撒冷、黎巴嫩和巴勒贝克(Baalbek)海岸。

他在这次旅程中所画的素描被制成石版画,于1842至1849年在伦敦出版,这些画至今仍具有价值。除了描绘亲眼所见,罗伯茨还在日记中写下了他在旅行途中的印象和实用的信息,他的描述在今天的游客看来不啻一场令人难以置信的冒险。

罗伯茨于1839年3月6日到达佩特拉,在当地向导的斡旋下(当然他支付了一笔可观的贿赂),他获准在当时一个好勇斗狠的阿拉伯部落的地盘停留五天。他看到的景象令人啧啧称奇。佩特拉建在一块地势低洼的地方,自东向西约1.6千米,自北向南0.8千米,位于两边的悬崖绝壁下。一道通常干涸的河床穿过幽深的峡谷,与它的支流一道形成一块遍布岩石的洼地,城市就建在这块洼地上。这条河虽然经常干涸,偶尔却会洪水泛滥,城市的部分区域被洪水冲走了。山谷两侧峭壁陡立,一些地方悬崖高达270多米,纳巴泰人就在岩壁上开凿陵墓和房屋。它们被比作美轮美奂、宽广壮阔的舞台布景。在环绕这个地区的悬崖顶部,有几处礼拜场所和小堡垒,俯瞰出入城市的通道。

如今是瓦迪穆萨河床的地方,过去是佩特拉的主街。道路全部都是铺装路面,以一处浴池遗址为起点,浴池曾是神庙的组成部分。再往前走,平台上有三处集市场所。集市的摊位沿街排列,还有高大的科林斯神庙、剧场、罗马拱门和几层楼高的体育场。剧场对面的岩壁上开凿有多座瑰丽精美的建筑。剧场本身令人称奇,它可以容纳6000多人,完全在岩石上开凿而成。

罗伯茨激动万分,写道:"我继续为这座非凡的城市感到惊讶和折服……每块岩架甚至悬崖顶部都有人居住。山谷中散布着神庙、公共建筑、凯旋门和桥梁。它们的建筑风格迥异于我所见过的其他建筑,在许多地方我们可以看到埃及、罗马和希腊风格的奇特组合。小溪仍然流经这座城市。灌木丛郁郁葱葱,野花漫山遍野。岩壁的每道裂缝都生长着草木,空气中弥漫着馥郁芳香的气息。"营帐一扎好,罗伯茨就决定去参观佩特拉最著名的古迹卡兹尼神殿。为了领会这处古迹对游客的莫大冲击,我们必须记住,进入这座城市仅有的便利通道是从东边沿着小溪狭窄的河床穿行,两边是悬崖峭壁,中间是狭窄的溪谷,有些地方峡谷的宽度只有2.7米左右。这条名为西克(Siq)的通道长约8千米。

176左上 佩特拉早期的岩石墓主要开凿于公元前2世纪,通常正面高大,顶部有台阶式雉堞,体现了埃及和亚述的影响

176左下 这一类陵墓的绝佳典范——"丝绸墓"(Tomb of Silk)也叫"彩虹墓"(Rainbow Tomb),因其细砂岩外立面呈现深浅不一、五彩斑斓的色调而得名

177上 铭文写道，"阿内修墓"（Tomb of Aneishu）属于女王舒奎拉特二世（Queen Shuquailat II）的一位大臣，他生活在公元1世纪。这座陵墓庄严肃穆，包含精巧的纳巴泰建筑特征，比如这两个典型的柱头

在古代，人们从裸露的岩石中开凿了两条水道，溪水沿着水道流淌，汇入城市的高架渠。

峡谷本身永远遮天蔽日，岩石的形状证明它们是数百年间风沙和流水侵蚀的结果。在夏季雷雨交加的时节，溪水突然暴涨。在一些地方，峡谷豁然开朗，露出商队可能停驻过的地方。走到半道，西克峡谷突然改变方向，卡兹尼神殿赫然显现，这座在岩石上开凿的墓葬神庙迥然不同于世界上的其他古迹。西克峡谷的阴沉昏暗与古迹明艳美丽的粉红色外立面之间的鲜明对比是佩特拉的一个亮点。外立面本身呈对称的形式，比例刚劲和谐。

眼前这一幕让罗伯茨喜出望外，他写道："……我不知道让我惊叹不已的是这座建筑的外观还是它让人眼前一亮

176—177 这幅雄浑壮阔的"门面街区"（Road of Façades）鸟瞰图显示这些岩石墓在高低不等的平台上分列主街两侧，产生震撼人心的效果。它们最初由台阶相互连通

178上 这些岩石墓内部通常是开阔的空荡荡的房间，只设壁龛，壁龛内存放尸体。其中许多房间既宽敞又干净，过去贝都因人居住在里面

的方位。它完完整整地从山崖上一处巨大的壁龛中显现出来，岩石浅淡的色调与保存好的纤巧秀美的细节给人的印象是，这项工作是前不久刚刚完成的。"外立面高约41米，宽23米，分为两层。

下面一层设有带山墙的柱廊，6根科林斯柱高11米。外侧两对柱子中间立着两组硕大的高浮雕骏马，随着岁月流逝已经严重毁损。门廊上方的雕带描绘一系列相向而立的狮鹫，山墙中央则刻着一只展翅的雄鹰，以涡卷装饰收尾。在框缘的角落里是两只狮子。二楼分为三部分。中间部分是一座圆形建筑（tholos），外观好像一座微缩的圆形神庙。它是典型的当地建筑，配有圆锥形屋顶，顶部立着一只瓮。

这座建筑的阿拉伯语名称得名于这座圆形建筑，意思是"宝藏"。

贝都因人相信里面埋藏着数不清的金银财宝，他们用步枪向它开火，企图把它打开，找到里面的宝藏。圆形建筑两侧是两堵半山墙，每堵半山墙都由四根柱子支撑。壁龛内立着女性人物的浮雕，也遭到了侵蚀。最后，四只巨大的雄鹰分据两端保持平衡。

这座建筑物的内部是一个入口宽敞的大

178—179 "罗马士兵墓"（Tomb of the Roman Soldier）之所以得名，是因为装饰外立面的壁龛浅浮雕描绘着罗马军团

179上和中 佩特拉的岩石结构经常造成妙不可言的结果，建造者巧妙地利用砂岩的天然纹路达到了特殊的缤纷多彩的效果

179下 "阿内修墓"附近的岩壁上有许多建筑开凿于佩特拉发展过程中最古老的时期。它们都具有简单、光滑的外立面，顶部为台阶式雉堞。有时会设一扇以壁柱为框架的门

厅，它经由八级台阶通向中央大厅。中央大厅是一个边长约11米的巨大立方体，三面都设有小壁龛。这处古迹内部不设祭坛，房间如此布局，而且坐落在狭窄的峡谷中，峡谷不利于举行宗教仪式，于是近年来有学者认为，卡兹尼是一座纪念碑式陵墓，而不是人们曾经以为的神庙。

关于这些沿着峡谷排列的建筑曾经的真正用途，多年来学者们一直存在争议。根据细致挖掘和认真研究，现在认为，其中许多建筑似乎是住宅，通常为一个柱廊大厅，边上设壁龛，中间抬高的区域可能用来进餐。其中一些房屋装饰着藤叶壁画和花卉图案。

佩特拉各处的建筑风格不一，差别很大，各自体现了不同的历史时期和文化影响的特点。

这座纳巴泰城市早期的岩壁古迹具有平滑、简单的外立面，只设一排或两排雉堞，底部设一道也许用壁柱作框架的门。这类陵墓最早的例子可以追溯到公元前3世纪，是纳巴泰人对当时整个叙利亚附近使用的风格加以改动后的典型式样。接下来的两个世纪发展形成了更加复杂的模型，初始模型使用饰带、框缘和突出的圆柱，体现了希腊的强

180 这座建筑物名叫"代尔"(el Deir),意思是"修道院",是佩特拉一处令人印象深刻的名胜古迹。它单独矗立在一座山崖顶部,远离这座玫瑰红城市的中心。神庙正面的尺寸很不寻常。神庙深深地嵌在大块岩石中间,以便在前面开辟一块宽敞的平地。它宽约**49**米,高**39**米

烈影响。

与此同时发展出一种特殊类型的柱头,叫作纳巴泰式,使用纯粹装饰性结构元素的情形越来越多。但是,当地艺术在远离地中海盆地的沙漠地区发展起来,具有守旧的性质,意味着某些在某种程度上早已过时的本地元素在装饰中保留了下来,比如玫瑰花结和相向而立的纹章动物。公元1世纪下半叶,一种新型的外立面出现,并且在此后数十年间进一步发展。此时,基本的建筑风格伴以气势磅礴的装饰,这种装饰是受到罗马的影响发展形成的。岩石外立面变得尺寸巨大,一排排柱子相互重叠,以模仿神庙和戏剧舞台的幕布。所谓的"宫殿墓"(Tomb of the Palace)和邻近的"科林斯墓"与卡兹尼类似,但是在山墙

幽深的峡谷,小路很快变成了陡峭的上行坡道,爬到300多米的高度,最终到达了如今可能是这座纳巴泰城市游客最少的古迹之一,尽管它是最雄伟、最有趣的古迹之一。

这处古迹完全从裸露的岩壁上开凿而成。神庙的外立面高45米,宽37米。它的装饰与卡兹尼类似,但不那么精致。

下面一层排列着柱子,8根壁柱构成框架,外侧壁柱内的壁龛上方是拱形,中间的壁柱内是一扇带山墙的门。入口通向一个宽敞的方形房间,房间的底壁曾经设有祭坛,现在几乎完全毁损。上面一层的外立面包含中间一座圆形建筑和分成两部分的山墙,角落里立着两根柱子。一道多立克雕带在整个立面延伸。

峭壁平台上的景色让罗伯茨兴奋异

180—181 在这幅壮美的图片中,"代尔"的上半部分从环绕这座岩石城市的崇山峻岭间翩然浮现,几乎像一幅超现实的风景画。面对如此景象,人们很容易理解佩特拉在古代享有的非凡声誉。这座建筑进一步发展了纳巴泰人引进的希腊艺术传统。它的直线与曲线错落交替,张弛有度,几乎是巴洛克风格的前身

和圆形建筑之间设有一个较矮的中间层,它们都属于这个大繁荣时期。

名为"代尔"的著名建筑,阿拉伯语的意思是"修道院",属于希腊罗马时期。从某种意义上说,它的风格丰满富丽,几乎可以称为巴洛克式。1839年3月8日上午,罗伯茨在一小群武装人员的陪同下来到这里。

他沿着一条崎岖的小路走进了一道

常,站在平台上,古尔(El Ghor)山谷的风光一览无余。"从这里望去,"他写道,"风景美不胜收,可以把整道山谷直至赫尔山(Mount Hor)尽收眼底。一种传统说法是,山顶上的亚伦墓(Aaron Tomb)是它的王冠,整道峡谷在令人头晕眼花的悬崖峭壁间蜿蜒曲折,进进出出。这座古城和它的侧枝斜杈,在峡谷两侧散落分布。"

尽管满怀热情，罗伯茨在佩特拉的逗留也有倒霉的一面，烦扰肯定是些须末小事：一些盘子失窃；第五天，掠夺者盗走几支步枪和子弹以及其他货物。

鉴于这种情况，罗伯茨除了离开别无选择，当地部落被认为相当危险，实际上也确实如此。

181下 "代尔"的圆形建筑高9米多，从光秃秃的岩石中显现出来，似乎宣告人类的天才战胜了大自然的原材料。这座神庙建于公元1世纪，最初献给封神的国王奥博达斯一世（King Obodas I），在拜占庭时期成为基督徒礼拜的场所，"修道院"由此得名

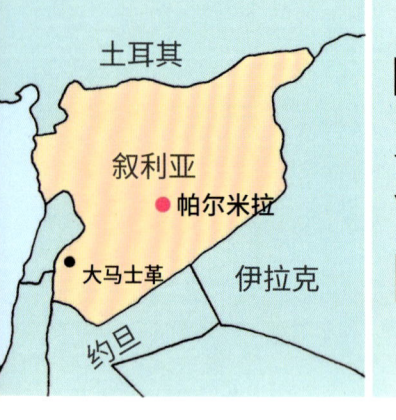

帕尔米拉：芝诺比娅女王的骄傲

A 戴克里先运动场　　F 剧场
B 大柱廊　　　　　　G 纪念碑式拱门
C 集市　　　　　　　H 贝尔神庙
D 四塔门　　　　　　I 纪念碑式陵墓
E 巴尔夏明神庙

182上和下　帕尔米拉的艺术是从西方的希腊、罗马引进的具象世界与当地风格的独特结合。图中这只混合式柱头和精美的墓葬浮雕来自主干道的一根柱子，它制作于公元2世纪最后几年，我们可以从中清楚地看到这种结合

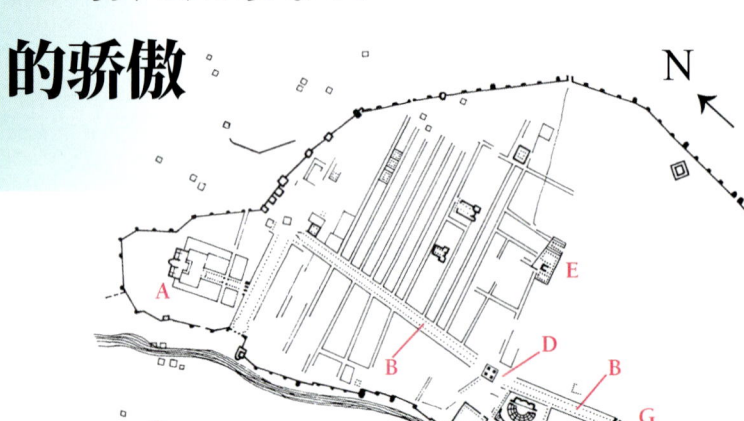

历史倾向于偏爱男性而不是女性，伟大的女性在编年史中寥若晨星，但这并不意味着在漫长的历史长河中不曾出现过雄才大略的女性人物。例如，哈特谢普苏特女王不仅以法老的权力和威仪统治埃及，扩建了卡纳克神殿，下令兴建了代尔-巴哈里的葬祭庙，还对遥远的国度发起大规模的贸易远征，极大地拓展了她那个时代的地理学知识。

芝诺比娅也许名气稍逊，重要性却不遑多让。她的生平与帕尔米拉这座城市息息相关。她统治过这座城市，并且把它带到了令人眼花缭乱的辉煌巅峰。帕尔米拉，位于今叙利亚境内，凭借壮观而保存良好的古迹，成为中东地区一处举世闻名的考古遗址。这座古城建在地中海和幼发拉底河之间的沙漠绿洲上，远离其他淡水来源。1996年，一系列仔细挖掘证明，这里自新石器时代起就有人居住，当时挖掘出一座5000多年前的村庄遗址。由于供水充足，该地区具有重要的战略意义。在巴比伦语中，它叫作"泰德穆尔"（Tadmuru），《旧约》提到一座名叫"塔德莫"（Tadmor）的城市的建立，所罗门称之为"塔达莫拉"（Thadamora），人们一度相信二者之间存在联系。不过，《圣经》中几乎肯定地提到，犹地亚有一处地方叫"塔玛尔"（Tamar）。考古学中可以找到许多例子，证明研究书面资料的意义可能没有当初设想的那么大，这是其中一例。

这个定居点最古老的确切的历史记载是在一块用楔形文字书写的亚述泥板上发现的，时间是公元前21世纪早期。同样确定的是，公元前11世纪统治亚述的一位君主提格拉特帕拉沙尔一

182—183 帕尔米拉市中心的主轴是著名的柱廊街，它自西北向东南延伸，主要建于公元2世纪。这条长长的道路由三段笔直的道路组成，带有不寻常的三角形拱门。这条路在交叉路口设有三个出入口（左）和一个四塔门，图片中央可以看到四塔门。四塔门是一座方形纪念碑，可以从四座塔的中间穿过，通常建在两条路的交叉路口。它们最初在希腊化时期建在东部繁华的商队城镇，后来在整个罗马帝国变得司空见惯

183下 帕尔米拉的布局从第一帝国时期以降经历了大刀阔斧的重整，塞维鲁时期在芝诺比娅统治下呈现如今的外观，当时兴建了第二段大柱廊，如这幅西向图所示。沿着这条路排列着纳布（Nabu）神庙、大剧场和芝诺比娅宫。近年的发掘工作发现，芝诺比娅宫位于后来的戴克里先浴场建筑群下方。柱子上可以看到硕大的搁架，上面可能安放过这座城市的达官显贵的雕像，这是当地建筑的典型特征

世（Tiglatpileser I）的编年史中提到了泰德穆尔。

可惜，如果我们想要了解更多，就必须等待一千年后用希腊语或拉丁语写成的古典资料的出现，这座城市最终以"帕尔米拉"、即"椰枣林"的名称露面。因此，漫长的岁月如白驹过隙，没有产生书面文件，我们对这座城市的发展情况仅有的了解来自考古发现。但是，我们确切地知道，从公元前11世纪起，帕尔米拉就是亚述商队的重要中心，由于它地处"丝绸之路"要害，位于地中海盆地与肥沃的幼发拉底河谷之间，它的财富不断增长。因为亚历山大大帝实行扩张政策，这座城市受到希腊的影响，却能够保持一定程度的独立并继续繁荣昌盛。简而言之，帕尔米拉优越的地理位置使它成为东西方之间一座理想的中途站，但也把它放在了波斯帝国与日益强大的罗马帝国之间缓冲区的角色上。帕尔米拉与罗马的关系总是摇摆不定。

公元前41年，在内战期间，安东尼允许洗劫这座富裕的城市，尽管当地居民能够携带一些财物逃到幼发拉底河的另一边。另一方面，奥古斯都授予帕尔米拉摆脱叙利亚省的自治权，这保障了它相对于帕提亚人的中立地位。

商队从阿拉伯半岛甚至更远的地方把贵重商品运输到地中海的市场，这座城市向商队征税，又恢复了兴旺发达。但是在公元**114年**左右，与罗马的外交关系进一步发生变化，图拉真率军占领帕尔米拉，把它用作他成功抗击帕提亚帝国的战略基地。他的继任者、文雅博学的哈德良再次恢复了这座城市的特权。哈德良在公元**129年**巡视之后，该市获得了财政自治权和哈德良那（Hadriana）的名称。

由于罗马人对东方奢侈品的持续需求，穿越叙利亚的商队运输达到了相当繁盛的程度。所谓的"帕尔米拉关税税则"（**Tariff of Palmyra**）——一块希腊和帕尔米拉双语石碑——可以追溯到公元**137年**，现藏于圣彼得堡的艾尔米塔什博物馆（**Hermitage Mu-**

seum）。它让我们对川流不息的商队在正常情况下运载的商品数量有所了解。商队从阿拉伯运来熏香和没药，从印度运来香精、染料、宝石、棉花等，从中国运来丝绸和珍贵的兽皮。

在相反的方向，小亚细亚出口彩色羊毛、金银和紫色染料，而彩色玻璃和葡萄酒则从腓尼基抵达。一切交流都如常进行。罗马人是精明强干的商人和涉足广远的旅行家，他们远赴桑给巴尔（Zanzibar）和撒马尔罕，在阿富汗的贝格拉姆（Begram）做生意，沿着恒河到达中国的黄河两岸和印度南端。连同香料、上等织物、贵重金属和艺术品，他们也把丰富多彩、门类繁多的思想

184—185 帕尔米拉考古遗址是当今叙利亚面积最大、最壮观的废墟群。它辉煌的古迹反映了这个中心从公元1世纪到3世纪的繁荣，源于它几乎是幼发拉底河盆地与地中海之间的商队路线上一个必经的停靠站。这条大柱廊公路是帝国时代所有大城市所通用的，是希腊和罗马艺术影响的典型表现。然而，在这里，它的风格有些不寻常。它小心地避免单调，拱门隔开连续的柱子，成为穿过主要道路的交叉点的标志。一个独特的三角形拱门（图中所示为一些妙趣横生的细节）标志着路线方向的变化。看到这些不朽的遗迹时，很容易想象这座城市出现在沙漠里让人眼前一亮的景象：街道宽阔，石柱林立，许多重要建筑镶嵌华丽的大理石，镀金的青铜屋顶闪闪发光

186上 帕尔米拉的建筑成功地把西方的建筑方法与一种特立独行的感觉结合在一起。例如这里的贝尔神庙，它的布局与古典神庙截然不同，宽敞的内部庭院以柱廊为边界，柱子顶部却是科林斯式柱头

186中 这幅贝尔神庙内部圣殿的图片突出了它与其他建筑的一些明显的区别，比如设有窗户（左起第二根柱子后面）和安在檐口上的叙利亚风格的雉堞

观念带回罗马帝国的城市，这些思想观念反过来对遥远的人民和文化造成影响。例如，在庞贝古城发现了印度生育女神拉克希米（Lakshmi）的小雕像，中国、印度和阿拉伯南部的考古探险则出土了印有罗马皇帝头像的玻璃、青铜器物和钱币。

帕尔米拉在塞普蒂米乌斯·塞维鲁（**193—211**）统治时期达到了经济实力等各个方面辉煌的巅峰，部分原因是塞维

186下 大集市建于公元2世纪下半叶，呈现典型的罗马-东方风格，最初四面环绕列柱。这个集市是帕尔米拉居民举行集会和举办集市的场所

186—187 在这幅贝尔神庙的鸟瞰图中，我们可以清楚地看到一个在东方宗教艺术中广泛使用的概念。注意神庙坐落在一座宽敞的庭院的中心，由柱廊沿着整个外围把它封闭起来

鲁这位出生在大莱波蒂斯的罗马皇帝本人对叙利亚抱有浓厚的兴趣。事实上，他的妻子尤利亚·多姆娜（Julia Domna）是埃梅萨（Emesa）大祭司的女儿。公元217年，在卡拉卡拉的统治下，这座城市成为帝国的殖民地，不过仍旧能够继续开展贸易活动，这使它成为同时代一座相对殷实富足的城市。

城市应用了一个高度复杂的灌溉系统，使周围的大片土地得以耕种。同时，当初基于部落体系的社会组织转变成一种类似于希腊殖民地的模式，帕尔米拉形成了某种贵族共和制，高门大户的成员及商人团体的代表掌握权力。公元3世纪，波斯的新统治者萨珊王朝日渐构成威胁，对罗马敌意的增加给这座城市的经济造成严重的冲击，同时也提升了它的政治和军事威望，骑在单峰骆驼身上的弓箭手箭无虚发，尤其让它军威大振。正是出于这个原因，当萨珊王朝的君主沙普尔一世（Shahpur I）于公元259年在埃德萨（Edessa）战役中大败瓦莱里安（Valerian）皇帝时，奥德奈苏斯王子（Prince Odenatus）领导下的帕尔米拉军队才能够稳定局势。为了表示感激，伽利埃努斯（Gallienus）皇帝于公元261年授予帕尔米拉独立地位。这座城市的影响很快扩展到叙利亚、巴勒斯坦、美索不达米亚和亚美尼亚的部分地区，奥德奈苏斯则充任东方的国王，他同时宣布支持罗马人。公元267年，他在宫殿起义后去世，他的遗孀芝诺比娅对罗马表现出强烈的敌意。她以年幼的儿子瓦巴拉图斯

（Vaballatus）的名义担任摄政王，开始实行强有力的扩张政策。

由于手下的扎布达斯将军（General Zabdas）勇敢无畏，芝诺比娅夺取了埃及、安纳托利亚和其他邻近土地，她彪悍独立的性格在征服过程中留下了印记。她还给儿子冠以恺撒·奥古斯都统帅（Imperator Caesar Augustus）的头衔，由此让他与罗马皇帝奥勒良分庭抗礼，后者显然不能容忍这种傲慢。芝诺比娅的军队在埃米萨战役中惨败，不得不放弃所有要求，匆忙撤退。

可是，战场上的胜利对奥勒良来说还不够，他进一步发起报复行动。公元272年，帕尔米拉遭遇兵燹之祸，陷入水深火热之中，骄傲的女王沦为阶下囚。作为罗马皇帝胜利的象征，芝诺比娅被带到罗马，关押在靠近这座"永恒之城"（Eternal City）的一栋别墅里直至死亡。持续的敌对行动严重阻挠了贸易往来，帕尔米拉迅速陷入衰退。在戴克里先和查士丁尼王国时期，帕尔米拉有过一段短暂的复兴，在公元528年重修了城墙。但这只是一种回光返照。帕尔米拉在公元634年或公元638年被阿拉伯人征服，最终在公元8世纪中叶的内乱时期被焚毁，夷为平地。由于帕尔米拉处在东西方之间的特殊位置，加之人口来源复杂多样，它在数百年间璀璨夺目，结合阿拉米、闪米特、希腊，最后还有罗马的影响，创造出许多新颖独特的艺术和文化形式。建筑领域反映了这种混合，尤其是供奉贝尔的恢宏神庙和巴尔夏明神庙，这两座建筑都设有内部圣坛，从窗户透进光亮，这在受到罗马影响的地区极不寻常。帕尔米拉还有一条宽阔的柱廊大道，这条主街把城市一分为二，其他各式各样的道路呈直角向外延伸。贝尔是源自巴比伦的至高无上的神，与朱庇特类似。贝尔神庙按照传统的叙利亚平面图建于公元2世纪，它坐落在一个巨大的柱廊庭院的中央，穿过科林斯式柱廊前殿可以进入庭院。它显然受到了

希腊-罗马风格的影响。神庙的装饰和并非源自古典时期的结构设计方案都非常典雅，它们包括把入口设在一条长边上，给檐口添加三角形图案，把屋顶设计成四角各设一座角楼的露台形状。巴尔夏明神庙建于哈德良时代的公元132年，是一座科林斯式四柱柱廊建筑物，矗立在一系列复杂的庭院中央。它也同样体现了广泛多样的文化影响。虽然这座建筑装饰着爱奥尼亚和科林斯式柱头，神庙总体上却似乎更接近东方的模式。

建于公元1世纪和公元2世纪之间的纳布神庙也是这种情况，纳布是当地另一尊神。然而，帕尔米拉最壮观的纪念碑式特征

188 帕尔米拉规模最大、保存最好的古迹之一——巴尔夏明神庙建于公元132年哈德良统治时期，是一个更古老的纪念碑式建筑群的点睛之笔。这处圣地由一系列庭院组成，神庙坐落在庭院中央，如图所示。这座建筑物的外立面有四根科林斯式圆柱，未设圣坛。在这里，正面的柱子上也设有搁架，可能安放过诸神的雕像

189 贝尔神庙建于公元前32年，公元2世纪和3世纪呈现最终的形状，它矗立在一座边长200多米的广场中央。从图中可以看到，入口设在建筑物的长边，而非更常见的短边上。另一个特殊之处是周围柱廊的柱头，柱头可能是科林斯式，虽然没有残存的痕迹能够证明这一点。每个柱头都是由两个半块镀金的青铜块组成，用金属榫头固定在柱子上

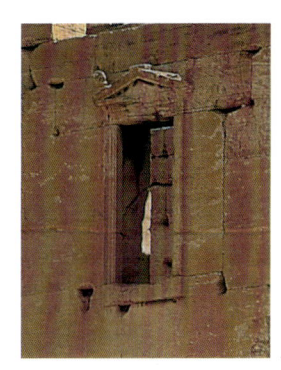

是两条宽阔的柱廊大道。第一条名叫横柱廊（Transverse Portico），自东北向西南延伸，建于第一帝国时期；大柱廊（Great Colonnade）自西北向东南延伸，主要建于公元2世纪。大道只有约1.6千米长，大道两边耸立着带有柱上楣构的科林斯式柱。

大约在半道上，列柱被一座明显受到希腊风格影响的高大塔架隔开。东端伫立着一座罗马风格的凯旋门，平面图为不寻常的三角形。这两条柱廊大道最有趣的细节是在柱子中段设置的搁架，它们可能是用来安放当地权贵雕像的基座，这是对古典艺术模型加以改动的另一个典型的当地元素。另一方面，剧场具有典型的罗马风格，今天仍然处于相对良好的状态。戴克里先浴场建在芝诺比娅宫的地基上。所谓的戴克里先运动场于公元3世纪最后十年在横柱廊附近兴建，供保卫帝国东部边境的军团居住。在同一区域，城墙外是西墓场，西墓场体现了多种多样的建筑方法。外形酷似房屋的坟墓、经常高达三四层的塔楼、装饰有壁画和雕塑的地下墓室等，让这片墓场十分显眼。现藏于本地博物馆的大部分雕塑，以及藏于大马士革和卢浮宫的帕尔米拉古代艺术品都是在这里出土的。从正面呈现的形象和略显僵化的造型是本地风格与从希腊和罗马世界引入的古典风格别出心裁地结合在一起的例子。

190—191 坐落在大柱廊中间区域的大剧场属于典型的罗马风格。这座宏伟的建筑建于公元2世纪上半叶，前面一部分今天仍可看到

191上 这座雄浑的科林斯六柱神庙矗立在所谓的戴克里先运动场上。它用来供奉女神阿拉特（Allat），建于公元3世纪末，供当地的驻军使用

191下 帕尔米拉的四塔门（四柱）正面，目前的外观是对柱子本身加以仔细分析的结果。这类古迹在叙利亚地区很典型，在其他地方会呈现为四个拱形门洞

巴比伦：幼发拉底河上的超级大都市

192上 伊什塔尔是巴比伦主要的宫殿堡垒，通往伊什塔尔门的路上立着一些雕像，其中一些非常古老，它们基本上都是战利品

192下 保护巴比伦城的城墙有6米厚

192—193 巴比伦由一道约16千米长的外墙保护，它包围着一块几乎空无一人的区域，里面有一道约8千米长的双层内墙四面环绕。这幅图显示这个内部防御结构的一部分，它保护着这个都会建筑群

1 西城
2 东城
3 北城堡

A 伊莎拉神庙（Temple of Ishara）[1]
B 献给马尔杜克的埃萨吉拉神庙
C 献给马尔杜克的埃特曼安吉塔庙（Etemenanki）
D 伊什塔尔·阿卡德神庙（Temple of Ishtar Agade）
E 南宫
F 宁玛赫神庙（Temple of Ninmah）
G 北宫

[1] 伊莎拉（Ishara），蝎子女神，源自叙利亚北部，与爱、生育和痊愈等有关，常被等同为伊什塔尔。

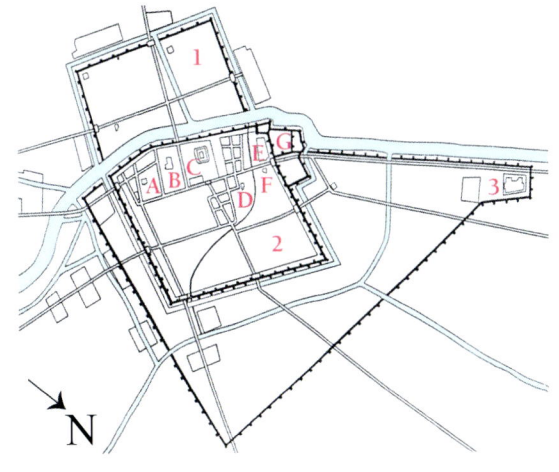

193上 这面砖墙上最初的浮雕描绘的是头上长角的龙，即马尔杜克神（Marduk）的象征。马尔杜克是巴比伦的保护神，被认为是原始混沌的征服者、宇宙和人类的创造者，并且负责为大自然带来秩序

巴比伦，这个名称的意思是"上帝之门"，是马尔杜克神崇拜的中心。当乌尔主宰整个美索不达米亚中南部地区时（前2112—前2004），巴比伦是具有一定重要性的行政首都。18世纪在阿摩利（Amorite）国王汉谟拉比（前1792—1750）统治下，巴比伦成为美索不达米亚南部精神和世俗的首都。毫无疑问，巴比伦第一王朝的第五任国王汉谟拉比是它最负盛名的统治者。他建立了一个包括美索不达米亚南部在内的重要帝国，疆域范围与过去一直归乌尔管辖的领土重叠。20世纪初在苏萨出土了一块闪长岩石板，上面刻着一部法典，表明汉谟拉比统一国家的行动是天才之举。一幅浅浮雕描绘汉谟拉比国王从正义的守护神沙玛什（Shamash）手中接过权杖。这块石板想必曾经竖立在西帕尔（Sippar）供奉沙玛什的神庙里或巴比伦本地，公元前1200年前后被埃兰（Elam）国王舒特鲁克·纳胡恩特（Shutruknakhunte）作为战利品运到苏萨。汉谟拉比颁布的法典并不是最古老的，苏美尔人比他早三百年创立过另一部法典。但这部法典的完整性和宽广度使其成为还原巴比伦社会的主要参考资料。

在这座城市的遗址上始终不曾发现汉谟拉比统治巴比伦时期的雕像。唯一已知的雕像是埃兰人打败加喜特（Kassites）王朝后带到苏萨的，加喜特王朝的国王们吸收了巴比伦文化。要评估巴比伦第一王朝在市镇规划和建筑领域的成就同样困难，因为这一时期的巴比伦遥不可及，掩埋在日后数

193中 这块陶土浮雕现藏于巴黎的卢浮宫，年代为公元前2000年初，刻画了一幅优雅自然的女性纺织图

193下 巴比伦的内墙有八个入口，其中最著名的是伊什塔尔门（Gate of Ishtar）。大门的砖墙上装饰着象征马尔杜克神的龙和象征风暴之神阿达德（Adad）的公牛的形象

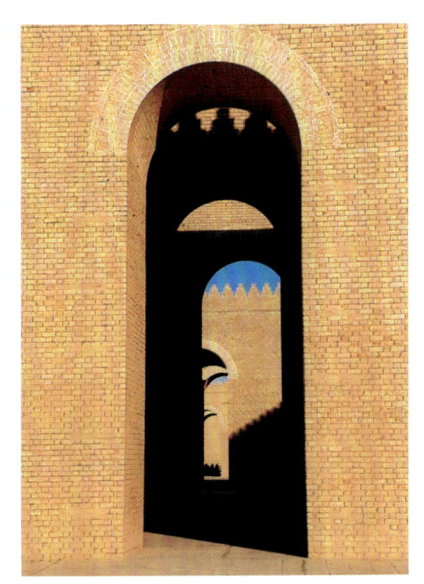

194上 这幅图为美里什帕克国王（King Melishihu）界碑的局部，描绘这位统治者把女儿献给神的场景。这类石碑雕刻着神的象征，在巴比伦特别是加喜特时期用来标记土地的边界

次重建的城市遗址下方。公元前12世纪末，巴比伦人在尼布甲尼撒（Nebuchadnezzar）的带领下赶跑埃兰人，摧毁他们的首都苏萨，夺回了被掳去的巴比伦君王的雕像。

公元前1000年，这座城市落入亚述人手中，但叛乱绵延不绝，公元前7世纪这座城市两次被亚述人摧毁。公元前625年，总督那波帕拉萨尔（Nabopolassar）宣布巴比伦城独立，自立为王，接着与米堤亚[1]（Media）结盟，在公元前612年击败亚述，摧毁其首都尼尼微。他的儿子尼布甲尼撒二世攻陷了亚述抵抗活动最后的前哨阵地，在位期间（前

---
1 米堤亚，又译米底。

604—前562）大兴土木，密集营建。留存至今的这座城市的遗迹，就是这个重建时期的产物。由建筑师罗伯特·科尔德威（Robert Koldewey）率领的德国考古学家对巴比伦进行探索，是19世纪末（1899年）才发生的事情。他连续工作18年，直到1917年才系统地让这座城市东部区域的古迹重见天日，显著增加了我们对它的建筑和市政规划技术的了解。这座城市沿着幼发拉底河两岸延伸，但是最重要的建筑都在东岸。一道长约16千米的外墙包围着一块几乎杳无人迹的土地，在战争时期可能被用作农民的避难所。

这条外围防线在北边由一座要塞加固，要塞保护着国王的宫殿，今天仍

高达21米多。一道8千米长的双层内墙四面环绕，保卫着城市本身，两边的运河被用作护城河。

内墙设有八道门，每道门都由不同神灵护佑，最著名的是献给战神伊什塔尔的那道门。

这是一道两重门，穿过两面墙，两侧是向前凸出的塔楼，墙上的门向内开放，用作守卫的岗哨。

正门用釉面砖装饰着象征马尔杜克神的龙，以及与风暴之神阿达德相关的公牛。这道门只残留了地基，重建后高达14米。现场出土了一个从釉面砖基底上剥落的形象。

巡游大道装饰着釉面砖和象征伊什塔尔神的狮子形象。大道穿过伊什塔尔门，沿着保护宫殿的双层墙直达这座城市的心脏。在这里，它连接埃萨吉拉（Hexagila，这个词的意思是"高屋顶的神庙"或"马尔杜克神庙"）与城墙外的新年神庙。每年春天在新年神庙里举行为期12天的标志新年伊始的庆典活动。

幼发拉底河护卫着尼布甲尼撒的宫殿，宫殿一侧建有规模浩大的防御工事，另外几侧高墙屹立，提供保护。宫殿设有五座庭院，通往南侧的国务厅。主庭院通向宽敞的王座室，王座室的墙上贴着蓝色和黄色的釉面砖，柱子和柱头用涡卷装饰，柱头上方为椰枣树。狄奥多罗斯·西库路斯（Diodorus Siculus）笔下的世界七大奇迹之一——著名的空中花园可能位于宫殿的西北角（在巴比伦文献中没有找到），平行的走廊上方装有圆形屋顶。

这条路从宫殿继续通往巴比伦宗教中首屈一指的马尔杜克神气势磅礴的神庙。神庙是一座堡垒，地面布局图为方形，中央塔楼内耸立着这尊神的雕像，游行时要抬着神像。神庙旁边一墙之隔就是久负盛名的塔庙，即巴别塔。

巴别塔是一座高度超过91米的高塔，用裸砖建造，外砌烧结砖。数百年间，建造巴别塔的材料一再遭到掠夺，今天只剩下巨大的方形底座。曾几何时，它耸立在城市上空，顶部建有神庙，根据希罗多德的一段文字，由国王和高级女祭司模仿男女天神举行神圣的婚礼，是新年庆典活动的组成部分。

194—195 献给战争女神的伊什塔尔门，在柏林的佩加蒙博物馆（Pergamon Museum）重建时使用了在现场找到的釉面砖。一段铭文讲述了热情洋溢的建设者、国王尼布甲尼撒二世所开展的工作。伊什塔尔门上镌刻道："……我开挖了这道门的基底，用焦油和蓝色釉面砖加固了河面下的地基，砖块刻画野牛和龙……我把无所畏惧的公牛和狂怒咆哮的龙布置在入口处。"

195左 穿过伊什塔尔门的巡游大道墙壁上装饰着釉面砖，描绘象征战争女神伊什塔尔的狮子

195下 汉谟拉比法典，现藏于卢浮宫，描绘这位国王从正义之神沙玛什手里接过权杖

195右 这块界碑（kudurru）用石灰石制成，属于马尔杜克·扎基尔·舒米（King Marduk Zakir Shumi）国王统治时期

乌尔：在美索不达米亚的门槛上

196上 乌尔王陵出土了各种各样珍贵的金属物品和家具，表明乌尔人卓越的文化水平和巧夺天工的手工技艺。图中所示为一把镀金匕首，刀柄装饰精美，镀金刀鞘的镂刻细致考究

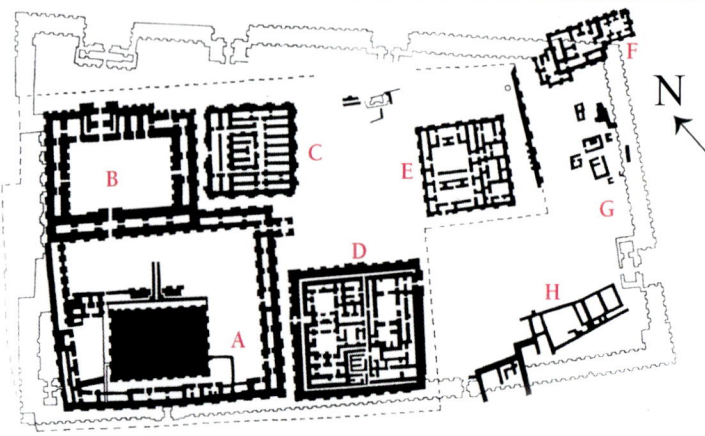

A 塔庙
B 月神庙
C 丰饶之家（El-Nunmah）
D 宁迦尔圣器殿（Sacristy of Ningal）
E 山脉之家（El-Hursag）
F 陵墓
G 王陵
H 尼明塔巴神庙（Temple of Nimin-Tabba）

196—197 乌尔塔庙（Ziggurat of Ur），由国王乌尔纳姆开工兴建，由他的儿子舒尔吉（Shulgi）竣工，是月亮神南纳（Nanna）神庙的组成部分，原来可能高三层。如今只有金字塔底层或称为庙塔基本完成修复，依然可见

197 这顶头盔由金银合金制成。它出土于王陵中麦斯卡拉姆杜格国王的陵墓，此外那里还出土了兵器和珠宝等奇异华美的宝藏。请特别注意头盔上呈现的公元前2500年前后的金属板上精致的压花和凿刻技术

乌尔遗址，今穆盖伊尔（Tell el-Mukayar），即"沥青山"（Hill of Tar）位于广袤的沙漠平原上，距离幼发拉底河约10千米，距离波斯湾超过10千米。这座城市建立于公元前4500至前4000年名为乌拜德（Ubaid）时期的遥远古代，《圣经》中提到它是亚伯拉罕部落的土地。它最初是一个井然有序的村庄，几乎完全致力于农业和畜牧养殖。公元前3000年初，即原王朝时期（proto-dynastic age），美索不达米亚南部散布着包括乌尔在内的一些城邦，主要为苏美尔文化，王朝与强大的神祇争夺对该地区的主导权。在这些都会中心，考古文物表明了高品质的工艺进步，还有长途贸易带来物资供应，包括来自黎巴嫩的木材，来自阿曼山的金属银，来自巴达赫尚（Badakhshan，即今阿富汗）的青金石。乌尔王陵出土了大量珍贵的家具，体现了贵重材料的便利获取和精湛的工艺水平，让这个时期的下美索不达米亚在技术应用方面超越了同时代的其他民族。同时，行政文件提供了关于手工业的组织、技术流程、材料和物品的术语等最早的细节，证实了神职人员和王室对贸易的掌控。农业由开凿大运河予以扶持，大运河使灌溉底格里斯河和幼发拉底河之间的大片土地成为可能，并且为运输货物开辟了航道。大约在公元前2300年，闪米特国王萨尔贡（Sargon）在北部建立阿卡德（Akkad），征服了从波斯湾远到厄布拉斯（Eblus）的土地。这个帝国在两个世纪后崩溃，第三王朝（前2112—前2004）在伟大的国王们领导下接管了乌尔，主导了两河流域这块土地。在公元前3000至前2000年，乌尔是月神南纳重要的崇拜中心，多位巴比伦国王先后动工修复这座城市的神庙，以示对月神特别的敬意。这座城市可能在公元前4世纪由于河流改道而被遗弃。到19世纪中叶，只有宏伟的乌尔塔庙的废墟在沙漠里露出峥嵘。这时候，英国驻巴士拉领事J. E. 泰勒（J.E. Tailor）在该地区开展了若干次调研，在这里发现了几块铭文，这处遗址由此被认定为"迦勒底的吾珥"（Ur of the Chaldeans），亚伯拉罕的土地。1922年，大英博物馆和宾夕法尼亚大学联合组织探险活动，由L. 伍利（L. Woolley）率领，之后12年

里，他在现场得到了其他国际知名的考古学家和碑文研究者的协助，包括 M. E. I. 马洛万（M.E.I. Mallowan）、C. J. 加德（C. J. Gadd）和 L. 勒格兰（L. Legrain）等。最轰动的发现无疑是1927年找到了乌尔王陵（前3000），挖掘工作一直持续到1931年。挨着这块神圣区域的墓葬区包含超过2000多座长方形坑道内的平民墓和17位权贵的坟墓，后者由砖石墓室组成。许多坟墓在古代曾经遭遇盗抢，但无论如何，留存下来的文物令人惊奇。

最著名的是阿巴尔吉（Arbaji）和蒲阿比王后（Queen Puabi）的陵墓，人称"死亡之穴"（Great Trench of Death），因为墓中至少包含74具遗体，还有麦斯卡拉姆杜格国王（King Meskalamdug）的陵墓。出土的随葬物品琳琅满目，包括黄金船、珠宝、成百上千件青金石制成品、牛头竖琴、镀金兵器，以及麦斯卡拉姆杜格的刻着浮雕的头盔和匕首。匕首刀刃镀金，刀柄镶嵌青金石。竟然还出土了一块用贝壳和红色石灰石制成的镶嵌饰板，宝石镶嵌在用沥青黏合的青金石背景板中。这块镶嵌饰板一面描绘了战争场景，另一面描绘了宴会场景。

这场宴会可能是庆祝胜利的组成部分。携带贡品的人畜也是这块镶嵌饰板的组成部分。伍利根据这些出土文物和在陵墓中发现的许多殉葬的人畜还原了这些国王的葬礼仪式。死去的统治者在大批达官显贵和孔武之士的陪同下前往阴间，陪葬者与牵引马车的动物一同遭到毒杀，这种做法与埃及同时期的惯例具有可比性。在城市北边，一块围起来的神圣区域内矗立着塔庙和月神南纳的神庙。

它们由第三王朝的国王们兴建，由后来的统治者加以修整。塔庙共三层，最上面伫立着神的圣器殿。它由国王乌尔纳姆在原先一座神庙的旧址上开工兴建，由他的儿子舒尔吉完工。

最下面一层高18米多，可以从三段宽阔的台阶进入，三段台阶在上面汇合。要到达建在塔庙脚下的主庙，女神必须先从天上

198—199和199下　这只长方形木箱可能是一种乐器的共鸣箱，箱子侧面的装饰描绘了国王和宫廷的重大事件，由贝壳和石灰石镶嵌在青金石背景板上，用沥青与木板粘在一起。这些镶嵌饰板应该从下往上解读。上面的饰板描绘战争场景，胜利的国王（上，形象较大）穿过敌人的队伍；另一块饰板叫作"和平面"（panel of peace），描绘战争的战利品和胜利宴会的场景

下凡，到达建在塔顶的供奉她的神庙。塔庙以这种方式强调天与地、神与人之间的联系。南纳神庙的大庭院也是神职人员收集供品的场所，占据了这块神圣区域余下的东北区域。在庭院和神圣区域形成的角落，可能曾是神仙眷侣南纳-宁伽尔的宫阙。这块围起来的区域对面耸立着一座高大的方形建筑，可能是乌尔王宫。公元前1729年，巴比伦国王萨姆苏-伊鲁纳（King Samsu-Iluna）摧毁乌尔后，王宫旁边的住宅区突然被遗弃。房屋一般为两层，建造墙壁时没有使用石头，地基用烧结砖搭建，上面部分使用晒干变硬的裸砖。这些房屋设有中央庭院，房间面向庭院。典型做法是埋葬亡人的墓室设在地下，庭院一角的某种小教堂里供奉各式各样的祭品。

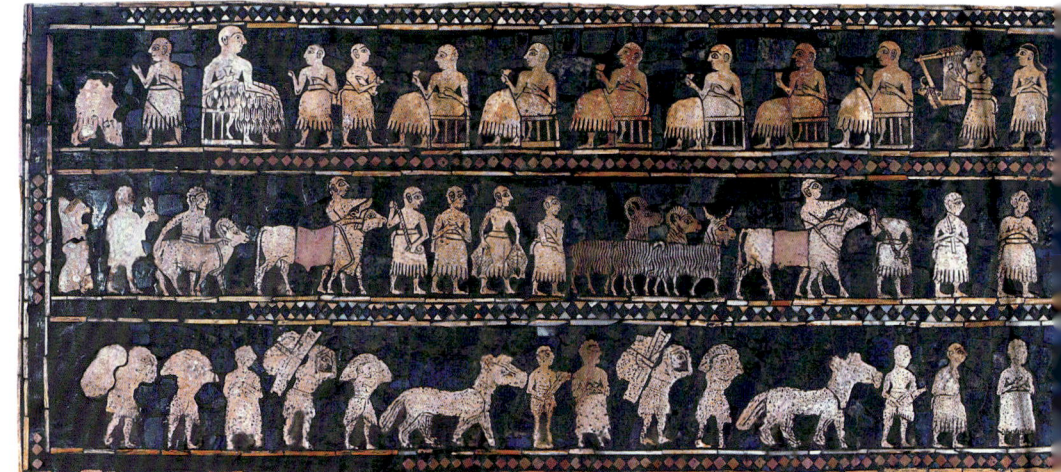

198下　狮头鹰安祖（Anzu），翅膀为天青石，头部和尾部为黄金，是马里（Mari）出土的乌尔宝藏的一部分，年代为公元前2600至前2400年。这只神兽是勇士之神宁吉尔苏（Ningirsu）的化身

199上　这只用黄金和天青石制成的牛头是苏巴德王后（Princess Shub-Ad）的竖琴上的装饰品，出土于乌尔王陵。这种乐器可以追溯到公元前2800至前2700年，表明苏美尔人酷爱音乐

波斯波利斯：波斯帝国的首都

波斯波利斯是阿契美尼德波斯人（Achemenidian Persians）的仪式性首都，由大流士一世在公元前500年前后建立，后来被亚历山大大帝摧毁。它规模宏大的遗迹距离法尔斯省的设拉子（Shiraz）48千米，距离行政首都苏萨480多千米。希腊作家普鲁塔克（Plutarch）证实，这个宏大的宫殿建筑群曾经璀璨夺目，金碧辉煌。他告诉我们，亚历山大不得不组建一支由一万只骡子和五千头骆驼组成的车队，才把他在波斯波利斯夺取的财富带到埃克巴坦纳。

从中世纪起，欧洲旅行家就受到此地吸引。最早的详细描述出自罗马人彼得罗·德拉·瓦勒（Pietro della Valle），他带回了来自波斯波利斯的铭文。从1614年到1626年，他在美索不达米亚游历12年，旅行途中拓印了铭文。17世纪，旧文件又添新内容，丹麦数学家卡斯滕·尼布尔（Carsten Niebuhr）复制并散发了来自波斯波利斯的铭文。1887年，法尔斯总督穆·塔马德·道莱（Mu'tammad al-Daula）在薛西斯一世建造的"百柱厅"（Hall of a Hundred Columns）里进行了数次调研。

1931年，应伊朗政府请求，德国考古学家恩斯特·赫兹菲尔德（Ernst Herzfeld）代表芝加哥东方研究所（Oriental Institute of Chicago）开展了四轮发掘工作的第一轮。我们要感谢他发现了薛西斯一世门廊等，东边这段宽阔的台阶通往觐见大殿[1]。从1935年到1939年，挖掘工作在埃里希·施密特（Erich Schmidt）的指导下继续进行，从1939年起，伊朗考古调查团（Iranian Archaeological Service）先是在法国的伊朗问题专家A.戈达尔（A. Godard）的帮助下，接着在M.T.穆斯塔法维（M.T. Mustafawi）的协助下继续发掘。近年来，由于伊朗国内的政局变化和该地区的战争，挖掘工作放缓。波斯波利斯的纪念碑式遗址显示的迹象表明，其建筑的复杂性与波斯帝国的历史相

---

[1] 觐见大殿（Apadana），音译为阿帕达纳。

200左 从公元前6世纪到公元前330年，波斯波利斯一直是阿契美尼德帝国的都城，直到公元前330年被亚历山大大帝付之一炬。皇宫是城中仅存的建筑，高大的石门由圆柱和框架组成。墙壁用砖头砌成，砖头比石头易于损坏，因此墙壁几乎荡然无存

200右下 这只华丽的镀金角状杯现藏于德黑兰的考古博物馆，反映了阿契美尼德艺术所达到的高度精湛的造诣。翼狮是波斯王朝的一种纹章动物

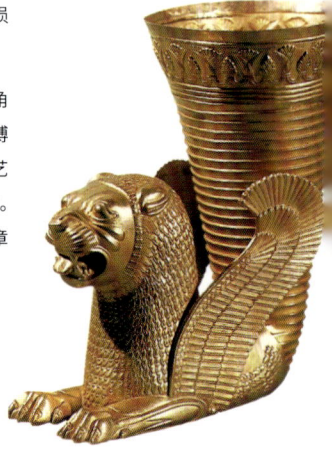

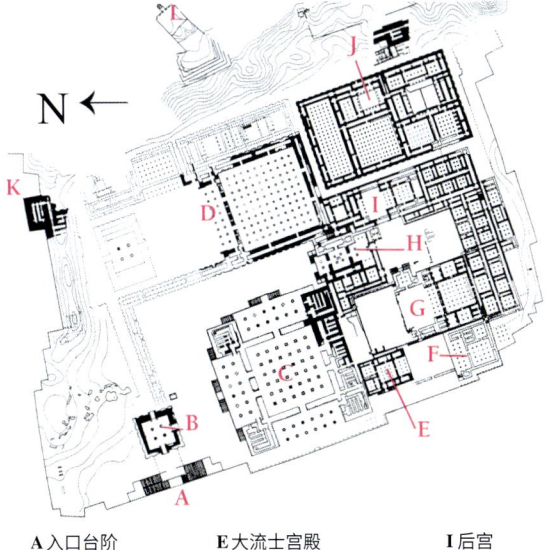

200—201 波斯波利斯严格地遵照大流士设计的平面图兴建，他安排了这项建筑工程的每个部分。他的继任者薛西斯和阿尔塔薛西斯一世遵循了他的布局规划。从上往下看，抬高的宽阔平台上的建筑全部按照它们在重要的新年仪式中的作用加以建造和装饰

201右下 狮鹫是在波斯波利斯频繁出现的神兽。皇家建筑师为雄伟的宫殿制作了装饰有这种神兽的头的柱头

A 入口台阶
B 薛西斯一世门廊
C 觐见大殿
D 百柱厅
E 大流士宫殿
F 阿尔塔薛西斯四世宫殿
G 薛西斯寝宫
H 三宫门
I 后宫
J 宝库
K 设防城墙的一部分
L 阿尔塔薛西斯二世墓

关。这个帝国的形成是居鲁士二世的功绩。波斯人在安善地区（Anshan）取代了埃兰人。安善即古代的帕提亚，今天名叫法尔斯（Fars）。一个属于阿契美尼德王朝的家族以安善国王（部落首领塞斯佩斯[Theispes]在公元前670年前后当政）的头衔统治了好几个世代，塞斯佩斯与米堤亚王室相关并隶属于米堤亚王室。

公元前546年，居鲁士二世自称为米堤亚人和波斯人的国王，控制了克洛伊索斯的王国吕底亚，接着又征服了小亚细亚的希腊各城。最后，在公元前539年，他打败巴比伦，由此不仅接管了美索不达米亚，还接管了叙利亚和巴勒斯坦的全部领土。继任者把居鲁士的征服进一步拓展。公元前525年，他的儿子冈比西斯（Cambises）吞并了埃及和塞浦路斯。

大流士一世（前521—前485）属于阿契美尼德的另一个分支，经过居鲁士离世后的权力斗争，他继续并完成了帝国的扩张，但他把精力首先放在了加强建筑上。波斯帝国

202上 通常认为，波斯波利斯是前伊斯兰时期近东的主要艺术中心。然而，这种看法在很大程度上是我们的现代美学观念使然。皇宫林林总总的纪念碑式结构的装饰特征主要是为了给观者带来视觉冲击，营造一种雄伟壮丽的感觉，艺术重要性居于次要地位。官方的阿契美尼德艺术没有显现出希腊或罗马典型的关于高雅品位的理论迹象

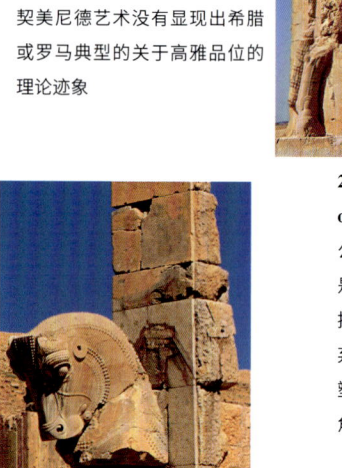

202左中 图中所示为万国门（Door of the Nations）两侧的一尊巨大的公牛雕像。设计这两尊巨大的雕像是为了保护宫殿免受邪恶势力的毁损。有趣的是，阿契美尼德艺术舍弃了通常正式而又僵化的地基，在塑造动物形象时转向更为写实的视角

202下和202—203 进入皇宫的平台要经过万国门，这是一座由薛西斯兴建的宏伟建筑，由一个宽敞的四方形大厅组成，天花板由四根柱子支撑，柱子上方装有精致的兽首柱头。通往西、东、南三个方向的大门装饰着硕大的公牛雕像，有些为人首牛身，取自传统的亚述形象。每道门横梁上方的"咽喉"都呈现典型的埃及风格。这种混合表明波斯建筑把大量不同的影响融为了一体

继续使用古代的帝国理念，即资源在内部流通，伦理和政治服务向外部输出。阿契美尼德和波斯波利斯的宫殿就是最显而易见的例子。它们使用的材料来自已知的世界各地，是来自帝国各省的工匠通力合作的结果。每个群体都为建设这座都城做出了最大的贡献，都城被视为世界的中心。在相反的方向上，安全、尊重法律、与神灵世界达成一致和文明，从这个中心点向外传播到全世界。大流士一世选择古代埃兰人的大都市苏萨作为帝国的行政首都，因为它不仅拥有巩固的行政结构，还处在伊朗和闪米特世界的交会处，伊朗、亚美尼亚、安纳托利亚高地、叙利亚和美索不达米亚低地在此交会。

这些世界曾经势如水火，如今却共处于一个单一的政治实体内。另外，为反映帝国荣耀，大流士一世选择了安善—马平川的马夫达沙特（**Marv Dasht**）作为新首都所在地，拉赫马特山（**Kuh-I Rahmat**）的峭壁在旁边屹立，但他未能亲眼看到自己发起的工程大功告成。儿子薛西斯继续父亲未竟的

204—205 觐见大殿供获得恩准的波斯和米堤亚领主作为听众聆听"王中之王"训导之用。宽敞的大厅经由两道纪念碑式台阶抵达，台阶上装饰着描绘狮子与牛搏斗的浅浮雕

204左上和左下 戈特弗里德·冯·赫尔德（Gottfried von Herder）1780年描写了覆盖觐见大殿台阶的长排浮雕，游行队伍表明，朝贡者"构成了波斯帝国境内各地区的统计图，生动地再现了各省及其人民"。此外，这些画面也具有宝贵的文献价值，它们以令人难以置信的细节展示了服饰、发型、饰品、兵器、交通方式和帝国内普遍使用的日常用品

事业，孙子阿尔塔薛西斯（Arthaxerxes）再接再厉。可是，波斯波利斯的建筑群从未竣工。公元前330年，一场冲天大火无可挽回地摧毁了这座城市，大火由亚历山大大帝的军队引发，是意外还是人为纵火不得而知。波斯帝国当时由20个省或州组成，代表们前来波斯波利斯迎接玛兹达教的新年，这是阿胡拉·玛兹达和先知琐罗亚斯德（Prophet Zarathustra）[1]的宗教，新年对应春分。这时

---

[1] 先知琐罗亚斯德（Prophet Zarathustra，前628年—前551），又名查拉图斯特拉，意为"拥有骆驼者"，是琐罗亚斯德教创始人。琐罗亚斯德教在汉语中又称拜火教或袄教。

候，他们都会给国王带来贡品和祭品。属国的使团像19世纪的旅行家一样，骑马来到波斯波利斯。简·迪厄拉富瓦（Jeanne Dieulafoy）1884年在巴黎出版了《波斯、迦勒底和苏西亚纳》（*La Perse, la Chaldée, la Susiane*）。波斯波利斯如他所述："台阶坡度很低，很容易骑着马上下，而且很宽，可供

205上 通往觐见大殿的这两段纪念碑式台阶上装饰着浅浮雕，描绘来自臣服于波斯国王的25个国家的使团向君主进贡礼物。苏萨人送来兵器和狮子，亚美尼亚人送来金属花瓶和马匹，吕底亚人送来贵重金属和马匹，诸如此类。使团之间用柏树隔开，柏树即波斯的"生命之树"。浮雕最初全都是五颜六色的

205下 波斯波利斯的浮雕设计都是通过人与物的重复来歌颂帝国的伟大。如图所示，它们描绘外国使团、仆役、英雄、卫兵和军官

10个人并排行走。"

骑马人在一座开阔的平台下方停住脚步，平台上矗立着纪念碑式建筑物。这个457米×274米的巨大平台用仔细切割成方块的石灰石砌成。它超出地面的高度从18米到8米不等。一段宽阔的台阶由两条与支撑墙平行的分流坡道组成，坡道通往上层，径直来到万国门正前方。万国门由薛西斯一世兴建，东西两侧由神兽守卫，神兽生着翅膀，为人首牛身，人首留着胡子，头戴国王的皇冠，体现出亚述人的强烈影响。每尊神兽上都刻有楔形铭文，薛西斯说："阿胡拉·玛兹达是伟大的神。他创造了天空，创造了大地，创造了人类。他造福人间。他立薛西斯为唯一的王，凌驾于芸芸众生之上……由我兴建的这道门上……可以看到众邦万国，如同我父兴建的许多其他纪念建筑一样，我们蒙阿胡拉·玛兹达的恩典竖立这道雄伟的大门和全部恢宏的建筑物……愿阿胡拉·玛兹达保佑我们！"波斯和米堤亚贵族到达这个纪念碑式入口，再向南折转，前往觐见大

205

殿，这座大殿专为聆听国王训导的官方听众而建。宫殿由大流士开工，由薛西斯完成。中央大厅的平面图呈方形，边长70多米，36根柱子中只有3根屹立至今。柱子高近21米，排成6行支撑着屋顶。

我们可以从残留的柱子看到，每根柱子上都安有双头的牛、狮子或狮鹫（巴比伦人和埃兰人象征平衡的神兽）形状的柱头。柱子上方是用黎巴嫩雪松建造的结构，人们把雪松从帝国的僻远边疆运到法尔斯。

这间大厅三面向门廊敞开，门廊由六根排成行的柱子组成。第四面通向相邻的房间，还有一段台阶通向上层露台。觐见大殿可以从东西侧两段宽阔的台阶进入，台阶上全部覆盖着浅浮雕，描绘一长列波斯、米堤亚和苏萨的达官显贵，在步兵、骑兵和弓箭手陪同下行进在游行队伍中。新年之际，他们携带贡品从帝国的四面八方赶来，向国王致敬。游行队伍中的每个少数民族都跟在一位米堤亚或波斯显贵身后。各民族的族裔特征和服饰被刻画得精准入微，我们能够辨别大多数群体的来源。

206左下 出于功能目的，波斯波利斯显然划分为两个不同的区域。北边是仪式区域，南边是贵族居住的私人宅邸。这两个部分由一座纪念碑式大厅连接，即三宫门，可以认为它是觐见大殿与南边一座小宫殿的衔接点。东门的浮雕描绘大流士坐在宝座上，受到属国拥戴

我们看到埃塞俄比亚人、埃及人、巴比伦人、印度人、利比亚人等，他们彼此之间用"生命之树"——柏树隔开。台阶中央是阿胡拉·玛兹达的形象，这尊神生着翅膀，位于太阳圆盘上方，坡道的角落画着狮子攻击牛的图案。这些浅浮雕表现了波斯波利斯无条件效忠于阿契美尼德国王的权力，全心致力于新年庆祝，这些活动在他的统治之下举行，受到阿胡拉·玛兹达神的保佑。

觐见大殿后面，北边又是由大流士开工、由他的儿子薛西斯竣工的宫殿。露台上有两段台阶，上面装饰着国王卫队的画面。这些卫队叫作"不死军团"，因为每逢有人死去，马上就用另一个人补上。

台阶上还描绘了诸侯们呈献贡品的情节。宫殿由一个中央柱廊大厅组成，大厅前面是16

根柱子的门廊，门廊两侧各设一个较小的房间。贴在墙上的灰色斑岩板被打磨得光可鉴人，以至于这些房间被称为"镜厅"（The Hall of Mirrors）。这间大厅六扇门上的浮雕描绘了各种情形下的国王。可以看到他在仆役的簇拥下大步流星地走路；他与狮子或神兽格斗，象征国王对抗邪恶灵魂的力量。穿过所谓的三宫门（Tripylon），到达开阔的"百柱厅"，它占据了露台的整个东北部分。这座建筑物由薛西斯一世开工，由阿尔塔薛西斯一世（Arthaxerxes I）完工。

它由一间中央大厅组成，约7.43平方米，厅内100根石柱排成10列，如树木林立。大厅前面是2排8根柱的门厅，门厅在亚历山大的军队引起的大火中付之一炬。厅内只留下石柱的柱础，门框大部分得以保存，浅浮雕重复了大流士宫殿的主题，今天仍清晰可见。与奥古斯都同时代的狄奥多罗斯·西库路斯写道，醉酒的亚历山大决定烧毁波斯波利斯的宫殿，仿佛他

206—207和207右上　通向大流士宫殿的台阶位于大露台的南部区域，有一块浮雕描绘仆人把膳食呈送到皇室餐桌的场景。一些学者认为，人物序列表明，这是参加新年庆典的人士离开觐见大殿去出席君主在私人宫邸举行的宴会时所走的路线

207右下　装饰三宫门的两道门南北两侧的高浮雕，描绘"王中之王"身后跟着打伞人和持扇人的场景。仔细研究这些画面，庄重的姿态一再重复，我们可以理解评论家的说法，阿契美尼德艺术其实没有进化。它从未发展出三维概念，也没有偏离侧影肖像的严格限制。然而，一定要记住，宫廷艺术总是基于古老过时的规范，具有一种被认为对于意在流传千古的表达而言绝对必要的严肃性

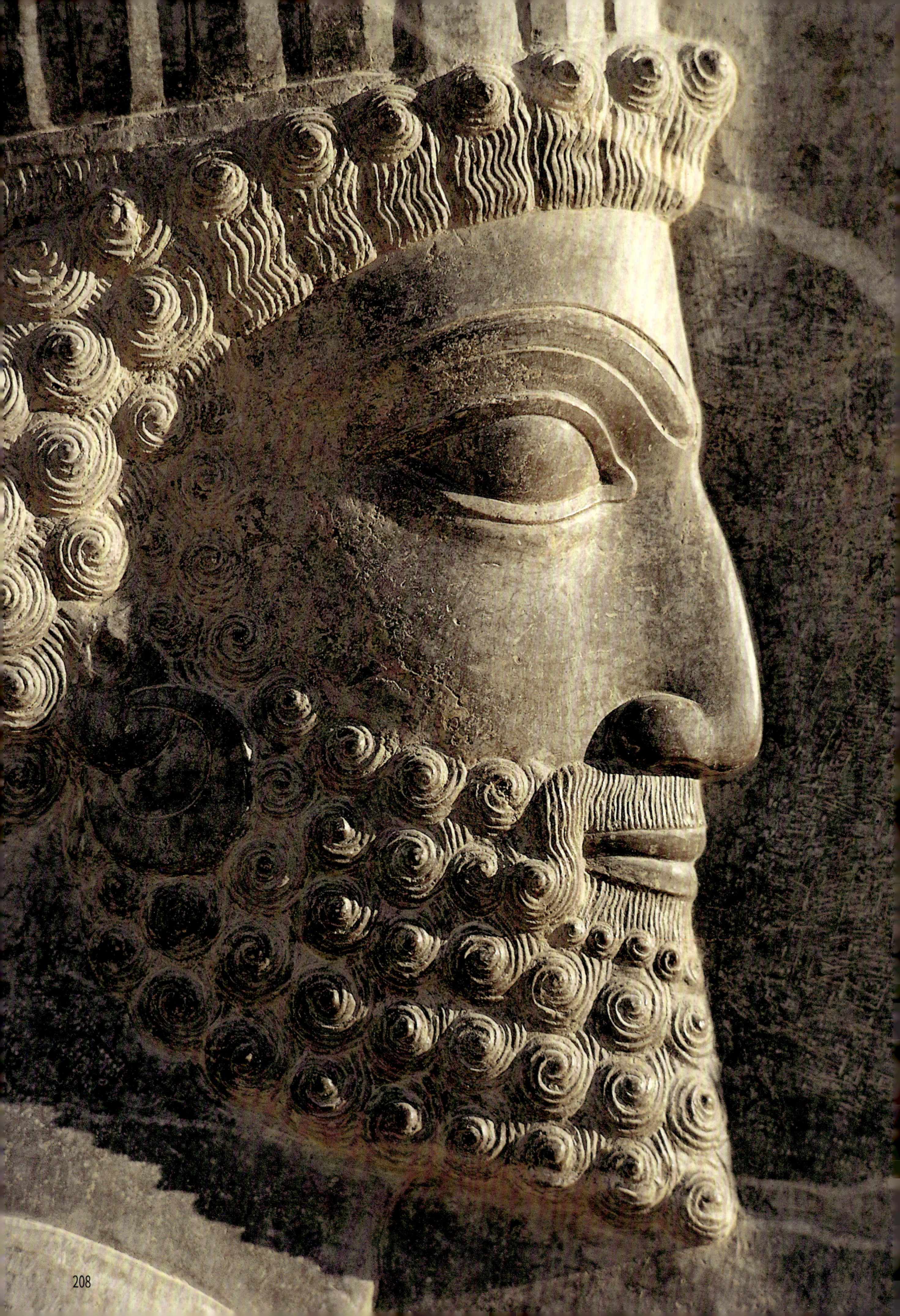

在进行一种仪式，吵闹的乐队挨个穿过每个房间。薛西斯烧毁雅典卫城的亵渎行为由此得到了报复。附近的美索不达米亚、乌拉尔图（Uratu）、埃及和希腊文明对波斯波利斯的石柱、裸砖建筑和雕塑产生了意义深远的影响。阿契美尼德帝国的许多造型从苏美尔、亚述和巴比伦的艺术中汲取灵感，包括相向而立的动物、公牛卫士、军事游行、风格化的柏树等。平台上的纪念碑式建筑群必须体现帝国的中心，象征国王的力量。国王是至高无上的神阿胡拉·玛兹达的媒介和阐释者，这尊神在与代表邪恶的神的斗争中是善的化身。浮雕和图案贯穿整个建筑群，它们具有象征意义的奇妙属性，强调了宗教的重要性。玫瑰花

209右上 这尊涂覆天青石的头像在波斯波利斯出土，可能也在这里制作，可以认为是阿契美尼德宫廷中理想的青春美的象征

209右中 从根本上说，阿契美尼德艺术的目的是充当一种装饰手段。因此，它一遍又一遍地重复，而不考虑变得单调的风险

209右下 虽然人们指责阿契美尼德艺术模仿被征服民族或者诸如埃及、巴比伦和希腊等国家的风格，因此是一种没有根源或停滞不前的艺术，但它依然可能令人惊讶。巧妙而灵动的塑形，细节的轻盈感，沉静的尊严感就是其中的一部分

208 波斯波利斯的肖像几乎没有显出多少写实的痕迹。这些人物形象，如图所示，无论是仆役还是皇家卫士，都具有相同的珠圆眼睛和细长眉毛，相同的卷发和胡须，相同的肃穆表情。它们都是让艺术服务于权力的组成部分，即使代价是使艺术变得浮夸

209左 这块浮雕描绘一名皇家卫士。波斯波利斯的装饰华丽多彩，许多艺术作品的设计和制作纯粹是为了颂扬"王中之王"

结装饰，象征"富饶之源"圣山的台阶式雉堞，表示神圣椰枣树的圆柱，代表神圣林地的百柱厅，在狮子和公牛之间，被认为具有与季节变化有关的黄道带意义，显示了古老的、自然主义的、多神论的传统具有持续的重要性，在巩固的国家宗教中，这种传统以尊崇山脉、牛和生育为基础。

离波斯波利斯不远的纳克什·鲁斯塔姆，坐落着壮观的阿契美尼德皇家陵墓。这四座岩石墓具有十字形外立面，属于大流士一世和（可能）他的三名继任者薛西斯、阿尔塔薛西斯一世和大流士二世。外立面描绘国王们敬拜阿胡拉·玛兹达的真理之火的画面。他们的宝座由臣服于帝国的众多属国的代表们支撑。

210—211 在阿契美尼德的陵墓下方，由阿尔达希尔一世在公元224年建立的萨珊王朝的统治者以巨大的浅浮雕来证明自己的丰功伟绩。选择此处具有高度的象征意义，它强调了波斯帝国权力的延续性

211右上 大流士、薛西斯、阿尔塔薛西斯一世和大流士二世的陵墓位于纳克什·鲁斯塔姆，阿契美尼德王朝最后三位统治者却更愿意安葬在波斯波利斯的平台附近

211右下 在薛西斯墓下方，一块萨珊浮雕描绘了霍尔木兹二世打败敌人的场景

210 距离波斯波利斯约10千米处是纳克什·鲁斯塔姆石山，阿契美尼德王朝四位统治者选择这里作为他们不容靠近的岩石陵墓所在地。每座陵墓都效仿大流士一世，外立面呈十字形，显示为程式化的宫殿，上方刻着硕大的浅浮雕宝座，一如既往受到构成波斯帝国的各民族的使节拥戴。上面，我们看到国王（上，局部）在波斯主神阿胡拉·玛兹达面前。柱廊中间是墓室入口，墓室在岩石上开凿而成

212—213 纳克什·鲁斯塔姆最著名的萨珊浮雕位于大流士一世墓附近,描绘国王沙普尔一世公元244年战胜罗马皇帝"阿拉伯人菲利普"(Philip the Arab),公元260年在埃德萨战役中击败瓦莱里安。右边有一段长长的铭文庆祝国王获得胜利

212下和213下 这幅浮雕描绘萨珊王朝的创立者阿达尔希尔一世的授权仪式。画面左侧为这位国王从骑在马背上的阿胡拉·玛兹达神手中接过皇冠。这些象征在整个3世纪一再出现,经常被国王的继承者用在纳克什·鲁斯塔姆的岩壁上

萨珊王朝的统治者决定在阿契美尼德国王的陵墓下方雕刻一些当时最著名的浮雕，强调他们与古代帝国的纽带。浮雕包括阿尔达希尔的授权仪式（224—240），巴赫拉姆四世（Bahram IV）的征战（388—399），也可能是霍尔木兹二世（Hormuzd II，302—309），还有著名的罗马人投降场景。其中两个人物——可能是瓦莱里安皇帝和"阿拉伯人菲利普"，在沙普尔一世（240—272）的战马前谦卑地鞠躬。

在陵墓和萨珊浮雕下方立着一座塔，俗称"琐罗亚斯德克尔白"（Kaaba-I Zardust），即"琐罗亚斯德立方体"（Cube of Arathustra），这也许是一座专供崇拜帝王的阿契美尼德陵庙。

另外两座在岩石上开凿的皇家陵墓出现在波斯波利斯的平台以东附近，被认为属于阿尔塔薛西斯二世（前405—前361）和阿尔塔薛西斯三世（前361—前338）。

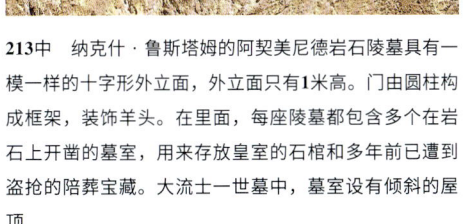

213中 纳克什·鲁斯塔姆的阿契美尼德岩石陵墓具有一模一样的十字形外立面，外立面只有1米高。门由圆柱构成框架，装饰羊头。在里面，每座陵墓都包含多个在岩石上开凿的墓室，用来存放皇室的石棺和多年前已遭到盗抢的陪葬宝藏。大流士一世墓中，墓室设有倾斜的屋顶

213右 在巴赫拉姆二世（276—293）统治时期，萨珊雕塑的品质依然出众，当时所涵盖的主题范围扩大到不仅包括授权仪式和军事胜利。例如，有一幅纪念碑式浅浮雕从正面描绘国王侧着脑袋，在接受宫廷致敬时，两只手放在剑柄上。大流士一世墓下方的另一块浮雕描绘同一位统治者两次在马背上决斗

桑奇：佛国的中心

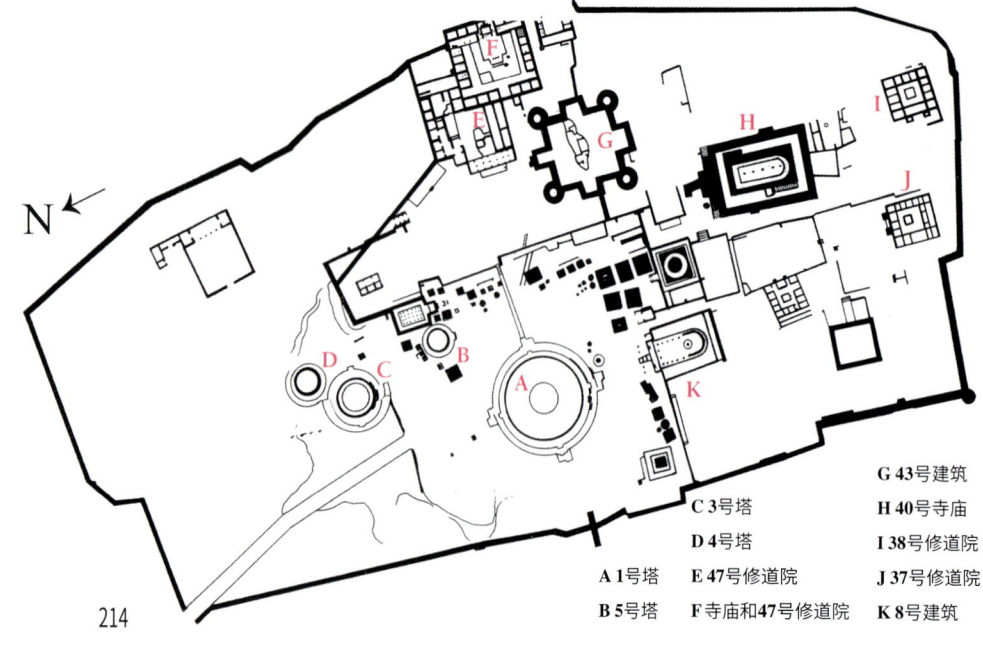

214左 树神药叉女（shalabhanjika）也叫夜叉女（yakshi），她婀娜多姿的形象戏剧性地从主佛塔东门牌坊的横梁上向外伸出。这个精灵象征世间的生殖力和让树木生机勃勃的汁液，以及印度人理想中的女性美，同时以微言奥义暗示导向开悟。这个图案作为横梁之间的元素也以缩小的尺寸一再重复

佛教建筑最显著的代表是佛塔，这是供奉和安置舍利的容器或场所，起源于古代的半圆形坟堆。佛陀火化后，他的舍利被分给了出席葬礼仪式的重要的勇士部落，据说，最早的10座佛塔就是在这些舍利上方建造的。在中央邦（Madhya Pradesh）距离首都博帕尔（Bhopal）约45千米处，有全印度保存最好的佛塔建筑群——桑奇。桑奇位于两条河流的交汇处，坐落在适宜冥想修行的风光秀丽之地，靠近商队途经的繁华

A 1号塔
B 5号塔
C 3号塔
D 4号塔
E 47号修道院
F 寺庙和47号修道院
G 43号建筑
H 40号寺庙
I 38号修道院
J 37号修道院
K 8号建筑

214

的贸易城镇毗底沙（Vidisha）。桑奇建于公元前3世纪佛教徒皇帝阿育王统治时期，它的重要地位持续到13世纪，随着佛教不敌印度教后普遍衰落而江河日下。

　　山上的遗址几乎湮灭无闻，直到1818年被泰勒将军（General Taylor）意外发现。这些建筑仍然完好无损，但该地区很快就遭到业余考古者和寻宝人破坏。1881年，科尔少校（Major Cole）正式启动修复工作，后来由约翰·马歇尔（John Marshall）接续。马歇尔在1912年到1919年间担任考古局（Department of Archaeology）局长。马歇尔给桑奇的50多处古迹编了号码。它们可以分为两组，一组在山顶，另一组稍微靠下，坐落在西坡上。主佛塔目前直径37米，高17米，如果算上塔刹，要再加17米。人们认为主佛塔为阿育王所建，它包含一座用烧结砖和砂浆建成的较小建筑。公元前2世纪，这座建筑物得以扩建，在

215右中　桑奇与佛陀的生平逸事没有关联，但是与摩哂陀（Mahendra）有关，这位历史人物把觉悟者的消息传到了斯里兰卡。他似乎是佛教护法者、阿育王皇帝和黛维皇后（Queen Devi）的儿子，出生在毗底沙一个富有的商人家庭

214—215　桑奇大塔建有四座塔门牌坊，保存最好的是北门。第一道横梁描绘了讲述佛陀前生的故事集《本生经》（Jatakas）中的场景，这位觉悟者（Enlightened One）在这里以乐善好施的维先达腊王子（Prince Vessantara）的形象出现。第二道横梁描绘爱与死亡之神玛拉（Mara）的诱惑，他与佛陀发生冲突，左边的觉悟树象征佛陀。最后一道横梁描绘了《本生经》的另一件逸事，即佛陀呈现为六牙大象的形象

215右上　塔门牌坊的横梁与立柱之间是四个方块和两排骑着马或象的骑手雕像，中间穿插着饰有花卉图案的小柱子。桑奇大塔伫立在古代繁荣的商旅城镇毗底沙附近，因此，骑手装饰图案很可能是对商业贸易世界的颂扬

215右下　桑奇庄严秀美的塔门牌坊陀兰那（torana）是在两根门柱上横架三根门梁而成的。北门和东门的立柱上方由大象支撑，西门由大腹便便的幸运精灵雄性药叉（yaksha）支撑，南门由狮子支撑，如图所示。铭文写道，它们由毗底沙的象牙雕刻师精雕细刻而成，以颂扬佛陀的勇士部落释迦族（Shakya）

外围用产自本地的砂岩块垒砌墙壁,涂覆厚厚的灰泥层,在底部加建平台,构筑了两段入口台阶、栏杆、走廊和舍利宝函形状的诃密伽[1]。

这个结构的底部代表一套确切的宇宙符号。其中,高高的圆形基台(**medhi**)代表尘世,它上方的半球形覆钵(**anda**)代表上天。围着栏杆的方形平台即诃密伽位于这个结构的顶部,表示神话中居于宇宙中心的须弥山。隐而不见的界外、至高真理所在的佛国,用中间的支柱即塔刹表示,佛塔围绕这个中枢旋转,它简洁紧凑,宛如一个三维螺旋。塔刹为三层伞盖的形状,象征佛教的三宝,即佛、法、僧。须弥山是宇宙的中心、世界的肚脐,以佛塔的形式矗立,表示圆满,因此是佛陀本身的象征。佛塔四周是石头围墙即栏楯(**vedika**),它划出了专门用于神圣游行的空间,叫作绕行礼佛(**pradakshina**),这是佛教的一种根本仪式。绕行礼佛时,崇拜对象总是在礼佛者的右边(即顺时针方向绕行)。栏楯向外伸往大地的四极,伸出的实体在华丽的塔门牌坊即陀兰那处终止。塔门建于公元1世纪,上方搭建三道横梁。佛塔的中心安放着舍利宝函,舍利宝函可能曾存放在覆钵中心特设的小室内。塔门设在从中心向外伸展的十字形的四个端点上,强调宇宙的概念,最重要的是,强调佛法的光芒。既然佛塔本身是佛陀化为石头的身体,在这个意义上,十字形表示佛陀的教诲遍及宇宙的四面八方。桑奇的大门上没有出现历史上的佛祖悉达多的造像。

最古老的佛教形式——小乘佛教(**Hinayana**)的追随者把佛陀视为至高无上的觉悟大师,浅浮雕中只能看到用象征物表示的佛陀,每种象征物都以某

---

[1] 诃密伽(harmika),方形平台,又称为平头、宝匣。

216 塔门的柱子描绘佛陀生平的主要事件和他前生的故事。左边的嵌板描绘狩猎场景,狩猎是那个时期贵族最喜欢的消遣。右上方,我们看到佛陀度化了隐士迦叶(Kashyapa)三兄弟,他们的弟子在身后跟从。右下方,一位王子(凭借华盖[皇室的象征]表明身份)让侍女把花环挂在菩提树(ficus religiosa)上,乔达摩·悉达多正是在菩提树下悟道成佛的

217 悟道后,佛陀不确定是否要宣扬使他获得至高真理的教义。他意识到这种无形的体验很难传授给他人。众神亲自出面请他并说服他向芸芸众生指明解脱之道。西门南侧柱子的第二块嵌板提醒人们不要忘记这一叫作启请(adhyeshana)的事件。佛陀在桑奇从未以人形现身,总是用象征物表现。这里用觉悟树象征佛陀,飞天(即飞翔的神仙)环绕在他身边,下方是众神的队列

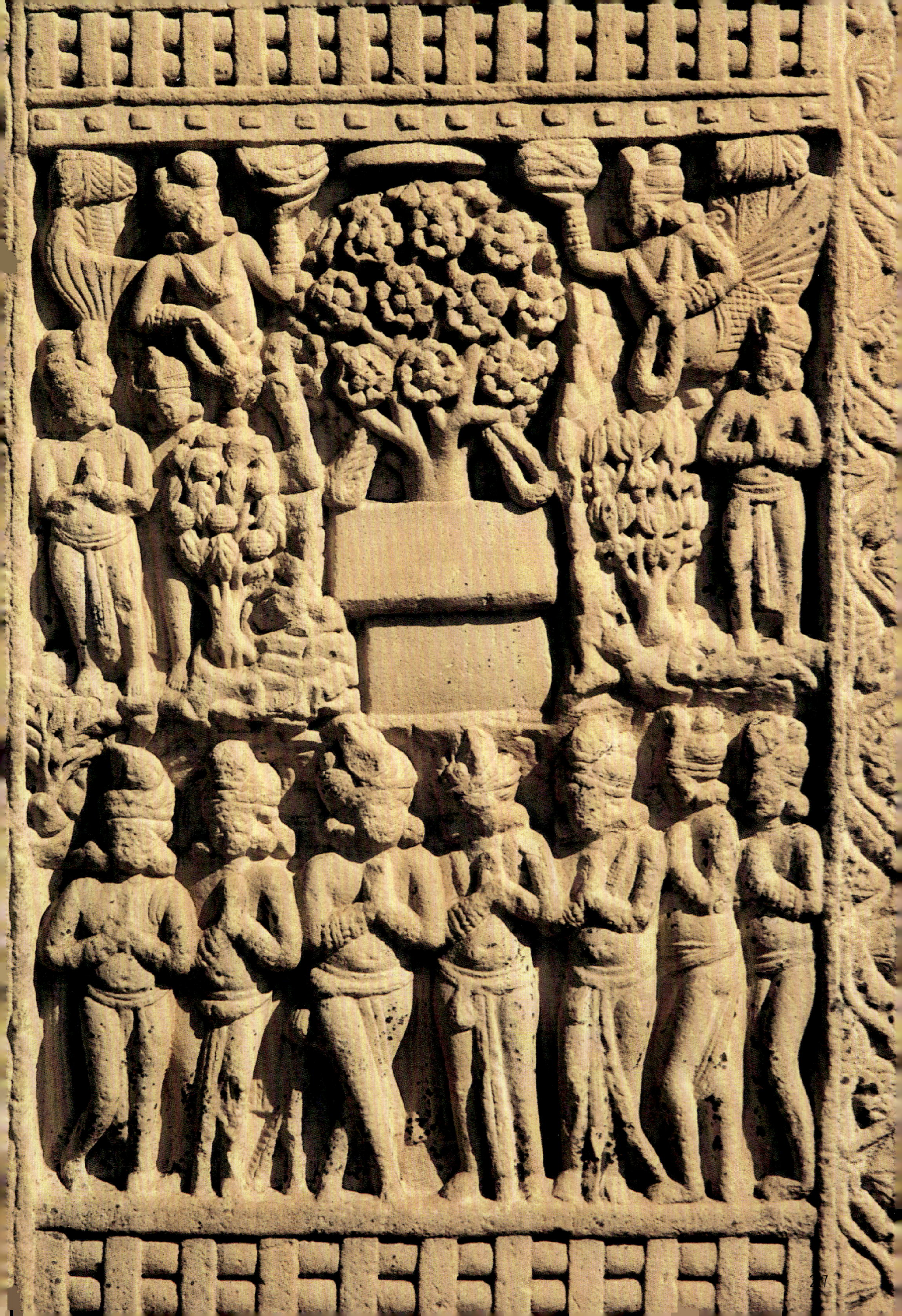

218上 2号塔矗立在山顶下方305米高处的人工平台上，它较古老的部分可能建于公元前2世纪。虽然没有设立塔门牌坊，但栏杆上装饰着纷繁多姿的花卉和动物，十分美丽。舍利室设在西侧而非较为常见的中心位置，里面的砂岩舍利宝函内存放着至少三代佛教高僧的舍利，证实了佛塔用作墓葬圣殿的推论

218中 3号塔建于公元前2世纪，因此与大塔建于同一时代，只设一道塔门。塔门可能由象牙雕刻师和宝石匠等团体在公元1世纪制作，与大塔的塔门很像。虽然作品或许不够典雅，这座佛塔却非常重要，因为这里出土了佛陀两位圣弟子舍利弗（Shariputra）和目犍连（Mangdalyayana）的舍利。舍利保存在舍利室内的两只石棺中。周围散布着大小不等的佛塔遗迹，由香客资助建造

218左中 桑奇建筑群包含各式各样的建筑，如寺庙和修道院及佛塔。在这幅图中，我们看到45号寺庙的一部分及其修道院附属建筑，寺庙建于公元7—8世纪，公元9—10世纪重建

种方式与他的存在的特定事件相关联。艺术家们在发挥创造力时从《本生经》中找到了大量灵感。《本生经》是讲述佛陀前世生命的文学集，他在书中经常化身为动物出现。

塔门牌坊的结构由两根立柱构成，柱子上安放着狮子、大象和圆润丰满的树神药叉，它们托起三道略微弯曲的横梁，横梁两端以螺旋装饰。横梁之间用四个方块和两排骑着马或大象的骑手隔开。在第一道横梁的螺旋装饰外侧，令人赏心悦目的树神药叉女的形象向外探出，营造了丰盈饱满的效果。最后一道横梁上方残存着法轮的遗迹，法轮两侧立着持扇人和三宝标（triatnas），三宝标属于佛教三宝的主题。附近的3号塔与大塔建于同一时期，但是规模较小，造型也较简单，前方只设一道塔门。2号塔建在山顶下方一块人造平台上，虽然栏杆上装饰着纷繁富丽的项链垂饰，却没有设立塔门牌坊。

218左下 17号寺庙是公元5世纪笈多建筑的一个典型例子。它呈大殿形式，前面设有由四根柱子支撑扁平屋顶的柱廊。这是一种古老的寺庙原型

218—219 2号塔的石栏杆因这些精雕细琢的图案而显得锦绣富丽。加哈拉克希米（Gajalakshmi）是生命的保护神毗湿奴（Vishnu）的妻子、掌管生育和美的女神拉克希米的特殊版本，这幅图中两头大象给她沐浴。象征雨水把大地冲刷得焕然一新

玛玛拉普兰：
微型神庙

玛玛拉普兰（Mamallipuram）也叫作马哈巴利普兰（Mahabalipuram），遗址位于今印度境内，古希腊人知道它的存在，古罗马人也曾前来参观。公元7世纪到8世纪，这里成为帕拉瓦（Pallava）王朝的主要港口。玛玛拉普兰这个名称的意思是玛拉城（City of Malla），玛拉是那罗辛哈跋摩一世（Narasimhavarman I）的一个头衔，他是帕拉瓦王朝一位重要的君主，于公元630年到670年在位。离它最近的城镇是约32千米外的泰米尔纳德（Tamil Nadu）邦首府马德拉斯。

玛玛拉普兰古建筑群分为三组。它们分别是："恒河降凡"（Descent of the Ganges）纪念碑式浮雕（一块巨大的闪长岩，岩壁上雕刻着一系列场景），向南约450米的五部战车（ratha）神庙建筑群和所谓的"海岸神庙"（Temple of the Bank）。

这幅27米×8米的"恒河降凡"浮雕面朝东方，雕刻于公元7世纪中期，是一幅震撼人心的石刻壁画。许多专家认为，它讲述的是恒河女神降临凡间的神话故事，但是其他学者却相信，它表现伟大的史诗《摩诃婆罗多》（Mahabharata）中的般度五子之一阿周那（Arjuna）的苦行，他请求湿婆神赐予自己战无不胜的武器。而最广为接受的理论或许是，这幅浅浮雕是对印度最神圣的河流

220上 在这个局部，我们看到创造了恒河的湿婆（Shiva）神，神话中的恒河女神降临凡间

220—221 "恒河降凡"的岩石壁画旁边是"般度五子曼达帕"（Mandapa of the Five Pandavas），般度五子是神话史诗《摩诃婆罗多》中的五位兄弟。曼达帕即做礼拜的坛场或道场。坛前立着狮子柱，狮子象征帕拉瓦的国王们

221上 在印度神话中，石头、树木、洞穴和山脉都代表神灵，恒河在其中扮演关键角色。恒河女神从天而降保佑世间，在玛玛拉普兰壮阔繁密的岩壁浮雕中得到颂扬

221中 神话故事中，萨羯罗国王（King Sagara）的60000个年轻的儿子遭到敌人杀害和诅咒。一名后裔幸车王（Bhagiratha）让他们得到解脱，他说服恒河女神降临凡间，净化了他们的骨灰

221下 "恒河降凡"石刻右侧是三只花岗岩猴子的写实圆雕。公猴在给喂养幼猴的母猴捉身上的跳蚤

222左上 "黑天[1]曼达帕"（Mandapa of Krishna）中歌颂毗湿奴一个闻名遐迩的故事。为了逃避恶魔叔叔卡姆萨（Kamsa）的迫害，他被迫生活在牧羊人中间。他最终杀死了叔叔，后来以最高神的身份参加了摩诃婆罗多大战。黑天青少年时期的田园生活是这个曼达帕的主题

---

[1] 黑天（Krishna），音译为奎师那。

222左中（上） 献给杜尔迦的老虎石窟装饰着凶猛的狮子和虎头。老虎像狮子一样凶猛，是这位女战神的典型坐骑。每位印度教的神都有自己的坐骑，骑着它可以唤起神某些方面特定的潜能。从心理学的角度来说，坐骑表示必须加以控制的冲动，同时唤起追求目标时所产生的力量

恒河的歌颂。

事实上，这块岩石中间有一道裂缝，岩石上方原本设有蓄水池，水流能够沿着石壁顺流而下，汇集到石壁前的低洼处。这条瀑布很显然指代恒河。

这个神话故事可以在许多古典文献中找到，它讲述圣人幸车王严格苦修，终于说服神圣的恒河降临凡间。幸车王想要解除祖先受到的诅咒。

"恒河降凡"的浮雕画上密密麻麻布满各种造像，描绘了猎人、隐士、当地居民和千姿百态的野生动物在森林里生活的情景。画面由天庭主导，美丽的仙女、空中神奇的精灵、半神半兽的乐师和众多其他神话中的人物都在凝神观看。幸车王呈现为表示树的瑜伽姿势，单脚着地，双臂向上举起。在河水流淌的缝隙中，半人半蛇、与水、生育和知识有关的男女蛇神摆出婀娜的体态尽情畅泳。在他们旁边，一个姑娘动作娴雅地把长发拧干，这种姿态至今在印度妇女中仍时有所见。

野生动物刻画得栩栩如生，仿佛在活蹦乱跳。一只幼象用鼻子叼着妈妈的尾巴，一只蹲在地上的羚羊用腿搔着鼻子。

"恒河降凡"周围散布着众多古迹，其中一些是开凿成石窟的岩石圣殿，有的圣殿位于悬岩下方，里面保存着形态各异的浮雕。阳台和柱子往往由狮子支撑，狮子是尚武的帕拉瓦王朝的象征。其中最重要的是"般度五子曼达帕"，"筏罗诃曼达帕"（Mandapa of Varaba，里面刻着毗湿奴化身为野猪，把地球从海底捞出来），"黑天曼达帕"（毗湿奴的另一个化身），"杜尔迦女神诛杀水牛魔摩西沙曼达帕"（Mandapa of Mahishasuramardini）和老虎石窟（石壁上刻着虎头）。

南边是五座著名的单体石庙，它们呈现为木制礼仪马车的外形。今天，当人们把神像从神庙内请出来以后，依然用这种车辆把它们运送到别处。

五车神庙大约在公元7世纪中叶用海滩上现成的闪长岩雕刻而成。有人

认为，它们可能是当地建筑学校的试验品或祈愿物。它们在印度艺术史上绝无仅有，独树一帜，而且没有全部完工。人们把伟大的史诗《摩诃婆罗多》中各位英雄的名字赋予它们，这部史诗描述拥有正面力量的神与魔鬼对抗，他们全都化身为凡俗的形象。

黑公主是般度五子共同的妻子，善的表率。最小的战车神庙以她的名字命名，可能是供奉杜尔迦女神的。

这座神庙是一间苦行僧小屋的石头复制品，呈现为简单的方形房间，茅草屋顶，边沿点缀木制装饰。一段入口台阶通向门口，门两边由卫士把守，门头上方的楣梁上雕刻着神话中的海洋生物的图案，另外三面墙上凿有壁龛，龛内摆放女神雕像，壁龛上方也雕刻着海洋生物。旁边雕刻着公牛南迪（Nandi，杜尔迦的配偶湿婆神的坐骑）和女神的坐骑狮子。

挨着黑公主战车的神庙以雄健的骑手阿周那的名字命名，供奉的很可能是古老的因陀罗神。这里显示他骑着大象。神庙的底座由

222左中（下） 这幅图展示黑天曼达帕的主雕像，这尊神举起牛增山（Govard-hana），把它作为庇护所保护当地的牧羊人，使其不被因陀罗（Indra）神释放的洪水淹没

222—223 在印度教的世界里，有一个神圣存在（Divine Being）被赋予了变化无穷的形态，执行特定的功能。在众多神祇中地位最高的是三相神（Trimurti）——梵天（Brahma）创造宇宙，毗湿奴保护宇宙，湿婆毁灭宇宙。在筏罗诃曼达帕中，毗湿奴化身为野猪出现，把沉入海中的地球捞起来交还人类

222左下 杜尔迦女神诛杀水牛魔摩西沙曼达帕，这个场景描绘在一个宇宙结束、另一个宇宙诞生之际，毗湿奴睡在蛇阿南塔（Ananta）身上。印度人认为时间轮回不已，世界不断地产生和消失

223下 "杜尔迦女神诛杀水牛魔摩西沙曼达帕"是献给湿婆神尚武的妻子杜尔迦女神的，歌颂"她杀死摩西沙"。摩西沙化身为水牛。许多手臂象征着杜尔迦女神力量强大

224左下 孪生勇士无种（Nahula）和偕天（Sahadeva）的战车神庙是公元7世纪按照带后殿的"象背"风格建造的

224右下 在女神杜尔迦的狮子坐骑后面，可以看到壁龛上供奉着黑公主德罗波蒂（Draupadi）的战车神庙，还有般度五子中大名鼎鼎的阿周那的战车神庙。我们还不知道这些微型寺庙是模型还是祈愿的供品

狮子和大象支撑。神庙设有入口门廊和两根狮子柱。另外三面墙分成五块壁板，壁板上刻着各式各样的雕像，包括成双成对的情侣。岩架上装饰着马蹄状括弧，括弧内雕刻着数张笑脸。上面部分呈金字塔形，分两层，边角处为微型亭阁，顶部是个八角形圆顶。

第三座神庙以大力神般的勇士怖军（Bhima）命名。它有长方形基座，四周的中间部分为游廊，廊柱由狮子支撑，上方为成排的亭阁，拱形屋顶。这种风格同时借鉴了佛教和世俗建筑的特点。

法王（Dharmaraja）神庙与无比公正且虔诚的国王坚战（Yudhishthira）相关，上面的铭文刻于那罗辛哈跋摩一世统治时期（630—670），被献给湿婆。

法王战车是五车神庙中最高的一座，它的基座格外有趣。基座的平面图呈四方形，正面为立着狮子柱的柱廊。

它高三层，跟阿周那战车略微相似，呈现相同的金字塔形结构，楼层之间用岩架相隔，岩架构成成排的微型亭阁的基底。顶部的八角形小圆顶给整个结构画上圆满的句号。各层的墙壁上都发现了诸神的雕像。

最后一座战车神庙属于双胞胎勇士无种和偕天。它尺寸相对较小，设有由狮子支撑的门廊。

玛玛拉普兰最后一件伟大的杰作是海岸神庙，以那罗辛哈跋摩二世的名义兴建，他于公元690年至728年在位。海岸神庙兀自屹立在海滩边，它供奉湿婆神。水手们把这座神庙当作灯塔。意大利人加斯帕罗·巴尔比（Gasparo Balbi）在1582年提到过它。17世纪的尼科洛·曼努奇（Nicolò Mannucci）也写过它。对它最早的详细描述则出现在《亚洲研究》（Asiatic Researches）一书中。

这座神庙前方设有一道小门，它分为两个方形结构，每个结构顶部都是一座金字塔状尖塔，尖塔为内部的小隔间提供保护，这后来成为南印度达罗毗荼（Dravidic）建筑的典型特征。这座维玛纳[1]呈三角形轮廓，模仿神话中的须弥山（Mount Meru）高耸入云的山峰，宇宙井然有序地围绕须弥山这个中心旋转。

海岸神庙的维玛纳各有三层和四层开放的游廊。最上面和最下面一层都装饰着纹章动物。中间楼层设有成排的微型亭阁，上下层则没有。

神庙有三间内室，其中一间暴露在外。湿婆及其配偶乌玛（Uma）与儿子塞犍陀（Skanda）占据了第一间内室；在第二间内室，毗湿奴在原始的海洋上休息。

一条狭窄的通道贯穿于神庙墙壁之间的内部空间，神庙本身处在一个更大的包围圈中，外面由一堵矮墙环绕，墙上装饰着各式各样的形象，包括杜尔迦骑着狮子的雕像。

224—225 集中在玛玛拉普兰南部的五车神庙没有全部完工。人们把《摩诃婆罗多》中英雄们的名字赋予它们，这部伟大的印度史诗据说起源于印欧语系，描述神和恶魔之间的冲突。图片从左到右依次是献给坚战的法王战车、怖军战车、阿周那战车和黑公主战车，还有无种和偕天战车

225中 海岸神庙供奉湿婆神。它分为平面图呈方形的两个部分，底座上方都是保护这处圣殿的金字塔状尖塔维玛纳

225右上 战车神庙的墙壁上雕刻着出自印度教的诸神形象，由柱子构成框架。图为其中两个形象

---

1 维玛纳（Vimana）是南印度寺庙建筑特色之一，即在神殿的殿顶建一座座小塔，逐层向上收缩成金字塔状的尖塔。

阿旃陀：佛陀的石窟

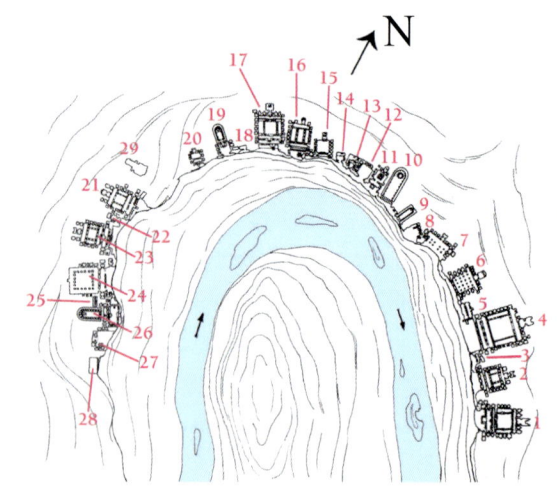

地图标示为阿旃陀石窟的传统编号。9、10、19、26和29号为支提窟，即礼拜场所；其他为毗诃罗，即僧房。

阿旃陀位于印度境内德干（Deccan）河中游的马哈拉施特拉邦（Maharashtra），距离贾尔冈（Jalgoan）镇97千米，距离奥兰加巴德（Aurangabad）约180千米。石窟群由30个窟组成，高低不等，在一块70多米高的山崖上开凿。山崖呈新月环抱状，正对果瓦拉河（Waghora River）的河床。这是一块千年圣地，一处世界上公认的恬静优美的世外桃源。季风时节，其他地方无法栖身，佛教僧侣选择来到这里退隐修行。石窟群绵延800多米。每个窟都曾经有石头或木头台阶与山下的河道相通，如今用一条混凝土小路串联。这些石窟都编了号码。

第9、10、19、26和29号窟为支提窟（chaitya），即礼拜场所，其他为毗诃罗（vihara）或僧伽蓝（sangharama），即僧侣居住的地方。支提窟可以从气派的外立面辨认出来。山墙气势夺

226左下 26号支提窟，窟内有三个殿堂，主殿上方建有棱纹拱形天花板，立柱排列紧凑，柱头雕刻着若干形象，柱头上方为雕刻工致富丽的檐部。在后殿区域，佛塔充当了礼拜堂。这个设计灵感来自在佛陀火化后的舍利上方堆积的土墩墓。佛塔后来成为宇宙中心的象征，觉悟者成为创造秩序的中心点

226—227 阿旃陀的造像显示佛陀呈现各种各样的姿势，这些姿势与他生命中的重要时刻相关。26号窟被用作支提窟，窟内表现这位觉悟者即将涅槃。佛陀意识到尘世轮回即将结束，侧身躺在两棵树之间，一只手托着头，朝向北方。他已经准备好接受涅槃，即结束转世轮回、进入没有痛苦的状态

227左上 这是阿旃陀30座石窟的全景图，石窟在果瓦拉河冲刷形成的新月形崖壁上开凿

227右中 支提窟一个意义深远的例子是19号窟，开凿于阿旃陀第二个发展阶段。入口前面是由两根刻工精美典雅的立柱构成的门廊，上方为双层飞檐。马蹄形窗洞为室内提供光照。外立面上除了许多佛陀造像，还有其他佛教形象

227右下 1号窟表明了阿旃陀在中心阶段达到的艺术成熟度。游廊上装饰着华丽典雅的立柱，柱身装饰雕刻得细腻工致，柱头上的雕像纷繁多姿。立柱装饰的多样性把视线引向建筑物的正中心，引导观者进入前殿。游廊向旁边延伸到两个位置抬高的柱廊区，再通往其他区域

227

228 女性形象是阿旃陀一个引人入胜的主题。其中包含仆人、公主和天仙等，全都仪容秀美、婀娜多姿、珠光宝气。细长半拱闭的眼睛，饱满的嘴唇，身体几乎不堪乳房的重负向下弯曲，这些全都暗示肉欲，与壁画所在的位置、开凿于公元5世纪的1号毗诃罗形成对比。然而，恰恰是俗世的吸引力衬托出选择苦修的非凡毅力

228—229 在佛教发展的最初几百年，即所谓的小乘佛教时期，佛陀只用象征表示，没有造像。直到大乘佛教（Mahayana）出现，以形而上学和虔诚礼佛的术语重新诠释了觉悟者的教导，才开始用人类的相貌表现佛陀。在阿旃陀，大乘佛教让艺术家们受到启发，才思泉涌。2号窟中的说法千佛像（Thousand Buddhas）对这位觉悟者的历史真身的表现达到了光辉灿烂的地步，并将其投射到无限之中，每位虔诚的信徒都可以为自己的佛祖构建一个形象

229下 2号窟连同它富丽堂皇的圆形藻井图案是毗诃罗一个重要的范例。它由一间开阔的中央大堂组成，大堂内有12根立柱，每根立柱都有16面或32面，上方是平面圆形藻井图案。堂内交替设置供僧侣们使用的小室和圣器室。主殿前面是画着千佛像的前厅，主殿内是佛祖说法布道的雕像。这一点从佛的手印看得出来：双手放在胸前，一只手弯曲，手指与另一只手伸开的手指相接

人，在门口上方设马蹄形的窗洞。有时候门前建有由两根立柱支撑的拱形结构。

后期的外立面上出现了佛陀高矮不等、姿态各异的造像，还有其他与佛教相关的形象。室内通常为长方形，三间殿堂用纯装饰性的立柱隔开，立柱间距很小，排列紧凑。

中央大殿的宽度是另外两间殿堂的两倍，设有后殿，屋顶为倒扣的龙骨船形。两边的侧殿位置较低，顶部为半拱形或平顶。后殿由马蹄形窗洞透进来的光线照亮，一座佛塔、即钟形的舍利宝函居于中间，占据主导。

毗诃罗即精舍、僧房，是一间宽敞的中心柱窟，立柱支撑着上方的四方嵌块平屋顶。僧侣们的小房间分布在这间塔堂的三个侧面，它们是在裸露的岩石上开凿的小洞。在某些情况下，正对入口的墙上有一个壁龛，里面安放着佛塔。在最晚开凿的毗诃罗中，也经常安放佛陀的造像。洞窟入口可能有一道立柱游廊，游廊和外立面之间由一道或两道门相通，门上的装饰模仿木雕，刻工流畅繁丽，错落有致。

阿旃陀的石窟主要在两个时期开凿，第一个时期是公元前2世纪和公元前1世纪之间，第二个时期是其后400年。本地的伐迦陀迦（Vakataka）王朝时期停止了第一个阶段的开凿，第二个阶段的开凿在公元5世纪后半叶达到巅峰。在研究了数不清的题刻，把绘画、雕像与已经确定年代的同类作品加以对比，探讨它们所表现的主题及其与佛教发展的关系，并用现代技术对绘画和草图进行分析之后，才确定了上述年代。阿旃陀石窟被世人遗忘，沉睡了上千年。直到1819年，英国士兵约翰·史密斯（John Smith）在追猎一只老虎时，才让该石窟重见天日。

最早在1875年，曾经有人用黄漆相当笨拙地尝试修复石窟。1930年到1955年，在位于海得拉巴（Hyderabad）的考古中心主持下开展的工作更为周全。一些未完成的石窟

让我们得以知晓石窟的开凿方法。开凿从顶部开始，屋顶是最先完成的部分。在没有脚手架的情况下，工人用尖镐一块一块地把石头敲掉，用作立柱的砌块留在原地。这些立柱非常繁杂精密，一些立柱多达**64**面。地板是最后完工的部分。

很明显，好几组工匠同时致力于石窟的营造工作，包括涂抹灰泥和绘制壁画。首先要完成的区域是要用到的游廊外立面，接着依次是门厅、主殿、壁龛和小房间。

虽然阿旃陀石窟的建筑和雕塑举足轻重，但它声名远扬的作品却是壁画。仔细研究未完成的**4**号窟壁画，也许能够搞清楚它所使用的技术。

先把砂砾和碎麦秆等植物纤维（在某些情况下）

230左上 这个局部体现了画家描绘恋人情感的高妙技艺，勉强、激情、嫉妒和冷静等种种感受以微妙而生动的笔触表现出来。阿旃陀的艺术家从不沉溺于悲怆、悸动等可能扰乱和谐的情绪。绝望被淡化为悲痛，生活的疲惫变成了忧郁。画家虽然细致入微地表现了这些情感，却不是写实主义者，他的主要目的是唤起一种导向灵性层面的心境

230左中 17号窟的门厅屋顶，与公元5世纪在阿旃陀的黄金时代开凿的第1、2和16号窟属于同一时期，两位天神各有一只前臂与对方重合。这其实是一种视觉错觉。两个形象之间只有一只手臂，可以认为它属于其中一个或另一个形象。这是描绘装饰图案的画家经常使用的权宜之计，只画身体的一个部分，使其为多个形象共用，比如四只羚羊呈十字形构图，中间共用一个羊头

230左下 绚丽多彩的毗诃罗17号窟的另一幅图，它把神圣和世俗以令人难忘的方式结合起来。紧挨楣梁的雕带描绘呈现不同姿态的多对情侣，上方的佛陀造像却表现出对尘世欢愉的超脱疏离。画家通晓精确而微妙的身体语言，把它与舞蹈、雕塑和绘画相结合，能够创作出暗示情侣缱绻缠绵的各种体态。佛手印则寓意特定的内在态度，在两边呈禅定印，在中间呈说法印。

及动物毛发与泥浆混合，作为厚约2.5厘米的涂层抹在墙壁上，再绘制壁画。这个涂层表面很粗糙，显然是为了加强它与第二层的黏合度。第二层使用类似的灰泥，但是质地更加细腻。第三层也是最后一层为薄石灰，涂好后用木刮铲把墙面抹平。

下一步，趁着墙面未干，用赤铁石粉末描摹在石灰层上画好的底稿，再刷一层白浆，接着用朱砂描摹。这时候给底稿的各个部分铺上底色。颜料总是分开涂敷，避免两种颜料相互串色，显然是想运用色调为雕塑营造立体感。近处的部分显得幽暗，远处的特写则显得明亮光洁。

颜料都取自矿物质或蔬果植物，共五种基本色，即赭红色、赭黄色、烟熏黑、天青石蓝和白色。恣肆洒脱的轮廓用黑色或红色突显，最后的润色显然是用了蛋彩。接下来用玛瑙或象牙把墙面打磨平整，平整墙面的压力让富含石灰石颗粒的湿润的灰泥浮到表面。当这个薄层结晶时，就给壁画营造出一种酷似釉质的晶莹闪烁的效果。阿旃陀壁画的常见主题是从《本生经》中得到启发的场景，《本生经》叙述佛陀的前世生活。这些情节被设置在表现那个时代都市乡间三教九流的日常生活的背景下。壁画描绘服饰、珠宝、物品、情境和人物，涵盖的范围之广令人惊叹，成为提供各个时期的自然环境和人类学资料的丰富来源。

230—231 17号窟是毗诃罗的一个场景，灵感来自《维先达腊本生经》(*Vessantara-jataka*)，佛陀呈现为英俊潇洒的王子形象，这里他深情款款与妻子亲昵，仆人给他们斟酒。左边继续讲述这个故事，我们再次看到王妃，身边环绕着打着阳伞照顾她的侍女。她的高贵地位用白皙的肤色来突显，表明她在生活中不受风吹日晒。她的身体呈"三屈式"(triple bending)，头部摆正，肩膀和臀部呈S形朝不同的方向弯曲，营造出一种感官上千娇百媚的效果

蒲甘：
佛陀的王国

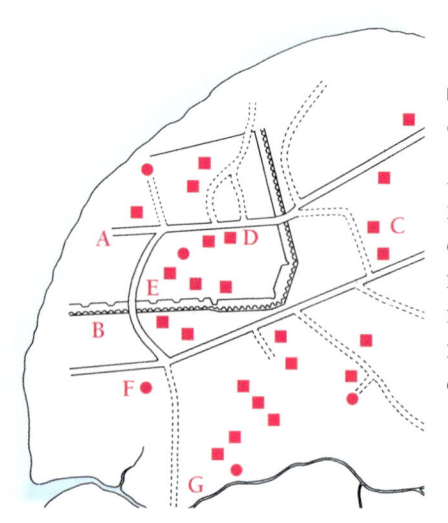

- ■ 寺庙
- ● 佛塔

A 建有城墙的城镇遗址
B 城墙
C 阿南达（Ananda）
D 瑞古意塔（Shwegugyi）
E 帕陀沙慕亚（Pahtothamya）
F 明噶拉塔
G 古雅克依寺
　（Minkaba Kubyaukgyi）

232—233 达宾纽（意思是"无所不知"）[1]寺可能是西图一世治下最后一件伟大的作品。他在位期间（1113—1155）是蒲甘的盛世，即所谓的"黄金时代"。这座建筑上下超过五层，以一座锡克哈拉[2]锥形塔收尾，灵感源自印度的具有代表性的拱形建筑物

---

[1] 达宾纽（Thatbyinnyu），又叫他冰瑜塔。"无所不知"指佛陀的无上智慧。

[2] 锡克哈拉（shikhara），梵语，字面意思为"山峰"。

缅甸（Burma，今名Myanmar）境内这个地方过去叫作Arimaddana-pura，意思是"粉碎敌人之城"，又叫Tambadipa，意思是"富铜之地"，这里至少到公元12世纪末才叫作蒲甘。

蒲甘是亚洲范围内一处重要的考古遗址，占地约150平方千米。这座城市的建立日期通常被确定为公元874年，它的起源无疑要更早些。从阿奴律陀（Anawrahta）统治时期（1044—1077）到1299年被掸族（Shan）王子们最终摧毁，在短短两百多年间，它曾灿若星辰，光芒万丈。

马可·波罗是第一位提到蒲甘的西方探险家。1795年，英国外交官迈克尔·西默（Michael Symer）捎带提了一笔。直到1855年，苏格兰工程师亨利·裕尔（Henry Yule）意识到它非同小可的重要性。经过几位考古学家的调研和掸族的洗劫，1886年英国人接管

233右上 蒲甘是亚洲一处重要的考古遗址，绵延150多平方千米，伫立着数量庞大的佛教古迹。这座城市的建立年代通常被确定为公元874年，但它的渊源相当古老。它大放异彩的时间只有两百多年，从阿奴律陀统治时期（1044—1077）开始，到1299年被掸族王子摧毁结束

233右中 苏拉玛尼（Sulamani）寺，意思是"冠冕珠宝"（Crowning Jewel）。它是石窟寺的一个典型例子，由封闭的中心区（内含用来安放圣物的舍利宝函或佛像）、前厅和走廊组成。它建于西图二世在位时期（1174—1211）。这座金字塔形结构用砖头制造，用石块加固，顶部的锡克哈拉锥形塔尖已经损毁不存。这处古迹的墙壁上装饰着美轮美奂的灰泥壁画

233右下 苏拉玛尼寺的走廊里画着几幅晚期壁画，它们的灵感来自佛陀和弟子们的造像，这是在蒲甘流行的上部座佛教，即原始教法的核心主题

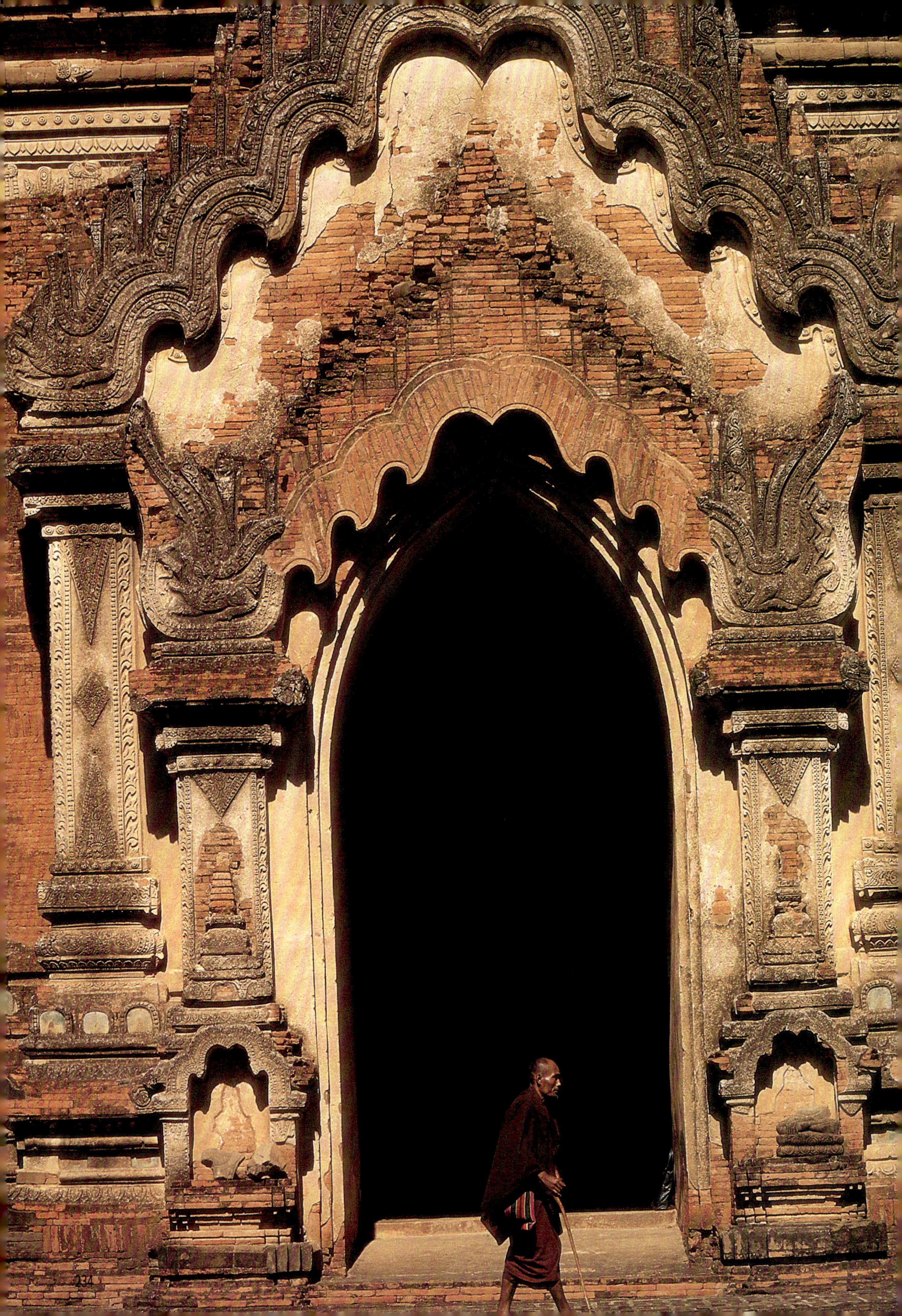

缅甸，开启最早的井然有序的考古工作，并着手破译铭文。

戈登·汉宁顿·卢斯（Gordon Hannington Luce）是确立蒲甘及其建筑的重要性的伟大先驱，他虽然与英国负责考古的部门不存在官方纽带，却在1912年以后与其合作共事很多年，并且在"二战"期间防止了蒲甘遭到轰炸。

1975年，一场可怕的地震给这个地区造成严重的影响，促使联合国教科文组织来到了现场。

据估计，蒲甘的佛塔总数为5000多座，状况良好的约1000座，其中一些佛塔今天仍在使用。它们建于三个时期，早期即公元850年到1120年，中期即公元1120年到1170年，晚期即公元1170年到1300年。

由于高度成熟的灌溉系统，这座城市曾经是伊洛瓦底（Irrawaddy）江畔一个郁郁葱葱的地方，如今却是缅甸境内一座干涸之城。

非宗教建筑无一幸存，因为房屋、宫殿和大部分寺院及图书馆都是用木头建造的。

蒲甘处在印度和中国之间商队路线上的战略要地，控制着几个极具商业重要性的港口，这座城市远近闻名，繁华富庶。当印度的影响传到中南半岛时，蒲甘欣然接受了上部座佛教（Theravada），即所谓的原始教法（doctrine of the ancients）。

人们认为上部座佛教是最接近佛

234 当地的传统说法是：国王不知道该选五个儿子中的哪一个作为他的接班人，就把皇室的伞盖（hti）放在他们中间，伞盖指向了那东密雅（Nadaungmya），后者同年（1211）以悉隆敏罗[1]这个名字登基，持续统治到1230年。为了纪念这一事件，他兴建了一座同名寺庙。图中所示为正门

235左 悉隆敏罗寺是蒲甘一座宏伟的寺庙。这座建筑的顶部是锡克哈拉锥形塔，如同蒲甘的所有寺庙，最初通体刷成白色，因为这是纯净和超度的颜色，再用绿色琉璃砖加以装饰

235右上 古表基寺（Myinkaba Kubyaukgyi），意思是"多种形态"，坐落在明迦巴（Myinkaba）村，由拉贾库玛王子（Prince Rajakumar）为缅怀父亲江喜陀于1113年建造。寺内有蒲甘现存最古老的壁画和著名的摩耶塔（Myazedi）碑铭，铭文用四种语言——孟语（Mon）、巴利语（Pali）、缅甸语和骠语（Pyu）雕刻

235右中 这里可以看到，达玛亚日卡[2]是印度造型的佛塔的一个复杂范例。这座建筑由西图二世于1196年完成，平面图呈五边形，它见证了弥勒佛（Mettaya）崇拜的巩固深化。弥勒佛是第五尊佛，也叫未来佛，排在三位神话中的前辈和历史上的佛祖悉达多之后

235右下 悉隆敏罗寺的高度超过两层，走廊里有四个壁龛朝向东南西北四个方向，壁龛里安放着佛像。我们在这里看到的是佛陀结触地印。这位觉悟者的雕像严格遵循特定的符号规则。例如，头顶的肉髻表示智慧的高度

---

1 悉隆敏罗（Htilominlo），又译为狄罗明洛。

2 达玛亚日卡（Dhammayazika），源于巴利语，意思是法王之塔。

236上 达玛央吉塔（Dhammayangyi）建在加高的方形底座上，平面图为希腊式十字形，由中间的主体与四间入口门厅组成，呈台阶状向上逐级缩小规模，在顶端的锡克哈拉尖塔处汇合（尖塔现已损毁），在台阶的边角处用小佛塔加以凸显。砖缝致密无间，连一根大头针都插不进去，从砖缝可以看出建造者的巧夺天工

236—237 蒲甘平原曾经是肥沃的农业区和繁荣的贸易中心。因为建造神圣的建筑被认为是提升精神境界的理想方式，统治者不仅为兴建佛塔，也为维护及保养它们留出大笔资金

237中 达玛央吉塔是蒲甘一座神秘的寺庙，在南侧门厅，佛陀结触地印端坐在层叠错落的高高的基座上。室内部分区域被莫名其妙用砖块封闭，中心区域四座壁龛中的三座都是这种情况，如今只有东边的壁龛可以使用

237右 西侧前厅有一尊双佛并坐像，可能象征历史上的佛祖悉达多·乔达摩与未来佛弥勒佛相会。这两个形象暗示佛法的传承演变、吐故纳新的双重方面，它们决定了这种宗教蓬勃的活力

陀原初教导的派别，有时叫作Hinayana，意思是"小乘佛教"。伟大的国王阿奴律陀受到上部座高僧辛·阿拉罕（Shin Arahan）的深刻影响，与上部座佛教的大本营斯里兰卡联系紧密。

江喜陀国王（King Kyanzitha，1084—1113）与大乘佛教的追随者孟加拉公主阿比雅达那（Abeyadana）的婚姻给蒲甘带来一整套全新的宗教符号。

婆罗门是蒲甘人口中相当重要的组成部分，这进一步表明这座城市的宗教宽容和折中主义。这些人通晓印度神学，在宫廷仪式中发挥举足轻重的作用，赞同国王是毗湿奴化身的观念。在印度教的世界，毗湿奴代表神灵保佑的一面。

蒲甘历史上另一个璀璨时期出现在西图二世（Sithu II）在位期间（1173—1210）。

这个时期广泛兴建佛塔，可能是因为必须找到合适的地方保存圣物，希望开辟场所用来做礼拜和赞美国王的荣耀，还需要祈求功德，功德赋予一个人抵达涅槃的权利。涅槃是从无休无止的痛苦的转世轮回中得到解脱的状态。人们认为还有一种动机可以解释这一轮造塔狂潮。

有一种说法是：一位新的佛陀将以救世主弥勒佛的身份降临世间，一定要趁他尚在娑婆世界时转世为人。

蒲甘的建筑分成两种基本类型：佛塔和石窟寺。缅甸的佛塔主要是用烧结砖垒砌，用砂岩加固，缅甸语叫作社帝（zeidi）。

佛塔被认为是建在佛陀舍利上方的半圆形坟堆，造型源自印度，因此象征佛法和这位觉悟者本身，矗立在宇宙中心。

佛塔通常由一座正方形平台组成，这座平台的基座很高，侧边繁多，纹理丰富，上面耸立着钟形塔。这个结构在顶端用一个带遮阳伞的环纹尖顶收尾。

这种设计有许多变体，特别是弧形的运用、佛塔本身的穹顶状结构和底座的分配。底座有时分成很多层可供行走的台阶，目的是提醒观者想起印度教的须弥山，即宇宙中心。在这些平台周边的角落，耸立着佛塔的微型复制品，小佛塔后来被源自印度教的水瓶取代，水瓶在物质和精神层面都象征生育和富饶。

墙上经常贴着彩色釉面琉璃砖，砖上刻有摘自《本生经》的经文。《本生经》讲述了佛陀前世生活的550个故事。在名为绕佛的神圣游行中，这时候佛塔始终居于游行队列的右侧（顺时针方向绕行），香客可以通过诵读经文来强化宗教信仰。

通往朝圣最高点的入口楼梯安置在四个罗盘点上。

238左上 在蒲甘平原上的敏南图（Minnanthu）村，矗立着由末代君主那罗梯诃波帝（Narathihapati，1256—1287在位）建造的塔约派依寺（Tayok-pye）。用灰泥装饰的新颖别致的拱形构成入口门户的框架

238左下 塔约派依寺分为两层，有个锡克哈拉要么从未完工，要么已经损毁。寺庙周围高墙环绕，墙上设有纪念碑式入口，入口与寺庙仆人的木屋相连

238—239 在蒲甘第一个发展期，除了基本的宗教功能，佛塔也发挥巫术和防御作用，因此被安放在城墙外的四个罗盘点上。它们位于阿奴律陀第一座都城的边界。后来，随着蒲甘城继续向外扩展，这些建筑的防御性功能逐渐消失

佛塔的中心是封闭在中央小室内的舍利宝函。佛塔建好后，舍利宝函就永久封存在里面。

宝函内珍藏着高僧的舍利，甚至是佛陀本人或者他的亲传弟子的舍利。如若没有这样的舍利，可能保存着经书或佛像残片。

佛塔内经常埋藏不止一个舍利宝函，因为一段时期内，历朝历代的君王或达官显贵都可能把自己的遗骸存放在同一座佛塔内。蒲甘发展到后期，佛塔内部纵横交错宛如迷宫，可能是为了让盗墓贼打消念头。它们经常由力士（dvarapala）守卫，这是印度建筑的典型形象，布置在门的两边，就像来自印度教世界的卫兵和其他神灵一样。

佛塔竣工后，再涂上一层由砂砾和石灰石粉制成的厚厚的粗泥，颜色呈白色，这是净化和超度的颜色。

接下来用五颜六色的图案加以装饰，有时饰以莲花瓣，抑或象征时间吞噬一切的狰狞面具。

缅甸佛塔与印度佛塔的区别在于垂直方向的弧度。印度造型早先的覆钵形渐渐被缅甸的钟形取代，蒲甘青睐钟形塔。

蒲甘的另一种建筑形态是石窟，石窟比塔更常见，也更适合仪式用途。

石窟的人造窟结构是理想的冥想和礼拜场所，光线在室内缓慢移动，对冥想和做礼拜至关重要。

外面的阳光与第一间佛堂形成明暗对比，目的是在观者身上激起强烈的情绪感受。石窟的窗户所在的位置能够透进光线，照亮墙上的壁画，狭长的豁口呈现特定的角度，把光线引向石窟内昏暗的中心区，照在佛像的脸上。

石窟建造时面向东方或北方，通常由中央一个封闭区域（里面珍藏着舍利或佛像）和安放佛像的四个壁龛组成，四个壁龛朝向各自的罗盘点。这些壁龛中的佛像往往用涂有灰泥的砖块塑造，有时用木料加固。佛陀

的双手呈现特定的姿势，叫作手印（mudra），每个手印都代表他觉悟之路上一个特殊的瞬间。挨着中央区的是门厅过道。石窟上方是典型的北印度寺庙的拱形顶盖，顶盖上耸立一座小佛塔。阿比雅达那寺（Abeyadana）是一个绝佳范例。

在西图一世（1113—1155）统治中期，设计减少了亲切感，象征的重要性降低，重点放在供奉佛陀的仪式上，仪式风格类似于皇家典礼。

建筑的外观尤其是寺庙的屋

239下左 摩诃菩提寺（Mahabodhi，又名大觉寺）模仿印度的菩提伽耶（Bodhgaya），用纪念碑式尖塔把垂直线拉伸到极端的地步

239下右 那格雍塔寺（Nagayon）建于第一个发展期，与国王江喜陀的一件生平逸事有关，据说他曾在半人半蛇的那迦保护下在这里熟睡

顶变得格外重要。

拱顶采用了一种特殊技术,把小砖块呈放射状排列,形成相互连接的平拱,顶部用砂岩板封闭。一些体积较大的建筑内含隐蔽的拱顶走廊,似乎是为了减轻建材的重量和墙体所承受的负荷,尽管墙体往往十分厚重。阶梯形佛塔和配置殿堂的寺庙相结合,导致出现了又一种建筑类型,达宾纽寺就是一个完美的例子。

在蒲甘的一些寺庙中可以看到美不胜收的壁画。先在白底上勾勒出黑色或红色的轮廓,再铺展润色。重要的佛塔包括由拿那拔地薛胡

240左上 六层平台从阿南达寺的主体部分向上逐层缩小,平台上方加盖锡克哈拉,塔上再建小佛塔。算上顶部镀金的塔尖,这座寺庙的高度近56米。四道门通往内部的两道走廊,门前建有阔大的入口拱顶,拱顶在第一层和第二层平台重复出现

240中上 阿南达寺一个庞大建筑群的组成部分,其余还包括僧舍（Ok-kyaung）。僧舍的范围可大可小,小到可以有一间小屋,大到可以内设多个房间的庙宇。南达寺可能建于1775年内有壁画,画面保存好。此图为壁画

（Narapitisithu）于1196年建造的达玛亚日卡,在阿奴律陀统治时期开工、由江喜陀在1274年前后完成的瑞喜宫塔[1]和明噶拉塔（Mingalazedi）。

达玛亚日卡寺体现了包括弥勒佛在内的五尊佛的宇宙象征主义,因此为五边形,配置五间拱顶门厅,顶部周围耸立着小巧玲珑的锡克哈拉。在半球形覆钵前面有三层平台,平台建在一个九面底座上,底座由小佛塔构成框架。瑞喜宫塔备受尊崇,因为它被认为埋藏着佛陀的舍利。覆钵建在八角形的坛台上,坛台坐落在三层塔基上,塔基正中间设置台阶,正面立着四座凉亭,顶部为锡克哈拉。

明噶拉塔也建在可以拾级而上的三层平台上,它的坛台为圆形,佛塔则为钟形,塔尖为

---

[1] 瑞喜宫塔（Shweizigon）,又译瑞西贡塔。

240左下 这尊佛陀立像（发现于阿南达寺器室的壁龛内）手臂下垂，斗篷敞开，在缅甸很具有代表性。佛像的颈部和耳垂体现了经典的美的标志。人们相信，大耳垂表明了一种饱含恻隐之心的倾听能力

241右上 伟大的开国之君阿奴律陀于1044年到1077年在位，1057年他下令兴建规模宏大的瑞山都（Schuwehsandaw）佛塔，以存放宝贵的圣物——佛陀的一根头发。这座佛塔建在带五层平台的基座上，塔基正中央设有台阶

241右中 明噶拉塔由那罗梯诃波国王于1277年建造，是蒲甘一座秀丽典雅的建筑

241右下 玛努哈（Manuha），这座寺庙以孟族直通（Thaton）国王的名义建于1059年，孟族直通国王被阿奴律陀国王打败并作为俘虏带回蒲甘。寺内供奉着佛陀的巨大雕像

240—241 图为站在该地区备受推崇的阿南达寺的平台上眺望蒲甘的景观，这座寺庙在江喜陀统治时期于1105年左右应一群印度僧侣的要求兴建。它的设计看起来好像他们的家乡喜马拉雅（Himalayan）的石窟。这座石窟在中心柱和外围游廊的布局图上添加了第二道游廊和正面四间厢房

圆锥形。在平台周边的角落原先耸立着小寺庙，后来顶层平台上的小寺庙用小佛塔取代。

最著名的石窟是阿南达，建于江喜陀统治时期。这是一座希腊式十字形建筑，建在六层平台上，顶部是典雅美丽的锡克哈拉，用佛塔和镀金的塔尖收尾。入口大厅设在四个罗盘点上，厅内有一根中心柱，壁龛中安放着四尊大佛像，周围有两道走廊，摆设着许多雕像和珍贵的装饰品。除了阿南达，其他重要的石窟还有备受崇敬的阿比雅达那寺（以壁画闻名）和结合了道场和圣坛风格的达宾纽寺。

婆罗浮屠：大乘教佛陀的圣山

242中 多年来，望向四周庭院的许多尊佛像遗失或遭到损毁。原先第一层平台有104尊佛像，第二层有104尊，第三层有88尊，第四层有72尊，上方的圆形平台有54尊

婆罗浮屠是世界上规模最大的佛寺，被发现于爪哇岛的中央腹地。它坐落在一片山脉和火山环绕的平原上，距离印度洋海岸不远，可能建于公元760年到810年夏连特拉（也被称为山脉之主）王朝时期。这座寺庙是研究中爪哇的王国的重要参考资料，因为这个历史时期几乎没有留下书面文件等资料帮助我们还原真实情况。

看到这样气势雄伟的崇拜中心，只有依靠结构完善的政府进行组织规划，创造额外的财富，发起规模如此之大、必须认真投入的工程，它们才得以从无到有拔地而起。

在这个时期，若干个王朝明争暗斗，争夺中爪哇岛的主导权。主要得益于在水田里种植水稻的农业发展方式，几百年前，这里人口密集的定居点就出现了经常相互冲突的政权组织。

与印度文化最早接触的痕迹可以追溯到现代之初。印度商人跟随出身高种姓的人士（必然包括婆罗门），经由海上贸易路线来到印度尼西亚各个王国——如室利佛逝（Srivijaya）、苏门答腊和中爪哇的宫廷。印度的佛教和印度教主要在宫廷层面开始传播。8世纪末9世纪初，信奉佛教的夏连特拉王朝可能从敌对群体手中夺取了控制权，统治了爪哇的大部分地区。

婆罗浮屠在这个时期初具雏形。这里不仅用来履行宗教职能，还用来歌颂当朝的各位君王，此时王国正处于鼎盛时期。兴建这个综合体需要付出巨大的努力，考虑到当时可用的技术，就更是如此。这座建筑坐落在一座小山上，由100多万块石头组成，每块石头重达90多千克。人们把它们从附近江河的河床运到现场，再由工匠切割、打磨和修饰雕刻。

在公元760年到810年间某个时期，想必有成千上万人参与这个项目，持续30年左右。夏连特拉王朝统治时期必然繁荣昌盛，欣欣向荣，才容许建造如此浩大的工程。事实上，一些专家认为，国家此后开始衰退，正是这个时期劳民伤财大兴土木造成的。工程竣工数十年后，中爪哇整块疆土默默无闻陷入沉寂，爪哇文明的中心转移到了岛屿东部。我们至今不知道这个地区为什么被舍

A 方形平台
B 圆形平台
C 顶部佛塔

弃，虽然研究人员众说纷纭，提出了各种理论，包括火山喷发、地震、饥馑、或者多种综合因素，比如中爪哇因为兴建另一座大型工程而分身乏术，普兰巴南（Prambanan）印度教寺庙群地位显赫等，都可能是此地人去楼空的原因。

婆罗浮屠沉睡多年无人问津，直到18世纪初，当地才开始重现它的消息。这座寺庙真正重见天日并被适度利用是欧洲人托马斯·斯坦福德·莱佛士爵士（Sir Thomas Stamford Raffles）的功劳。19世纪初，他在这个地区担任英国副总督。这里原本由荷兰人控制，可是此时荷兰人正忙于与拿破仑交战，让控制权落入了英国人手中。莱佛士年轻、能干、知识渊博，对自己工作所在国的历史文明满怀热情。他委托军事探险家科林·麦肯齐（Colin MacKenzie）组建研究小组，考察曾经栖居岛上的古文明遗迹。麦肯齐在印度生活多年，熟谙佛教和印度教艺术。小组有位成员名叫H.C.科尼利厄斯（H.C.Cornelius），这位荷兰工程师在1814年发现了婆罗浮屠遗址，当地居民把他领到了现场。200人花了一个半月的工夫才把寺庙从草木丛生中清理出来。第一次修复工作随着1870年前后最后几次考察而告终，具有讽刺意味的是，这恰恰成了它被损坏的开端。事实上，植被和火山喷发产生的火山灰掩埋这座建筑的同时，也保护了它免受大气因素的危害。

于是，当烈日风霜和骤然的温差变化再次在这座建筑上留下印记时，它迅速开始损坏。在倾盆大雨从天而降的

242—243 婆罗浮屠坐落在边四方形塔基上，高近46米，超过五层，登顶路线长达5千米。在这幅图中我们可以清楚地看到佛塔和曼达帕的双重形态

243右下 传说，这座建筑由宗教建筑师古纳德尔玛（Gunadharma）设计。它的南侧屹立着梅诺雷山（Menoreh Hills），建筑的轮廓与山势相得益彰。由于这座寺庙与自然景观融为一体，方圆百里笼罩着魔幻神奇的气氛

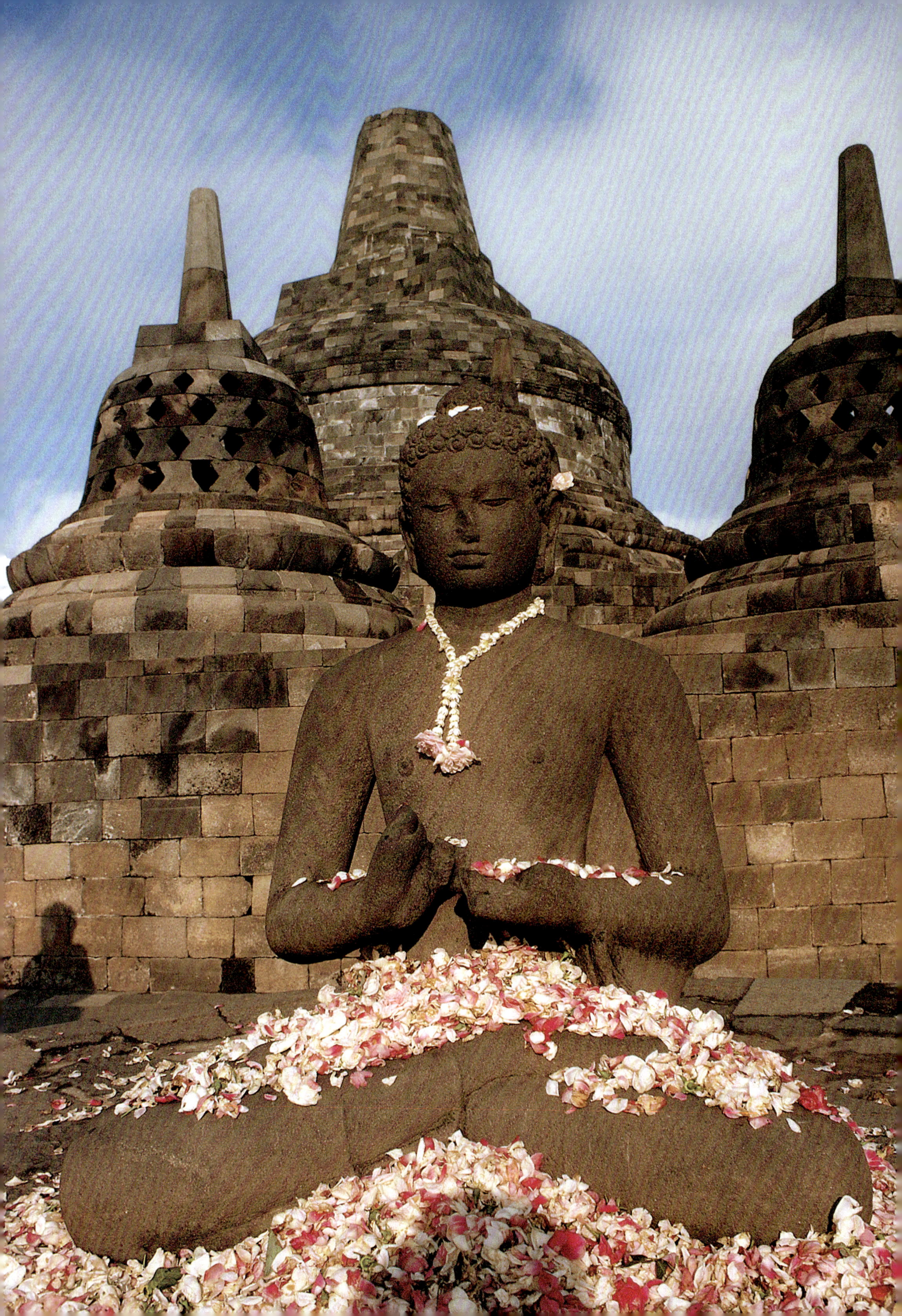

时节，它尤其受到排水不畅的困扰。尽管如此，过了相当漫长的一段时间，荷兰人才决定启动修复和保护行动。行动在1907年展开，不幸的是，排水问题未能解决。在接下来的几年里，事态每况愈下，引起了这个时期印度尼西亚政府管理人员的惊慌，1971年终于决定开展严肃的修复计划。这项计划在1983年完成，包括联合国教科文组织在内的众多官方机构纷纷参与其中。

筑都可以理解为对一个概念的巧妙解释，即宇宙围绕一个中心旋转，如同亚述-巴比伦的塔庙和波斯帝国都市的布局。如果我们从空中俯瞰婆罗浮屠，它呈现巨大的曼达帕形状，即一组几何图案标出一块神圣领地，中间是最重要的部分，从中心逐渐向外扩大，精确地指向四个罗盘点。

佛教在爪哇的主要形式是大乘佛教，这种宗教对个人得道敞开大门，宣

244 婆罗浮屠遥远的往昔或许已成云烟，但对于佛教徒来说，一个重大纪念日会在4月或5月的月圆之夜举行，以庆祝佛陀涅槃

245中 根据在这座建筑上所处的朝向和平台位置的高低，佛像呈现不同的姿势，表示不同的意思。北侧佛像施无畏印，表示消除恐惧；东侧为降魔印，表示降伏恶魔；南侧为施愿印，表示慈善行为；西侧为禅定印，表示冥想入定。第一道栏杆上方四个方向的佛像均结托与印，表示祈祷；圆形平台上的佛像结转法论印，表示旋转法论，如图中雕像的姿势

这座建筑物上100多万块石头先被拆除，经过一些处理和修整，再全部按照原来的顺序放回原处。这次行动产生了效果，证明采取一些措施阻止雨水侵蚀是可行的。今天，婆罗浮屠整座建筑已经完全复原，每年吸引约100万名游客参观。这些游客中佛教香客寥寥无几。大多数游客受到吸引，是因为它作为一件特殊艺术品的建筑之美，蒙着一层迷人的宗教光环，是我们知之甚少的一种往昔生活的证明。唯一可以与婆罗浮屠媲美、可能也在某种程度上激发了建筑师灵感的，是位于印度东北部的南丹格尔（Nandangarah）寺。这两座建

扬信徒即使在只有一次的人生旅途上也可以追求佛法，以抵达涅槃，届时他们将从永无休止的轮回中解脱。在7世纪到14世纪之间，一些神秘难解的佛教形式大举传播，比如密宗（Tantrism），它们认为凭借形形色色的仪式和实践可以提供通往觉悟和涅槃的捷径。我们必须在这个背景下看待婆罗浮屠，它雄辩地证明了佛教的这些思想流派。寺庙由四层方形平台和三层圆形平台组成，顶部设立小佛塔。在顺时针方向的绕佛仪式中，香客必须穿过前面四层平台的走廊。走廊的栏杆内侧装饰着纷繁多姿的嵌板。第一道走廊装饰了四个系列的嵌

245下 佛龛中众多的佛像面朝周边四野。图中所示为东侧佛龛，佛像结降魔印，即降伏恶魔的手势

245

板，另外几道走廊各装饰两个系列，香客总共要经过十次，通过观看浅浮雕潜心学习，然后才获准进入上层的圆形平台。根据大乘佛教的理论，须弥山居于宇宙的中心，行星、天空和海洋绕着它旋转。在比喻意义上，觉悟之路对应着登山，婆罗浮屠象征着山峰。寺庙的基座代表物质世界，即形体状态、欲念和生命之苦的境界。基座边长约120米，墙壁几乎没有装饰。出于我们至今仍不明了的原因，160块精雕细刻的嵌板被一面墙遮蔽，直到1885年才被发现。

不知是为了加强建筑的稳固性，还是为了向信徒掩盖反映世俗的欲望和激情的雕刻，基座周围建起了一面保护墙。为了给装饰嵌板拍摄图片，这面墙曾全部被拆除，后来又重新垒砌。今天，只有四块嵌

246左上 画面描绘一位骑马的贵族带领随从进入森林打猎的场景。这个形象可以在刻画《譬喻经》（*Avadana*）的第一道走廊找到。《譬喻经》讲述勇敢的作为，强调自我牺牲

246左中 乐师欢天喜地庆祝佛陀诞生

246—247 端坐的善财童子身边环绕着睿智的导师。这块浅浮雕是上层平台所刻画的连环故事的组成部分，主题取自《入法界品》（*Gandavyuha*），它把世界的结构比作泡沫。故事讲述善财童子的旅程，这位富有且高贵的商人之子孜孜以求地追寻能予他智慧的导师。在这个求知阶段的终点，他抵达了佛陀居住的天宫

板特地露出来供游客参观。它们描绘了出自佛经《大业分别论》[1]的场景，探讨天堂和地狱、罪恶和惩罚、善举和奖赏。基座各边中间都设有一段狭窄的台阶通往上层平台。要想遵循正确的路径，应该从东边登上台阶，因为东边被认为最为神圣。从外面看不到寺庙中的浅浮雕，不过能够看到数不清的佛像。建筑呈现为巨型佛塔的形状。佛塔是典型的佛教建筑，最初埋藏着佛祖乔达摩·悉达多的舍利，日后成为佛教的一种重要象征。为了领会雕刻中蕴含的教导，我们必须进入上层走廊。因此，这座建筑的形状很不寻常，乍看上去无法从外部进入，让那些不肯进入走廊接受教诲的人就此止步，真正的信徒却可以继续前往获得救赎之路。第一道走廊包围的面积较小，底座边长为60米，越往上走廊越短。四层方形平台代表色界，即佛陀的物理形态。据说走过色界，香客就踏上了通往涅槃的道路，他会发现自己处于灵性成长的阶段，此时他必须接受教诲，虽然他已经走上了摆脱底座上所描绘的物质生活的旅程。

据说只有在正确地全部穿过四道走廊以后，他才获准进入无色界，即无形无物的最终境界。在这里我们看到三层圆形平台，一系列佛塔呈同心圆排列，我们可以透过几何形状的小孔瞥到里面的佛像。

修习过程结束，现在我们抵达了最后的中央大佛塔，这是绝对无法进入的。圣山须弥山的攀登圆满完成。在信徒眼中，此时他们处在一种无形无物的状态，四大皆空。

因此，婆罗浮屠是一座具有多重含义的建筑，结构复杂深奥。可以从多个角度看待它。我们可以欣赏它的造型之美和雕刻的艺术价值，也可以把它看作一段光芒四射却灰飞烟灭的历史的见证。

然而，必须这样破解它最深刻的意义：它具有佛塔、须弥山和曼达帕的三重意象，表示同一条道路的三个方面。按照建造者的意图，这可能会促使香客达到觉悟，让他们的灵性与佛陀本身接近。

---

[1] 《大业分别论》为《巴利文大藏经》中论藏的组成部分，南传上座部佛教典籍，分为十八品，论述蕴、处、界、谛和根等十八种佛教概念。

247右下 图中所示的帆船是我们了解古代东南亚船只的形状和特征的一个重要参考来源。这块嵌板是第一道走廊所刻画的连环故事的组成部分，灵感来自《譬喻经》中自我牺牲的故事

吴哥窟：众神的宫殿

A 吴哥窟
B 巴肯寺
C 大吴哥城
D 巴戎寺
E 圣剑寺（Preah Khan）
F 龙蟠水池（Neak Pean，又译涅槃寺）
G 东巴莱
H 塔普伦寺（Ta Prohm）
I 斑黛喀蒂寺（Banteay Kdei）
J 皇家浴池（Sras Srang）
K 塔逊寺（Ta Som）
L 东梅奔寺（Eastern Mebon）
M 比粒寺（Prerup）

吴哥位于今柬埔寨境内，占地宽广、瑰丽迷人，融本土与外来元素于一体。当地高棉人崇拜祖先和圣山，印度教则以宇宙山为理想，圣山与宇宙山相互融合。

9世纪，人们在金边的圣山库伦（Kulen）山为国王阇耶跋摩二世（Suryavrman II）举行了一场盛大的婆罗门仪式，首次认可"神王"（devara-ja）文化。

神话故事讲道，印度教一位重要神祇湿婆把林伽（lingham）交到这位国王手中，这块阳具样的石头象征湿婆神，从这一刻起，它就成为宇宙的保护者神王的王权守护者。神王的居所就是国庙。

作为这一传统的组成部分，每位君王在统治期间都要建造一座私人庙宇来供奉林伽，作为他的王权和神圣存在的象征。他去世后，这里就成为他的陵墓。强大的神王更进一步，也为亲人建造庙宇。由此，寺庙不仅成为信仰来世的标志，也成为祖先与后代之间的桥梁。

高棉帝国的璀璨延续了五百年，直到1431年被摧毁。关于这座城市的记忆烟消云散，直到19世纪法国博物学家亨利·穆奥（Henri Mouhot）在书中叙述游历各国的见闻时第一次描写了吴哥，这才引起西方对高棉文明史的关注。

这个地区一度是法国的保护国，"法国远东学院"于1900年成立，着手复原吴哥，砍伐丛林，把这些古迹清理出来并加以修复。1908年成立了专门机构"吴哥古迹保护处"，接连由知名人士担任领导，致力于这项工作。

1929年，荷兰人发明了一种考古学方法，叫作原物归位（anastilosis）。它是把古迹完全拆卸，再一块一块重新搭建并予以加固。高棉古迹就使用了这种方法，取得了显著的效果。

高棉建筑全部受到宇宙山的启发，酷似阶梯式金字塔的四四方方的塔形圣坛是已知最古老的高棉设计，用砖头、砂岩或黏土建造。这些塔殿（prasat）最初为单独一座，后来三五成组建在共同的塔基上方，接着又形成五塔形制的国庙建筑群，四角各立一座塔，第五座塔立在中央，塔与塔之间设回廊连接。

这些国庙建筑的依据是印度神话中的世界起源，国庙从象征宇宙海洋的塔基或者等待生命降临的水域冉冉升起。巴莱（baray，人工湖）对这座宗教中心建筑不可或缺，因为王权建立的基础不仅在于神圣的旨意，还在于把水引向稻田的能力。巴莱是高棉的水源地。国王本身由此成为生命之源。寺庙主体代表神话中有五座山峰的须弥山，在印度教的观念中，它居于宇宙中心，象征

248右上 高棉古迹的迷人魅力不仅在于它们卓越的艺术价值，还在于它们置身荒郊野岭、丛林掩映缠绕的状况。修复问题在这里格外复杂，因为数百年来森林在掩盖并毁坏寺庙的同时，树木的根系和枝叶也有助于让石块保持原状不至于坍塌

248右下 高棉建筑倾向于把人变为神。这尊提娃妲女神（devata）发型复杂、珠光宝气，在吴哥窟的墙壁上露出神秘的笑容。吴哥窟建于1113年到1150年

249 在高棉帝国中间的四百年，即公元9世纪到13世纪之间，吴哥兴建了几座都城，最后一座都城大吴哥城一再出现观音菩萨的造像。观音菩萨是大乘佛教的核心形象

249

250—251 女王宫是距离吴哥19千米的小型寺庙群。其中的浮雕是高棉造型艺术的最佳典范。图为北藏书阁东面的局部，故事围绕毗湿奴的化身黑天的历险展开

250下 女王宫南藏书阁东面的主要形象是千头恶魔罗波那[1]，他企图撼动湿婆神的家乡凯拉萨山[2]。湿婆神在上方，妻子帕尔瓦蒂（Parvati）惊慌地紧抱着他。圣山的居民、动物、苦行僧和侍从都惊恐万状，湿婆却毫无惧色，他一脚踩到地上，山脉稳住，恶魔被压入地球的"内脏"

---

1 罗波那（Ravana），又译拉瓦纳，因为《罗摩衍那》的缘故，在印度文化中为邪恶、妖魔的象征。

2 凯拉萨山（Mount Kailasa），即中国西藏阿里境内的冈仁波齐山，一座精神和信仰之山，同时被藏传佛教、印度教、西藏原生宗教苯教及古耆那教认定为佛国的中心。

我们眼见的世界混沌之初的状态。寺院四角建有别致的亭阁,四道门向外开放,象征王权在整个宇宙中无远弗届。

石桥栏杆上装饰着五头或七头蛇神那伽(naga),石桥代表将天地相统一的彩虹,以及蛇神带来的雨水。

因为每位君王都必须履行三项基本职责,给臣民修建水库和灌溉渠,给祖先兴建寺庙加以缅怀,给身为神王的自己建造圣山,所以,吴哥地区佛寺遍地林立。

吴哥城绵延155平方千米,靠近今天位于该国北部的城市暹粒(Sieam Reap)。在今罗洛士(Roluos)村附近有一处古老的定居点,国王因陀罗跋摩(Indravarman)曾经把首都诃里诃罗洛耶(Hariharalaya)定在这里,在公元879年开挖了宽阔的人工储水湖(Indrataka),建造了六塔神牛寺(Preah Ko),在公元881年建造了圣地巴肯(Bakong)山。但是耶输跋摩(Yashovarman,889—900)舍弃了罗洛士,定都耶输陀罗补罗(Yashodhapura)。圣地巴肯山周边名为东巴莱(Eastern Baray)的巨大盆地为它提供滋养,巴肯寺供奉着皇室林伽。

251右中 除了国庙,高棉也建造低矮的建筑。供奉圣器的大殿两侧设置其他房间,围合在几道墙壁内。两类建筑都象征求神向圣的内心朝圣。就国庙而言,朝圣路线为由下而上;在低矮的建筑中,朝圣路线为由外向内,由边缘向中心

251右下 浮雕中的恶魔阿修罗很容易辨认。他们五官特征鲜明,双眼圆瞪,而天神提婆容貌秀美,眼睛为细长的花瓣状。这块浮雕是在巴肯寺的台阶上发现的

251左下 图为俯拍的巴肯寺,寺庙由耶输跋摩一世在公元893年兴建,作为新首都耶输陀罗补罗的国庙中心

251右上 由罗贞陀罗跋摩二世于公元952年建造的国庙东梅奔寺是宇宙山的象征,也是凡间秩序的守护者神王的家园

252—253 吴哥窟被视为高棉艺术的杰作，是高棉达到辉煌的标志。这个建筑群由一道又深又宽的人工湖包围，代表印度神话中从原始海洋浮出水面的宇宙山。兴建人工湖是统治者的一项主要活动。人工湖具有保障稻田灌溉，同时象征神王身为水王的双重功能

252下 吴哥窟包围在一道双层墙中间，上方建有金字塔结构。它由三层平台组成，最上层平台上呈十字形立着五座塔，好比宇宙山的五座山峰。人们认为高棉建造者可能故意把入口巷道的长度设计成外立面的近两倍，以呈现景色优美、引人注目的效果

吴哥的历史始于耶输陀罗补罗，这座都城在此后500多年里一直是高棉帝国的中心，除了公元921年到941年的插曲，阇耶跋摩四世曾短暂地迁都贡开（Koh Ker）。

高棉艺术的缔造者不仅限于国王。它的杰作之一——女王宫（Banteay Steis）[1]于公元967年由两位婆罗门兄弟耶若婆罗诃（Yajnavaraha）和维什努库马拉（Vishnukumara）在吴哥东北约30千米处建造。

女王宫呈长方形，在第一和第二道墙壁之间伫立着一系列建筑，在第三和第四个区域的入口处建有名叫瞿布罗

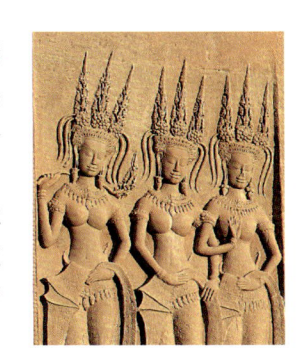

---

1 女王宫（Banteay Steis），音译为"班蒂斯蕾"。

253中 尽管泰国人在1431年洗劫吴哥城，终结了这座伟大首都的历史，吴哥窟却从未被彻底遗弃。它是为信奉印度教的国王苏利耶跋摩二世建造的，他死后被认定为毗湿奴的化身。从遍布各处的许多佛像看得出来，这里后来成了佛教徒的朝圣地

253右中 住宅建筑荡然无存，只有寺庙用了一些耐久的材料建造，因为寺庙被认为是神统治者的家园，应该媲美神在天国的亭阁。吴哥窟的诸神在视物时睁开眼睛；冥想时闭上眼睛，表现君王度化之后在天国将会获得的喜悦

253右下 十字形是吴哥窟在佛塔和入口（如图所示）使用的基本模型

253右上 吴哥窟的墙壁上装饰着一群身份地位不等的女神，她们裙裾飞扬，服饰优雅别致。神秘的微笑是这个时期神像的典型特征。她们沉静淡泊的表情暗示凡夫俗子与天神之间存在巨大的鸿沟

（gopura）¹ 的纪念碑式十字形结构，墙壁由盲窗和小圆柱加以凸显。入口道路的两侧建有回廊。寺庙本身分为三座塔殿，塔殿建在经过装饰的底座上，三面设有假门，上面几层结构和装饰逐级缩小。

女王宫最有趣的特色也许是所谓"藏经阁"的阁楼上方的山墙和门楼。山墙基本笔直，波浪形的轮廓线宛如花瓣；瞿布罗模仿木雕，经常建在三层楼的高处，营造一种层叠效果，这是驰名于世的吴哥古迹的典型特征之一。

这座寺庙的装饰因为构图新颖、纷繁瑰丽而被认为是高棉艺术最成功的作品之一。

---

1 瞿布罗（**gopura**），塔门，来自梵语，起源于公元前6世纪的古代印度，意为"不灭之门"，后基本专指与宗教建筑有关的华丽的大门，在印度和东南亚的宗教建筑中广为流传。

吴哥窟建于苏利耶跋摩二世（Suryavarman II）统治时期（1113—1150）。近年来，在联合国教科文组织的领导下，由于发生内战而受到阻碍的修复工作正在展开。这处古迹有好几个名称。它曾经叫作布拉（**Brah**），这是苏利耶跋摩去世后的名字，即"毗湿奴的神殿"，今名吴哥窟的意思是"皇家宅邸，兼作修道场所"。关于这处古迹的确切用途仍存有疑问，流行的说法是苏利耶跋摩二世修建它作为自己的陵墓。

这个建筑群占地近**3**平方千米，周围环绕着一条**180**米宽的护城河，沿着台阶可以下到河中。寺庙朝西，而非朝东，似乎证实它是作为陵墓兴建的。底层设有两个入口，几道回廊相互连通。寺庙入口处设有铺设地砖的门楼，门楼两侧分布着藏经阁、人工水塘和十字形平台，这条路延伸到中央殿堂的入口。

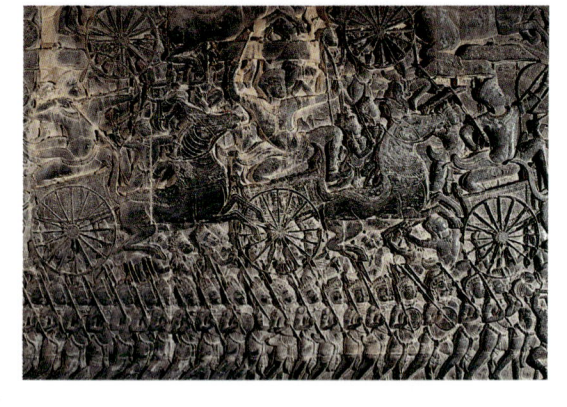

254左 苏利耶跋摩二世虔诚信仰毗湿奴，吴哥窟外墙回廊的浅浮雕的灵感来自这尊神的事迹和他的化身罗摩（Rama）和黑天。两部印度史诗中《罗摩衍那》歌颂罗摩，《摩诃婆罗多》歌颂黑天。上面和下面的画面描绘战斗场景。中图为审判死者的局部，几名惊恐、瘦弱的罪人遭到侍从殴打，一头大象用鼻子把其他人卷起摔死。阴间之神和最高审判官阎魔（Yama）的职能由苏利耶跋摩二世履行，他死后成了神

254右下 整个画面基本上被填得满满当当，偶尔留出空隙以凸显某个人，比如这位凯旋的武士与被他杀死、躺在脚下的敌人的形象形成对比。浅浮雕的蚀刻从初稿开始，接着是建模和细节加工，步骤类似于绘画。可惜，吴哥的外漆几乎磨灭殆尽

255 对战争场景的频繁刻画可以这样理解：苏利耶跋摩二世是一名战士国王，他率军打败了高棉的宿敌，包括来自附近占婆（今越南附近）的占族。毗湿奴不断历险，他造访凡间总是为了降魔除弊，因此特别适合用来表达国王与神相互重合的主题

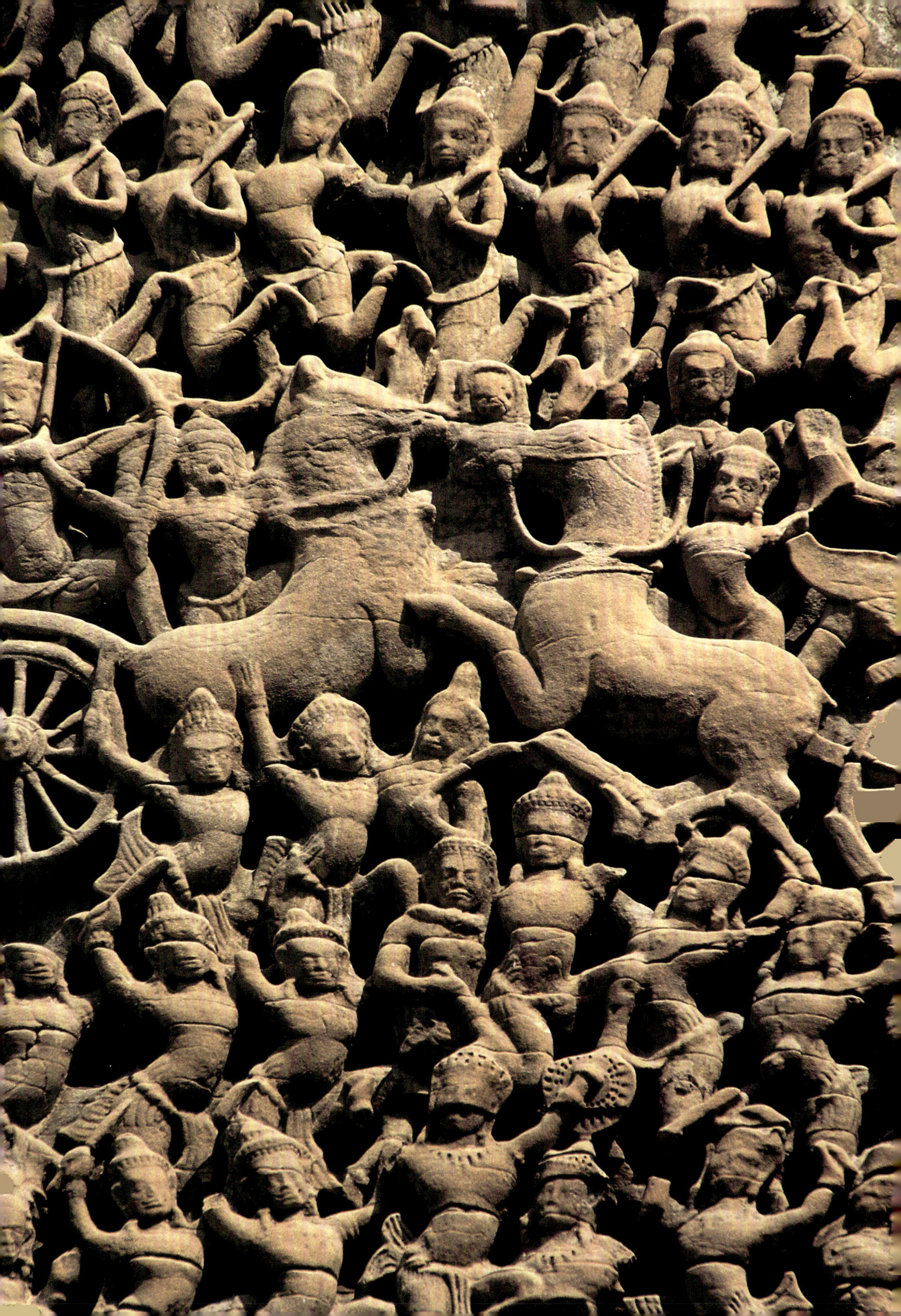

256和256—257 阇耶跋摩七世的面孔在大吴哥城随处可见。在他统治时期，砂岩匮乏，因此在中空的石头内大量使用木质横梁，这解释了寺庙建筑脆弱易裂的原因。这是伟大的高棉帝国走向终结的先兆。先是印度教，接着是大乘佛教，最终在小乘佛教的简单朴素中融合，这标志着佛陀原始教义的回归

257右上 巴戎寺的回廊装饰着长达1200多米的浅浮雕，除了描绘宫廷和战争外，还有日常生活场景，它们提供了了解这个时期生活状况的惊人信息。画面展现了许多不同的场景，最重要的是庆祝1190年阇耶跋摩七世抗击柬埔寨占族取得伟大的胜利。占族的国家后来被高棉吞并，公元1177年吴哥遭到洗劫的耻辱得以洗刷

257右中 抗击敌人的军队在行进时秩序井然，步兵排成两队前进，象阵气势夺人，指挥官骑在象背上，战车、乐师和舞者姿态各异。军队后面跟着携带物资的平民和士兵的家属。表情、服饰、兵器等细节的刻画既一丝不苟又生动活泼

257右下 第一道回廊东侧南面，上面部分刻画鱼和鳄鱼撕咬落入河水中的士兵的腿，表示抗击占族的战斗正在进行。下面部分画着树木，表示河岸上生活一如既往。当时简约朴实的民居和日常用品与今天别无二致

吴哥寺矗立在三层阶梯式金字塔上方，第一层台基包含十字形游廊，三道游廊通向前往上层台基的三段与之平行的台阶，第四道游廊设有三间中殿，与另外三面呈直角，把空间分成四个礼池。

第二层台基重复了第一层台基的主题，在环绕游廊的四个罗盘点设有门楼，四角立着十字形凉亭。它也与位置抬高的藏经阁相通。通往第三层台基的台阶非常陡峭，不同于另外两层的长方形平台，它是工整的四方形。周边游廊上设有立柱窗户，四角立着十字形凉亭，入口上方的门楼朝向四个罗盘点，模仿回廊的十字形平面图。

精美的装饰为这处古迹画上点睛之笔。窟体呈8或16个面，分成10或12个圈层，使窟体看起来既轻盈又跃动。树叶水平交叉的设计形成了一种挂毯效果，美丽的天仙在这个背景中翩然现身。

这些仙女具有许多特质，包括发型繁复精致。神话中的场景出现在沿着墙壁延伸90多米的回廊浅浮雕中，在山形墙上再次重复，宛如把手稿蚀刻在石壁上。这种技术很像是从绘画中照搬过来的，但是这种高棉艺术没有痕迹留存下来。苏利耶跋摩二世偏爱

五道门，其中四道门位于四个罗盘点上，第五道门在东门以北，高18米的四面佛像高高耸立。佛像呈现阇耶跋摩七世的样貌，这清楚地说明，他是宇宙的保护神。门前有54尊眼睛细长的神像和54尊瞪着圆眼的恶魔像，他们拉拽着蛇神那伽。这里表现了搅动乳海的神话，双方用蛇神婆苏吉（Vasuki）当作绳索，缠绕在宇宙山即巴戎寺周围，以便翻江倒海卷起旋涡。

多少年来巴戎寺的结构几经改动，以至于在发现佛像之前，学者很难确定它的年代和用途。

毗湿奴，所有形象全都来自毗湿奴的神话，即两部伟大的印度史诗《摩诃婆罗多》和《罗摩衍那》（Ramayana），还有讲述神和恶魔为了获取不死甘露和至高智慧而搅动乳海的神话。

尽管从我们的角度来看，吴哥窟存在一些基本的结构缺陷（基础薄弱，拉杆和接缝使用不足，石块交错铺设受到限制），但吴哥窟仍是和谐匀称的建筑杰作。

高棉帝国最后一位也是最伟大的建造者无疑是阇耶跋摩七世（1181—1201），他不间断地兴建了30年，工程进度极快，一座高大的砖塔在30天内搭建完成。最好的采石场已经耗尽，匆忙赶工和优质砂岩的缺乏导致建筑质量受到了影响。

巴戎寺是一座神秘且复杂的国庙，位于大吴哥城的中心点。这座"大城"绵延8平方千米，四周环绕着6米多高的墙壁。墙上设有

258—259 巴戎寺建于13世纪初，是高棉最复杂、最神秘的建筑之一。它也标志着高棉的衰落。这片恣肆不羁的塔林在建筑过程中虽然几经改变，却遵循一定的逻辑。这座寺庙把阇耶跋摩七世与佛等同，表达了他复杂而矛盾的个性。在巴戎寺的每座塔上都能看到他的面孔

258左下 大吴哥城的入口处排列着数尊巨大的神像。城墙象征着环绕宇宙的山脉，护城河表示宇宙的海洋。巴戎寺位于大吴哥城的中心，代表宇宙山。在阇耶跋摩七世统治时期，这些宏伟建筑的微言奥义达到了极致

259右上 高大的四面佛像巍然耸立在巴戎寺的中心，不同于其他国庙，它的平面图呈圆形，这符合佛教的象征意义。大乘佛教的追随者阇耶跋摩七世叫停了印度教建筑的兴建，却没有叫停这个浩大的工程，它在成本和人力两方面都所费不赀

林立的塔群给游客留下难以置信的印象。除此之外，回廊墙壁上还有几十上百幅浅浮雕以人们的日常生活为背景，展现了阇耶跋摩六世[1]的业绩，他战胜了统治占婆（Champa）王国的占族。这些浮雕因生机勃发和直观真切而名声在外，艺术家运用非凡的技法，根据雕刻的是强大的神和国王还是普通人（普通人与今人大同小异）来调整笔调和构思，一如今时今日的做法。

---

1 应为阇耶跋摩七世。

259下 大吴哥城即阇耶跋摩七世的大城受到印度教神话启发。天神和魔鬼搅拌乳海以获取象征长生不死和知识的甘露，它们以蛇神婆苏吉为绳索缠绕着宇宙山。吴哥的城门前面（下右图）有54尊神像和同样数量的恶魔，他们在拉拽着一条蛇

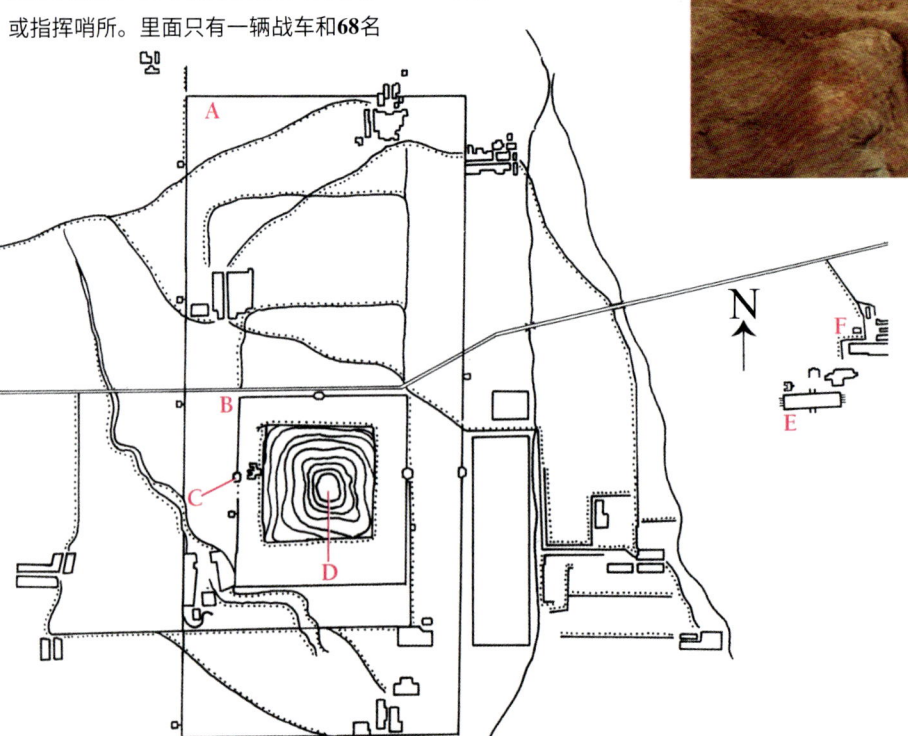

西安：
兵马俑

1974年，在陕西北部距离西安不远的临潼区，中国第一位皇帝秦始皇的陵墓外墙以东1280米处，一群农民偶然发现，一道宽广的土坑内埋着多尊可以追溯到秦朝（前221—前206）的兵马俑。在后续挖掘中，其他土坑也出现在世人面前。

整个秦始皇陵墓建筑群占地面积约为57平方千米，到公元前210年皇帝去世时尚未完工。

这个墓葬群的中心是土冢，已经确认皇帝的墓室就在土冢下方，但尚未着手发掘。

以墓室为中心，方圆16千米的范围为陪葬区。1980年，在土冢以西发现了一条过洞，里面出土了两辆令人惊奇的青铜马车，尺寸约为真正马车的一半。在距离此地不远处又发现了18条坑道，里面埋着野生鸟兽，还有13条坑道中出土了奴隶俑和仆役俑。

在墓室区以外，东边又发现了93条坑道。坑内埋有陶器、铁制工具和车夫俑，还有大量马骨架。在土冢以东1.6千米处的四条坑道内，发掘出了皇帝的陶俑军队。

这些坑道相互之间用夯土墙隔开，总占地面积约21000平方米。坑内出土了130辆木制战车、600多尊马俑、8000多尊形态各异的兵俑，还有数量庞大的青铜兵器。

坑道一律朝向东方。一号坑在南，二号坑和三号坑位于一号坑以北东西两侧，四号坑在二号坑和三号坑中间。四号坑的挖掘工作至今仍在持续。

一号坑内立着6000多尊兵俑和马俑，步兵和重型马车呈长方形列阵。前三排共210尊兵俑全都面朝东，没有穿制服。他们手持弓弩，肩背箭袋。队列的中后部为三尊武装的兵俑，显然是军官。

这三排兵俑后面是38列士兵纵队，分成11组，其中六组配有战车，由两尊立俑护卫。每辆战车前面都站着三排兵俑，每一排都由手持青铜长矛的四尊俑组成。

38列纵队的两侧各有一排士兵在队列中面向外部站立。其中许多士兵配备弓弩。在阵形尾部有三排士兵，两排面朝东，一排面朝西。

二号坑里出土了近1000尊兵俑，外加400多尊马俑和89辆战车，阵形是把骑兵、步兵和战车集中起来，由武装的先锋部队保护。三号坑似乎是全军的总部或指挥哨所。里面只有一辆战车和68名

260—261 秦始皇的军队组成编队站在一号坑的中央过洞内。第一条过洞内为没有穿戴盔甲的马倌。他们身后为军官和轻型步兵，伴着四匹马拉的战车。在过洞之间夯土墙的顶部，我们可以看到搭盖横梁的印记。士兵的脑袋比真人略大，从夯土墙的上方探出，反映了这支威武雄壮的秦朝军队的实力

A 外墙
B 内墙
C 青铜马车坑
D 墓葬堆
E 一号坑
F 二号坑

261下 一号坑里各级军官、步兵和马拉战车的令人震撼的场面。沿着土墙有序排列的士兵阵仗体现了中国第一位皇帝的军队团结一致、精悍干练

配备青铜标枪的士兵。

这些形象大小不等,体型各异。兵俑的身高比真人略高。马俑约1.5米高,约1.8米长。兵俑和军官俑配备全套可以在战斗中实际使用的军事装备。

兵器包括长矛、标枪、戟、斧头、钩、剑和弩,用品质上乘的材料制造。木制推车和马缰绳也适合实际使用。一些兵俑和马俑的头部和身体上有刻画或者戳印的图章记号,显然表示工匠的名字。一共找到超过85位手工艺大师的名字,他们技艺精湛,似乎还雇用了众多的助手和学徒。学者们认为,每名工匠师傅配备约18名助手。

除了雕刻师的名字以外,在别处还发现了其他人(似乎是下级官员)的名字,以及兵俑和马俑的数量清单。

兵马俑数量众多,气势磅礴,场面壮观。此外它最引人注目的地方在于工匠赋予这支军队极端写实而纤毫毕现的细节。

马车的形状和表面涂饰反映了当年的习俗,马匹(包括眼罩、缰绳、嚼子和马鞍)全都如实再现,惟妙惟肖。

兵俑的身高、体态、服装和发型同样逼真,最重要的是面部特征,它们给观者造成的冲击力最为强烈。

皇帝的军队从全国招募兵源,陶俑甚至体现了民族特征。于是,一些兵俑呈长脸形、大嘴巴、厚嘴唇、高额头和宽颧骨,这是渭河谷地居民的典型特征,另外一些兵俑则具有今天四川居民的圆脸或鹅蛋脸和尖下巴。他们各具表情,宛然如生,呈现鲜明的个人特点。

这些陶俑的身体线条和造型相当简单,头部却细致考究。眉毛刻画得非常精细。头发往往梳成顶髻,再戴上头巾或简单的兜帽,风格很写实,许多陶俑的胡髭也根根分明。陶俑的身体在造型上具有一定的一致性,显

262左下 一名年轻的下级军吏，我们可以从简单的头巾和战袍判断他的军阶。战袍外面罩着由方块甲片编缀而成的铠甲，显示出他的英勇顽强和艰苦朴素

262—263 步兵排列整齐的阵形和外观反映了秦朝雄师劲旅的真实情况。军吏可以从较为复杂的发型和肩膀上的穗带识别身份。步兵的发型较为简单，头戴巾帻。每张脸都不一样，表现出独特的个性

263下 这是站在前排的马倌，他们脸上的坚毅肃穆与卑微的处境（可以从简单的服装和发型看出）形成鲜明对比

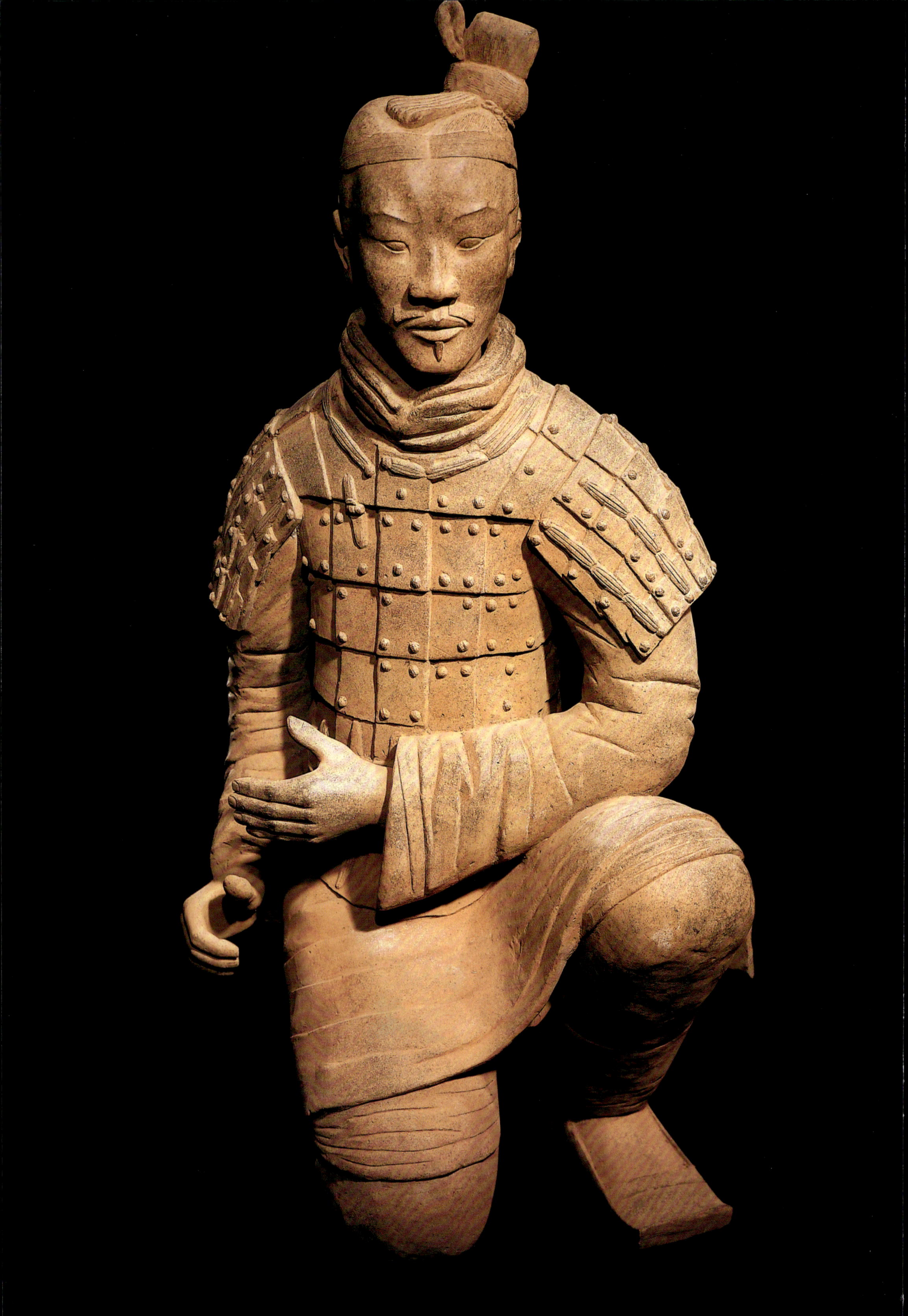

然因为它们通常是现场手工制作的;头部则是根据初稿专门设计,再刻画面部的五官和表情。

这些陶俑具有不同的体格、年龄、个性和情绪。

一些陶俑身上的彩色痕迹表明,它们在摄氏1000度左右的熔炉中经过烧制后,再涂上五颜六色的颜料。

面,意思是第一个。他认为自己的王朝要延续一万代,他本人是第一位皇帝。

可是,历史并未如他所愿。相反,他的统治只持续了20年左右,就被更为强大的汉朝(前206—25)[1]接替,尽管他推行的改革影响中国历史长达2000多年。他的基本目标是实现全中国的政治军事统一和权力集中。

他相信这个统一国家的基石依赖于法,

未来的统治者一定会遵循这些原则,法律将保护臣民免受统治者突发奇想的摆布。

秦始皇的统一措施包括在全国境内推行统一的度量衡,即一套计量长度、容积和重量的标准,在他统治时期发行和使用了一种圆形方孔铜钱,使其成为唯一的法定货币。

264和265右 跪射俑,展现弓箭手单膝跪地准备射击。因为他的身体必须承受来自敌方进攻的冲击,所以军队发给他沉重的铠甲、绑腿和方口鞋。双手放在右侧的姿势表明,当初他手中持有真实的弓弩

265左 骑手和坐骑。戴着巾帻的辫发、简单的铠甲和单件战袍表明这是一位低阶武士。嚼子和缰绳用铜片制成,这是秦朝的标准做法

虽然色彩大半湮灭,但仍有少数陶俑保留了原先的着色。

这些陶俑不仅体现了中国秦朝雕塑所达到的卓越的艺术水平,同时也确立了一种风格。这种风格转变了这一时期雕塑的外观,进而发展形成日后中国造型艺术的典型特征。

坑内的兵俑、马俑、战车和兵器组成一支完整的军队,强调了秦始皇吞并六国统一天下所依凭的强权和武力规模。公元前221年,秦王嬴政采用"皇帝"这个称谓,嬴政打算以这种方式让他的统治成为开启一个全新时代的标志,为此他把"始"字放在自己的头衔前

即法律。这意味着这个统一国家的基石是在全国范围内实施严格的律法,规范统治者治国理政。这是一个格外现代的概念。

儒家认为,理想的和优秀的统治者是一个拥有一切美德的人。道家认为理想的统治是无为而治。对于法家来说,君主不会滥用自己的意志,而是肩负着具体的任务,正确且公平地运用法律。

秦朝的法典在全国推行,以便确立原则:

---

[1] 汉朝(前206—25)是继秦朝之后的大一统王朝,分为西汉、东汉。

266中 剪去鬃毛和漂亮尾巴的拉车的马。在秦始皇陵墓的俑坑里,这些马分成四组,两匹拴在辕上,另外两匹可自由牵引驾驭。马的表情生动逼真,仿佛正要嘶鸣

266左下 从头巾可以看出,这是一名随军车夫。他披挂胸甲,穿戴战袍、绑腿和方口鞋。右手的位置表明,这个人原本手持真实的武器,可能是一把剑

267 这位将军傲视前方,特征鲜明,脸形狭长,器宇轩昂。他的头饰精致复杂,下巴上系着打结的带子。盔甲和胸甲上的绶带可能是高军阶的标记

另一项措施对中国的未来具有难以估量的重要性,即统一书写文字。西周使用的文字字体叫作大篆,随着时间流逝在全国各地发生巨大分化,字体繁杂不一。在秦朝统治下,文字被简化和规范,统一为秦国使用的字体,即小篆,于是,全国有了统一的文字。

口语方言虽然五花八门,书写的一致性却是当今中国文化统一的决定因素。

此外,秦始皇在整个领土范围内实施统一的措施,根据秦国使用的度量衡,规定了马车车轮的间距。可能正是这些成就确立了这位皇帝的正当性,尽管他短暂执政后就身亡了。

兵马俑军队说明了这位伟大统治者的军事力量之强大。它们的出土也再次表明,许多举世瞩目的考古发现是以匪夷所思的、近乎漫不经心的方式发生的。而在这之前没有人知道,过去曾经缔造过一支声势浩大的兵马俑军队,为一位雄才大略的皇帝陪葬。事情往往如此,普通农民在日常劳作时揭开了震惊世界的考古发现,一切纯属偶然。

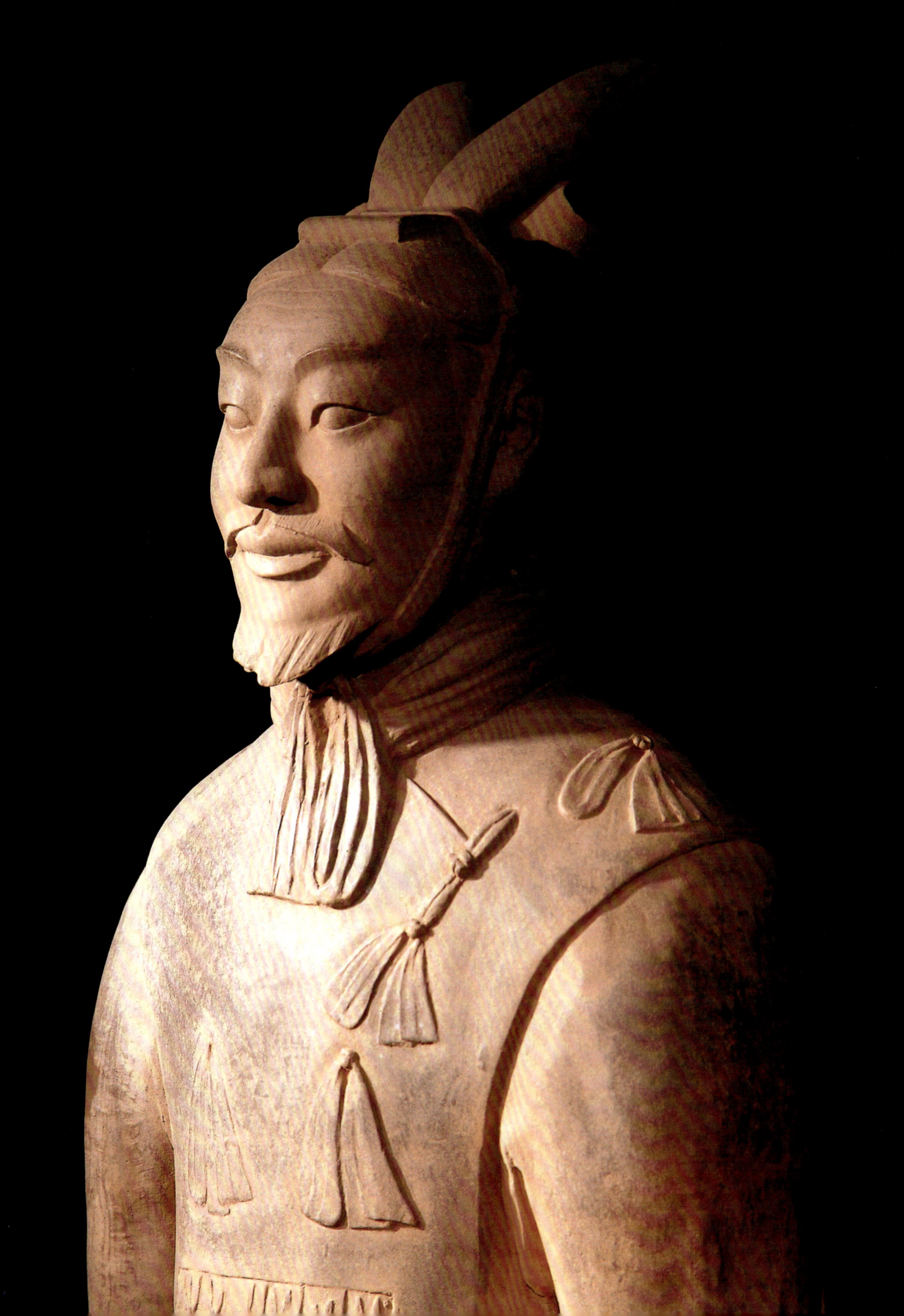

洛阳：
龙门石窟

268—269 龙门石窟的部分正面景观。前景为奉先寺，中间巨大的阿弥陀佛（**Buddha Amithaba**）像[1]由菩萨相伴。寺庙在崖壁上开凿，构成石窟群的核心，崖壁上还立着两尊英武雄健的天王力士。寺庙可以沿着台阶坡道抵达，台阶蜿蜒穿过主寺庙外缘的一系列佛龛。在龙门石窟群的岩壁上，主寺庙旁边有许多小壁龛，是以各位供养人的名义开凿的

---

[1] 俗称卢舍那佛，为释迦牟尼的报身佛。

在中国河南洛阳市以南约16千米处，坐落着龙门石窟。利用山崖天然的裂缝，龙门石窟的开凿始于公元494年，在后续各个朝代统治下持续了400多年。石窟群沿着伊河岸边的崖壁绵延1.6千米以上，这里富含细腻致密的灰色石灰岩，特别适宜精雕细琢的摩崖造像。

人们在崖壁上开凿了97000多尊大小各异的佛陀和菩萨雕像。最大的一尊高18米以上，最小的不足3厘米。此间还有1325间大大小小的石窟，750个壁龛和40座宝塔，它们表明佛教在古代中国深远的影响力。

研究表明，公元2世纪末，洛阳存在一个欣欣向荣的佛教徒社群，这里日后成为中国的佛教中心。这个社群制定了最早的修行规矩，因此，可以把龙门石窟的开凿视为僧侣阶层取得重要地位的标志。

石窟的开凿分为两个阶段。第一个阶段从北魏初年持续到隋朝，雕塑中仍残存着一些过去的元素。由于立体雕塑尚未发展形成，人物形象都嵌入背景，只能从正面观看。窟内石壁上装饰着佛像，背景细密繁复，几乎没有留白空间。数不胜数的佛像罗列成排，逼真程度参差不一，身体修长而棱角分明，细腰垂肩，长颈窄颅。雕像的嘴巴很小，眼睛为细长的一条缝，眉毛弯曲凸起，按照惯例，尖下巴两侧双耳垂肩。给人的整体印象是一种轻盈的、几乎转瞬即逝的美——天真、稚气、纯洁——在这一时期的中国佛教造像中贯穿始终。

第一个阶段具有代表性的特征是巨大的光轮，即背光（nimbus），呈叶片状，构成佛陀和菩萨的立像和坐像的背景。最常见的造像是历史上的佛祖释迦牟尼的雕像，不过，由于大乘佛教教义的传播，石窟的崖壁上也刻着成千上万尊菩萨像，菩萨跟佛陀一起出现在各种宣讲佛经的场景中。根据大乘佛教，在菩萨

269右上 奉先寺的崖壁局部，天神力士和佛像开凿在崖壁上。小佛像的服饰和发型呈现一定的趋同性，彼此之间以手势区别

269中 图最右侧高大的立像是两尊力士像中的其中一尊，高9米。在许多佛寺都可以看到面目狰狞的巨人，他们的作用是保护佛陀不受邪恶灵魂的伤害。这座雕像旁边是护法天王，他左手托着一座佛塔。在尊贵场所的入口处设置这样的守护神是惯例

269下 奉先寺的中央佛像。这尊佛像尺寸巨大，高近18米。它脸庞柔和，绽放似有若无的微笑，暗示佛陀信徒典型的幸福安康的感觉。生动传神的眼睛和弯曲的眉毛强化了这种表情。佛像呈传统的莲华坐势，与侍立旁边的菩萨像——想必是观音菩萨和大势至菩萨[1]——相得益彰

---

1 一般认为是文殊菩萨和普贤菩萨。

270左上 奉先寺左壁上的菩萨像。这尊雕像高11米，是龙门佛教艺术中体现印度风格的一个例子，衣饰奢华下垂，坠饰珍贵奇异。站姿的固定不动由右臂弯折的动作和手的姿态加以调和柔化

的帮助下，人人皆可成佛；菩萨在前往觉悟的途中停下脚步，帮助凡夫俗子修行成道，脱离苦海。

随着佛经《法华经》（Sutras，即《妙法莲华经》）的传播，龙门引入了观音菩萨的形象。在中国的通俗宗教中，观音菩萨表现为女性形象。慈悲为怀的观音菩萨往往具有成千上万只眼睛或手臂。阿弥陀佛的造像也很多，中国对阿弥陀佛的崇拜可以追溯到公元386年。

第二个开凿阶段始于隋朝，标志着中国的佛教雕塑在历史上真正向前迈进了一步。这个时期出现了单独的石像，处理方式各不相同，体现出一种全新的敏锐细腻，受到了印度风格更为直接的影响。佛像的衣纹质感轻薄柔和，除了精雕细刻的圆形背光，背光雕刻奢华的叶片图案之外，身上没有装饰。环绕菩萨像的花环纹样也受到印度奢华风格的影响，菩萨像头戴宝冠，身佩璎珞，浑身上下珠光宝气，象征着富有的供养人捐赠的礼物。

河岸边第一座石窟内刻有阿弥陀佛和两名弟子，以及两尊菩萨和两尊护法天神。接下来的三座石窟俗称宾阳三洞，可能完工于公元523年，它们或许是龙门石刻臻于成熟的最重要的例子。

这座佛龛在崖壁上开凿，长7.6米，宽6米，主佛释迦牟尼像背靠3.7米宽的后壁。释迦牟尼佛盘腿端坐于近6米宽的基座上，由弟子相伴，弟子像两侧分别立着两尊巨大的菩萨像。侧壁刻着身边有两尊协侍菩萨的佛陀立像。中间的空间密密麻麻刻着礼佛的人群，边缘刻着杏仁形背光。对面的崖壁即门的两侧，左边刻着接近真人大小的皇帝像，右边刻着众嫔妃簇拥下的皇后像，代表这三座相连石窟的供养人。

270右 珠围翠绕的冠冕和精致的发型构成这尊沉思的菩萨头像的轮廓，从中可以看到印度风格的影响

270左下 奉先寺右壁上天王像局部。不同于旁边的助手像，这尊天王像表现得对自己身为佛陀护法神的职责心领神会，他的面部表情严峻却不失和善，左手托着佛塔（佛塔是佛教信仰的象征）的姿势显出地位的尊贵

271 奉先寺右墙上托塔天王的助手的脸庞非常醒目。注意这双没有瞳仁的眼睛露出凶狠的神色，再加上凹陷的面颊，令人心生恐惧。他抬起左手以示警告

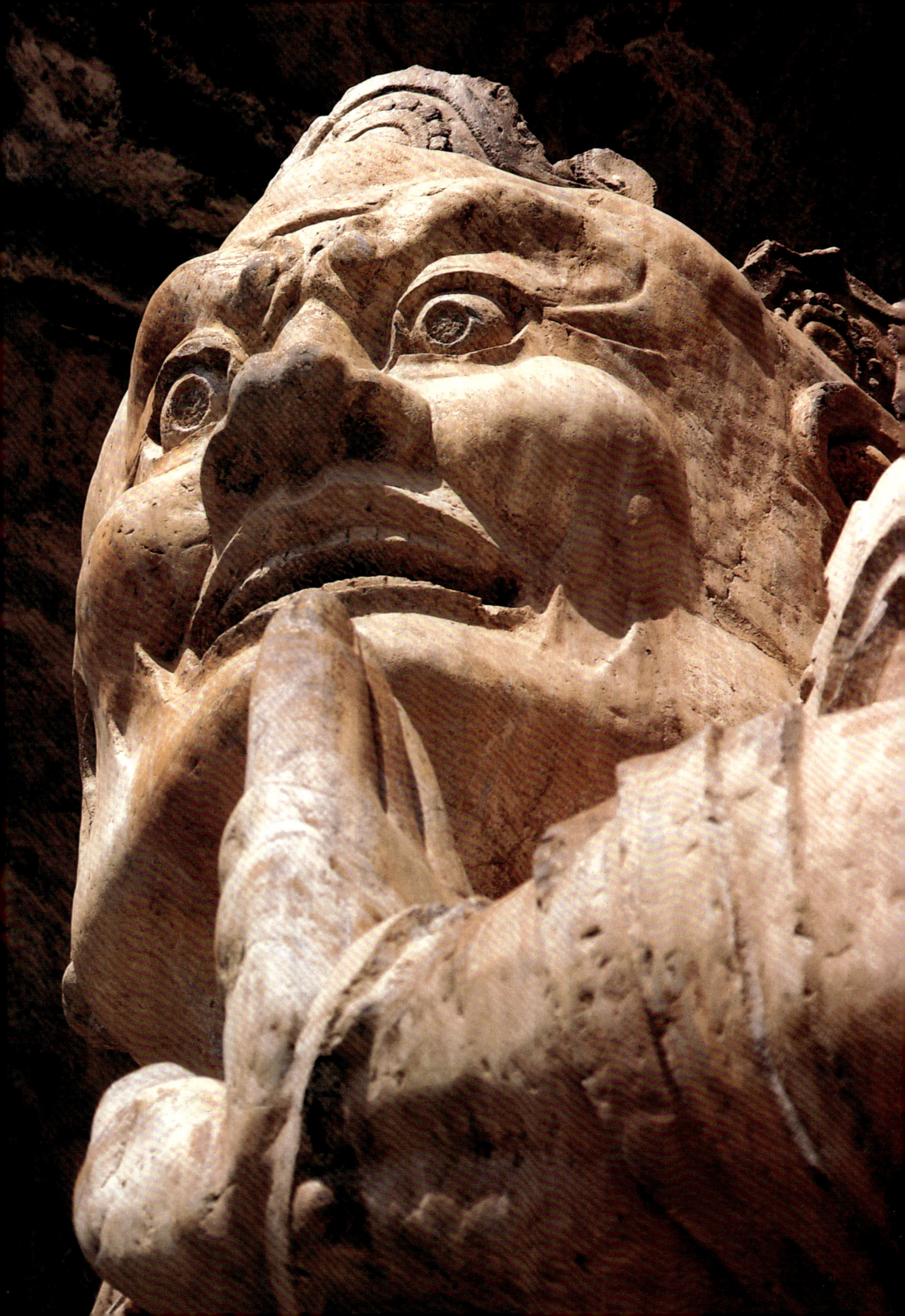

272左上 魏孝明帝统治时期开凿的古阳洞内层叠排列着众多壁龛，描绘佛陀和一些菩萨在各种场景中，他们的双手呈现各种手印。这座石窟的年代既可以从雕塑风格，也可以从雕像层叠分布的方式看出来

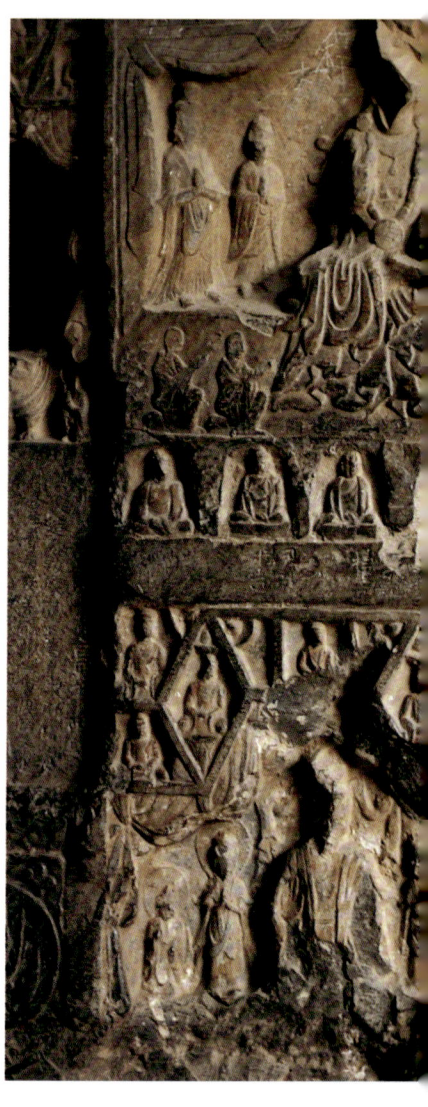

272—273 古阳洞南壁上的小佛龛描绘佛陀的日常生活逸事。它们的排布采用了汉式建筑结构，壁龛用彩饰彼此隔开，显得饱满富丽。信徒膜拜佛陀的画面也被雕刻在石壁上

272左下 古阳洞北壁局部。沿着石窟的拱顶，姿势各异的佛像不断重复，表现出强烈的虔诚

273右上 莲花洞北壁和较大的石窟内刻有姿态各异的佛像，一些小佛龛内刻着单尊佛像或者佛陀伴以两尊菩萨坐像。大多数佛像面部有所损坏

273右下 宾阳洞中洞的石壁上刻着两尊菩萨像分列佛像两侧，她们都站在莲花座上。这让我们对龙门雕塑的艺术成熟度有所了解。中间的佛像体现了中印两种风格的结合

　　莲花洞的特别之处在于窟顶刻着一朵大莲花，莲花周围镌刻着翩跹飘逸的飞天。

　　古阳洞是龙门石窟中最古老的石窟。侧壁雕刻着许多佛龛，我们可以看到佛陀和菩萨在形形色色的场景中，他们呈现各种饱含蕴意的手势。最醒目的雕像是弥勒佛（Buddha Maitreya），据信公元17世纪时曾经做过改动，使其看起来形似道教的创始人老子[1]。

　　接下来是奉先寺[2]，这是一间从岩壁上开凿的洞窟，据说当初曾建有一座木结构寺庙，如今木寺早已无影无踪。

　　窟内有一尊大佛像，两侧有菩萨，状况依然完好。窟门雕刻两名天神力士，这些表情狰狞的巨人在许多佛教寺庙中都可见到，他们的作用是把敌视佛陀的灵魂驱离。再往南就到了万佛洞，为唐朝女皇武则天开凿。

　　这座石窟之所以叫"万佛洞"，是因为岩壁上雕刻着难以计数的小佛像。还有一尊阿弥陀佛像端坐于莲花底座上，底座由四名力士托举。

1　古阳洞内的主佛为释迦牟尼，对佛像的改动发生在19世纪。

2　原文为奉先寺（Fengxian Si），此处实际应为敬善寺。

美洲和大洋洲

500年前，如今一些司空见惯的食物，包括玉米、可可、土豆和西红柿等，在美洲被发现之前闻所未闻。

时至今日，重大问题仍时时被问及：美洲人从何而来？他们是原先生活在这里，还是从别处迁徙而来？如果是迁徙而来，他们是怎样到达这片土地的？不同于以往的探险家和考古学家，今天，许多专家致力于研究这些问题，包括人类学家、遗传学家和语言学家。

今天，我们确知美洲人最初似乎来自亚洲，但是没有人确知，这些科学定义为"古代印第安人"（Paleo Indians）的古人类族群为何、何时、在何种情况下从亚洲迁徙而来，多少人参与了迁徙。近年来，专家们众说纷纭。在最后一个冰川期，有一块狭长的土地没有成为茫茫冰原，它叫作白令陆桥（Beringia），位于今天把西伯利亚和阿拉斯加隔开的白令海峡。白令陆桥覆盖着植被，连接两块大陆，来自西伯利亚的大型动物和游牧猎人栖居其间。许多研究人员认为，公元前1万年前后，冰川开始融化，淹没了白令陆桥，引发了三波迁徙潮中的第一波，人类开始寻找可供居住和狩猎的新大陆。

这条走廊没有因各种地质变化而形成冰川，这些人就沿着这条天然通道到达北美大平原（Great Plains of North America）。其他学者却不接受这种基于遗传学、考古学和语言学研究提出的说法，他们近年来在开展具体的基于DNA的基因比较研究。这些学者认为，早期人类到达美洲的时间要早得多，大约在公元前3万年前后。让问题变得更加复杂而有趣的是，近些年南美洲出土了人类遗骸，碳年代测定法显示为公元前10000年之前，因此，我们必须考虑部分迁徙是通过海路进行的，发生在目前无法确定的时期。

在穿越这一地区的旅程中，我们将探访前哥伦布时代具有重大历史意义的"站点"，追寻欧洲人到来之前美洲大陆发展形成的重要文化留下的痕迹。对于重要的考古遗址，不仅从建筑及其暗藏的宝藏的方面，也从它们如何重见天日、早期欧洲探险家怎样看待它们的方面加以描述。

我们的旅程将从北美洲开始。在今天美国境内有特色的文化中，我们选择了阿纳萨齐人[1]，这个族群起源非常古老，西班牙人称之为"普韦洛人"（Pueblos），这个名称沿用至今。公元250年到1200年，他们沿着梅萨维德（Mesa Verde）高原的峡谷建造了规模壮阔的村庄、城市和传说中的宫殿，其中许多建在笔直的千尺绝壁上。今天，这个地区是举足轻重、魅力迷人的考古遗址，处在特殊的自然环境中，是一处美丽的世界遗产。

再往南去，我们在被考古学家定义为文化地理区的几处地点稍事停留。在今天名叫墨西哥、危地马拉、伯利兹和洪都拉斯等

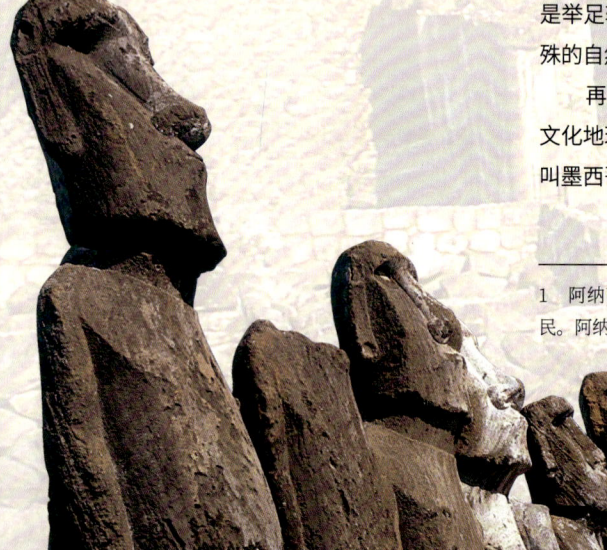

[1] 阿纳萨齐人（Anastasis），美国西南部古代居民。阿纳萨齐是纳瓦霍语，意思是"古代民族"。

国家，不计其数的遗迹呈现在世人面前，它们是包括玛雅人和阿兹特克人等族群留下的，后者的历史仍然笼罩在迷雾之中。阿尔班山是穿越中美洲路线的第一站，目前认为它是前哥伦布时代墨西哥最古老的城市。若说阿尔班山是最古老的城市，那么，几百年后由未知的民族在墨西哥高原上兴建的特奥蒂瓦坎就是规模最大也最为繁华的城市之一。阿兹特克人称之为"众神之城"（City of Gods）。

巨大的金字塔、漫长的街道、画满整个美洲印第安（Indo-American）世界共有的宗教和宇宙符号的宫殿壁画，不禁让访客啧啧称奇。由于近年来在破译文字领域取得的进展，玛雅文明开始揭开神秘的面纱。在许多从热带丛林中清理出来的玛雅城市遗址中，蒂卡尔和帕伦克占据特殊的位置。蒂卡尔以高耸的金字塔和石柱著称，石柱的铭文现在已经破译，它们揭示了发生在古典时期、过去不为人知的王朝的大量历史事件。帕伦克一座神庙的地下藏着著名的帕卡尔（Pacal）国王的陵墓（又名"太阳之盾"，Sun Shield）及珍贵的陪葬品，直到20世纪50年代才公诸于世。玛雅文明衰败后，新的城镇在尤卡坦半岛次第涌现，它们的建筑特征与几个世纪前的繁华都市判然有别。其中，乌斯马尔以宫殿鬼斧神工的雕刻尤其是雨神形象而闻名于世。崇拜雨神也是公元1000年以后兴建的奇琴伊察的重要特征。在这里，玛雅艺术与托尔特克入侵者的文化影响交织融合。

在秘鲁，考古之旅带领我们前往一处目的地，这里是印加之前繁荣的文明史的根本所在。这座名叫昌昌的城市是奇穆人（Chimu）的都城，城内的建筑物装饰着华美的石雕壁画。昌昌是迄今为止在秘鲁地区

274左下 全世界的科学家都在继续研究复活节岛上的巨石像，但是这处奇特遗址的许多问题仍未得到解答。也许，正是这些未解之谜造就了考古学的魅力

274—275底图 巨大的占卜师金字塔（Pyramid of the Soothsayer）高高耸立在玛雅城镇乌斯马尔。它是玛雅建筑一个久负盛名的例子，椭圆形布局图世所罕见

274—275中 在尤卡坦半岛的玛雅-托尔特克（Mayan-Toletec）城市奇琴伊察，装点名为"武士神庙"（Temple of the Warrior）的金字塔的雕带见证了对奋勇作战的崇拜，这在许多前哥伦布文明中具有代表性

275下 查克穆尔（Cha mool）斜卧像是托尔特克艺术中一再出现的装饰图案，这对奇琴伊察这座玛雅小镇十分重要。献给羽蛇神的牺牲者仍然跳动的心脏就呈放在这个祭坛上

发现的最重要的考古遗址群，建于印加帝国以前的时期。而在玻利维亚附近的的喀喀湖（Lake Titicaca）的岸边，坐落着另一处宏大的宗教场所遗址，在某种意义上，它的历史与秘鲁高原兴起的文明息息相关。这处名叫蒂亚瓦纳科的遗址可能是一处与恒星运动相关的古老的崇拜中心，此间的古迹让人联想到欧洲史前的巨石像。研究前哥伦布时期安第斯遗址时，必须把蒂亚瓦纳科包括在内。

前哥伦布时期秘鲁的考古全景图在壮观的废墟中收尾，这个庞大的帝国用他们自己的语言叫作"塔万廷苏约"（Tawantisuyu），我们称之为印加。他们光荣的古都库斯科只留下些许遗迹。1533年，西班牙征服者杀害了统治者阿塔瓦尔帕（Atahualpa），摧毁了库斯科，终结了安第斯人民的独立。今天，建于殖民和后殖民时期的楼宇挺立在古人的神庙、宫殿和房屋遗址上方。

然而，其他规模宏大的建筑遗址及其建造的目的依然没有真相大白，比如奥扬泰坦博、萨克塞华曼（Sacsahuaman）和马丘比丘，它们的断壁残垣在蛮荒的山峦间兀自耸立，彰显着印加人的力量和他们加工石头的技艺。一份出土的手稿写道，一位名叫托帕·印加（Topa Inca）的库斯科统治者多次驾驶一艘热带美洲轻木船进行海上探索，据信，这艘船可能载着他深入到了波利尼西亚群岛。运用考古学和人类学方法开展的研究似乎表明，波利尼西亚群岛自公元前4000年起就有人居住，这是东南亚人民最后一波迁移的结果。

这些人稍早些时候就开始迁移，他们乘坐的泰米尔语称为卡图马拉姆[1]的木筏是现代双体船（catamaran）的前身。另一方面，包括挪威人托尔·海尔达尔（Thor Heyerdahl）在内的一些知名学者根据植物学等研究，认为波利尼西亚与南美洲之间在更加久远的时期就存在接触。根据这一理论，古代印加人乘坐南美洲轻木筏穿越太平洋，携带着植物和宗教等文化遗产的元素来到了这些偏远的岛屿。

海尔达尔1947年制造并驾驶木筏"康提基"（Kon Tiki）号，从智利海岸航行到土阿莫土群岛（Tuamotu Islands），证明了古代秘鲁人乘坐简陋的轻木筏远涉重洋是可能的。

从这个角度来看，在这些遥远岛屿中，提出的谜题最为引人入胜的是拉帕努伊岛（Rapa Nui），它有个更加广为人知的名字叫复活节岛。复活节岛距离智利海岸386千米。岛名的由来是这样的：1722年，荷兰海军上将雅各布·罗格文（Jacob Roggeveen）在复活节的礼拜日第一个看到了它。

后来，其他水手也造访了这座岛屿，包括名扬四海的詹姆斯·库克（James Cook）船长，他们都对当地居民称为摩艾（moai）的巨大雕像感到惊奇。这些人是何方神圣？他们为何要用拉努·拉拉库（Ranu Raraku）的火山岩建造这些巨大的石像？一种得到广泛接受的理论是，拉帕努伊岛最早的居民在公元400年到500年间来自3900多千米外的马奎斯群岛，尽管碳年代测定法迄今尚未证实这种观点。摩艾巨像被解释为祖先的象征，像神一样受到膜拜，但是也有人提出别的理论。海尔达尔根据口头传说和装饰图案，倾向于认为复活节岛被来自秘鲁沿海地区的族群（也许是印加人本身）殖民，他们把崇拜维拉科查（Viracocha）神的风尚带到了岛上。

尽管今天我们拥有许多现成可用的精密工具，这些未解之谜依然让考古学家大惑不解。事情一向如此，我们大致可以确定，今后也将继续如此。一些谜题已经解开，另外一些正在揭示，理论推陈出新，不断精进。毕竟，正是这个因素让考古学研究妙趣横生，令人神往。

玛利亚·朗赫纳

---

[1] 卡图马拉姆（kattumaram），是一种由几根树干和纤维捆扎在一起做成的木筏。在泰米尔语中，卡图马拉姆意为"被捆绑的木头"，将卡图（kattu）"捆绑"和马拉姆（maram）"木材"结合在一起。

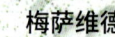

年表

- 推测人类开始在美洲殖民（约前40000—前30000）
- 中美洲人民的定居阶段（前2000—前1500）
- 中美洲玛雅文明诞生（约前2000）
- 中美洲圣劳伦斯的奥尔梅克（Olmec）仪式中心发展起来（约前1200）
- 南美洲最早的安第斯文明诞生（约前1200）
- 南美洲圣奥古斯汀（San Augustín）文明诞生（约前700）
- 南美洲查文德万塔尔（Chavín de Huantar）文明兴盛（前700—前100）
- 推测中美洲阿尔班山建立（前600）
- 中美洲最古老的石刻铭文（约前600）
- 圣劳伦斯的破坏和中美洲拉文塔（La Venta）中心的建立（约前500）
- 中美洲奥尔梅克文明开始衰落（约前400）
- 中美洲特奥蒂瓦坎的繁荣（200）
- 中美洲特奥蒂瓦坎的势力达到巅峰（约250—700）
- 中美洲玛雅文明的势力达到巅峰（约250—800）
- 玛雅铭文中最古老的日期记载（蒂卡尔第29号石头）（292）
- 南美洲莫奇卡（Mochican）文明达到辉煌巅峰（约300—800）
- 北美洲阿纳萨齐文明诞生（350）
- 推测第一批殖民者到达复活节岛（500）
- 中美洲埃尔塔津（El Tajin）文明的势力达到巅峰（600—900）
- 中美洲的特奥蒂瓦坎遭到暴力破坏（725）
- 中美洲逐渐放弃阿尔班山，米斯特克人（Mixtecs）建立米特拉（Mitla，800）
- 中美洲玛雅普克（Mayan Puuc）风格在尤卡坦半岛兴盛（800—1000）
- 中美洲低平原上玛雅城市的衰落（800）
- 托尔特克（Toltec）征服中美洲尤卡坦半岛的玛雅城市（约900）
- 南美洲蒂亚瓦纳科文明达到辉煌巅峰（约900—1000）
- 南美洲马丘比丘建立（约1150）
- 南美洲奇穆帝国诞生（约1200）
- 南美洲莫奇卡文明被奇穆帝国吸收（约1250）
- 南美洲泰罗纳（Tairona）文明的势力达到巅峰（1200）
- 中美洲阿兹特克文明诞生（约1250）
- 中美洲奇琴伊察被遗弃（约1200）
- 北美洲阿纳萨齐文明衰落和普韦布洛被放弃（约1300）
- 中美洲阿兹特克帝国的都城特诺奇蒂特兰（Tenochtitlán）建立（1345）
- 南美洲印加帝国诞生（1438）
- 南美洲奇穆帝国臣服于印加人（1465）
- 克里斯托弗·哥伦布发现美洲（1492）
- 科尔特斯（Cortéz）抵达墨西哥（1519）
- 莫泰佐特二世（Moctezuma II）遇害，墨西哥并入卡斯蒂利亚王国（Crown of Castille）（1521）
- 中美洲基切玛雅人（Quiché Maya）在乌塔特兰战役（Battle of Utatlan）中被西班牙人最后击败（1524）
- 南美洲印加帝国在瓦伊·卡帕克（Huayna Capac）统治下疆域扩张到最大范围（1527）
- 弗朗西斯科·皮萨罗（Francisco Pizarro）抵达秘鲁（1532）
- 印加皇帝阿塔瓦尔帕在皮萨罗的命令下遇刺身亡（1533年8月29日）
- 最后一位印加统治者曼科·卡帕克二世（Manco Capac II）被西班牙人暗杀（1544）

美洲和大洋洲

昌昌

奥兰塔伊坦博
马丘比丘　库斯科

蒂亚瓦纳科

梅萨维德：岩石宫殿

梅萨维德（Mesa Verde，西班牙语的意思是"绿色台地"）国家公园位于美国科罗拉多高原西南部的一个小角落。这片高原生长着大片针叶林，俗称"四角落"（Four Corners），许多世纪以来一直是阿纳萨齐印第安人最重要的家园。梅萨维德在公元1300年左右被遗弃，它的许多遗迹并没有湮灭无闻，而是在数百年间经由口口相传流传下来。

1888年底，理查德（Richard）和阿尔弗雷德·维瑟里尔（Alfred Wetherill）兄弟俩在姐夫查理·梅森（Charlie Mason）的陪伴下最早探索了这个地区，梅森在梅萨维德以东的河谷地区放牧牛羊，开垦土地。他们发现了房舍楼宇和大型定居点的废墟。在随后的几年里，年轻的瑞典探险家古斯塔夫·诺登斯基奥尔德（Gustav Nordenskiold）继续探索，当地探险者发现了神秘的"失落的城市"，他想在这里开展考古调查。他在今天名叫韦瑟里尔梅萨（Wetherill Mesa）和查平梅萨（Chapin Mesa）地区的最高点挖掘了数量庞大的定居点遗迹。1906年，梅萨维德成为美国国家公园，受到保护，此后，有条不紊的考古研究延续至今。今天，人们可以参观这些阿纳萨齐人的遗址，遗址由美国国家公园管理局（National Park Service of the United States of America）负责维护和不断修复。几个世纪以来，阿纳萨齐印第安人一直生活在犹他州和科罗拉多州南部的高原，以及亚利桑那州和新墨西哥州的北部平原上。他们的城镇和文化的痕迹在梅萨维德四处散落。梅萨维德在古代直至公元1世纪的定居历史始终是一道谜题。目前，考古学家能够确定四个连续居住时期，与四个文化发展阶段相对应。第一个时期叫作"编篮者三期"（Basket Maker III，450—750），第二个时期是"普韦布洛一期"（Pueblo I，750—900），接着是"普韦布洛二期"（900—1100），最后是"普韦布洛三期"（1100—1300）。普韦布洛三期是阿纳萨齐人全部离开梅萨维德之前最后一个定居阶段。最早来到这个地区的古人是猎人和牧民。他们放弃了游牧的生活方式，定居下来，开始种植玉米和南瓜。

他们不制作陶器，而是使用由植物纤维编成的精致容器。这种行为让他们得到了"编篮人"这个名称。他们原始的棚屋是在地下开挖的简陋地穴，用木桩支撑，叫作木桩小茅屋（jacals）。这些茅屋很快发展成小村落，村落最初出现在悬崖下方的谷地，后来出现在高原上，靠近耕地。大约公元500年，编篮人发明了制造陶器和使用弓箭的技术，并且开始饲养火鸡。在梅萨维德国家公园的各处景点，特别是在"废墟路"（Ruins Road）和"阶梯屋"（Step House），这些房屋的结构令我们折服。保存最好的遗址之一、第117号遗址是

278左下 除了房间众多的峭壁楼宇、塔楼和基瓦，梅萨维德的阿纳萨齐印第安人也在崖壁留下了一系列铭刻。它们的年代在公元900年到1000年之间，描绘与狩猎和宗教有关的舞蹈和仪式场景

278中下 沿着梅萨维德的"废墟路"分布着几座建有壕沟和基瓦的村庄。这组遗址让访客能够大致了解古人在公元前600年到1200年间的建筑水平和发展情况

278右下 所谓"太阳庙"（Sun Temple）是一座由双层墙围护的大型建筑，可能是一座寺庙或墓葬纪念碑。石头的加工方式显示出高超的技艺

278—279 19世纪末，几位爱冒险的牛仔发现了"悬崖宫"（Cliff Palace），对这座建在"悬崖谷"（Cliff Canyon）绝壁上的小镇童话般的外观啧啧称奇。这里有220个房间和23间基瓦

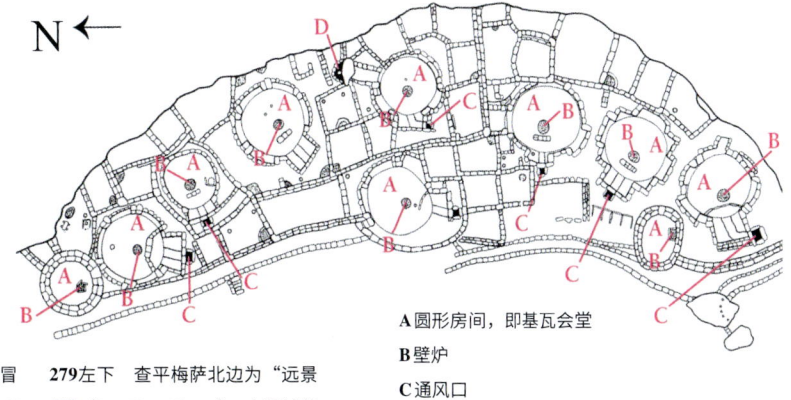

279左下 查平梅萨北边为"远景屋"（Far View House），由阿纳萨齐人在公元1100年后某个时候建造。图中所示为五个大基瓦中的一个，还有50个房间建在一块由矮墙支撑的平台上

A 圆形房间，即基瓦会堂
B 壁炉
C 通风口
D 隧道口

梅萨维德国家公园一处住宅建筑群的平面图

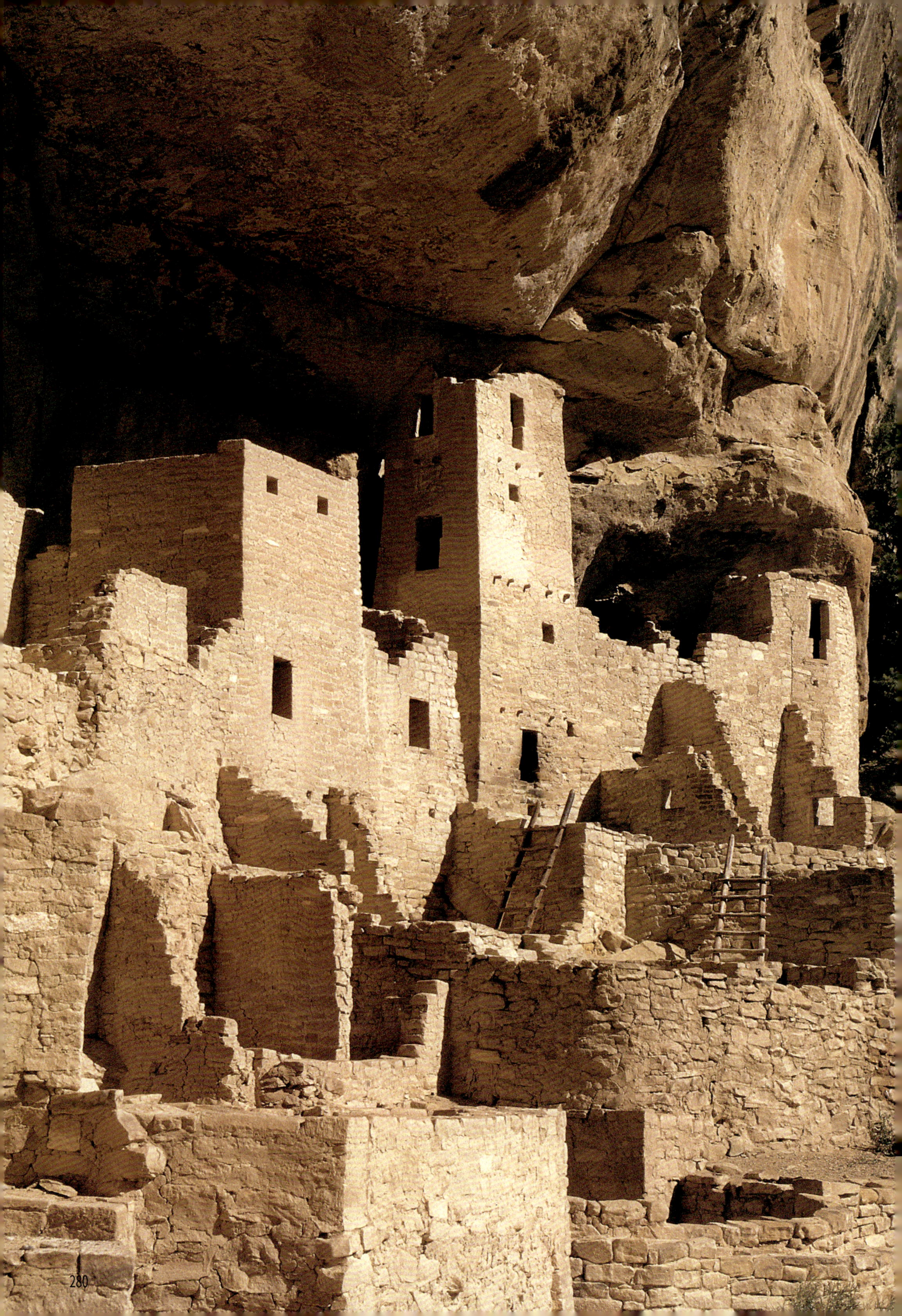

个大房间，中间设有壁炉，前厅供出入和通风。

茅草泥巴屋顶用四根坚固的木梁支撑起来，顶部穿透，让烟雾散发到室外。在"普韦布洛一期"，从公元850年起，阿纳萨齐人改变了生活习惯。他们并没有完全放弃地穴住宅，只是开始在梅萨维德的地面上建造房屋。这些新型住宅由几个房间组成，地面平面图呈四方形。

这些房屋最初用晾干的茅草泥巴建造，后来用形状规则的烧砖建造。随着时间的推移，房舍内的房间数量增加，逐渐呈现出复杂的结构，发展形成了日后西班牙人所谓的普韦布洛村庄。梅萨维德居民的经济和技术最初以农业为基础，由于贸易的发展，陶器制作达到了高品质的水准。几个世纪倏然而过，这些村落变成了城镇，在公元1100年前后，科罗拉多高原上的人口大幅增长。在梅萨维德国家公园，大部分遗址分布在两块由悬崖绝壁隔开的高原上。这两块高原就是查平梅萨和韦瑟里尔梅萨。查平梅萨存在一个广大的农村社会，包含20多座村庄，村庄由几层楼高的房舍组成，房间数量众多。

虽然居住习惯发生改变，高原上的印第安人却从未彻底放弃地穴棚屋。相反，他们把地穴改造成了基瓦（kivas）会堂，即用于仪式和宗教用途的大型圆形地下建筑。目前确认查平梅萨有五间基瓦，不远处有一处设施，在古代想必是某种水库，今天叫作木乃伊湖（Mummy Lake）。

不过，根据一些专家的看法，它根本不是一面湖，而是一座大型基瓦地穴，供整个社区用于舞蹈和举行仪式。

有证据表明，在许多情况下，基瓦与类似于塔楼的建筑物有关，但是用途依然存疑。塔楼包括"雪松塔"（Tower of the Cedar）和一个由双层墙围护的纪念碑式综合体，可能是寺庙或陵墓，叫作"太阳庙"。不过，梅萨维德最令人赞叹的遗址当数"悬崖宫"，这是一个位于悬崖下方遮风避雨处的大型建筑群，建于公元1200年左右，包含220个房间和23间基瓦，显然可供数百人居住。

阿纳萨齐人在崖壁的凹陷处建造了形形色色的楼宇，在方形或圆形的基底上建起塔楼。最让人拍案叫绝的"悬崖宫"，19世纪末第一批探险家来到这个地区，第一眼看到它时无不感到惊奇。公元1300年以后，这些传奇的宫殿，建在悬崖绝壁上的房舍、塔楼和基瓦，全部被遗弃。我们只能推测，迫于连年干旱和饥荒，阿纳萨齐人只好无奈地离去，但是这个推测并没有明确的证据。如今，梅萨维德凭借4000处考古遗址，成为一座价值不可估量的世界遗产中心。根据印第安人的说法，在这里，祖先跳舞和祈祷的声音依然在耳边回荡。

280　梅萨维德规模最大、最令人赞叹的"悬崖宫"景观。这些几层楼高的房舍建在崖壁上，许多房间绘有壁画装饰

281左　名叫"云杉屋"（Spruce Tree House）的悬崖村。这里位置绝佳，冬天温暖明亮，夏天大半天蔽日阴凉

281右上　这只装饰着绳索图案的美丽花瓶制作于公元1100年左右，体现了阿纳萨齐人编篮的传统手艺

281右下　"云杉屋"是一座"普韦布洛三期文化"的村庄，在公元1200年到1300年间有人居住。它可能是梅萨维德保存最完好的村庄，有114个房间和8个基瓦。与其他遗址相比，许多屋顶和露台保留至今，墙壁上装饰着用灰泥涂刷的作品

特奥蒂瓦坎：众神之城

282左下 这里看到的月亮金字塔（Pyramid of the Moon）矗立在"亡灵大道"的北端，面对月亮广场（Square of the Moon）。"月亮金字塔"这个名称是阿兹特克人命名的，我们并不确知特奥蒂瓦坎的居民在这里供奉哪尊神

282—283 特奥蒂瓦坎宽广宏伟的全景图，这座壮观的城市傲然屹立在墨西哥高原和邻近地区。目前尚不知道是什么人建造了这座城市，创造了它的文明。城市的主街名叫"亡灵大道"，宏伟的金字塔、宫殿和平台分布在主街两侧

欧洲征服者在16世纪控制了阿兹特克帝国及其都城特奥奇蒂特兰（Teochtitlán），得知有一座神秘的古城，当地居民称之为特奥蒂瓦坎，意思是"众神之城"。在殖民时代初期，几位西班牙探险家踏访了这座城市的废墟，城市可能在数百年前被遗弃。阿兹特克人认为，特奥蒂瓦坎是一个神秘的地方，与祖先崇拜有关。修道士贝尔纳迪诺·德·萨哈贡（Friar Bernardino of Shagán）在编年史中叙述道，根据墨西哥高原居民的传统说法，第五纪元（Fifth Era）即他们自己生活的时代始于特奥蒂瓦坎，许多人拜访供奉太阳和月亮的金字塔，参加仪式，呈上供品。后来，其他编年史家来到这处遗址，被这座古城的废墟所笼罩的神秘气氛所吸引。早在1617年，首次发掘工作就在墨西哥学者卡洛斯·西古扎·甘戈拉（Carlos Siguenza y Gángora）的领导下展开。

1865年，唐·安东尼奥·加西亚·古巴斯（Don Antonio Garcia Cubas）对特奥蒂瓦坎地区进行了首次地形考察。19世纪末，考古学家爱德华·塞勒（Eduard Seler）深入研究了这座城市的艺术和建筑，还潜心钻研了在壁画中发现的宗教肖像学。一系列井然有序的挖掘从1917年开始，一直持续到今天，揭示了特奥蒂瓦坎的宏大规模、建筑的丰富多样和城市的基本特征，却未能解答一些基本的谜题。我们仍然不知道是什么人创建了这个伟大的地方，大金字塔为谁而建，他们怎么把当初微不足道的仪式中心变成一座大都市的——几百年来，它昂然兀立在墨西哥高原，对其

283右上 图中所示为特奥蒂瓦坎具有代表性的金字塔。建筑风格以使用塔鲁德（斜面）和塔贝罗（裙板）为主，这是许多印第安-美洲民族使用的建筑方法。塔鲁德是倾斜的表面，与水平面的塔贝罗相互交替，营造出优雅均衡的效果

283右中 羽蛇神庙是中美洲最古老的闻名遐迩的寺庙。它供奉羽蛇。特奥蒂瓦坎在古典时期末陷落后，羽蛇受到托尔特克人崇拜

283右下 特奥蒂瓦坎最有趣的艺术形式之一是用硬石做成的墓葬面具，如图所示。眼睛和牙齿用骨骼制成，刻画得惟妙惟肖

他印第安-美洲地区施加文化影响。

特奥蒂瓦坎的历史始于前古典时期。最古老的考古层年代为公元前150年，证据表明，在优越的地理位置存在过一个原始贸易中心和田园乡村。在起伏的山脉和辽阔的平原之间，谷地中土地肥沃，湖泊星罗棋布，水道纵横交错，野生动物漫山遍野。在特奥蒂瓦坎的主神庙即太阳神庙下方发现了一眼地下泉。据信在远古时代，这眼泉水催生了一种与水和洞穴相关的崇拜，在此后几个世纪不断受到光顾。

公元前100年前后，一场可怕的火山

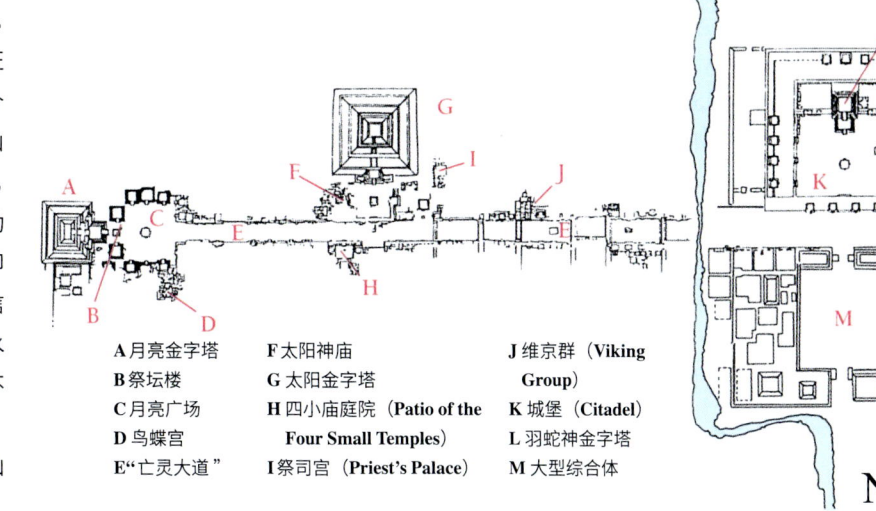

A 月亮金字塔
B 祭坛楼
C 月亮广场
D 鸟蝶宫
E "亡灵大道"
F 太阳神庙
G 太阳金字塔
H 四小庙庭院（Patio of the Four Small Temples）
I 祭司宫（Priest's Palace）
J 维京群（Viking Group）
K 城堡（Citadel）
L 羽蛇神金字塔
M 大型综合体

283

爆发并摧毁了数百千米外的奎奎尔科（Cuicuilco）村，一般认为幸存者前来特奥蒂瓦坎避难。这种全新的民族和文化影响给这个小小的农业中心注入了巨大的活力，使其逐渐转变为城镇。从公元前100年起，各式各样的纪念碑式建筑拔地而起，特奥蒂瓦坎在墨西哥高原和周围地区承担起了首屈一指的重要角色。

这处考古遗址距离墨西哥市只有48千米，今天，它的庞大规模和磅礴气势会让前来探访的游客受到震撼。"众神之城"的称号它当之无愧。特奥蒂瓦坎这座城市如今的外观揭示了它在公元200年到650年间的面貌，在这几百年间，它处在辉煌时期，占地面积达到近26平方千米，人口12.5万。石头建筑和上面曾经矗立着神庙的金字塔形平台令人赞不绝口，从中我们可以看到，特奥蒂瓦坎的规划旨在满足统治阶级及普通民众的全部要求。两条主街把城市划分为四个正方形区域。其中"亡灵大道"自南向北延伸，道路尽头是一座

284左中 这里可以看到特奥蒂瓦坎最独特的建筑之一、鸟蝶宫内部庭院的景观。庭院的立柱上可以看到鸟蝶形象的浅浮雕

284左下 巨大的四方底座的柱子支撑着鸟蝶宫的中央柱廊厅，柱廊仍然留有原始绘画装饰的痕迹。覆盖圆柱的石板上的浅浮雕几何图案与神秘的合体神鸟蝶有关

284右上 这幅图展现了特奥蒂瓦坎石制墓葬面具的又一个绝佳例子。请注意面部五官，尤其是嘴巴表现出与奥尔梅克面具强烈的相似性。这些面具被安放在地位显赫的死者的脸上，以便陪伴和保护他们踏上最后的旅程

284右下 鸟蝶宫庭院装饰面板的局部，我们可以看到一尊既是鸟又是蝴蝶的合体神的奇特形象，鸟蝶在这里受到崇拜。其他与海洋和生育崇拜有关的神话生灵也可以在壁画中找到

285 鸟蝶宫的另一个局部。一个城齿（almenas，一种位于墙壁上方的城垛），墙壁上画着一年的历法符号

占地广阔的广场，广场上矗立着著名的月亮金字塔，金字塔周围环绕阶梯式平台。不远处是宏伟的太阳金字塔（Pyramid of the Sun），在中美洲，它是仅次于乔卢拉（Cholula）金字塔的第二大金字塔。"亡灵大道"与东西向的轴线主街相交，东西轴线的两侧分布着一个包含多座亭台楼阁的名叫城堡（Citadel）的建筑群。街道呈直角相交，形成网格，划分成各种各样的区域。由于输水系统高效运转，居民们享有持续的自来水。小金字塔是一个新出现的建筑特点，在这个地区的其他文明中也时有所见，它的样式是斜面叠加裙板。斜面叫作塔鲁德（talud），裙板叫作塔贝罗（tablero）。城堡包含几座趣味盎然的建筑，尤其是羽蛇神庙。

285

羽蛇神庙的外墙装饰着可怕怪物的雕像，两种怪物间隔排列。它们分别是羽蛇（Quetzalcoatl）与水和生育之神特拉洛克（Tlaloc，它生着树干状的长鼻子）。这些形象在特奥蒂瓦坎地区具有何等重要性？羽蛇的形象让我们对这种崇拜和时代有所领会。后来，托尔特克人沿袭并把它运用到自己文化中的英雄阿卡特·托皮尔岑（Ce Acatl Topilzin）身上。特拉洛克的形象让人想起这座城市早期圣殿的起源，圣殿建在石窟和地下泉附近。

这些神祇的重要性也得到了壁画的证实。有一幅壁画描绘了一尊神居于特拉洛克中心，他是水中天国的国王，只有某些享有特权的死者才能够进入水中天国。其他重要的建筑有"美洲豹宫"（Palace of the Jaguars）、"农业神庙"（Temple of Agriculture）和"鸟蝶宫"（Palace of Quetzalpapalotl）。鸟蝶宫靠近月亮广场，高达数层，每一层都与几个世纪以来延伸加建的部分相对应。年代最近的建筑有一座宽敞的庭院，周围环绕着列柱门廊。方柱上贴着饰有浅浮雕的石板，浮雕中有个神秘的合体神的形象，叫作鸟蝶，字面意思是"凤尾绿咬鹃蝴蝶"。

特奥蒂瓦坎的许多壁画旁边的彩绘符号尚未被破译。因此，我们能够用来对古典时期特奥蒂瓦坎居民的社会类型和宗教意识形态提出假设的仅有依据，是艺术形象、城市布局和建筑风格等特征。人口可能分为农业阶层（致力于耕种城市周边肥沃的土地）、工匠阶层（留下大量以精湛的技艺制作的物品）和商贸阶层（把城市的产品出口到周边地区乃至更远的地方）。城市的建筑物覆盖着精美的壁画和灰泥装饰，陶器制作硕果累累，出土的陪葬品中包含翡翠、蛇纹石、雪花石面具和珠宝等，这些无不清楚地说明了特奥蒂瓦坎文化的璀璨夺目和华丽张扬。

玛雅文明的绝对权力集中在君王手中，他们按照严格的等级制度把权力传给继任者。据推测，与玛雅文明不同，这座高原城市以截然不同的方式建立威望，创造财富。学者们倾向于认为，它在数百年间发展形成了一个统治阶级，这个阶级由祭司、军队、官僚和强大的商人等各个阶层的代表组成。

很可能是这样的：城市的这些统治者在特定的节点承担不同的角色，所以，统治阶级的每位成员都是祭司、商人和军官。在公元650年到750年，不知何事打破了城市的平衡。经考古调查证实火灾、人为破坏和劫掠等指向一场内战，可能性更大的是来自北方的侵袭。围绕特奥蒂瓦坎的灭亡所提出的诸多问题都没有答案。我们唯一确知的是，这座城市在古典时期末彻底遭到遗弃，一些学者认为，幸存者把对羽蛇的崇拜带到了托尔特克人的都城图拉（Tula）。

286左上 太阳金字塔矗立在"亡灵大道"附近，从城堡建筑群望出去，可以看到它巨大的轮廓。它建在一座供奉和崇拜春雨的古老圣殿的旧址上方

286左中 羽蛇神的石雕头像装饰在通向羽蛇神庙顶部的中央台阶上。它们与雨神特拉洛克的形象有关

286左下 羽蛇神庙位于城市西北部，距离月亮金字塔不远。列柱门廊在普克风格中重新流行起来，特别是在古典时期晚期

286—287 太阳金字塔坐落在亡灵大道路边，是前哥伦布时期中美洲一处伟大的名胜古迹。在地基下方发现了一个含水层，催生了一种古老崇拜。太阳金字塔高约70米，原本可能更高，顶部曾经有一处圣殿，如今已经踪迹全无

287右下 羽蛇头像被雕刻在以之命名的神庙的墙壁上，下颌酷似猫，长牙被涂成白色。它似乎从十一片花瓣中浮现出来。镶嵌着黑曜石的眼睛显得格外凶狠

阿尔班山：石头历法

289左上 这只精巧的黏土制品是一只墓葬瓮，出土于阿尔班山的一座坟墓。这些瓮是萨巴特克艺术的典型作品，瓮里装的不是被埋葬的死者的骨灰，而是一尊色彩鲜艳的赤陶土神像。这些雕像被认为会保护死者踏上前往阴间王国的旅途

288—289 这幅图显示阿尔班山一处典型的古迹、形状独特的J楼。它可能被用作天文观象台。据我们所知，萨巴特克人是中美洲最早研究天体和使用历法的民族

288下 重要的纪念碑式建筑群北平台与大广场相接。这个建筑群呈现为雄伟的阶梯式平台，平台上伫立着多座神庙建筑

289右上 这幅图显示阿尔班山用于球赛的场地，这种球赛在前哥伦布时代中美洲的城市中很具有代表性。一种可能起源于奥尔梅克的仪式游戏在这里举行。在西班牙征服时期，这种游戏在玛雅人和阿兹特克人中间盛行

在墨西哥的瓦哈卡（Oaxaca）地区，坐落着趣味盎然的阿尔班山遗迹，这座仪式中心的缘起可以追溯到公元前700年左右，在数百年时间里发展成为一座城市。今天，它仍然是一道扣人心弦的谜题。

就我们目前所知，有一件事可以肯定，阿尔班山似乎是中美洲最古老的城市定居点。自前古典时代晚期起，一直持续到古典时代，阿尔班山是萨巴特克人（Zapotec）的都城。我们可以推测，在前古典中期（Middle Pre-Classical Period）居住在瓦哈卡岛的族群即萨巴特克人，受到奥尔梅克文化的强烈影响，建立了一座仪式中心，在浅浮雕的形象中，这一点显而易见。一般认为，在阿尔班山发现的图形符号是美洲这个地区最古老的文字，年代为公元前600年。其中只有包含数字和与历法相关的少数符号得到了破译。它们后来被玛雅人采纳和使用，玛雅人可能是萨巴特克文化遗产的继承人。阿尔班山的纪念碑式建筑群坐落在瓦哈卡山谷（Valley of Oaxaca）的一座人造平台上，海拔超过1800米。

最古老的遗迹可追溯到"阿尔班一期"（Albán Phase I），年代为公元前700年到公元前100年。接下来从公元前100年到公元250年的时期兴建了其他建筑，仪式中心扩大到5平方千米。呈现出如今面貌的城市建筑建于古典时期，当时这座城市和萨巴特克文化达到了顶峰。一些金字塔形平台上方建有如今已经消失的神庙建筑。私人住宅、庭院、国家宫殿和用于仪式球赛的场地建在大广场（Great Square）周围，广场坐北朝南，呈矩形。这里无疑是阿尔班山

A 北平台	F P楼	K S楼或宫殿
B B楼	G G楼	L J楼或天文台
C 球赛场	H H楼	M Q楼
D 四号体系	I I楼	N M体系
E U楼	J 舞者平台	O 南平台

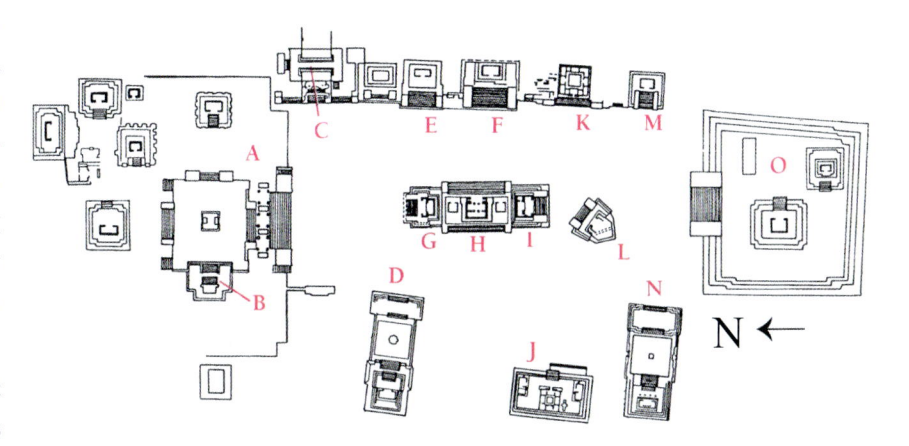

289右中　阿尔班山Y楼的庞大结构证实了这处遗址作为都会的历史，一般认为它是中美洲最古老的城市。它始建于公元前700年左右，在后古典时期开始衰落，米特拉作为瓦哈卡的主要城市取而代之

290上 这尊葬瓮呈现为一尊坐像，双腿交叉，双臂交叉抱于胸前，姿势庄重。注意耳朵上的饰物和繁复堆叠的头饰

290左中 这块巨石立在四号建筑群宽阔的平台顶部，上面的浅浮雕装饰刻着人像和图形符号

290左下 四号建筑群面向阿尔班山广场。当初台阶式平台上方矗立着宗教圣殿，但是圣殿显然用易腐烂的材料建造，如今早已荡然无存

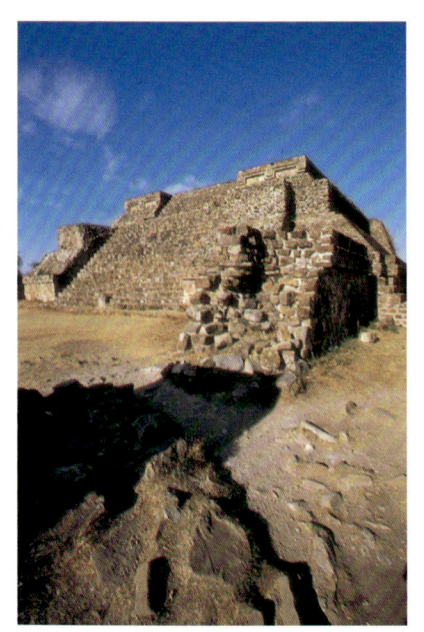

的心脏，至今仍然被南北两座卫城的优雅结构围护。阿尔班山的建筑群虽然兴建于不同的时期，却布局匀称，比例和谐。我们可以从称为斜面-裙板的建筑样式的应用中看出，建于古典时期的金字塔形结构反映了特奥蒂瓦坎的影响。

有些建筑具有异乎寻常的结构，已经成为这类瓦哈卡"都城"的布局和文化的标记。其中，我们应该提到**J楼**（**Building J**）和"舞者平台"（**Platform of the Dancers**）。J楼坐落在大广场的南部边缘，它具有与众不同的箭头状五边形布局图。一些专家认为，这是太阳年历法的建筑呈现。它的外形和方位十分特殊，让许多学者认为，J楼是美洲一座古老的天文观象台。它的建造年代为前古典时期。一系列精准的调研证实，透过这座建筑的一扇窗户，恰好可以观测到御夫座（Auriga）一颗特定的恒星五车二（Capilla）的运动。

J楼的外墙装饰着刻有人物形象的浅浮雕，附带图形符号。一些解释是，这座建筑表达了一种力量的提升，与统治阶级的巩固有关。大广场西侧是"舞者平台"，它是这座仪式中心最古老的建筑之一。平台东南侧的外立面贴着大块石板，上面装饰着一块相当长的浅浮雕，刻着**140**个人物。人物均为男性，许多人畸形、全裸，呈现为舞者典型的扭曲姿势。被砍下的头颅、遭到肢解的四肢和闭上的眼睛表明，这些形象表现的是在祭祀仪式中惨遭杀害的人。这一理论得到了事实的证明，即残缺不全的肢体用表示鲜血的符号替代，当时鲜血是敬献给神的最宝贵的礼物和世间的营养。

舞者的形象尤其是面部五官反映了与奥尔梅克艺术的紧密纽带，附带的碑文描述了浅浮雕的意义，注明了名字和日期。除了民用和宗教纪念碑，阿尔班山还包含墓地，墓地强调崇拜亡人的重要性，甚

291右下 四号建筑群宽阔的边坡（alfardas）。高大的入口台阶两侧的斜坡清晰可见

290—291 这是广场以西的仪式区两处最重要的古迹。前景为四号建筑群，内含阿尔班山最古老的建筑之一"舞者平台"

291右上 "舞者平台"得名于覆盖东南侧立面的雕带石刻。这些石刻形象均为男性，姿势动作宛如跳舞。图中所示为石刻局部

291右中 这块石板上的形象是一系列舞者的组成部分。闭着的眼睛、痛苦扭曲的面部表情，还有表示鲜血的符号，让学者们疑心这些形象不是舞者，而是祭祀的受害者

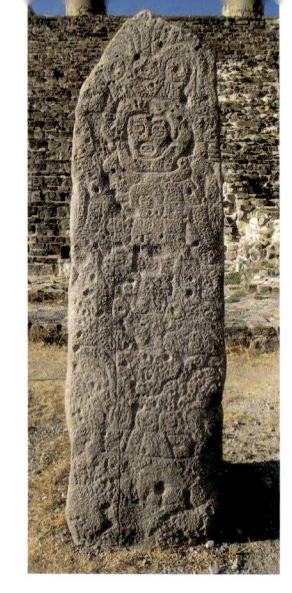

292中上 这幅图显示阿尔班山广场最北端的北平台的景观。

292中 金字塔形高台呈阶梯式,有宽阔的台阶,通向当年矗立着神庙的顶部。斜面和裙板的存在表明,萨巴特克人与特奥蒂瓦坎居民之间有过接触

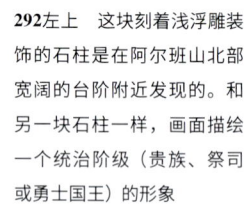

292左下 北平台顶部留有一处建筑遗迹,它的功能尚不清楚。圆形底座可能支撑着一座如今已经化为乌有的宗教建筑

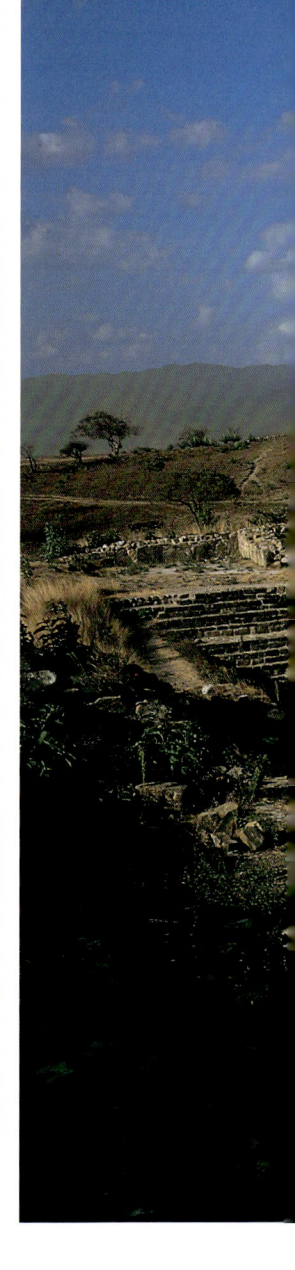

292左上 这块刻着浅浮雕装饰的石柱是在阿尔班山北部宽阔的台阶附近发现的。和另一块石柱一样,画面描绘一个统治阶级(贵族、祭司或勇士国王)的形象

至超过了玛雅世界的其他地区。坟墓建于不同时期,在山坡、房屋和寺庙的地面下方开挖而成。最气派的坟墓建于近古典时期(Recent Classical Period)。它们由多间墓室组成,上方覆盖假拱形天花板,设有若干壁龛用来存放祈愿祭品。墙上的彩色壁画格外有趣,壁画描绘神话场景,风格类似于特奥蒂瓦坎的壁画。这些壁画让我们能够增进关于萨巴特克宗教神祇的相关知识,辨认出该地区其他民族同样崇拜的神的形象。其中包括雨和生育之神恰克(Cocjio),以及表现为羽蛇的"玉米之神"和"风之神"。公

292—293 这幅角度宽广的图片显示名为北卫城的局部。这座四面围合的庭院是一座半地下天井院，靠近几个土堆。低矮的台阶通向天井院，天井院可能具有仪式功能

元900年前后，可能由于萨巴特克文明在文化和经济上的颓废堕落，阿尔班山开始逐渐衰落。米斯特克人在后古典时期到达瓦哈卡地区，其新的政治权力中心是米特拉市。不过，米斯特克人并没有放弃阿尔班山。他们重新利用了墓地，让这座古城成为丰富多样的浩大墓场。萨巴特克王侯贵胄的遗体被米克斯特克统治阶层的遗体取代。后古典时期的陪葬宝物比萨巴特克人更为奢华，其中包括金、银、绿松石面具和珠宝。由于与巴拿马和哥斯达黎加甚至可能远至厄瓜多尔的贸易接触，米斯特克人引入了后古典时期之前不曾知晓的贵金属加工方式。当年如同现在的情形，虽然我们对这种文化的认知仍然存在空白，但是学者们已经搞清楚了这个文明的一些重要层面。公元前700年到公元800年之间，它在阿尔班山建造了气魄恢宏的纪念碑。这个文明今天被称为萨巴特克文明，它受到奥尔梅克的文化和宗教影响，在几百年间发展形成了复杂深奥的天文学和数学知识。一般认为，萨巴特克人发明了这个地区所使用的最古老的文字、365天太阳历和260天仪式历，此外还有基于条点法的运算体系。

帕伦克：玛雅建筑的杰作

A 北神庙
B 伯爵神庙
C 回力球运动场（The Game of Pelota）
D 大神庙
E 宫殿
F 碑铭神庙
G 十字神庙
H 太阳神庙
I 叶形十字神庙

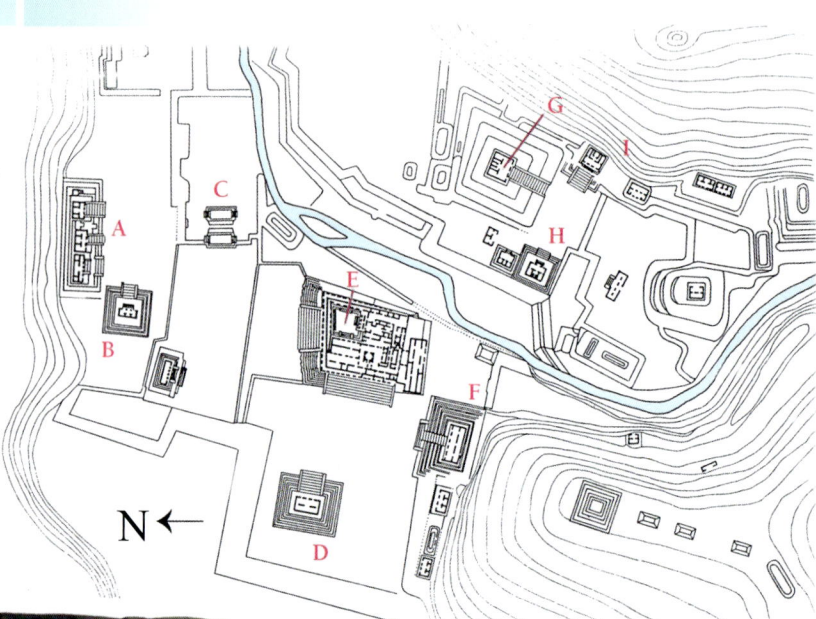

帕伦克是一处闻名遐迩却大体上未被探索的玛雅考古遗址，坐落在墨西哥的恰帕斯（Chiapas）地区，距离乌苏马辛塔河（River Usumacinta）谷不远。整片庞大的建筑群占地约18平方千米，其中只有名叫"主群"（Main Group）的核心部分从热带丛林中被清理了出来。与古典时期的其他玛雅城市相比，帕伦克重见天日的时间相对较早。1746年，西班牙牧师索利斯神父（Padre Solis）奉主教派遣，前往恰帕斯一处名叫"帕伦克的圣多明各"（Santo Domingo de Palenque）的乡村定居点。他抵达这片土地时，发现了一些外形奇特的石头房屋，他以前从未听闻过它们的存在。随着这个发现的消息传开，旅行者、冒险家、政客和游客开启了一系列历时持久的探索、搜寻和参观游览。

1785年，恰帕斯总督唐·何塞·埃斯塔切里亚（Don José Estacheria）下令进行数次调研，以评估这一发现的总

294

294左下 公元615年至683年统治帕伦克的帕卡尔国王（King Pacal）安葬在工致考究的石棺内，石棺藏在碑铭神庙（Temple of the Inscriptions）地板下方隐秘的暗室中。这个精美华丽的玉石马赛克面具镶嵌着珍珠母贝和黑曜石眼睛，原先放在死者的脸上。这是丰富的陪葬宝物的组成部分，它们伴随帕卡尔踏上前往阴间王国的旅程

294—295 帕伦克仪式中心的建筑群，塔楼高耸。碑铭金字塔矗立在右边，背景是十字组的三座神庙

295左上 这幅图显示帕伦克仪式中心三座至关重要的神圣建筑。左边是十字神庙，右边是太阳神庙，中后为叶形十字神庙

295右上 这幅图显示在宫殿塔楼（Tower of the Palace）上看到的十字神庙。这处圣殿由精心修砌的墙壁环绕，刻着十字形浅浮雕。十字是太阳的象征

296左中　帕伦克宫殿的局部，尽管没有人确切知道它当初的功能。它呈现为内部庭院的形式，低矮的台阶通向四面合围的天井院

296左下　帕伦克宫殿的建筑主要由列柱走廊构成，外墙装饰着典雅的浅浮雕。这幅图显示其中一个加盖假拱形天花板的走廊。这些区域可能曾被用于举行宗教仪式

体情况，最后派出意大利建筑师安东尼奥·贝纳斯科尼（Antonio Bernasconi）绘制遗址的地图并估算它的规模。

贝纳斯科尼发现，这座古城并不像一些早年亲见者以为的那样毁于火灾或地震，而是被居民遗弃，埋没在丛林深处。几年以后的1789年，西班牙国王卡洛斯三世（Carlos III）派遣雇佣兵安东尼奥·德尔·里奥（Antonio del Rio）代为勘察恰帕斯丛林中这些神秘的废墟。在某种意义上，可以认为这次探险是对前哥伦布世界的考古调研的起点。

后来，西班牙的王位继承人卡洛斯四世派遣杜派上校（Colonel DuPaix）和墨西哥人卢西亚诺·卡斯塔涅达（Luciano Castaneda）去执行探索帕伦克的任务。在1805年和1806年，这些旅行者探访废墟，绘制了主要建筑物的特征，这些图画后来编入《美洲古物》（Antiquités Américaines）在巴黎出版。19世纪，由于约翰·斯蒂芬斯和弗雷德里克·凯瑟伍德等几位受人尊重的探险家的报告，对帕伦克遗址的关注遍及整个美洲和欧洲。

这座古老的玛雅城市的主要古迹上雕刻着近年才得以破译的铭文，让我们能够揭开帕伦克及其族群的许多历史谜团。考古调查的结果表明，帕伦克早在公元150年到250年的前古典时代晚期就有人居住。在公元615年到800年之间，这座城市在文化和建筑领域达到了空前绝后的高度，当时兴建了最重要的纪念碑，并有了历史文献，其中记载了统治这座城市的君王的名字和事迹。

今天，游客可以沿着一条主路向前行进。它以都会区北部为起点，通向主广场，主广场是仪式中心的心脏。东边这片广阔的开放空间由所谓的"宫殿"占据主导，宫殿是个庞大的纪念碑式建筑群。一般认为，构成这个建筑群的楼宇具有某种市政职能，要么供执政的人居住，要么用作行政中心。当然，这个观点没有得到证明。

宫殿由长76米、宽61米的高台组成，高台上建有带回廊的建筑群。回廊上方加盖假拱形天花板，分布在三座较大的内部庭院周边。在方柱和屋顶外面，我们可以看到当初的浅浮雕装饰的痕迹，浅浮雕用彩色灰泥涂饰。整个建筑群以一座四层高的塔楼为主体。一些专家认为，它可能是一座瞭望塔，不过，最广为接受的观点是，它是一座天文观象台。

在广场南侧，从一座依旧郁郁

296—297　帕伦克宫殿的全景，它坐落在仪式中心的中心，四周丛林密布，遮天蔽日。这个建筑群的用途仍然是个谜。它可能用于宗教仪式。这座塔楼被认为是天文观象台

297下左 这块灰泥板是在帕伦克宫殿的中央庭院里被发现的。它刻着一个人头形状的玛雅象形文字符号

297下右 这块灰泥板也是在帕伦克宫殿的中央庭院里被发现的。它刻着四个古典时期的玛雅文字符号，现在大部分符号都已被破译

298中 这幅鸟瞰图显示位于帕伦克仪式中心北端的宗教建筑群，即所谓的"北群"。这是一个上方建有三座圣殿的阶梯式平台

苍苍的小山上下来，就到了帕伦克最壮观的神圣建筑——碑铭金字塔（Pyramid of the Inscriptions）。金字塔高36米，由9级层叠堆砌的塔体组成。三块石板安放在顶部的神庙内，石板上刻满象形文字，成为迄今为止出土的篇幅最长的玛雅铭文之一，这座金字塔因此得名。

沿着一段狭窄的台阶可以进入位于建筑顶部的神庙。神庙顶部是顶冠，这是乌苏马辛塔山谷（Usumacinta Valley）古典时期具有代表性的建筑特征。1952年，墨西哥考古学家阿尔贝托·鲁兹·鲁里耶（Alberto Ruz Lhuillier）发现，假拱天花板下面有一道长长的楼梯。从这处圣殿出发，楼梯通向一座地宫，地宫隐藏在比金字塔前的广场略微靠下的位置。这个密室的存在完全出乎考古学家和助理们的预料。密室里有一只巨大的石棺，里面显然装着某位权贵人物的遗骸。

多年以后玛雅文被破译，证实遗骸属于帕卡尔国王，他从公元

298下 这幅图显示了帕伦克一座重要建筑——太阳神庙的顶部，神庙由帕卡尔之子詹·巴拉姆下令建造。屋顶表面和令人惊叹不已的顶冠仍然留有灰泥浅浮雕装饰的痕迹

298—299 太阳神庙的圣殿伫立在台阶式平台上。在帕伦克陷入衰落并被遗弃后，多年来，屋顶装饰遭到丛林植被的破坏和侵蚀，植被掩埋了大部分古迹。神庙内部分成两个狭长的房间，上方覆盖假拱形天花板

299下 18号神庙是帕伦克的一座宗教建筑，具有典型的阶梯状结构。今天，帕伦克只有一部分古迹已从热带丛林中被清理出来

300左（三张图） 碑铭神庙几乎埋没在郁郁葱葱的热带丛林中。一段阶梯通向顶部的圣殿，带有门廊的入口可以通往前殿和宗教中心。台阶底部是个石头圆盘。圆盘是祭坛，由四根圆柱支撑

300右上 帕伦克最重要的国王、"太阳之盾"帕卡尔埋在碑铭神庙地板下方的密室中。装有已故国王遗骸的石棺上盖着一块超过5吨的石板

300右下 这幅图显示碑铭金字塔内陡峭狭窄的楼梯，楼梯通往安葬着帕卡尔国王的地下墓室。天花板上有典型的假拱形结构

301 出自帕卡尔墓室的这尊美丽的灰泥头像运用了精湛的技巧，几乎可以确定它是帕卡尔年轻时的肖像。铭文写道，帕卡尔是一位开明的统治者，在帕伦克执政约70年

615年到683年统治着帕伦克，在执政的最后一年去世。石棺用一块重量超过5吨的石板封闭。石板装饰着精雕细刻的浅浮雕。画面中心刻着国王的形象，描绘他落入阴间王国西巴尔巴（**Xibalbá**）——用地怪（**Terrestrial Monster**）表示。他身后是生命之树，树枝呈现为蛇头模样。树梢上栖息着一条下颌大张的双头蛇和一只具有爬行动物特征的神奇鸟。石棺里放着珠宝等装饰品，还有一个精美绝伦的玉制面具的碎片，显然是放在帕卡尔脸上的。后来面具被完整修复。墓室里找到的两尊灰泥头像为我们提供了帕卡尔的肖像。

当然，这一发现不仅就其本身而言十分重要，而且它证明，玛雅金字塔在古典时期不仅被用作神庙，也是统治阶级的墓葬纪念碑。

除了宫殿和碑铭金字塔，帕伦克的仪式中心还包括其他重要的建筑群，如北群（**Northern Group**）、伯爵神庙（**Temple of the Count**）和用于仪式球赛的体育场。一个基本角色由所谓的十字组（**Group of the Cross**）担任。十字组由三座神庙建筑组成，它们的尺寸比碑铭金字塔稍小。它们分别是十字神庙（**Temple of the Cross**）、叶形十字神庙（**Temple of the Leafy Cross**）和太阳神庙，在公元672年到692年为国王、"虎龙"詹·巴拉姆（**Chan Bahlum**）建造，他是帕卡尔的儿子和继承人。它们坐落在宫殿下方的小山脚下。这些都是金字塔，塔台上方建有屋顶阁楼，阁楼顶部是图样复杂的顶冠，当初曾用模式化的彩色灰泥装饰。

这三处古迹的现代名称得自沿着墙壁延伸的雕带上的肖像图案。它们与玛雅的宇宙主题有关，这些主题在很大程度上被帕伦克第一批探险家误解。太阳神庙和叶形十字神庙内刻着若干关于詹·巴拉姆的奉献仪式的有趣铭文，表明他刻意选择了月亮、土星、木星和火星同时出现，且相对于天蝎座处于不寻常的位置时为神庙举行祝圣礼。

虽然帕伦克是墨西哥一处主要的旅游景点，但它仍有相当广阔的部分有待向世人展示。可以预料，未来这里将会产生更多关于玛雅文明的非凡发现，提出新问题，解答老问题。

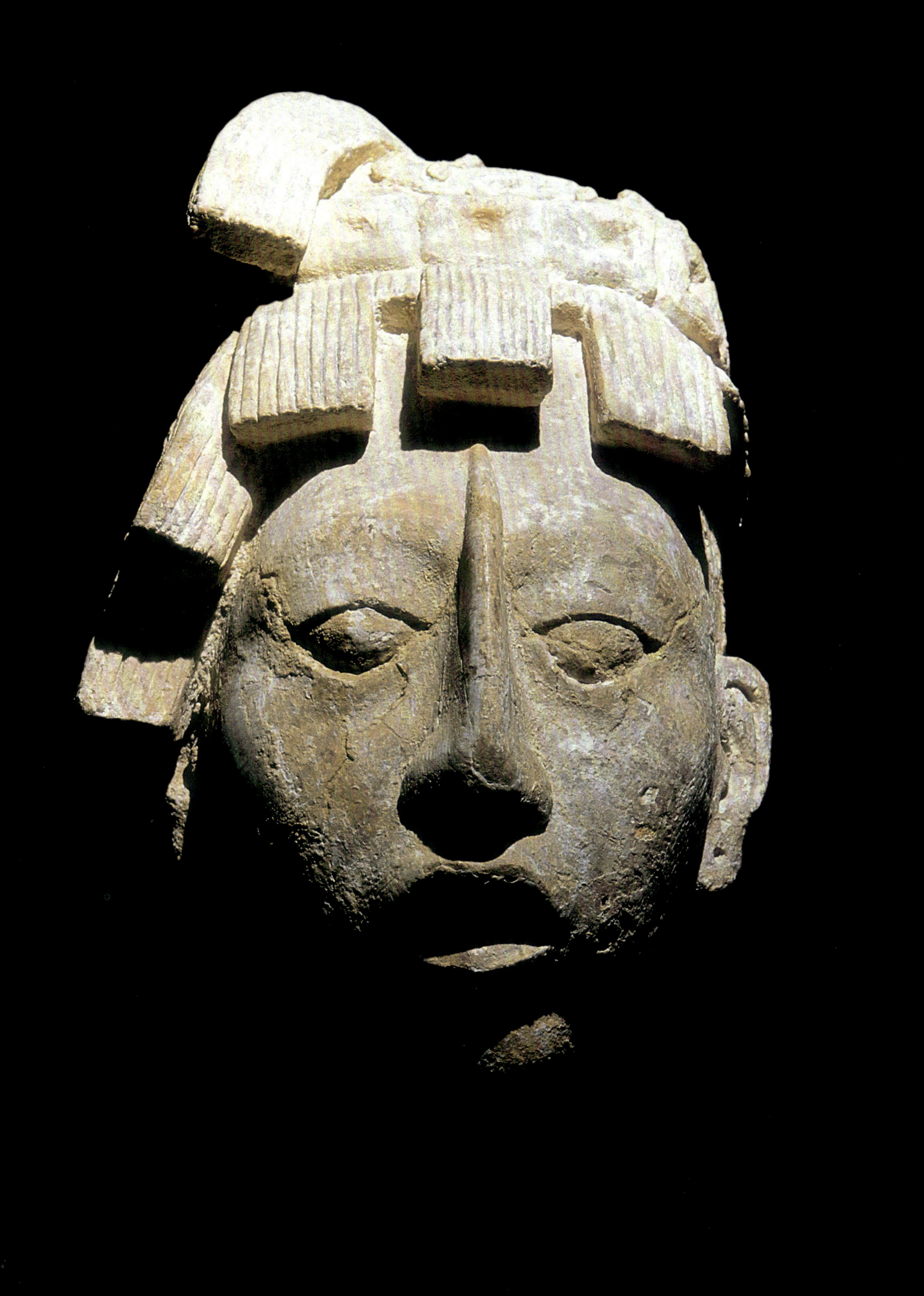

蒂卡尔：森林里的金字塔

A 四号神庙	F 建筑群O	K 一号神庙	P 建筑群Q
B 建筑群N	G 西广场	L 五号神庙	Q F组
C 南卫城	H 二号神庙	M 东广场	R G组
D 七神庙广场	I 大广场	N 中央卫城	
E 三号神庙	J 北卫城	O 建筑群R	

19世纪末，阿尔弗雷德·莫斯莱（Alfred Maudslay）和特奥多尔·马勒（Teodor Maler）拍摄了一座玛雅城市主要古迹的照片。人们在今危地马拉佩腾（Petán）地区的热带丛林中发现了这座城市。它就是蒂卡尔。20世纪初，研究人员开始着手勾画这处遗址的平面图，研究它神秘的铭文。20世纪50年代，宾夕法尼亚大学发起首次发掘工作。尽管蒂卡尔遗址只有部分区域重新面世，但是它们气吞山河的规模和金字塔令人眩晕的高度在玛雅地区绝无仅有，令人大开眼界。最新的考古调查表明，这些令人拍案称奇的建筑在塞罗斯（Cerros）和乌夏克吞（Uaxactun）的建筑模型的基础上拔地而起，它们是建于前古典时代晚期的最古老的玛雅金字塔所在地。

302左中 "失落的世界金字塔"（Pyramid of the Lost World）具有气势磅礴的结构，类似于前古典时期的金字塔

302左下 这座神庙位于"失落的世界金字塔"和七神庙群之间，顶部设有巨大的顶冠，这是蒂卡尔建筑的典型特征

302右中 在陵墓中出土了这尊持香祭司（或神）手捧骷髅头的雕像

302右下 四级陡峭的阶梯通向雄伟的"失落的世界金字塔"顶部。该金字塔矗立在蒂卡尔仪式中心的南端

303 在无边无际的热带丛林中，"失落的世界金字塔"和四号神庙庄严显现

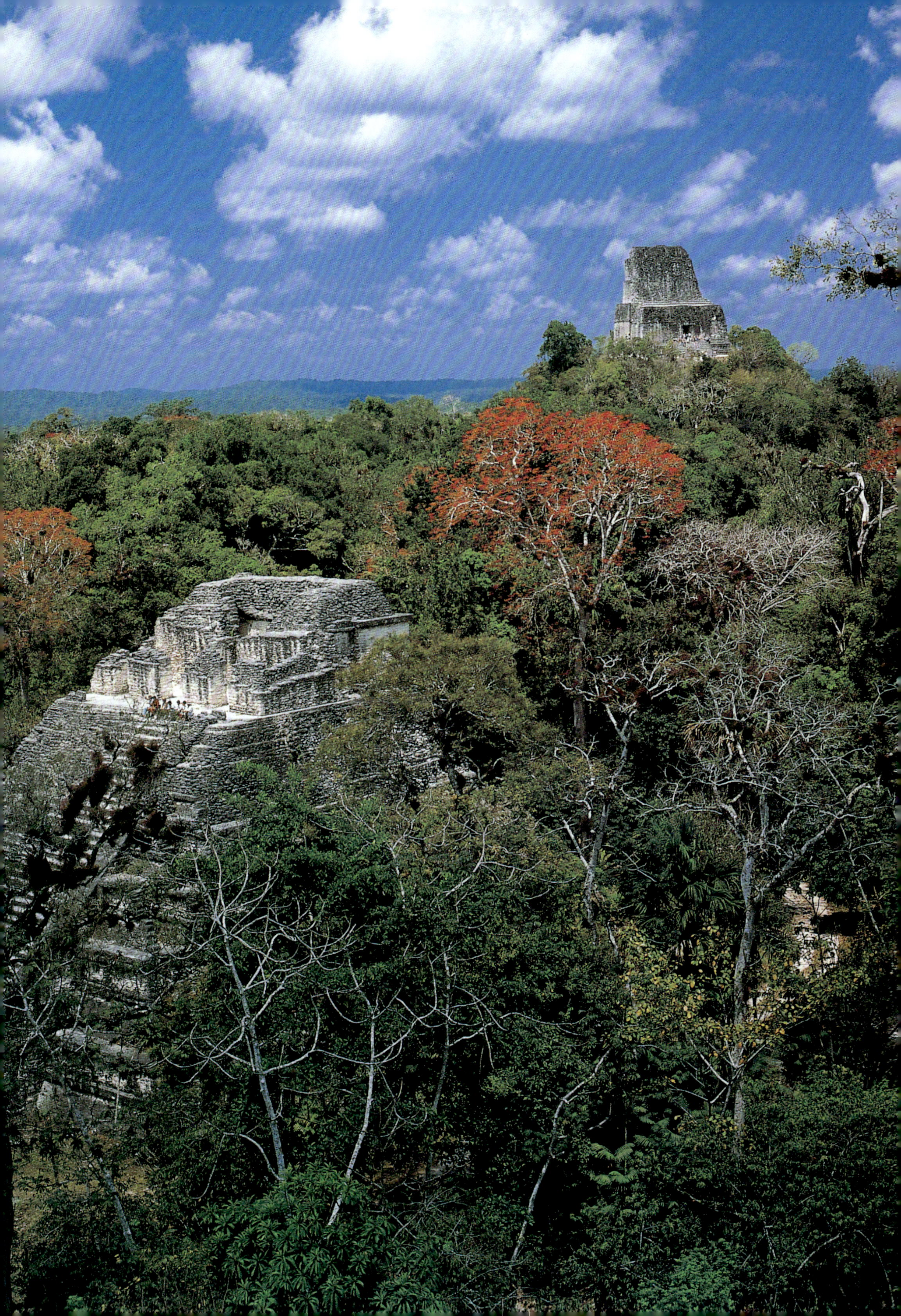

304上 这幅图显示了大广场的景观。这个地区散落着石头，以及大量的浅浮雕和碑文。许多碑文已被破译

304左中 图为蒂卡尔仪式中心的景观。前景是中央卫城的建筑群，背景为一号神庙和广场。蒂卡尔考古遗址是中美洲最大的考古遗址之一

304左下 图为中央卫城高耸的建筑群，它由一系列阶梯状平台组成，平台上建有宗教建筑。它位于北卫城前面，面向广场，两边是巨大的"双子金字塔"（Twin Pyramids）

近年来，蒂卡尔许多石柱上的碑文得以破译，揭示了这座城市的历史和统治王朝的重要层面。城市位于水陆交通枢纽的战略要地。蒂卡尔的第29号石柱被认为是整个玛雅地区最古老的石柱，年代为公元292年，即古典时期开始之际。年代最近的一根是第11号石柱，年代为公元869年。我们现在知道，9世纪末，低地平原上的玛雅城市在短时间内突然遭到遗弃。这两个年代之间的时期，蒂卡尔在政治和文化上达到空前高度。在近年的研究中，德国考古学家指出，蒂卡尔同卡拉克穆尔（Calakmul）一道统治着其他玛雅城邦。仪式中心散落着石柱，玛雅人每隔20年左右就竖起一根石柱，把在政治、经济和文化方面为蒂卡尔的发展做出贡献的统治者的名字和浅浮雕肖像流传下来。

其中一些统治者获得了"美洲虎爪"、"风暴天空"和"可可先生"等名号。这些文字告诉我们，统治者征服了许多敌人，控制了邻近的领土，通过缴纳贡品和缔结婚姻来建立外交联盟。"莱达盘"（Leida's Plate）是这座城市出土的一颗小小的翡翠宝石，上面的铭文提到一位名叫"鸟零月"（Bird Zero Moon）的统治者，他的形象刻在背面。与帕伦克一样，蒂卡尔的金字塔也充当古典时期神庙建筑的台基和陵墓，即内设统治者墓室。如同帕卡尔的陵墓，蒂卡尔的墓室里也保存着贵重的陪葬品，包括彩陶、面具和玉石珠宝。这些物品是统治阶级享有威望及在宫廷里干活的工匠们展现精湛技艺的宝贵证据。仪式中心区域已经从丛林中清理出来，展现在世人面前。这个区域占地面积超过15平方千米，伫立着3000多座纪念碑。此

304—305 一号神庙矗立在中央卫城附近，高约50米。一段陡峭的台阶通向圣殿，圣殿中心分成三个盖有假拱形天花板的房间。神庙顶部装饰着令人眼花缭乱的顶冠，这是蒂卡尔建筑的典型元素。只有国王和祭司才有资格进入举行仪式和祭祀的中央圣殿

间至少有两个巨大的水库，用来为城市供水。一座古老的建筑叫作"失落的世界金字塔"，坐落在城市南部。它雄伟高峻的规模与前古典时代晚期的其他建筑十分相似。大部分建筑建于公元400年到公元800年，这是蒂卡尔最为光彩夺目的时期。关于这个小镇，最令人惊奇的也许莫过于金字塔的高度。四号神庙高达60多米，隔着很远的距离就能看到它的塔顶从遮天蔽日的树林中探出来。在这里，玛雅人使金字塔成为人向神靠近的一种途径。在拍摄于19世纪初的照片中，金字塔似乎完全被泥土、植被和碎石掩埋。四号神庙的结构与一、二号双子神庙相似，后者坐落在中央大广场（Great Central Square）对面。双子神庙是阶梯式金字塔，立面设有狭长而又陡峭的台阶，台阶直通圣殿。

圣殿由一个简单的中央区域构成，上方加盖假拱顶，拱顶上装饰着令人记忆深刻的顶冠。特奥蒂瓦坎的文化影响经常体现为斜面-裙板建筑样式的使用。一般认为广场是仪式中心的核心，广场周围伫立着许多建筑，包括当初曾经耸立着宗教建筑的阶梯状台基、宽敞的庭院、用作统治阶级府邸和仪式中心的宫殿群，以及供普通人居住的简朴房屋。最著名的阶梯状台基无疑是中央卫城和北卫城。

公元9世纪蒂卡尔遭到遗弃时，这个长91米、宽76米的巨大台基上方至少矗立着8座神圣建筑。在铺设的地面下方发现了几座公元3世纪的古老建筑的遗迹。沿着中央广场的边界，纪念柱散落在遗址各处。这些石柱经常与石碑相关，上面刻满铭文，呈圆柱

306左中 在蒂卡尔彩色花瓶上的场景：一位权贵人士头戴精致的羽毛头饰，舒适地坐在某种卧榻上。构成文本的若干符号画在嘴巴附近

306左下 这只花瓶也绘有场景画，画面反映宫廷生活。一个人谄媚地跪在一位坐在宝座上的权贵面前，后者也许是国王。服装的简素持重与繁复考究、五颜六色的羽毛头饰形成对比，颇为有趣。左上为若干图形符号

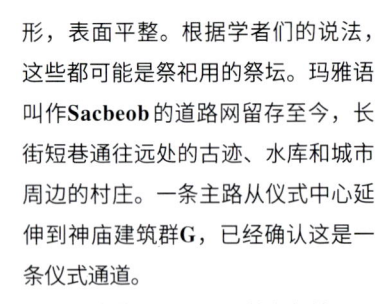

形，表面平整。根据学者们的说法，这些都可能是祭祀用的祭坛。玛雅语叫作Sacbeob的道路网留存至今，长街短巷通往远处的古迹、水库和城市周边的村庄。一条主路从仪式中心延伸到神庙建筑群G，已经确认这是一条仪式通道。

在古典时代晚期，蒂卡尔地区可能有1万左右的人口，成为玛雅城邦中最大的城市，可以相信它高高在上地凌驾于其他规模较小、财力稍逊的城市之上。统治者的浅浮雕肖像（通常为侧影）连同铭文和丰厚的陪葬品，让我们对这些权势人物的音容笑貌有所揣度。铭文描述了打仗时战败的敌人被用来进行祭献，统治者和祭司实施自残——他们服用致幻物质进入恍惚状态，划破自己身体的各个部位，让鲜血流出。

这种仪式的目的是让人与神接触，向神献上人的鲜血作为礼物，鲜血是满足和滋养神的关键。从这些画面中，我们可以看到国王和武士的服装、珠宝、兵器和头饰。女性形象凤

306—307 广场上的二号神庙位于双子金字塔和一号神庙对面。二号神庙具有三层金字塔台基和高耸的顶冠，如同蒂卡尔的其他神庙

307右上 这幅图显示蒂卡尔广场上众多石柱中的一根。与科潘[1]的立体雕像不同，这里权贵人士的雕像是浅浮雕

---

1 科潘（Copán），位于洪都拉斯西部，靠近危地马拉边境。科潘是玛雅文明古典时期最重要的城邦之一。

毛麟角，只出现在关系到婚姻契约的场合。找不到公元869年后竖立的石柱，个中原因至今不明。这座大都会在繁茂肥沃的佩腾地区欣欣向荣，突然迅速衰落并被遗弃，其中的原委始终是一道谜题。例如，没有发现被暴力破坏的痕迹。也许是贸易量突然下降，使城市和周边的乡村陷入贫困。更有可能的是，军事叛乱或者内战纷争摧毁了君主国对人民和其他地区所施加的绝对权力。如同低地平原上的其他玛雅中心，蒂卡尔从印第安-美洲历史上失去了踪影，直到它掩埋在碎石瓦砾和枝繁叶茂间的金字塔重回公众视野。

307右中 金字塔Q是蒂卡尔宗教区具有神庙功能的多座阶梯式建筑中的一座。前景是一组纪念石柱

307下 北卫城呈现的整体建筑效果是有机统一和均衡对称的，虽然它们建于不同时期，往往在旧址上重新建设

乌斯马尔：普克风格的首都

低地平原上的玛雅城市曾经达到相当高的政治和经济水平，却从公元800年起进入了衰败期。个中原因至今未明。这些城市人去楼空，所有痕迹烟消云散，直到18世纪第一批探险家在茂密丛林中的碎石瓦砾之下发现它们的遗迹。

尤卡坦的情况大不相同。在这里，公元800年到900年间，几座此前一直扮演边缘角色的小城在文化上焕发生机，这无疑与它们的经济取得长足发展有关。这种情况可能是因为玛雅-琼塔尔（Maya-Chontal）种族的支系从北方前来，他们与墨西哥高原的文化息息相关。在这个时期，乌斯马尔、萨伊尔（Sayil）、拉博纳（Labná）、卡巴（Kabah）、里奥贝克（Rio Bec）等城镇蒸蒸日上。它们雄伟的遗迹散布在

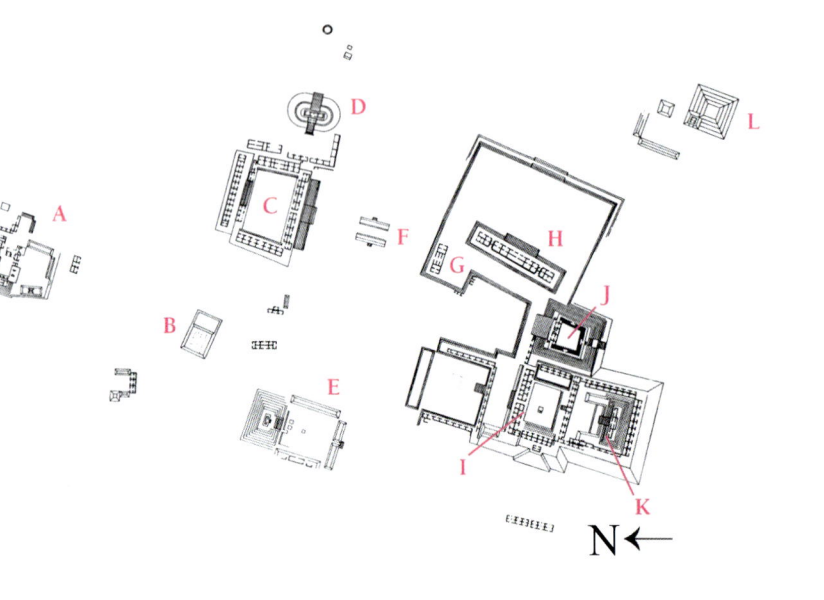

A 北群	E 墓场群	I 鸽厦
B 石头平台	F 球赛场	J 大金字塔
C 修女四方院	G 海龟之家	K 南群
D 占卜师金字塔	H 总督宫	L 老妇金字塔

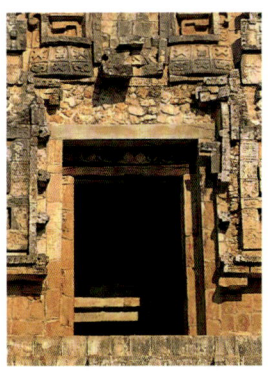

308左下和右中 海龟之家是一座质朴的长方形建筑，装饰着海龟造型的雕塑并因此得名，入口门上方有一条小圆柱雕带。这座建筑建于公元9世纪，用途不明

308右上 乌斯马尔最精彩的遗迹之一——占卜师金字塔的局部。这是通往西边圣殿的入口，切尼斯（Chenes）风格[1]的装饰优雅美观

---

[1] 切尼斯风格区位于里奥贝克和普克风格区之间，切尼斯风格建筑的主要特点是宫殿呈金字塔式结构，底层分割成多个房间，在其之上是一个或多个金字塔平台基座，在金字塔上再建寺庙。

308—309 从海龟之家看到占卜师金字塔雄伟的轮廓,这座建筑由建于不同时期的各种结构组成,层层堆叠。顶部是两座圣殿,它们的风格反映了邻近地区的文化影响

309上 这幅全景图显示了乌斯马尔最典型的三座建筑。背景是修女四方院;前景是海龟之家;右边是占卜师金字塔,也叫作巫师金字塔,它的椭圆形底座很不寻常

尤卡坦半岛上，仍在等待被发现。这些城镇虽然各具特色，却呈现出一种共同的建筑式样——普克风格。这种风格的典型元素包括建筑物的正面用切割的石材马赛克装饰，使用假拱顶、茎节圆柱，以及与恰克（Chac）神和地怪的形象有关的硕大的灰泥面具等。在近古典时期的古城遗址中，最令人叹服的也许是乌斯马尔城，它的占地面积绵延广阔，是尤卡坦半岛的普克都城。乌斯马尔的一个典型特征是四方院，这是玛雅世界在建筑领域的创新。这些建筑四面合围，伫立在低矮的平台上，围着中间开阔的庭院。它们外观优雅，因此被人们称为宫殿。乌斯马尔最著名的四方院是修女四方院（Building of the Nuns），第一批西班牙探险家给它起了这个名字，因为这是个围绕庭院的封闭结构，四边的房屋被分割成牢房似的小隔间，让他们想起修道院。

建筑的正面覆盖着石材马赛克，马赛克组成精巧的几何形、希腊式、菱形和小方柱的图案，与恰克神（鼻子向外突出）的巨大

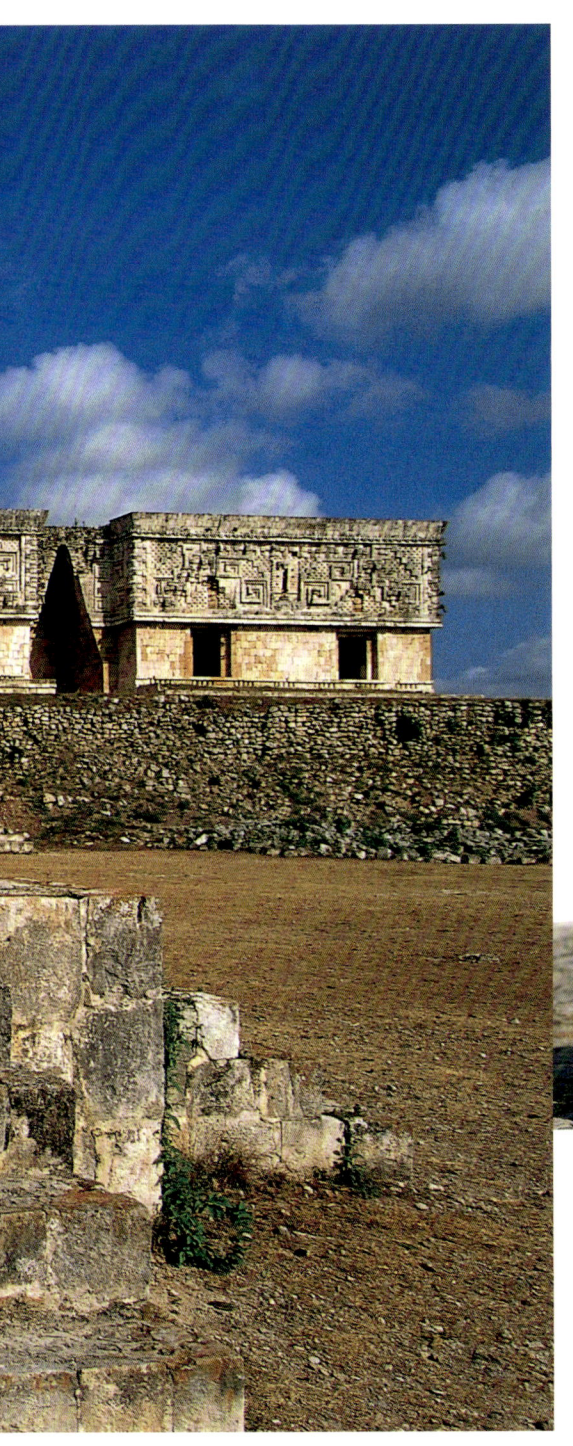

311右上 羽蛇形象装饰在修女四方院西侧建筑外立面的一块嵌板上。这个局部让我们大致了解普克风格的精致考究。普克风格在尤卡坦的玛雅城市中很具有代表性

311右中 美洲豹圣坛是一块单体石头，呈现为两只暹罗猫蹲在小小的阶梯式台基上，位于总督宫附近。它可能是一个祭祀用的圣坛

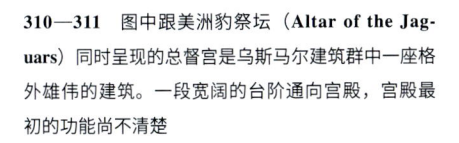

310—311 图中跟美洲豹祭坛（Altar of the Jaguars）同时呈现的总督宫是乌斯马尔建筑群中一座格外雄伟的建筑。一段宽阔的台阶通向宫殿，宫殿最初的功能尚不清楚

311右下 图为通往总督宫的台阶。几道门平行排列，在正面延伸，上方装饰着优雅的普克风格雕带。远处是占卜师金字塔

面具错落交替，台阶和列柱走廊朝向庭院，给这座建筑赋予一种罕见而又令人惊异的温婉典雅。刻着美洲豹和羽蛇的浅浮雕与玛雅人和墨西哥民族的宗教主题相呼应。入口门户由运用假拱技术建造的高大拱门组成。鸽厦（Quadrilateral of the Doves）具有类似的结构，只是尺寸较小。这个名称来源于顶部复杂的顶冠，这些孔眼很像俗称的"鸽子笼"的样式。

在乌斯马尔的东南部坐落着全城最负盛名也最为壮观的建筑"总督宫"。这个名称出自西班牙牧师洛佩兹·德·科戈柳多（Friar Lopez de Cogolludo），他探访了此地，在1688年出版的回忆录中描述了它。这位牧师第一次看到这座建筑时，断定它是乌斯马尔统治者的古老宫邸。

这座建筑矗立在由三级阶梯构成的台基上，沿着一段宽阔的中央台阶可以抵达台基上方。它由中间一块长46米的四方体和边上两块长15米的四方体组成。如同乌斯马尔的其他建筑，内部空间也分成了类似于牢房的小室。外立面的上部装饰着马赛克，使用了假拱门和列柱走廊，这说明总督宫是建于终古典时期（Final Classical Period）普克风格的一个典型例子。

虽然许多学者认为，这座宫殿是玛雅人的王权中心、举行重要仪式的场所、一座一切意义上的皇宫，但是它的真正用途依然迷雾重重。

根据近年的研究，已经证实总督宫是按照精心设计的平面图和精确的方位规划建造的。站在正中央的大门处，观星者能够看到早晨金星（Venus）在地平线上升起，升到金字塔顶端上方的一个点。

这座城市还分布着其他独具匠心的建筑群和单体建筑，如大金字塔、神庙样式的北卫城、海龟之家、墓场群，以及绝对少不了的球赛场。可惜的是，今天人们对乌斯马尔的统治者和人民一无所知，没有铭文可供我们了解统治王朝的历史或城市发展过程中的重大事件。不过，有一处名胜古迹在整个前哥伦布时代的美洲世界独树一帜，即"占卜师金字塔"（又名"巫师金字塔"），它集这座著名古城的魅力和谜团于一身。传说，巫师与国王打赌，赌他能不能在一夜内建起一座金字塔，巫师赢了。

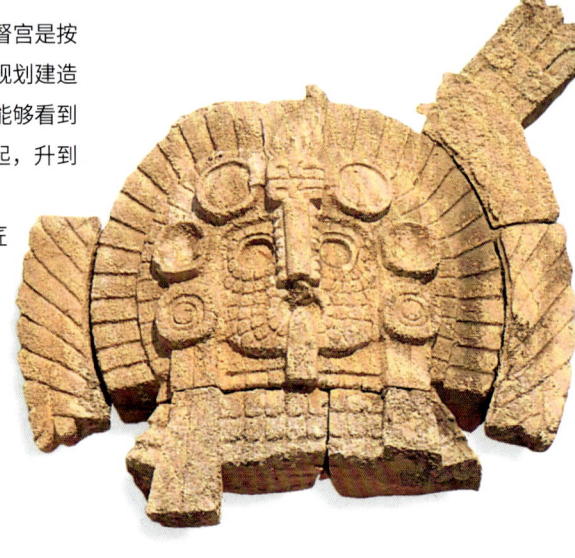

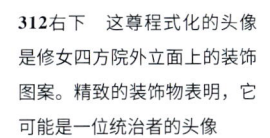

312右下 这尊程式化的头像是修女四方院外立面上的装饰图案。精致的装饰物表明，它可能是一位统治者的头像

312—313 乌斯马尔另一座别出心裁的建筑是修女四方院，它呈长条形结构

313右上 这个令人叹为观止的建筑群名叫修女四方院，它由一组建筑组成，呈长条形建在低矮的台基上，把宽敞的庭院围在中间

313中 尤卡坦半岛的住宅楼显示了恰克神的面孔，向前伸出的鼻子酷似象鼻。对这尊"水和雨之神"的崇拜对于后古典时期的玛雅人至关重要

313下 这幅图显示鸽厦的墙壁。鸽厦是乌斯马尔一座怪异的建筑。顶冠中设有狭长的孔洞，最初可能安放着雕塑

　　这座金字塔是一个高大的平顶阶梯式建筑，基底呈椭圆形。它是在不同时期数次重建和累加堆砌的产物。

　　两段陡峭的台阶通向顶部的神庙。金字塔西侧的立面有切尼斯风格的装饰，全部覆盖着与宇宙蛇（Cosmic Serpent）有关的面具。宇宙蛇是玛雅世界最古老的崇拜之一。

　　在纵贯金字塔西侧的台阶底部，近年来的发掘工作将一座圣坛的遗迹展现在世人面前。它比这个建筑群的其他部分更加古老，年代为公元569年。

　　一些专家认为，占卜师金字塔是这座疑云密布的神庙建筑的核心所在。这座巍峨挺拔的金字塔矗立在热带丛林中，俯瞰着这座普克都城的废墟。

313

奇琴伊察：圣井之城

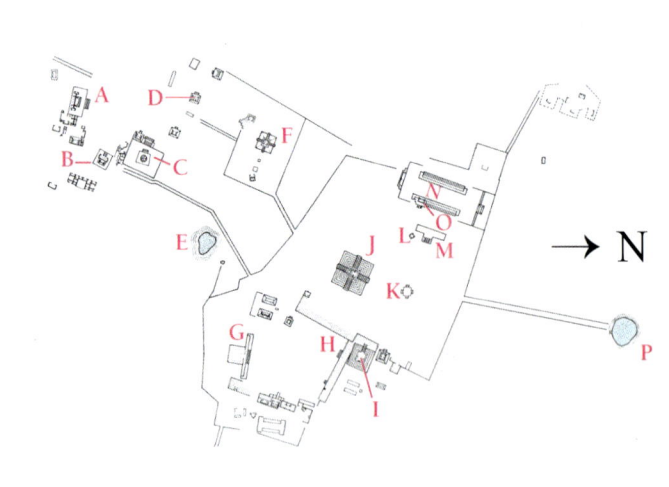

A 修女院
B 绘画浮雕神庙
C 蜗牛台（天文观象台）[1]
D 红屋
E 圣井
F 大祭司墓
G 棚顶市场
H 千柱群
I 武士神庙
J 卡斯蒂略金字塔
K 金星台
L 鹰台
M 骷髅台
N 大球赛场
O 美洲豹神庙
P 圣井

---

[1] 蜗牛台（Caracol），因为它内部的楼梯像蜗牛的壳一样向上盘旋而得名。

16世纪时，西班牙主教迭戈·德·兰达（Diego de Landa）奉命让尤卡坦（即今墨西哥）的玛雅人皈依基督教，他得知这些人定期前往自己的圣地朝圣。在此地一座古城的废墟附近有一处巨大的天然洞穴，当地居民显然已经崇拜了几个世纪。在报告中，德·兰达惊恐地写道，这是一处活人祭祀点。在这里，人们被活活扔进洞穴深处暗无天日的水中，西班牙人称之为井（cenote），即深岩池，这个词是玛雅词语dzonot的变体。

主教发现，举行活人祭祀是一种把水与生育相互关联的古老崇拜的组成部分。这口井周围的废墟属于一座玛雅古城，古城并没有彻底湮灭无闻。这座城市就是奇琴伊察，尤卡坦语的意思是"伊察人的井"（Cenote of the Itzá）。伊察人是数百年来世世代代生活在这个地区的居民。1814年，探险家约翰·斯蒂芬斯和弗雷德里克·凯瑟伍德探访了这个地区，他们绘制了雄奇壮观的建筑图之后发起了最早的考古调查。美国学者紧随其后。1900年，大名鼎鼎的考古学家爱德华·汤普森（Edward Thompson）继续这项工作，甚至潜入了圣水池。规律有序的发掘由西尔韦纳斯·莫利（Sylvanus Morley）于20世纪20年代开启，从森林攀附缠绕的枝蔓中清理出多座建筑，让它们现出惊人宏伟的真实面目。

今天，虽然奇琴伊察尚未显露出全部奥秘，但它却是尤卡坦半岛和玛雅世界最著名的考古遗址之一。

在参观遗迹之前，一定要先了解一下这座城市的历史。它坐落在今天的城

314—315 这幅图显示奇琴伊察的两座著名神庙。左边是美洲豹神庙，右边是卡斯蒂略金字塔[1]。前景是一尊硕大的蛇头像

[1] 卡斯蒂略金字塔（Pyramid of the Castillo），又名羽蛇神金字塔。

315右上 这块石头圆盘嵌在运动场的墙壁上。浅浮雕骷髅头骨表达死亡和祭祀的概念，这是仪式球赛的组成部分

315中上 奇琴伊察的美洲豹神庙设有柱廊大厅，厅内有一尊优雅的美洲豹雕像。美洲豹是玛雅人的神圣动物

315中下 在卡斯蒂略金字塔顶部的神庙内部，立着两块典型的后古典时期石头文物，前景是用作祭坛的查克穆尔像，后面是美洲豹宝座

315右下 奇琴伊察的大球赛场是印第安-美洲面积最大的一座，美洲豹神庙在东边俯瞰它

315

市梅里达（Merida）和坎昆（Cancún）之间。在公元800年至950年，墨西哥低地平原上的玛雅城市陷入衰败阶段，被遗弃，一群名叫伊察或琼塔尔人的玛雅人受到北墨西哥文化的强烈影响，建立了一座中等规模的城镇，它的重要地位建立在崇拜圣井（Sacred Cenote）的基础上。根据各种考古调查收集到的资料和现有的历史资讯，一群新人（托尔特克人）在公元10世纪末抵达奇琴伊察。这些入侵者来自图拉市，这座城市在特奥蒂瓦坎陨灭后主导墨西哥高原长达几个世纪。

几份托尔特克的历史记录写道，公元987年前后，统治者阿卡特·托皮尔津被兄弟特斯卡塔利波卡（Tezcatlipoca）赶下王位，他率领一群居民离开图拉，经过长途跋涉穿越墨西哥，到达尤卡坦半岛。他们在奇琴伊察定居，把它定为新的都城，兴建了气势恢宏的建筑。资料和历史传统都将阿卡特·托皮尔津与神话中的羽蛇联系起来，它的形象和对它的崇拜在奇琴伊察的古迹中随处可见。尤卡坦半岛的玛雅人听取劝告，开始敬拜托尔特克殖民者带给他们的这尊新来的神，羽蛇崇拜代替了古老的祖先崇拜。这种新的宗教叫作库库尔坎（Kukulkán），意思是长着凤尾绿咬鹃羽毛的蛇。（凤尾绿咬鹃是南美洲一种毛色生动美丽的鸟。）

阿卡特从图拉出逃的口述历史得到了考古学的证实。似乎在公元1000年前后，奇琴伊察成为一个规模庞大的都会中心，丰富多样的纪念碑清楚地说明了古典时代晚期玛雅文化与托尔特克文化的结合。从当地的艺术表现中可以看出统治阶级穷兵黩武的强烈影响，与前几个世纪在低地平原大放异彩的玛雅城市大异其趣。

可以清楚地看到，跟图拉一样，奇琴伊察存在一种后古典时期印第安-美洲文化典型的好战的意识形态，它把自己强加于古老的宗教崇拜之上。只在这个地区南部的少数建筑中找到了古典时代晚期尤卡坦中心普克风格的影响，它们几乎是玛雅世界的文化最后的回光返照。

其中最重要的是红屋（Casa Colorada）和修女院。红屋富于戏剧性，具有冷峻清简

316—317 在武士神庙的顶上可以看到查克穆尔像，这座人形祭坛由托尔特克人引入奇琴伊察。背景是两根高高的蛇形圆柱，它们曾经支撑着圣殿的屋顶

316上 这幅图显示武士神庙顶上的祭坛局部。这是一尊人像，被用作石桌的支撑柱，祭祀在石桌上举行。这些仪式在中美洲绵延不绝，到后古典时期达到无与伦比的程度

316左中 巨大的石柱底部是下颌张开的硕大的羽蛇头像，石柱曾经支撑着美洲豹神庙上的圣殿的屋顶。长着虎豹般的尖牙的羽蛇图案起源于奇琴伊察，可以追溯到羽蛇神的神话故事

316下 几十根四面刻着图案的石柱曾经支撑着宽阔的柱廊厅的屋顶，它们构成了千柱群

317上 这幅图让我们能够了解奇琴伊察武士神庙的宏大规模。台阶前面是列柱，俯瞰着有些令人不安的查克穆尔像

的外观，显示了普克风格真正典雅的特征，只在上部用雕带加以装饰。这条雕带装饰着恰克神的面具，雕带上方添加顶冠，这里的顶冠比考古所发现的古典时期的顶冠更加程式化。反过来，修女楼在外观上几乎是巴洛克式的。主立面全部覆盖着石材回纹装饰和与恰克神及地怪崇拜有关的面具。在奇琴伊察，这座建筑让人最为直观地想起乌斯马尔的建筑。在正中间的门口上方，壁龛里有一尊浅浮雕人像，雕像呈坐姿，身份不明。

城市的西北区域坐落着（一般认为用于球类比赛的）运动场。这是拉丁美洲发现的运动场中面积最大的一处，占地之广让人印象深刻。它长约**180米**，美洲豹神殿高耸在东侧。运动场的尺寸和外观表明了古老传统的重要性，通常认为这些传统与蕴含精深的宇宙意义的赛事有关。

城市西北端耸立着一座更加恢宏的建筑，这座建筑饱含托尔特克文化遗产的浓郁韵味。

头骨墙（Tzompantli），也叫骷髅台，或许是奇琴伊察地区最令人毛骨悚然的古迹。这类古迹见证了一种痴迷于活人祭祀的文明。

这个建筑本身是一块长方形的石头平台，四边覆盖着连贯的长条形浅浮雕饰带，图案是一排排串联的骷髅。人们认为这里原本有一个真实的骷髅台，是一道木栅栏，上面摆放着受害者被砍下的头颅。这些头颅属于在战斗中被俘的敌人，或者祭祀的牺牲者。类似的古迹不仅存在于图拉，也存在于阿兹特克帝国的都城特诺奇蒂特兰（Tenochtitlan），后者沿袭了托尔特克人的习俗和惯例。

令人印象深刻的武士神庙和邻近的所谓千柱群遗址位于骷髅台的东侧。千柱群是一座巨大的阶梯式金字塔，可

318左上 这块华丽的圆盘制作于公元1000年左右，上面镶嵌着绿松石、贝壳和珊瑚马赛克。四个蛇形图案围绕着中心。中心可能曾经嵌有一面在致敬太阳神的宗教仪式中使用的黄铁矿镜子

318中上 骷髅台的石头古墙，呈现木栅栏的样式，被击败的敌人或祭祀牺牲者的头颅被串联起来向公众展示

318中 这幅图显示奇琴伊察一座小型宗教纪念碑——美洲豹和鹰台的局部

318中下 图为红屋——一座清简、优雅的建筑的遗迹。顶冠上的饰带包含一个希腊式格栅图案

能建于 12 世纪左右，它的设计与图拉的"黎明之主"（Tlahuizcalpantecuhtli）一模一样，供奉我们称为金星的晨星。一段中央台阶通向顶部圣殿中心所在的地方。石柱支撑着现在已经化为乌有的屋顶，上面装饰着雕带，诉说着历史久远的陈年旧事。圣殿两侧立着两根蛇形巨柱。这个下颌大张、浑身长着羽毛的怪物是神话中的羽蛇库库尔坎的另一种形象。查克穆尔像躺在两根石柱中间，跟骷髅台一样，查克穆尔像也是托尔特克人带来的。这是一个石头祭坛，祭祀牺牲品被放在上面。构成千柱群金字塔的四个部分在造型上类似于源自特奥蒂瓦坎的斜面-裙板，上面雕刻着各种图案，描绘托尔特克军事团体获得成功的场景、鹰和美洲豹，这些画面与描绘残酷祭祀的场景交替出现。1841 年，斯蒂芬斯在武士神庙内发现了一组壁画，不幸的是，壁画毁损严重，只能够依稀辨认出海战的画面。武士神庙的两边是浩浩荡荡的列柱。它们当初支撑着高大殿堂的假拱形天花板。这些石柱的柱身是圆柱体或长方体石块，通常刻着浅浮雕装饰。应该指出的是，在古典时期的玛雅城市没有发现类似的建筑，它们一定是从墨西哥高原传到尤卡坦地区的。千柱群两边挨着一座梯形广场，人们认为广场上的建筑曾经是一个有顶盖的市场。

虽然这些古迹都很迷人，但是卡斯蒂略（Castillo，意为城堡）金字塔毋庸置疑是最重要的。这是奇琴伊察的主要建筑，也是

318—319 这座建筑是修女院添建的部分，外立面上可以看到普克风格的装饰图案。其中包含恰克神的面具

它的象征。西班牙人把卡斯蒂略这个名称赋予它，因为它体量巨大，位置醒目，在广袤的平原上卓然屹立在运动场和武士神庙之间。

这座留存至今的金字塔由九级台阶组成，它融合了一座建于10世纪的较为古老的建筑，后者具有相似的方形基底，规模不是很大。卡斯蒂略金字塔顶部是一座圣殿，圣殿具有典型的蛇形圆柱。沿着设在每个侧面正中央的台阶可以进入圣殿，台阶的布局与古典时期的玛雅金字塔样式保持一致。

一种特殊设计在印第安-美洲建筑中十分罕见。坡道由91级台阶组成。如果我们把它们与环绕金字塔外围的台阶相加，就得到了365级台阶，这个数字恰好与太阳年的天数吻合。宽阔的仪式街道（玛雅语称之为sacbeob）从卡斯蒂略金字塔前的平地通向圣井。人们认为，用来祭祀的活人被投入这个巨大的天然岩洞内的深水中，可以致敬和安抚"水和生育之神"恰克。

穿越奇琴伊察遗迹的考古路线向来是一条让访客惊呼连连的道路。除了神庙、市场、运动场和优雅的柱廊宫殿（宫殿装饰着羽蛇图案，留下嗜血膜拜的印记），还有一座建筑的结构反映了这样的观念：古玛雅人超越其他族群，精于恒星的研究。这座被西班牙征服者称为蜗牛台的建筑是一座圆柱形高塔。两层交叠的平台上方原本有个假穹顶覆盖物。里面有一段螺旋楼梯通向一个有几扇窗户的房间，窗户的位置恰好可以用来观察研究数不清的天体和精确的天文现象，包括冬夏至和春秋分。

面对人类天才的这个惊人物证，当年从欧洲来的白人征服者却借口玛雅人是未开化的野蛮人，大肆摧毁精深的玛雅文化，想到这里不由得令人扼腕叹息。

征服者拆毁了他们所发现的建筑，认为上面的文本亵渎了自己的宗教，于是燃起熊熊大火将它们付之一炬。

320　图中所示为大祭司金字塔。这座设有中央台阶和蛇形雕塑的阶梯式金字塔酷似卡斯蒂略金字塔。这里的羽蛇形象也与托尔特克征服者带到该地区的羽蛇崇拜有关

320—321　蜗牛台建在低矮的平台上，配有窗户，是奇琴伊察一座谜一般的建筑。专家认为，这是一个天文观测台，而不是宗教建筑

321左上 这座有两根圆柱的建筑位于奇琴伊察北端。一些学者认为它是一座神庙，但是现在通常认为是权贵阶层在球类比赛中使用的凉亭

321右上 金星台也包含羽蛇的雕刻图案。这个神话形象是金星的特征之一，玛雅人从古代就开始研究金星的周期

321下 圣井，奇琴伊察最具象征性和最令人印象深刻的古迹之一。许多受害者作为致敬恰克神的祭品被投入这口古井

昌昌：神秘的城堡

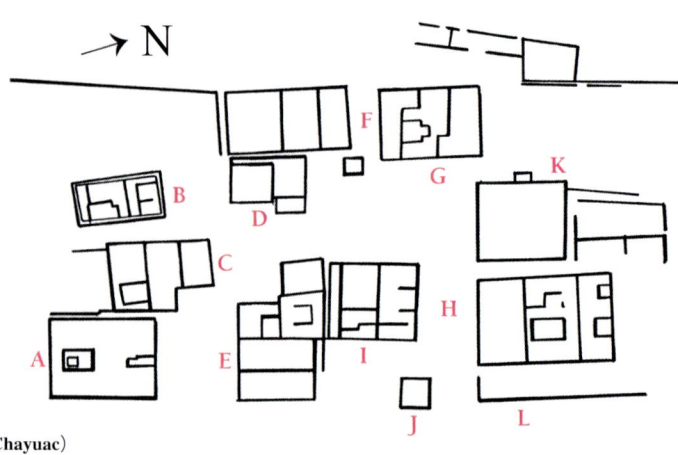

A 查宇阿克（Chayuac）
B 里维罗（Rivero）
C 查珠第（Tahudi）
D 特洛（Tello）
E 尤勒（Uhle）
F 迷宫
G 贝拉尔德（Velarde）
H 赫瓦卡·奥尔维多（Huaca di Olvido）
I 班德里埃（Bandelier）
J 赫瓦卡
K 斯奎尔（Squier）
L 大奇穆

公元800年到1000年之间，前哥伦布时期秘鲁的瓦里（Wari）帝国的文化统一土崩瓦解，这种解体导致一些昙花一现的小王国相继形成。在1450年前后，它们被强行并入印加帝国。这些来自所谓第二中间期（Second Intermediate Period）的新文化是区域性的，它们沿袭了瓦里的市镇规划和青铜加工技术，秘鲁在公元700年以后才知晓这些知识。其中一些王国的名称由西班牙编年史家传给了我们，他们记下了印加统治者的功勋和战绩。考古调查的结果证实了他们所记载的内容。他们写道，北部沿海地区有个兴旺发达的国度叫作奇穆王国（Chimu或Chimor），奇穆人显然继承了莫奇人（Moches）的诸多方面。在瓦里帝国之前，莫奇人世代在同一道山谷里生活了数百年。关于建立奇穆王国的始末，传说讲道：一天，一只木筏从"海那边"到达莫奇海岸，一个名叫塔凯纳姆（Tacaynamo）的人按照某个遥远国度的统治者的意愿接受了权力。目前还不清楚这个神话是否隐含真相，又隐含多少真相。不过，无可置疑的是，在这个按照严格的等级原则加以组织和构建的社会，奇穆人留下了丰富多彩的文化标志，特别是在金属工艺、陶器和羽毛装饰艺术方面。莫奇山谷（Moche Valley）的奇穆人把权力强加给周围山谷的民族，建立了近似于王国联盟的架构，每个族群都能够在其中保留自己的文化身份。

考古资料似乎表明，奇穆的统治者允许各式各样的都会中心享有一定的经

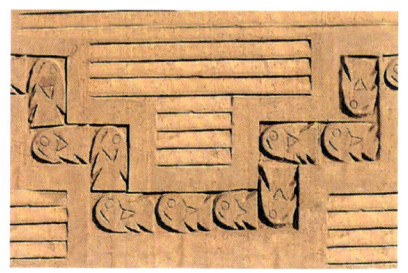

322—323 昌昌有9座城堡，这幅图显示其中一座名叫查珠第（即第一宫）的城堡广场北侧气势宏伟的入口。边墙上的阶梯图案妙趣横生

323左上 昌昌的鸟瞰图，城市四面合围，占地面积超过18平方千米

323右上 一道入口大门通往查珠第城堡的主广场南侧。门两侧为土坯墙，墙上装饰着庄重典雅的模塑黏土和灰泥雕带

323右中 笔直的道路（如图中这条路）穿过昌昌的城堡，沿着查珠第建筑群（Tshudi Complex）延伸。每座城堡都是独立的建筑单元，用高达7米多的墙壁与其他城堡相互分隔

323右下 城堡墙壁上的灰泥雕带，典雅大方，是高水平艺术的范例。图为查珠第城堡的一条雕带，图案描绘台阶及程式化的鱼

济独立,虽然行政权力是集中化的。这种集中化的主要原因可能是为了处理水的分配,进而管理农业体系。农业、渔业和手工业是重要的经济资源。据记载,奇穆王朝虽然被印加和西班牙征服,却一直存续到1602年。

在鼎盛时期,从公元1300年起奇穆王朝就定都昌昌。该王朝把一座建于瓦里时代晚期的不起眼的小城变成了一座名副其实的大都会。它的废墟占地面积20平方千米,表明它曾是前哥伦布时代美洲最大的城市。这座小城的结构错综复杂,独出心裁。一些学者认为9个由高墙围绕的区域是城堡,墙壁高7米多,总长不到1.6千米。其他专家用宫殿而不是城堡这个术语来描述这些地区,这些术语在最宽泛的意义上被理解为类似中世纪宫廷的建筑。每个设防的地区包括街道、住宅区、精心灌溉的花园、墓地、水库、寺庙和类似神殿的区域,后者的用途尚不明确。

重要的国务或仪式性建筑可以通过庄重典雅的外观加以辨别。这些建筑的土砖墙上装饰着壁龛和灰泥雕带。许多墙壁上绘有壁画,画着鱼、鸟、半人半兽的形象和几何图案,这些无疑是宗教意识形态的象征。

虽然昌昌地区的遗迹留下诸多遗憾,因为数百年来这里多次遭到抢劫和盗窃,访客却无法不为建筑样式的新颖独特和装饰图案的高贵雅致而动容,类似于阿拉伯风格的元素在前哥伦布时代的世界独树一帜。如同对纳斯卡(Nazca)和蒂亚瓦纳科等地,专家学者提出了五花八门的、往往互相矛盾的理论来解释这些遗迹,尤其是9座城堡的功能问题,这些面积广大的区域自成一体,相互隔离。也许一名当地语言称为库拉加(curaca)的权贵作为国王的代表在每座城堡中担任首领。但是还有另外一种理论认为,每座城堡都可能是一个特定社会阶层的总部,成员不得与其他阶层混居杂处,所以他们被迫分开生活,用坚固的墙壁彼此隔离。在昌昌的都市建筑群附近,还发现了奇穆文明独有的其他重要建筑。它们包括名为神庙(Huacas)的人造平台,这个词来自西班牙语中表示"神圣"的词语,因为它们当初的功能是用作敬拜场所。其中最著名的是埃斯梅拉尔达神庙(Huaca Esmeralda)和龙庙,后者在20世纪60年代进行过修复。龙庙是一处由高墙围绕的建筑,里面有两座叠加的平台,一座高4米,另一座高3米。这座建筑得名于墙上的浅浮雕,中间画着一条双头蛇,它可能是水和生育的象征,与其他尚未被最终破解的蛇形生灵相关。这种风格很像昌昌的城堡墙壁上灰泥雕带的装饰风格,这些符号则与在织物、简单的陶器和金银器皿上看到的图案相同。奇穆的工匠加工贵金属的技艺十分精湛,制成的物件品质卓越不凡。15世纪末,印加军队把昌昌洗劫一空后扬长而去,库斯科的君主逼迫技艺最高超的金匠和冶金师在宫廷继续干活,直至城市被西班牙征服。

324左 距离昌昌不远坐落着令人击节叹赏的龙庙（Huaca del Dragon）遗址，龙圣殿装饰着武士和神兽的复杂场景。和其他类似建筑一样，它可能被用作神庙

325右上 这个金碧辉煌的镀金面具呈现的是第二中间期秘鲁北部沿海地区崇拜的最重要的神。它是被奉为神灵的海中英雄耐兰普（Nylamp），有着鸟的眼睛。这类面具形形色色，不胜枚举，大多数出土于巴坦格兰德（Batan Grande）仪式中心

324—325和325左上 查珠第城堡厚重的土坯墙壁上设有钻石形状的壁龛。浅浮雕装饰描绘程式化的半人半兽勇士（图案很小）围绕着神话中的龙，龙的形状酷似双头蛇。这个反复出现的图案可能与对水和生育的崇拜有关

325

库斯科：世界的中心

326中上 库斯科的圣多明各修道院的景象。印加时期属于太阳神庙的墙基依然清晰可见，西班牙编年史家对它的绚丽多姿赞不绝口

围绕印加人的起源有许多传说，他们在前哥伦布时期的秘鲁缔造了最大和最后一个统一的帝国。根据其中一个传说，印加人的祖先曼科·卡帕克（Manco Capac）出生在的的喀喀湖的水中。他的父亲太阳神命令他出行，把文明带给人类。他带着妹妹离开湖畔，在库斯科附近的瓦纳卡里（Huanacauri）安顿栖居。印加人的历史具有传说的性质。他们的语言与亚马孙地区的部落存在一定的相似性，一些学者因此认为，亚马孙地区是他们的发源地，但是这些研究尚未得到证实。

印加人在库斯科山谷定居时，发现若干强大、好战的族群已经世代在这里生活了数百年。原住民和放弃自己的古老语言、采用当地语言盖丘亚语（Quechua）的新移民缔结了一系列联盟。随着时间推移，印加人将自己的权力结构强加给该地区，为未来的王国奠定基础，他们以库斯科为名建都。神话与现实相互交织，错综复杂，构成印加王朝的传奇。我们可以确定的最早年代是1438年，这一年帕查库蒂（Pachacute）登上王位，成为库斯科的统治者。从这时起，通过一系列军事行动，印加人几乎让这个地区的远近族群全部臣服于自己，缔造了一个庞大的帝国。这个帝国昙花一现，在弗朗西斯科·皮萨罗领导的西班牙人发动的攻击之下土崩瓦解。西班牙人用"印加"这个词来指代作为整个种族，但它其实是这个族群用来称呼皇帝的荣誉头衔。它的确切含义不得而知。在帕查库蒂的统治下，库斯科从一个

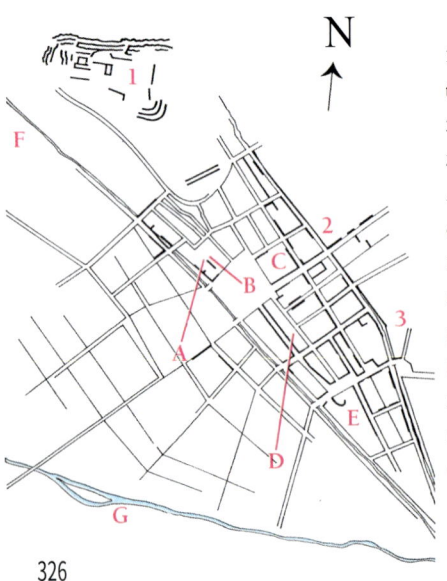

1 萨克塞华曼城堡（Fortress of Sacsahuattan）
2 上库斯科
3 下库斯科
A 帕查库蒂宫（Palace of Pachacutec）
B 印加罗卡宫
C 维拉科查神庙（Temple of Uiracocha）
D 太阳贞女宫
E 太阳神庙
F 瓦塔纳河
G 图卢马约河

326中下 砌在库斯科一面古墙上的所谓"十二角石"（Twelve Cornered Stone）是印加人以精巧的技艺兴建巨石建筑群的一个典型例子

326—327 太阳神庙位于城市的低地区域下库斯科，是最有名的印加建筑。可能皮萨罗为了获取它贴在外面的金箔和花园里的镀金雕像而将它拆除。这幅图显示了神庙的地基，圣多明各修道院建在上方

327左下 这道梯形门是典型的印加建筑构件，属于幸存的太阳神庙

327右下 在库斯科的一些街道上，今天我们仍然能够在殖民和后殖民时期的建筑物上看到印加墙壁的痕迹。这幅图为圣卡塔莉娜修道院，它建在太阳贞女宫（Accla-Huasi）的地基上

风景秀丽的小乡村发展成了一座拥有石头建筑、铺设道路和供水系统的城市，成为帝国的首都。帕查库蒂和他的继任者以一些古代安第斯山被他们征服的民族的都城如瓦里（Huari）、蒂亚瓦纳科和昌昌等为模型，设计了库斯科的布局。库斯科城坐落在瓦塔纳河（Huatanay）和图卢马约河（Tullumayo）之间，平面图呈美洲狮的形状。美洲狮是安第斯山的神圣动物之一。西班牙编年史家描述道：这座城市是一处美妙之地，宫殿金碧辉煌，花园里繁花似锦，没有贫困。

这座城镇分为两部分，上面是上库斯科（Hanan Cuzco）区，下面是下库斯科（Hurin Cuzco）区。它由一组坎查（kan-chas）组成。坎查即几座建筑集中在一处，围着一块庭院似的四四方方的空地。库斯科约有30万居民。

城镇最古老的部分是核心所在，包含围绕着两座主广场的印加宫殿群、神庙和专属于精英阶层的建筑。库斯科的中心也是划分帝国四条大道的起点。西班牙编年史家写道，每位统治者登上王位时，都要新建一座高大且典雅的宫殿，内设众多供家人、嫔妃和祭司使用的房间，以及举行仪式的国务室。被描述得极尽奢华的帕查库蒂宫（Palace of Pahacutec），只有断壁残垣留存下来。宫殿附近分布着各式各样的公共建筑，包括盖丘亚语中"入选女子之家"太阳贞女宫、维拉科查神庙、印加罗卡宫和供上层阶级的子弟接受教育的"学问之家"（House of Knowledge）。

每年都有数以百计的姑娘从帝国的四面八方被领入太阳贞女宫，成为印加人和太阳

神的奴隶。她们被关在里面，随时接受皇帝支配。这座古建筑的部分墙体在殖民时期被重新使用。**17世纪，在太阳贞女宫的遗址上兴建了圣卡塔莉娜修道院（Convent of Santa Catalina）**。

在被征服以后的几个世纪里，许多印加文明的遗迹被用来建造库斯科新城。帕查库蒂和他的继任者建造了恢宏壮阔的石头建筑，它们的遗迹尤其是地基留存至今，使我们能够对这种建筑技术啧啧称奇。宫殿和住宅几乎全都是长方形或多边形结构，一律用大块石头建造，石头之间拼接得天衣无缝，不需要水泥。编年史为我们描述了库斯科市中心豪华至极的宫殿**Coricancha**，即"黄金花园"。这是一座璀璨夺目的神庙，供奉太阳、月亮和星星，墙上贴着金箔，内部花园竖立着动物和人类的黄金和宝石雕像。与许多早期的秘鲁都市不同，库斯科的外观不是一座设防的城市。它始终不曾修建城墙将这座城市与周围的乡村隔开。不过，在城外几千米处有一座巨大无比的建筑——**萨克塞华曼（Sacsayuaman）**，它可能是一座堡垒。这座城堡可能是印加人在一个更加古老且起源未知的石头结构的遗址上方建造的，大块巨石令人惊诧不已，居高临下俯瞰着这座城市。

在层层叠加、高达**18米**的三层平台上方，有三面由花岗岩巨石块垒砌而成的参差不齐的墙壁。其中一块石头高将近**8米**，重量至少**360吨**。这个建筑群可以经由一系列设在蜿蜒曲折的小路上的门进入，门上安放巨石横梁。乍一看，这是一处固若金汤的防御堡垒，但是另外三座具有圆形和长方形平面图的神秘建筑也与这些墙壁相连。根据流传下来的记录，萨克塞华曼的原址上曾经有过一座供奉太阳神因蒂（Inti）的神庙，所以，这里可能根本不是一座普通的堡垒，而是一处敬拜场所，一个由三重防御墙保护的神庙建筑群。根据这处遗址所承担的复杂角色，一些学者提出了另一种理论。他们指出，它可能是个天文观象台，只有皇帝和一群经过精心挑选的祭司才有资格进入。已经证实用来兴建这座巨大建筑的石块来自华凯帕塔（Huacay Pata）采石场，距离现场只有几百米。

一片开阔的平地把城堡与另一处趣味无穷的古迹——一段在火山岩上凿刻的阶梯，名叫"印加宝座"（Throne of the Inca）——分隔开。根据西班牙人的记录，印加人认为这是一处圣地。他们使用"Ushnu"这个词（意思是"神圣的地点"）来描述诸如此类的地点，这些形状奇特、大小不一的天然岩石差不多遍地散落，印加人把它们凿成壁龛或者打造成阶梯，用作宝座或祭坛。

328—329 著名的萨克塞华曼城堡距离库斯科市不远，可能是一个用来供奉太阳神的大型宗教建筑群。注意厚重的墙壁由大块巨石垒砌而成，加工技艺巧夺天工，拼接得严丝合缝

329右上 三道巨石门的其中一道，石门与平台相接，共同构成雄伟壮阔的萨克塞华曼城堡

329右中 萨克塞华曼城堡连同皮萨克（Pisac）、奥扬泰坦博等类似的建筑群是典型的印加建筑

329右下 这尊出土于萨克塞华曼城堡的迷人的女性雕像不足6厘米高，体现了这处遗址的宗教性质。印加人从造诣精深的奇穆工匠身上学到了银器加工的技术

奥扬泰坦博：印加人的据点

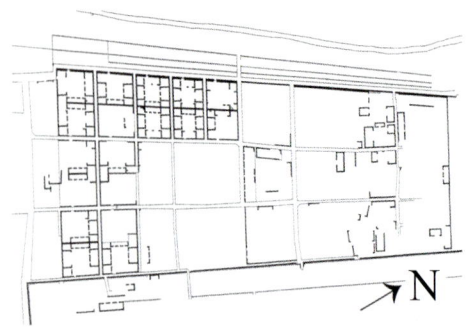

城市的网格状道路布局图。房屋遗迹用黑色框表示

330右上 主神庙的墙壁由拼接得严丝合缝的大石块垒砌而成。中间是一道未完成的双柱门

330—331 如同萨克塞华曼和皮萨克，在"统治四方"（Tahuantisuyu）帝国这座著名的坚城堡垒奥扬泰坦博，高大的城墙和神庙建在3000米的高处，形成一个气势雄伟的建筑群，俯瞰着下方的山谷

331右最上 这个房间后壁上巨大的搁架是在岩石上开凿而成的。它们曾经支撑着屋顶的横梁

331右上 这面由粉红石块筑砌的厚重墙壁是奥扬泰坦博的宗教建筑之一——主神殿的遗迹

331右中 在太阳神庙的遗迹中可以看到奥扬泰坦博独特的建筑特征之一：一组六块粉红色长方形斑岩巨石用石头楔子拼接在一起，形成厚重的墙壁。石头上的装饰类似于蒂亚瓦纳科台阶上的图案

331右下 奥扬泰坦博附近这座不寻常的建筑名叫"努斯塔浴场"（Bath of Nusta）。这是一个喷泉，可能用于仪式沐浴，它由一块1.2米高、2.4米宽的石头凿刻而成。在岩石上开凿的优雅的飞檐装饰着阶梯图案

　　萨克塞华曼并不是库斯科地区唯一的坚固壁垒。还有其他类似的古迹始终笼罩着独特的神秘氛围。其中久负盛名的一处遗址是奥扬泰坦博，它位于圣谷（Sacred Valley）入口处的一道斜坡上，距离印加都城只有几十千米。西班牙人写道，奥扬泰坦博（连同皮萨克）是一处战略要地，在这里可以控制通往库斯科的主要道路。这些宏伟的建筑和它们神秘难解的模样让观者大感惊奇。这处遗址地势较低的部分包含一个城市定居点，它的构建方式与我们在库斯科等地看到的印加风格一模一样，即在河水泛滥的低地平原上，一系列相邻的坎查占据一大片四面合围的区域。在上方岩石山嘴的顶部留有高墙厚壁的遗迹，它们的建造很可能由于欧洲人的到来而被迫中断。墙壁由六块红色斑岩巨石组成，高度超过3.6米，石块之间由相同材质的细长石板纵向拼接。这些巨石的外立面呈现奇怪的突起，突起的意义尚不清楚。中间的突起上刻着浅浮雕，描绘楼梯图案，跟在蒂亚瓦纳科遗址的石头上发现的图案相差无几。关于这座建筑是不是一座堡垒，也不能给出确凿的定论。有人指出，如同萨克塞华曼，这处遗址曾经耸立着一座供奉太阳的神庙，四周环绕着防护城墙。就像印加文明的许多其他遗迹一样，这些遗迹表明，这个族群拥有丰富的物质文化、广博的知识和一整套宗教信仰，这一切突然被打断。尽管许多领域的专家都在孜孜不倦地付出努力，但是，现代人依然对这个族群不明所以。

　　加尔西拉索·德拉维加（Garcilazo de la Vega）是印加帝国末年宫廷生活的一位举足轻重的目击者，他在著作中描

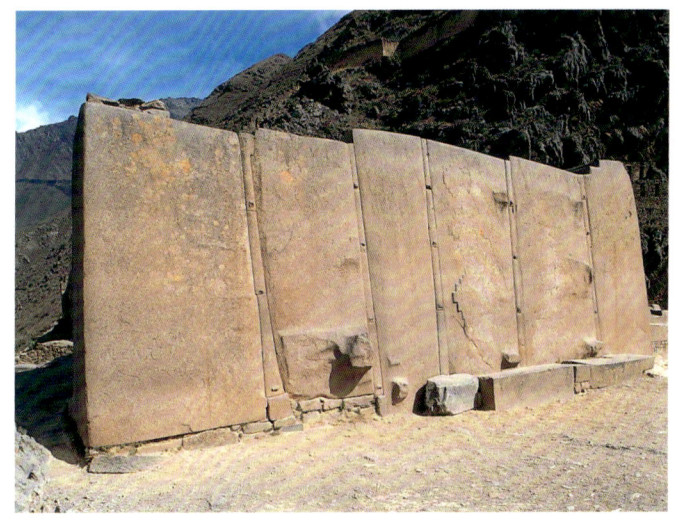

331

332—333 奥扬泰坦博的一个突出特征是铺设在陡峭斜坡上的梯田和台阶。图片中的房屋遗迹，最初覆盖着倾斜的屋顶

332下 如同萨克塞华曼，奥扬泰坦博很可能是一个设防的宗教中心，而不是军事哨所

333中左 梯形门是印加建筑的典型特色，这里显示的大梯形门为主神庙的入口。这处考古遗址的许多山顶建筑尚未完工，1536年西班牙人到来时它们被匆忙遗弃

333中右 主神庙拼接得严丝合缝的巨大石墙。这是印加人的建筑技术达到高水平的另一个证据，在类似于奥扬泰坦博的其他遗址也可以看到，比如皮萨克和萨克塞华曼

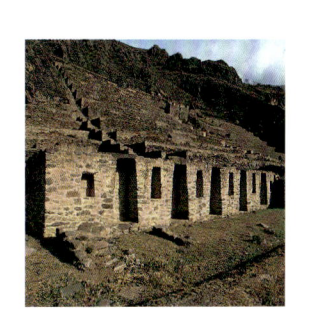

述了这个地方的一些奇幻莫测、秘不示人的方面。奥扬泰坦博这个地名的意思是"安息之地"。例如，似乎亡故统治者的尸体在取出内脏后经过防腐处理，就立刻掩埋在奥扬泰坦博。根据传统，每位君主死后都要建造一尊镀金像纪念他。

西班牙征服美洲时发生了一场重要的战争。1536年，国王曼科·印加（**Manco Inca**）顺利摆脱了部署在奥扬泰坦博的弗朗西斯科·皮萨罗军队的追击。从库斯科城撤出后，这位国王还在皮萨罗试图重新征服这个帝国时，打败了他的军队。

前往堡垒的通道是一段建在斜坡上的陡峭的石头台阶。在右边，**16**级阶梯平台让我们叹服，另外一边则建有一系列高墙，墙壁环绕着不同寻常的建筑，学者们把其中一些建筑称为阶梯天象台（**Terrace-Observatories**）。

在阿拉塞纳斯（**Alacenas**）的最高处矗立着所谓的奇卡纳（**Chincana**），这个用大石块建造的围场可能通往几道地下走廊。今天，考古学家在研究这些形状奇特的建筑群，以及用来建造它们的工程技术，他们倾向于认为，获取石材的采石场位于韦尔卡努塔河（**River Vilcanota**）对岸，距离卡钦夸塔（**Cachiquata**）村约8千米。

这一理论认为，当时印加人同时拥有必要的知识和高超的技术手段，能够把巨大的石块沿着岩石斜坡上下移动，也能够把它们运到河流对岸。有一种说法是，为了让这项工作变得容易，人们可能改变过河流的河道。

马丘比丘：失落的古城

在印加众多的辉煌遗迹中，最令人惊叹的莫过于马丘比丘遗址，它坐落在一块难以涉足的地区。

众所周知库斯科曾是帝国的都城，它的城墙和地基在西班牙人征服后只剩下断壁残垣，不过，马丘比丘却仍旧笼罩在一片迷雾之中，我们既不知道这里的大型建筑何时建造，也不明了它们充作何种用途。这处遗址在400年间销声匿迹，直到1911年美国建筑师海勒姆·宾厄姆（Hiram Bingham）让它重新面世。马丘比丘古城位于库斯科西北约110千米处，海拔2700多米，坐落在两座安第斯山峰——名为"年轻的山峰"（华纳比丘）和"古老的山峰"（马丘比丘）之间。我们参观这处遗址时，能够辨认出其他印加文化中心的风格，虽然这里的环境与它们迥然不同：乌鲁班巴河（River Urubamba）在下方的山谷里奔腾咆哮，马丘比丘栖居在河流滋养的茂盛植被中。

印加统治者何以在亚马孙雨林边缘炎热潮湿的地区建造如此雄浑壮阔的建筑群，多年来学者们一直在寻找答案。

也许是为了保护库斯科的居民，使其远离生活在这些地区的尚武的民族所造成的压力，在这种情况下兴建它作为堡垒，作为一处战略中心。

其他人则指出，这个建筑群是为了藏匿曼科国王而建造的，在阿塔瓦尔帕叛变并去世后，西班牙人把曼科作为傀儡推上统治者的王位。1536年，曼科奋起反抗征服者，被迫逃亡。许多流传至今的传说提到印加人的最后一座城市，它可能指马丘比丘，也可能指永远埋没在热带丛林中的另一座堡垒。

近年来的研究得出了一些关于这处遗址功能的全新假说，这些假说十分有

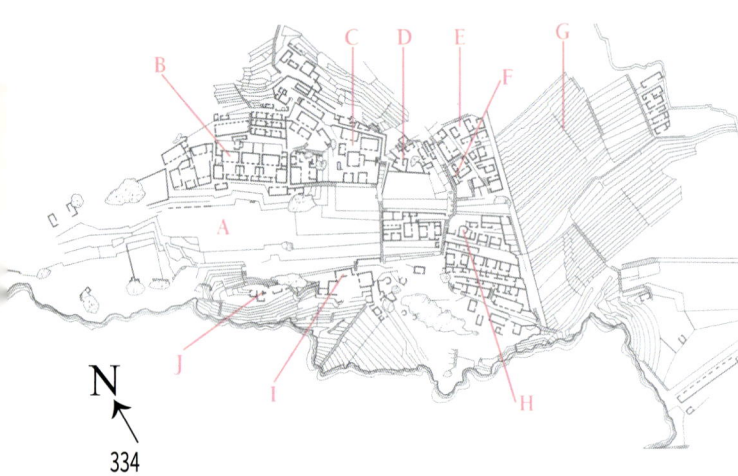

A 主广场
B 三门区
C 石匠区
D 监狱区
E 居民区
F 喷泉台阶
G 梯田
H 高塔区
I 三窗庙
J 栓日石

334左 这个别出心裁的祭坛为印加世界所独有，它见证了这个民族在石头切割方面的精湛技艺

334中 墙壁、房屋和连接平台的阶梯是马丘比丘醒目的特色，这处印加遗址的用途尚不清楚

334—335 著名的马丘比丘遗址在连接"古老的山峰"（马丘比丘）和"年轻的山峰"（华纳比丘）的山脊上方延伸。依山而建的奇特建筑与周围的自然景观融为一体，浑然天成，使其成为秘鲁一处迷人的考古遗址

335下 马丘比丘外围有许多梯田式土地，可能用于农业。然而，一些专家认为，这种结构可能蕴含着目前尚不清楚的其他含义

趣。比如，这是一处与观星有关的礼拜场所。目前线索和理论都十分有限，研究仍在继续。

马丘比丘的建筑体现了人类的定居点与此间的自然环境相适应的巧妙方式。

这里的建筑不超过200座，围绕中间一片开阔的广场，排列在平行的宽敞平台上。广场为东西向，也分为高度不等的层级，将城市分为两部分，分别建在天然的山顶上方。这些区域在盖丘亚语中称作坎查，呈长条形，它们伸展和分割的方式能够最大限度地利用阶梯状平台所提供的空间。

居住区以外的区域被用于农业，我们可以推测，此间也曾建过乡村小屋和定居点，如今已化为云烟，因为它们是用易腐烂的材料建造的。

复杂精密的灌溉渠保障了作物的持续用水，墙壁两侧各式各样的石头台阶通向这个建筑群的不同层级。马丘比丘的这两个区域想必分别履行住宅和仪式-宗教功能。

西边仪式区的高塔是一座醒目的建筑。这是一座带窗户的高大的半圆形塔，类似于在欧洲随处可见的瞭望塔。

高塔下方的岩石被挖开，呈现墓室的外观。因此，这里被称为皇家陵墓，虽然没有证据表明此处安葬着一位权贵人士。

三窗庙（Temple of the Three Windows）也许是另一座仪式建筑，之所以得名是因为石壁上有三个梯形缺口。

一个略大的神圣结构是栓日石（Intihuatana），这个词的意思是"囚禁太阳之地"。这个结构位于庭院的中央，它顶上是一块花岗岩巨石。一些人认为栓日石只是一个在印加中心司空见惯的祭坛，其他人则认为它是个日晷。支持后一种观点的理论是：马丘比丘是一处重要的天文观测站，与太阳神崇拜有关。但是没有不容置疑的证据支持这种观点。

穿过大广场，把古城的仪式区留在身后，我们就到达了东北区域，一般认为这里是住宅区。

根据在其中找到的建筑元素（被认为）所具有的功能，各个小区划都被赋予了不同的名称。于是我们看到了三门区、石匠区（Stonemason）和监狱区。在狭窄的街巷来回走动是一种令人刻骨铭心的体验。多数房屋都只有一层，屋顶倾斜，四面都设有门窗，越往上越收窄，可能是为了与建筑物的重量达成某种平衡。

这些简陋的建筑用粗糙的花岗岩块建成，用以黏土为主的水泥拼接。

如同库斯科、皮萨克、奥扬泰坦博等印加人兴建的中心，此地令专家和游客击节赞叹的特色在于，周围的墙壁用巨大的花岗岩块砌成，无比宏伟高大，运用了兴建重要的仪式建筑时的典型

336左中 这幅图显示马丘比丘城区以外广阔的农业区，许多梯田沿着山坡层层分布

336左下 马丘比丘古城的宗教区含有用作礼拜的建筑，包括三窗庙、主神庙和栓日石等古迹

336—337 这座宏伟的圆形建筑（西班牙语称之为"环形塔楼"）让我们想起在欧洲城堡中看到的瞭望塔。然而，在这里，一些专家认为它可能是个天文观象台或用来供奉太阳的神庙

337右下 石匠区是一组设有窗户的简陋小房屋，一般认为这里是城市的手工业中心

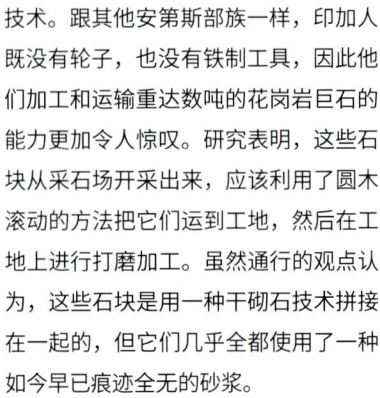

技术。跟其他安第斯部族一样，印加人既没有轮子，也没有铁制工具，因此他们加工和运输重达数吨的花岗岩巨石的能力更加令人惊叹。研究表明，这些石块从采石场开采出来，应该利用了圆木滚动的方法把它们运到工地，然后在工地上进行打磨加工。虽然通行的观点认为，这些石块是用一种干砌石技术拼接在一起的，但它们几乎全都使用了一种如今早已痕迹全无的砂浆。

考古学家针对这个问题展开了广泛的讨论：印加人是这些建筑技术的发明人，还是他们遵照此前已经存在的模型。许多人认为他们是发明人，当然他们从年代更早的蒂亚瓦纳科建筑中受到启发，也是可能的。耕种梯田的农业体系格外令人激赏不已，借助于四通八达的灌溉渠网，马丘比丘的农业体系臻于完美。农业体系当然不是新鲜事，而是始于第一中间期的安第斯传统的延续。事实已经证实，在秘鲁北部海岸，莫奇人早在公元前1000多年前就建立了引水渠和运河系统，因此能够在人造梯田上种植优良的作物。心灵手巧的印加人吸收了诸如此类的古老技术并加以现代化，使其适应自己独特的建筑和市镇规划要求，缔造了出现在美洲大陆的一种与众不同、神秘难解的文明。

338左上 在马丘比丘东区靠近山崖顶部有一个在岩石上开凿的小喷泉。但是有些专家认为，这是个祭坛，上面雕刻着一尊程式化的秃鹫头像

338右上 图中所示为城中心靠近高塔区和皇家陵墓的长长的喷泉台阶（Stairway of the Fountains）。这道台阶和中央台阶把住宅区各个部分连接起来

338左中 没有人确切地知道马丘比丘各个区当初作何用途。考古学家根据在特定区域发现的建筑特征或考古元素提出了各种理论。这幅图显示监狱区秃鹫庙的景观

338左下 考古学家给马丘比丘市区的不同部分分别命名。这幅图显示包含神圣区（Sacred Sector）的中央区。神圣区在山崖顶部延伸，从那里俯瞰着背景中所示的城中心

339 马丘比丘市区的几个部分，其中包括神圣区。一道长长的石阶从三窗庙和主神庙通向位于山崖顶部的栓日石

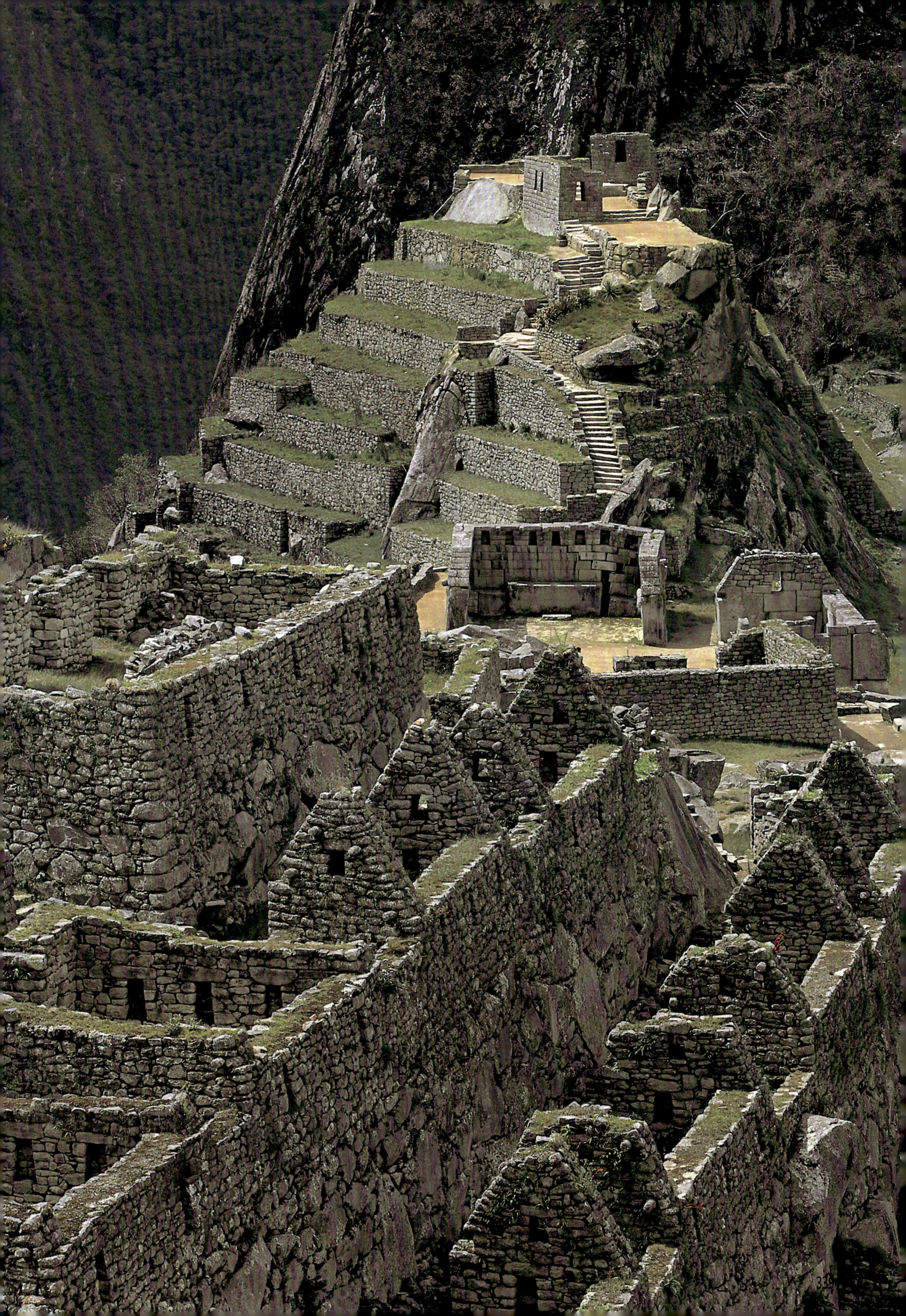

蒂亚瓦纳科：权杖之神

A 宫殿
B 太阳门
C 卡拉萨萨亚
D 内墙
E 东庙
F 坎塔塔伊塔（Kantatayita）
G 阿卡帕纳

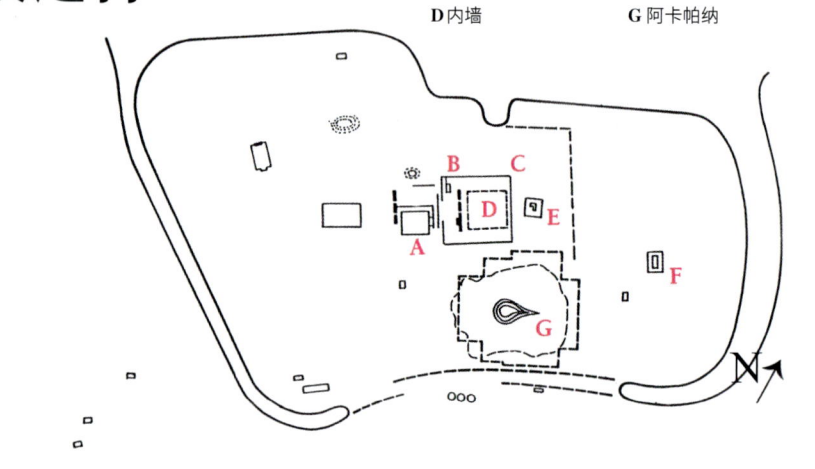

在玻利维亚高原上的的喀喀湖岸边，坐落着一个古老文明的不朽遗迹，它无疑与前哥伦布时期秘鲁的安第斯文化有关，但它本身也蕴含着丰富细腻的风格化表达。

考古学家将其命名为蒂亚瓦纳科文明，它是欧洲人发现的最早的前印加安第斯文明。16世纪的征服者从当地传说中了解到，印加人的皇室血统起源于的喀喀湖附近的圣地，一些人探访了久已废弃的神秘的定居点遗址。16世纪的西班牙编年史家佩德罗·塞萨·德莱昂（Pedro Cieza de León）把蒂亚瓦纳科遗址描述为"一幅令人钦佩的景象"，认为它们属于"秘鲁境内最古老的城市"安提瓜拉（Antigualla）。包括亚瑟·波斯南斯基（Arthur Posnanski）在内的一些学者对围绕蒂亚瓦纳科遗址的诸多未解之谜深深着迷，经过多年的研究得出结论：它的起源相当古老，甚至可以追溯到一万年前。

不过，更为正统的考古学家不愿意接受这个假设，他们根据陶器制造的发展规律，确认这处遗址经历了从公元前100年到公元1000年的几个阶段。

沿着汇入的喀喀湖的河流的谷地找到的证据表明，存在比蒂亚瓦纳科更加久远的文明，叫作普卡拉（Pukará），证据包括建筑、陶器和纪念碑式雕像，尽管仍有许多谜团笼罩着这类定居点，它们的符号和图案的起源也不得而知。蒂亚瓦纳科考古遗址占地面积约500平方米，坐落在

340中左 雕刻在蒂亚瓦纳科石头古迹上的几何形状，其中包括在整个秘鲁文化中随处可见的阶梯图案

340中右 在卡拉萨萨亚以北，名叫普玛彭古（Pumapuncu）的建筑构件散落在蒂亚瓦纳科的废墟当中。这里，若干被切割的砂岩石块构成了平台，在平台上方的东面，从岩石上切割出一系列"座位"。一些专家认为它们是一座古老金字塔的遗迹

海拔近3400米的高处。建筑结构种类繁多，其中一些建筑规模相当宏大，它们是在不同时期建造的。有些看起来没有竣工，好像这个文明遭遇了不测，所以戛然而止。这些建筑的纪念碑式外观让许多考古学家认为，蒂亚瓦纳科是一座浩瀚广袤、绚丽夺目的贸易仪式中心，人们膜拜众神，举行与观星有关的敬拜仪式。一般认为，这里千百年来是安第斯各民族的朝圣之地，但是还没有人能够对这处遗址的角色给出一个无可辩驳的结论。这处古迹是用玄武岩和砂岩的大石块和石板建造的，切割和打磨技术堪称鬼斧神工。然后再用铜制或青铜制T形接头把这些石块相互垒砌。采石场位于距离施工现场几百千米处。一座重要建筑名叫阿卡帕纳（Akapana）。这是一座由层层相叠的平台构成的平顶金字塔，坐东向西，布局图呈正方形，高15米左右。这座金字塔也许是仪式中心最古老的建筑之一，阿卡帕纳的意思是"人造

340—341 太阳门最初位于卡拉萨萨亚的另一个区域。据估计，整个结构重约12吨。巨大的横梁上装饰着由四排带翼形象构成的饰带，中间为创世神，经确认这个形象是神话中的维拉查（Wirs Cocha）

341右下 蒂亚瓦纳科最具特色的古迹之一——卡拉萨萨亚的遗迹。它周围墙壁上的巨石让人想起旧世界的巨石纪念碑

台田"（**Artificial Rise**），一般认为它是某种神庙。阿卡帕纳北边是一个与众不同的建筑群，曾经被认为与欧洲的巨石群如英国的巨石阵有关。

这处遗址名叫卡拉萨萨亚，意思是"笔直的石头"，显然是因这个结构的奇特属性而得名。许多块酷似糙石巨柱的石板连起来，环抱合拢，围着地势低矮的正方形平台，平台中间是一座下沉式广场，类似于庭院。卡拉萨萨亚里面有几处石头古迹，经过修复后，它们如今的位置对比当初发生了移动。

其中最为气派的是太阳门，现在太阳门是蒂亚瓦纳科的象征。除了整体上重达10吨的庞大体量之外，它的名气还要归功于楣梁上作为装饰的雕带。上面刻着许多貌似超自然的带翼生灵，它们向一位中心人物聚拢，这个人物头上插着羽毛，两只手中握着蛇形棍棒。人们提出无数理论，对这尊俗称为"创世神"或"权杖之神"的神像给出解释。

我们唯一能够给出的几近确凿的说法是，它与制作于公元前1000年左右的查文德万塔尔（**Chavin de Huantar**）的雷蒙迪石碑（**Stelae Raimondi**）上的是同一个形象。

因此，蒂亚瓦纳科的太阳门崇拜与查文文明古老的猫崇拜和敬仰蛇神形象之间存在确定的关联。现在许多专家认为，查文文明是后来的前哥伦布时期秘鲁文化的母体。权杖之神惹人着迷，至今仍是一个尚待揭开的疑团。卡拉萨萨亚另外两尊人形雕塑同样晦涩难明且与众不同，其中弗雷尔（**Fraile**）在西班牙语中是"修士"的意思，庞塞巨石（**Ponce**）以发现者的名字命名。

它们不是真正意义上的雕塑，而是巨型石柱，上面用浅浮雕刻着人形图案等细节。

还有另外两座神庙建筑分别位于卡拉萨萨亚东西两侧，即半地下神庙和名叫"普玛彭古"的四处散落的建筑。普玛彭古是一座砂岩金字塔的遗迹。离金字塔遗迹不远是宫殿（**Palacio**）遗迹和所谓的月亮门。

仪式中心区出土了大量陶器。通过把陶器与石柱及织物上的装饰图案加以比较，专家们正在把凌乱的碎片拼成完整的拼图，以便最终将这个文明的许多模糊不明的方面搞清楚。在天寒地冻的安第斯高原上，这个文明在的的喀喀湖畔立下了光辉灿烂的丰碑。

342左上 这尊令人愉快的小银像来自蒂亚瓦纳科，无疑是一件在神庙遗址出土的祈愿遗物。银雕技术是安第斯文化中一项主要且古老的技能

342—343 半地下神庙是卡拉萨萨亚城墙以东一座小建筑。图中可以看到嵌入墙壁的头像形状的小石雕

342中 这幅图突出显示立在半地下神庙神圣区域中央的石柱。背景为通往卡拉萨萨亚的入口台阶，入口中央立着庞塞石像

342左下 这尊石雕头像具有风格化的四方脸庞，嵌在半地下神庙的墙壁上，酷似诸如弗雷尔和庞塞等石像所呈现的风格

343左上 这块巨大的人形石像高达3米,叫作庞塞巨石。如同蒂亚瓦纳科的其他雕像,它具有高度风格化的五官和四方脸庞。一些学者认为这些石像代表祭司

343右上 蒂亚瓦纳科最重要的巨石雕像之一是弗雷尔石像,如图所示。和其他同类一样,他风格化的五官十分呆板,胳膊向胸前弯曲,手握物品

南美洲海岸

大西洋

复活节岛

圣地亚哥

智利

大西洋

太平洋

复活节岛：巨石像之地

复活节岛是个奇特的地方，第一批西方人立刻意识到这一点，他们偶然发现了这块孤零零地漂浮在太平洋上的狭长岛屿，这里距离南美洲海岸4000多千米，距离波利尼西亚最近的环礁岛将近2000千米。1722年4月5日星期天，荷兰海军上将雅各布·罗格文在此地登陆，他要找一处叫作"戴维斯陆地"（Davis Land）的地块，40年前一艘过路的英国海盗船看到过它。这座被罗格文发现的岛屿需要一个名称，4月5日是复活节礼拜日，于是他就把它命名为复活节岛。

这位船长在日志中指出，对于这次意外的邂逅，当地人似乎不像船员那样感到惊讶。当地人对三艘船表现出浓厚的兴趣，好像以前从未见过此类事物。另一方面，荷兰人对散落在岛上的巨石雕像大惑不解，而每天日出时，当地人都匍匐在这些石像前面。

可惜，罗格文没来得及深入考察此事，因为他们与岛民的关系迅速恶化，而且开了火。4月10日，船只启航驶离。40多年后，岛民与欧洲人再次相遇。1770年，由唐·费利佩·冈萨雷斯·海多（Don Felipe Gonzales y Haedo）指挥的两艘西班牙船只来到岛上，停留了6天。

冈萨雷斯画了一张该岛的地图，以西班牙国王的名义占领了它。来客再次为这些高大的石像感到惊愕。据冈萨雷斯记载，石像高约9米，许多雕像的头部装着一块圆形红石头。

1774年3月11日，名声在外的英国航海家詹姆斯·库克船长来到这座岛屿，他想亲自考察一下这座孤岛的虚实。跟前人一样，库克说，这是一片海风吹拂的土地，显然由火山喷发形成，目之所及见不到一棵树，岛上的居民十分质朴，全无野蛮习气。当地人似乎属于波利尼西亚族，住在用灯芯草和金合欢树枝条搭建的大棚屋里，社会以农业和渔业为基础。这位英国人还兴致勃勃地描述了石像。他写道，岛上各处散落着数百尊石像。但是他也注意到，许多石像被推倒在地。由于石像体量庞大，牢固地扎在地上，不太可能被风吹倒，连地震也无法撼动，所以它们一定是被故意推倒的。可是，为什么呢？更加匪夷所思的是，岛民当初何以能够竖起如此巨大的雕像，岛上没有一棵树，这意味着他们不能利用滚木移动石块。1786年，法国人让-弗朗索瓦·德·拉·佩鲁兹（Jean-François De La Perouse）登上岛屿，绘制了几尊石像的图画。他同样指出，岛民说不清石像的起源，他也没有搞清楚石像为何全部背对大海。

1804年，一艘俄国船的指挥官利斯扬斯基上尉（Captain Lisjanski）到达岛屿。他写道，库克到访时曾经挺立的许多雕像如今躺倒在地。12年后，另一艘俄罗斯船"科策"（Kotzebue）号的船长说，他发现，只有两尊石像依旧屹立在底座上。

当第一批基督教传教士来到岛上时，巨石像被全部推倒。显然，岛屿部落之间自远古时代起就激战不休，每次战斗结束后，胜利者都要推倒最神圣的纪念碑，以羞辱落败的一方。不过，更大的厄运即将到来。1805年，一艘美国船的船长抓获了一些岛民，把他们当作奴隶。

岛民当然被激怒，因此许多传教士刚一登岛上岸，就立刻遭到屠杀。可是，在1859到1863年，1000多名岛民被

A 拉诺拉拉库
B "长耳"坑

344 巨石像一尊挨着一尊竖立在阿胡平台上。石像的数量似乎因委托造像的家族的地位高下和财富多寡而不同。通常认为，阿胡是政治宗教中心，也是贵族家庭用来致敬化身为神的祖先的圣地。巨石像沿着海岸竖立，背对大海，也许是为了守望用来举行集会和庆祝活动的平原。

345 近年的研究似乎表明，一些巨石像是根据天文学模式竖立的。这种似乎经过深思熟虑的参差错落的布局为探究复活节岛的来龙去脉增加了难度。屈指可数的确切结论之一是，在这个没有金属器具的文明中，这些巨石雕像的凿刻和运输必然耗费不赀。一定存在过一个复杂精细的社会体系，让工匠团体持续数月共襄盛举

345

秘鲁人抓获，运到钦查岛（Chincha），被迫在当地的矿井中挖掘用作肥料的海鸟粪。这些奴隶绝大多数死于劳作期间的饥寒交迫，当数百名幸存者在几个外国政府施加压力之后被送回复活节岛时，他们带回了可怕的"遗产"。

只有15人在归途中幸存下来，他们随身携带着天花和肺结核回到了岛屿家园。这些可怕的疾病在人群中肆虐，到1877年，岛上居民只剩111人存活。不出所料，传教士竭尽所能改变了少数幸存者的生活，抹杀了他们的传统、习俗和历史，其他西方人则带来了酒精和性病。

专家估计，岛上的人口最多时达到1.5万至2万，第一批欧洲人抵达时岛上至少还有4000人，令人痛心的数字说明了一切。

不幸的是，西方人企图"教化"岛民，造成了破坏和文化危机，这意味着少数幸存者对家乡混乱的历史一无所知，几乎讲不出可信的传奇和信仰。

因此，没有人能够真确地回顾岛屿各个阶段的历史，岛民的起源也模糊不清。所以，我们能做的只是陈述寥寥无几的已知事实和一些较为可信的假说。复活节岛是一块三角形的火山岩，表面积约为180平方千米。当地人称之为拉帕努伊，意思是"世界的中心"，他们与世隔绝，不知道世上还有其他地方存在。

有些人认为，最早的定居者在公元500年前后来自3800千米外的马奎斯群岛（Marquis Islands），他们定居下来以后，就在波利尼西亚起源的基础上发展形成了一种完全独立的文化。这个理论得到了当地传说的支持。传说中，一位统治者在遥远的古昔舍弃了名叫希瓦（Hiva）的岛屿，乘坐两艘长船，经过漫长而辛劳的航行后抵达一片新陆地，他把新家园命名为霍图·马图阿（Hotu Matua）。

在这里，他的人民从公元10世纪起开始建造名叫摩艾的巨大石像，石像排布在名叫阿胡（ahu）的巨大石台上。这些石像供奉众神和死后被奉为神的祖先。很不幸，经过

全部挺立，库克船长却发现其中一些石像被推倒在地。

似乎直到秘鲁的奴隶贩子参与进来，随后传染病在拉帕努伊岛蔓延时，内战才终于结束。可是，还有第三个故事与这个故事不完全吻合。按照19世纪的法国传教士听到的一些说法，拉帕努伊岛的早期居民是"长耳人"，他们在霍图·马图阿的领导下从东部来到这里。他们在阿胡石台上竖起第一尊巨石像，还建造了带有假拱形入口的石头房屋，这些房屋很像在南美洲发现的房屋，至今在岛上一些地方仍时有所见。故事讲道，其他来自波利尼西亚群岛的水手们是后来才从西边来到这里的。他们（被称为"短耳人"）受到了欢迎。他们带来了用灯芯草建造的长房子，形状像倒扣的帆船。在许多地方发现了这种房屋的地基。他们过着平静的生活，帮助早先的居民竖起巨石像。两百年后，两个族群发生了激烈的冲突。"短耳人"把"长耳人"斩尽杀绝，只留下一个活口。

岛屿东端有一道贯穿陆地的裂隙，其他人被投入这道裂隙，尸体被付之一炬。考古发掘在名叫"长耳沟"（Ditch of the Long Ears）的坑道中发现了大量烧得半焦的人类骨骸。这个故事也对岛上现在居民的遗传基因给出了解释，是关于拉帕努伊岛的历史最可信的版本。考古学家大体将岛上人类定居的各个阶段分为"第一期"或"人口"（500—1000），"第二期"或"扩张"（1000—1500）和"第三期"或"衰亡"（1500—1722）。最为繁荣昌盛的时期必定是在12世纪到15世纪之间。

岛上的经济围绕渔业和农业建立，部落居民划分为渔民和农民，他们负责维持工匠和统治阶级的生计。房屋大多呈椭圆形状，很像倒扣的帆船，附近的烤炉、鸡舍和菜园受到保护，不受海风侵袭。生活基本上在户外展开，妇女跟男人一道干活，老幼得到妥善的照顾。这里出土了一些花粉化石、小雕像和刻着尚待破译的文字的木板，木板名叫朗格朗格（rongo rongo）。这些表明拉帕努伊岛曾经森林密布。也许树木全都遭到砍伐，用作建筑材料、烧火的木料，最重要的是，用来制造必要的工具把石像从采石场运过来。岛上的石像数量超过**600尊**，最古老的一尊可以追溯到**12世纪**。它们呈现为半身像，头部细长，许多石像刻着简单的手臂和双手，或者背上刻着浅浮雕装饰。今天，石像的眼睛是两个空洞，过去曾经镶嵌白珊瑚和黑曜石。随着时间的推移，这种风格不断演变，越来越程式化，雕像的体量也越来越大。看起来它们的头部都有一块红色圆柱体火山石。巨石像大部分用拉努·拉拉库的火山岩雕刻，高度从**3米到10米**不等，最重达**82吨**。在火山的斜坡上发现了**80尊**左右未完工的雕像。至少有**200尊**被弃置在山脚下，尽管它们已经完成，可能是由于部落战争爆发才没有竖起来。也许，这个社会之所以崩溃，归根到底是由于脆弱的平衡被打破，可能的原因包括人口过剩、资源枯竭和树木砍伐。倘若如此，那么，拉帕努伊岛的悲剧就是对当代社会不愿面对破坏自然的后果所发出的严正警告。

349 我们能够再次欣赏到的单尊或阿胡平台上的多尊呈站立姿势的巨石像，都是考古学家和当地人竖立起来的。在操作过程中可以研究巨石雕像的运输方法，并提出了一种有趣的理论。那就是，巨石像在加工完成后被放在一个木制摇篮里，利用复杂的滑轮体系拖拽到阿胡平台前面。这时候把普卡奥放在头部，最后，利用倾斜的石头表面和强有力的杠杆手段，慢慢把巨石像抬高，直至垂直竖立

专有名词表

顶板（ABACUS）：柱头与楣梁之间的正方形或长方形板状元素。

卫城（ACROPOLIS）：城市的最高点，通常由城墙保卫，建有庙宇。

阿玛拉卡（AMALAKA）：以同名果实命名的建筑元素。它是北印度寺庙主殿上方椭圆形结构最后收屋的元素。

覆钵（ANDA）：窣堵坡的主体，呈半圆形。

飞天（APSARA）：天上的仙女。

阿修罗（ASURA）：黑暗势力，恶魔。

巴莱（BARAY）：高棉城镇用来收集雨水的人工湖。

菩萨（BODHISATTVA）：庄严可敬的佛教人物，虽然已经开悟，有资格前往涅槃梵境，却留在凡间帮助受苦受难的人类。

查克穆尔（CHAC MOOL）：石头祭坛，呈现为用胳膊肘撑地半躺的人像，头转向一侧。由托尔特克人引入中美洲。最著名的查克穆尔在图拉、奇琴伊察和特诺奇蒂特兰。

支提窟（CHAITYA）：礼拜场所，特别是供佛教徒使用，由带有正方和半圆形后殿的结构组成。

塔刹（CHATTRAVALI）：窣堵坡最后的支柱，支撑一个或多个伞盖。

顶冠（COMB）：从早古典时期（Early Classical Period）起建在玛雅神庙顶部的装饰性结构。在后古典时期，顶冠上覆盖模式化彩绘灰泥装饰，描绘神、蛇、美洲豹和权贵人士的面具。

提婆（DEVA）：光的力量，诸神。

神王（DEVARAJA）：高棉统治者，被认为是神。

提娃妲（DEVATA）：神。

达摩（DHARMA）：印度教的世界中规范大千世界纷纭万象的宇宙秩序和激励人类的道德法则。佛教的世界中佛陀所宣讲的教义。

双柱式（DYPHTHERON）：被双排列柱环绕的神庙。

道路（DROMOS）：通往纪念碑式陵墓入口的走廊，或通往寺庙入口的大道。

力士（DVARAPALA）：守卫印度教寺庙大门的携带兵器的形象。

九柱式（ENNEASTYLE）：特殊类型的古典寺庙，短边有九根圆柱。

檐部（ENTABLATURE）：在考古学的古典柱式中，它是横在柱子上方的结构，由楣梁、雕带和檐口组成。

六柱式（HEXASTYLE）：短边有六根圆柱的古典庙宇。

假拱顶或倾斜拱顶（FALSE VAULT OR SHELVED VAULT）：玛雅人使用的建筑元素，他们对真拱顶的拱券一无所知。倾斜拱顶是建造两面墙，逐步向上伸出相互靠拢，直到两边相接即可。

山墙（GABLE）：三角形建筑元素，作为寺庙或其他古典纪念性建筑的顶部建在外立面上。

甘达婆（GANDHARVA）：住在空中的精灵，众神在天上的侍从。

体育场（GYMNASIUM）：古希腊对青年男子开展道德和学术教育的学校。

象形文字（GLYPH）：萨巴特克和玛雅文字中的图形符号，源自希腊语glifein，意思是"书写"。看起来圈在长方形或者椭圆形的图框里，可以充当语音或者混合的表意符号。

瞿布罗（GOPURAM）：塔门，南印度寺庙入口上方的纪念碑式建筑。

多柱大厅（HYPOSTYLE HALL）：天花板由圆柱或柱状物支撑的房间，在埃及的宗教或墓葬建筑中很常见。

宝瓶（KALASHA）：位于印度教寺庙最后部分的水瓶，让人想起宇宙出自原始水域的起源，象征肥沃和丰饶。

紧那罗（KINNARA）：半人半兽的天界乐师。

支巴扎（KIRTIMUKHA）："天福之面"，一个怪诞的面具，象征改变一切、吞噬一切的时间。

库杜（KUDU）：小小的马蹄形拱。

林伽（LINGA）：象征湿婆神的阳具样石头。

摩伽罗（MAKARA）：神话中的海兽。

曼达帕（MANDAPA）：柱廊大厅或凉亭。

圆形基台（MEDHI）：佛塔的底座。

手印（MUDRA）：表达精神体验中重要时刻的手势。

那伽（NAGA）：半人半蛇的生灵，与水、生育和知识有关。

娜迦（NAGINI）：那伽的女伴。

涅槃（NIRVANA）：从持续而痛苦的尘世轮回中得到解脱的状态。

水仙圣殿（NYMPHEON）：设有壁龛和中央喷泉的建筑物，通常配有后殿。

后殿（OPISTODOME）：神庙的后部，与前殿相对，用作宝物储存区。

围柱（PERIPHTHERON）：围绕在围柱式神庙的正殿外围的柱廊，也指围绕在风格各异的神殿外围的柱廊（较为罕见）。

列柱中庭（PERISTYLE）：圣殿和希腊宅邸、罗马宅邸中由柱廊环绕的庭院。

绕佛（PRADAKSHINA）：一种游行仪式，受到崇敬的对象总是在行进者的右侧（顺时针方向绕行）。

塔殿（PRASAT）：高棉建筑中的高塔圣殿。

入口大厅（PRONAOS）：在希腊和罗马神庙中，主殿与外立面柱廊之间的空间。

塔门（PYLON）：埃及神庙的纪念碑式入口，由高大的梯形塔楼构成，位于入口处。

战车（RATHA）：木制马车，在神庙外举行游行时用来抬着神像游行。

来通杯（RHYTON）：弧形角状饮水容器，末端通常为兽首。

树神药叉女（SALABHANJIKA）：树上的仙女。

僧伽（SANGHA）：僧侣团体。

僧伽蓝（SANGHARAMA）：僧侣的住所。

锡克哈拉（SHIKHARA）：北印度寺庙主殿上方的椭圆形塔。这个术语也被用来定义印度南部建筑的某些圆顶结构。

柱座（STYLOBATE）：古典神庙柱子下方的底座。

塔贝纳（TABENA）：社帝中央密封室内的圣体盒。

塔鲁德-塔贝罗（TALUD-TABLERO）：源自特奥蒂瓦坎的建筑元素，在中美洲的许多其他地区也被发现。它由裙板（即塔贝罗）位于斜面（即塔鲁德）上方构成。这两个部分的尺寸变化不一，创造了丰富多样的建筑组合。

下游神庙（DOWNSTREAM TEMPLE）：与附属于金字塔的葬祭庙相连的建筑，一段向下的坡道带有顶盖，统治者遗体的木乃伊化和净化仪式在这里举行。入口前面通常有一块登船平台，经由一条人工渠与尼罗河相连。

圆形建筑（THOLOS）：神庙、建筑或建筑的一部分，平面图呈圆形，以列柱为界，通常以圆顶或圆锥形屋顶收屋。

三角面（TYMPANUM）：古典神庙外立面的三角形部分，由两道凸起的拱圈和一道楣梁合围，通常用成组雕像加以装饰。

陀兰那（TORANA）：进入佛塔周边范围的入口。

三宝（TRIRATNA）："三颗宝石"，即佛陀、佛法和僧侣团体。

头骨墙（TZOMPANTLI）：表现为木栅格的石头古墙，祭祀受害者或者被斩首的敌人的头骨被串联起来放在上面，在后古典时期由托尔特克人带入中美洲。

筏罗诃（VARAHA）：毗湿奴神在凡间的化身之———"野猪"，他化身为这种形象把地球女神从泥泞的海底深处解救出来。

栏楯（VEDIKA）：神圣建筑四周的围挡。

毗诃罗（VIHARA）：修道场所。

雄性药叉（YAKSHA）：大腹便便的树精灵。

药叉女（YAKSHI）或雌性药叉（YAKSHINI）：树妖，住在树木和森林中的仙女。

社帝（ZEIDI）：缅甸语用来指佛塔的术语。

参考书目

阿布辛贝
-L. A. Christophe, *Abou-Simbel et l'épopée de sa découverte*, Brussels 1965.
-Chr. Desroches-Noblecourt and Ch. Kuentz, *Le petit temple d'Abou Simbel: "Nofretari pour qui se lève le dieu- soleil"*, Cairo 1968.
-Various authors, *The Salvage of the Abu Simbel Temples. Concluding Report*, Stockholm 1971.
-H. el-Achirie and J. Jacquet, *Grand temple d'Abou Simbel vol. I: Architecture*, Cairo 1984.

阿旃陀
-S.P.M. Mackenzie and M. Taeda, *Ajanta. I monasteri rupestri dell'India*, Milan 1982.
-Philip Rawson, *La pittura indiana*, Milan 1964.
-Debala Mitra, *Ajanta, Archaelogical Survey of India*, New Delhi 1983.
-Jayanta Chakrabarti, *Techniques in Indian mural painting*, Calcutta 1980.

吴哥
-D. Mazzeo and C. Silvi Antonini, *Khmer Civilisations*, in "*Le grandi civiltà*", Milan 1972.
-B. Dagens, *Angkor, la foresta di pietra*, Trieste 1995.
-J. Boisselier, Le Cambodge, in "*Manuel d'archéologie d'Extrême Orient, Asie du sud-est, Tome I*", Paris 1966.
-G. Coedès, *Angkor, an introduction*, London 1963.

雅典
-C. Tiberi, *Mnesicle, l'architetto dei Propilei*, Rome 1964.
-A. Giuliano, *Urbanistica delle città greche*, Milan 1966.
-H.A. Thompson and R.E. Wycherley, *The Agora of Athens*, Princeton 1972.
-E. La Rocca, *L'esperimento della perfezione. Arte e società nell'Atene di Pericle*, Milan 1988.

巴比伦
-H. Frankfort, *Arte e Architettura dell'antico Oriente*, Turin 1970.
-J. C. Margueron, *Mesopotamia*, in *Enciclopedia Archeologica*, Geneva 1976.
-M. Liverani, *Antico Oriente, Storia Società Economia*, Rome-Bari 1988.
-N. Roaf, *Cultural Atlas of Mesopotamia and the Ancient Near East*, Oxford 1990.

婆罗浮屠
- Lucilla Saccà, *Borobudur Mandala de Pierre*, Milan 1983.
- John Miksic, *Borobudur - Golden Tales of the Buddhas*, Singapore 1990.
- Jacques Dumarcay, *The Temples of Java*, Singapore 1986.
- Pietro Scarduelli, *Lo specchio del cosmo*, Turin 1992.

卡纳克
-Pierre-Roland Giot, *I menhir allineati di Carnac*, Rennes 1992.

昌昌
-A. Lapiner, *Pre-Columbian Art of South America*, New York 1976.
-D. Bonavia, *Perù. Hombre y Historia*, Lima 1991.
-Various authors, *Inca-Perù*, Rito, Magia, Mistero, Rome 1992.

奇琴伊察
-M.E. Miller, *The Art of Mesoamerica*, New York 1986.
-M.E. Miller and K. Taube, *The Gods and Symbols of Ancient Mexico and the Maya*, London-New York 1992.
-S. Morley and G. Brainerd, *I Maya*, Rome 1984.

库斯科、萨克塞华曼和奥扬泰坦博
-H. Favre, *Les Incas*, Paris 1972.
-D. Lavallée and L.G. Lumbreras, *Les Andes. De la Prehistorie aux Incas*, Paris 1985.
-Various authors, *Inca. Perù, 3000 Ans d'Histoire*, Ghent 1990.
-F. Kauffman Doig, *Perù*, Venice 1995.

复活节岛
-G. della Ragione, *L'Isola di Pasqua*, in *Atlante di archeologia*, Turin 1996.
-A.G. Drusini, Rapa Nui. *L'ultima terra*, Milan 1991.
-T. Heyerdahl, *Archaeology of Easter Island*, Santa Fe 1961.
-M.C. Laroche, *Ile de Pâque*, Paris 1981.

以弗所
-W. Alzinger, *Alt Efesos topographie und architectur*, Berlin-Vienna 1967.
-W. Alzinger, *Die ruinen von Efesos*, BerlinVienna 1972.
-E. Akurgal, *Ancient Civilisations and Ruins of Turkey*, Istanbul 1983.
-H. Lauter, *Die Architektur des Hellenismus*, Darmstadt 1986.

哈德良别墅
-S. Aurigemma, *Villa Adriana*, Rome 1962.
-F. Coarelli, *Lazio*, Bari 1982.
-H. Kähler, *Villa Adriana*, in *Enciclopedia dell'Arte Antica*, Rome 1961.
-F. Rakob, *Villa Adriana*, in *Enciclopedia dell'Arte Antica*, Rome 1994.
-H. Stierlin, *Roman Empire. From the Etruscans to the Decline of Roman Empire*, Cologne 1996.

希律堡
-V. Corbo, *Herodium: gli edifici della reggiafortezza*, Jerusalem 1989.
-Y. Netzer, Herodium: an Archaeological Guide, Jerusalem 1997.

卡纳克和卢克索
-P. Barguet, *Le Temple d'Amon-Rê à Karnak. Essai d'Exegese*, Cairo 1962.
-H. Brunner, *Die Südlichen Räume des Tempels von Luxor*, Mainz 1977.
-A Roccati, *Karnak e Luxor*, Novara 1981.

克诺索斯
-A. Evans, *The Palace of Minos at Knossos*, London 1921-1935.
-S. Hood, *The Mynoans*, London 1971.
-S. Hood and D. Smith, *Archaeological Survey of Knossos*, London 1981.

拉斯科
-A. Leroi-Gourhan and J. Allain, *Lascaux inconnu*, Paris 1979.
-L.R. Nougier, *La Preistoria*, Turin 1982.
-L.R. Nougier, *Lascaux*, in *Atlante di Archeologia*, Turin 1996.

大莱波蒂斯
-P. Romanelli, *Storia delle province romane dell'Africa*, Rome 1959.
-P. Romanelli, *Leptis Magna*, in *Enciclopedia dell'Arte Antica*, Rome 1961.
-J.B. Ward Perkins, *Leptis Magna* in *The Princeton Encyclopedia of Classical Sites*, Princeton 1976.

洛阳
-L. Sickman and A. Soper, *L'arte e l'architettura cinesi*, Einaudi, Turin 1969.
-W. Willets, *L'arte cinese*, Sansoni, Florence 1963.
-Various authors, *Longmen Shiku*, Wenwu, Beijing 1980.
-Various authors, *Luoyang Longmen Shuangku*, in Kaogu Xuebao no.1, Beijing 1988.

马丘比丘
-C. Bernard, *Gli Incas. Figli del Sole*, Milan 1994.
-L.G. Lumbreras, *Arqueología de la América Andina*, Lima 1981.
-Various authors, *I Regni Preincaici e il Mondo Inca*, Milan 1992.

玛玛拉普兰
-Stella Kramrisch, *The Hindu Temple*, Delhi 1980.
-Christopher Tadgell, *The History of Architecture in India*, Hong Kong 1990.
-A Volwahsen, *Architettura indiana*, Milan 1968.

马萨达
-Y. Netzer, *The Buildings, Stratigraphy and Architecture (Masada III)*, Jerusalem 1991.
-Y. Yadin, *Masada*, London 1966.

梅萨维德
-J.J. Brody, *Beauty from the Earth*, Philadelphia 1990.
-M.D. Coe, D. Snow and E. Benson (eds.), *Atlante*

dell'Antica America, Novara 1987.

阿尔班山
-I. Bernal and M. Simoni Abbat, Il Messico dalle Origini agli Aztechi, Milan 1992.
-A. Caso, El tresoro de Monte Albán, Mexico City 1969.
-R. Pina Chan, Olmechi. La Cultura Madre, Milan 1989.

迈锡尼
-S.E. Iakovidis, Late Helladic Citadels on Mainland Greece, Leyden 1983.
-G.E. Mylonas, Ancient Mycenae, London 1957.
-W. Taylour, The Mycenaeans, London 1964.

内姆鲁特山
-S. Sahin, Watchful Stones, in Atlas Travel Magazine, Ankara 1996.
-F.K. Dörner, Nemrut Dagh, in Enciclopedia dell'Arte Antica, Rome 1961.

努比亚神庙
-J. Baines and J. Málek, Atlante dell'Antico Egitto, Novara 1985
-S. Curto, Nubia, Turin 1966.
-Various Authors, Topographical Bibliography of Ancient Egyptian Hieroglyphic Texts, Reliefs and Paintings, Vol.VII: Nubia, the Desert and Outside Egypt, Oxford 1952.

帕埃斯图姆
-E. Greco and D. Theodorescu, Poseidonia - Paestum I, Rome 1980.
-E. Greco and D. Theodorescu, Poseidonia - Paestum II, Rome 1983.
-D. Mertens, Der alte Heratempel in Paestum und die archaische baukunst in Unteritalien, Mainz 1993.

蒲甘
-Mario Bussagli, Architettura orientale, Venice 1981.
-Thein Sein, The Pagodas and Monuments of Pagan, Rangoon 1995.
-Paul Strachan, Pagan, Art and Architecture of Old Bhurma, Singapore 1989.

帕伦克
-C. Baudez and S. Picasso, Les Cités perdues des Mayas, Paris 1987.
-L. Shele and D. Friedel, A Forest of Kings: the Untold Story of the Ancient Maya, New York 1990.
-Various authors, Mondo Maya, Milan 1996.

帕尔米拉
-M. Harari, Palmira, in Atlante di Archeologia, Turin 1996.
-K. Michalowski, Palmira, in Enciclopedia dell'Arte Antica, Rome 1961.
-M. Rostovtzeff, Città Carovaniere, Bari 1971.

波斯波利斯
-M. Liverani, Antico Oriente, Storia Società Economia, Rome-Bari 1988.
-M. Roaf, Cultural Atlas of Mesopotamia and the Ancient Near East, Oxford 1990.

佩特拉
-M. Avi-Yonah, Petra, in Enciclopedia dell'Arte Antica, Rome 1961.
-F. Bourbon, Yesterday and Today, The Holy Land, Lithographs and Diaries by David Roberts, R.A., Bnei-Brak 1994.
-H. Keiser, Petra dei Nabatei, Turin 1972.
-M. Rostovtzeff, Città Carovaniere, Bari 1971.

庞贝
-A De Franciscis, The Buried Cities: Pompeii and Herculaneum, New York 1978.
-E. La Rocca, A. de Vos and M. de Vos, Pompei, Milan 1994.
-A. Maiuri, Pompei ed Ercolano fra case e abitanti, Milan 1959.
-P. Zanker, Pompei. Società, immagini urbane e forme dell'abitare, Turin 1993.

菲莱
-G. Haeny, A Short Architectural History of Philae, BIFAO 85, 1985.
-E. Vassilika, Ptolemaic Philae, OLA 34, Leuven 1989.
-A. Roccati - A. Giammarusti, File, storia e vita di un santuario egizio, Novara 1980.

罗马
-J. P. Adam, La construction romaine. Materiaux et techniques, Paris 1984.
-M. Brizzi, Roma, i monumenti antichi, Rome 1973.
-F. Coarelli, Roma, Milan 1971.
-A.M. Liberati and F.Bourbon, Roma Antica, Storia di una civiltà che conquistò il mondo, Vercelli 1996.
-U. E. Paoli, Vita romana, usi, costumi, istituzioni, tradizioni, Florence 1962.
-Various authors, Vita quotidiana nell'Italia Antica, Verona 1993.

桑奇
-Michel Delahoutre, Arte indiana, Milan 1996.
-Debala Mitra, Sanchi, New Delhi 1978.
-Calambur Sivaramamurti, India, Ceylon, Nepal, Tibet, Turin 1988.
-Maurizio Taddei, India antica, Milan 1982.

萨卡拉和吉萨
-M.Z. Goneim, Horus Sekhemkhet, Cairo 1957.
-S. Hassan, Excavations at Giza, 10 Vols., Oxford 1932-1960
-J.P. Lauer, The Royal Cemetery of Memphis, London 1979.
-E. Leospo, Saqqara e Giza, Novara 1982.
-C.M. Zivie, Giza au deuxième Millénaire, Cairo 1976.

巨石阵
-R.J.C. Atkinson, Stonehenge and Avebury, Exeter 1974.
-J Dyer, Southern England: an Archaeological Guide, London 1973.
-W. Schreiber, Stonehenge, in Atlante di Archeologia, Turin 1996.

塔尔奎尼亚
-M. Torelli, Elogia Tarquinensia, Florence 1975.
-Various authors Gli Etruschi di Tarquinia, catalogo della mostra, Modena 1986.
-Various authors, Studia Tarquinensia, Rome 1988.

特奥蒂瓦坎
-I. Bernal and M. Simoni Abbat, Il Messico dalle Origini agli Aztechi, Milan 1992.
-E. Matos Moctezuma, Teotihuacan, La Metropoli degli Dèi, Milan 1990.

蒂亚瓦纳科
-P. Cieza de Leon, La Cronica del Perù (1553), Lima 1973.
-F. Kauffman Doig, Perù, Venice 1995.
-A. Posnansky, Tihauanaco y la Civilización Prehistórica en el Altiplano Andino, La Paz 1911.

蒂卡尔
-M. Grulich, L'Art Precolombien. La Mesoamerique, Paris 1992.
-H. Stierlin, The Maya Palaces and Pyramids in the Rainforest, Cologne 1997.

乌尔
-H. Frankfort, Arte e Architettura dell'antico Oriente, Turin 1970.
-M. Liverani, L'origine della città, Rome 1986.
-M. Liverani, Antico Oriente, Storia Società Economia, Rome-Bari 1988.

乌斯马尔
-C. Baudez and P. Becquelin, I Maya, Milan 1985.
-P. Gendrop and D. Heyden, Architettura Mesoamericana, Milan 1980.
-Various authors, Mondo Maya, Milan 1996.

西底比斯
-E. Edwards, Tutankhamon, la tomba e i tesori, Milan 1980.
-B. Porter and R. Moss, Topographical Bibliography, Vol. I, Theban Necropolis, Oxford 1960.
-B. Porter and R. Moss, Topographical Bibliography, Vol. II, Theban Temples, Oxford 1972.
-N. Reeves and R. Wilkinson, The Complete Valley of the Kings, London 1996.

西安
-X. Nai, Sanshi Nian Lai De Zhongguo Kaoguxue, in Kaogu, Beijing 1979.
-W. Willets, Origini dell'Arte Cinese, Florence 1965.
-Various authors, Settemila anni di Cina, Milan 1983.

插图鸣谢

内容简介

Antonio Attini/Archivio White Star: page 10 top right.

Marcello Bertinetti/Archivio White Star: pages 9 bottom, 10-11, 16-17.

Marcello Bertinetti/Archivio White Star: "Concessione S.M.A. N.325 del 01-09-1995" pages 4-5.

Massimo Borchi/Archivio White Star: pages 8-9, 10 top left, 14-15.

Giulio Veggi/Archivio White Star: pages 2-3, 17 top right.

Christophe Boisivieux: pages 12-13.

Giovanni Dagli Orti: pages 1, 8 top, 8 bottom, 16 left.

Alison Wright: page 6, 7. Giancarlo Zuin: page 10 bottom.

欧洲

拉斯科

Woodfin Camp: page 22 top. Chatellier/Sipa/Grazia Neri: page 20 top right.

François Ducasse/Ag. Top: pages 20 left, 20 bottom right, 20-21, 21 top, 22-23.

Shelly Grossmann/Grazia Neri: pages 20 center right, 22 bottom.

卡纳克

Damien de Bronac/Ag. Top: page 24 right.

Hervé Champollion/Ag. Top: pages 24 left, 25.

巨石阵

David Parker/Science Photolibrary: pages 26-27.

Photobank: pages 26, 27 top.

克诺索斯

Antonio Attini/Archivio White Star: pages 28 center, 28 bottom, 28-29, 30-31, 33 bottom left.

Christophe Boisivieux: page 33 top left.

Giovanni Dagli Orti: pages 28 top, 31 top, 31 bottom, 32 top, 32 bottom, 32-33, 34 bottom, 34-35, 35 bottom right.

迈锡尼

Archivio Scala: page 36 left.

Guido Alberto Rossi/The Image Bank: pages 36-37, 39.

Giulio Veggi/Archivio White Star: pages 37 top, 37 bottom, 38 top left, 38 top right, 38 bottom.

Giovanni Dagli Orti: pages 38 top right, 40 top left, 40 bottom left, 40 right.

AKG: page 41.

雅典

Antonio Attini/Archivio White Star: page 45 bottom.

Giulio Veggi/Archivio White Star: pages 43 top left, 46 center, 46 bottom, 47 bottom, 48-49.

Archivio Scala: pages 43 top right, 46-47.

Marco Casiraghi: page 43 bottom.

Giovanni Dagli Orti: pages 42-43, 43 center right, 44 top, 44-45, 45 top, 48 top left, 48 bottom left, 48 bottom right, 49 bottom left, 49 bottom right.

Guido Alberto Rossi/The Image Bank: page 48 center left.

帕埃斯图姆

Giulio Veggi/Archivio White Star: pages 50-51, 51 bottom right, 52 top, 53 center, 53 bottom.

Archivio Scala: pages 50 bottom left, 50 bottom center, 54 top right.

Giovanni Dagli Orti: page 53 top left, 54 top left, 54-55, 54 bottom, 55 top.

Guido Alberto Rossi/The Image Bank: page 50 bottom right, 51 center right.

Alberto Nardi/Modern Times:/The Image Bank: pages 52-53.

Luciano Pedicini/Archivio Dell'arte: pages 51 top left, 53 top right.

塔尔奎尼亚

Archivio Scala: pages 56 bottom, 56-57, 57 top, 58-59, 59 top, 59 bottom.

Giovanni Dagli Orti: page 59 center.

Marco Mairani: page 57 bottom.

Luciano Pedicini/Archivio Dell'Arte: page 56 top.

庞贝

Giulio Veggi/Archivio White Star: pages 60 top, 60 center, 62, 63, 64 center, 64 bottom, 65 bottom, 68 top.

Archivio Scala: pages 66, 67, 69 bottom right, 70 bottom, 70-71, 71 top.

Giovanni Dagli Orti: pages 61, 64-65, 65 right.

Luciano Pedicini/Archivio Dell'Arte: page 68 bottom, 68-69, 69 bottom left, 70 top.

Guido Rossi/The Image Bank: "Concessione S.M.A N.01-337 del 03-09-1996" pages 60 bottom, 64 top.

罗马

Marcello Bertinetti/Archivio White Star: "Concessione S.M.A. N.325 del 01-09-1995" pages 72-73, 76 bottom, 76-77, 78-79, 80 top, 80 center, 80-81, 81 bottom, 82-83, 84-85, 85 top, 85 bottom right.

"Concessione S.M.A. N.316 del 18-08-1995" pages 82 center, 84 bottom.

Giulio Veggi/Archivio White Star: pages 72, 73 right, 74, 75, 76 top, 77 bottom left, 77 bottom right, 80 bottom left, 82 top, 82 bottom, 83 bottom, 84 top, 84 center, 85 bottom left.

Archivio Scala: pages 78 top, 78 bottom, 79 top, 79 bottom.

Araldo De Luca: pages 73 bottom, 80 bottom right.

哈德良别墅-蒂沃利

Marcello Bertinetti/Archivio White Star: "Concessione S.M.A. N.316 del 18-08-1995" pages 86 top, 86-87, 88-89, 91.

Giulio Veggi/Archivio White Star: pages 86 center, 86 bottom, 89 bottom, 90 top.

Giovanni Dagli Orti: page 89 top.

Araldo De Luca: page 90 bottom.

Archivio Scala: page 87 bottom.

非洲

Antonio Attini/Archivio White Star: page 92-93.

Giulio Veggi/Archivio White Star: page 93 bottom.

Alberto Novelli/The Image Bank: page 92 bottom left, 92 bottom right.

Alberto Siliotti/Archivio Geodia: page 92 top.

萨卡拉

Antonio Attini/Archivio White Star: page 101 top.

Marcello Bertinetti/Archivio White Star: pages 96-97, 97, 100 top right, 100-101, 103 top right, 103 center right.

Araldo De Luca/Archivio White Star: pages 100 top left, 102, 103 top left, 103 bottom.

Giulio Veggi/Archivio White Star: pages 98 top, 98 top right, 101 center, 101 bottom.

Giulio Andreini: page 98 top right.

AKG Photo: page 104 bottom.

Giovanni Dagli Orti: page 96 top.

Claudio Concina/Realy Easy Star: page 98 bottom right.

Werner Forman Archive: pages 99, 104 top, 104-105, 105 bottom.

卡纳克

Antonio Attini/Archivio White Star: pages 106 right, 111 bottom left, 111 bottom right.

Marcello Bertinetti/Archivio White Star: pages 106 left, 108 top, 108 bottom left, 108 bottom right, 108-109, 110 top left, 110 top right, 110-111, 111 top, 112-113, 113.

Giulio Veggi/Archivio White Star: pages 107 bottom, 109 top, 110 bottom, 112.

Anne Conway: pages 106-107.

卢克索

Antonio Attini/Archivio White Star: page 117 top.

Marcello Bertinetti/Archivio White Star: pages 114-115, 115 bottom.

Giulio Veggi/Archivio White Star: pages 114, 116, 116-117, 117 bottom.

帝王谷

Antonio Attini/Archivio White Star: pages 118 top, 120 center top, 120 center bottom, 123 center.

Marcello Bertinetti/Archivio White Star: pages 118 bottom left, 118-119, 119 top, 120 top, 120-121, 122-123, 122, 123 top, 123 bottom.

Giulio Veggi/Archivio White Star: pages 118 center, 121 bottom, 124 top left.

Hervé Champollion: page 126 bottom.
Christophe Boisivieux: pages 126 top left, 126 top right.
Giovanni Dagli Orti: page 127 top.
Archivio White Star: pages 127 center, 127 bottom.
Damm/Bildagentur Huber/Sime: 128-129, 128 bottom right, 129 top left.
Araldo De Luca/Archivio White Star: pages 118 bottom right, 124 top right, 124 bottom left, 124 bottom right, 125.
Bertrand Gardel/Ag. Hemispheres: page 120 bottom.
Andrea Iemolo: pages 126 center, 126-127, 129 top right, 129 bottom left.
Charles Lenars: pages 128 bottom left, 129 bottom right.

努比亚神庙
Antonio Attini/Archivio White Star: pages 130, 131, 133 top, 133 bottom left.
Giulio Veggi/Archivio White Star: pages 132-133.
Hervé Champollion: page 133 bottom right.
Enrico Martino: page 132 bottom.
Sandro Vannini/Ag.Franca Speranza: page 132 top.

阿布辛贝
Antonio Attini/Archivio White Star: pages 134 top, 134 bottom, 134-135.
Giulio Veggi/Archivio White Star: pages 134 center right, 135 bottom, 136-137, 137, 138, 139.
Enrico Martino: page 134 center left.

菲莱
Antonio Attini/Archivio White Star: pages 140, 142 bottom.
Giulio Veggi/Archivio White Star: pages 141, 142-143, 143.
Guido Rossi/The Image Bank: pages 140-141.

大莱波蒂斯
Cesare Galli: pages 144, 144-145, 146, 147, 148-149, 149 top, 149 center.
Giancarlo Zuin: page 149 bottom.

亚洲
Marco Casiraghi: pages 150-151.
Photobank: page 150 top right.
Alison Wright: page 150 left.

内姆鲁特山
Massimo Brochi/Archivio White Star: pages 154- 155, 155, 156, 157, 158, 159.

以弗所
Antonio Attini/Archivio White Star: pages 160, 161, 162, 163, 164, 165.

希律堡
Marcello Bertinetti/Archivio White Star: pages 166-167.

Itamar Grinberg: page 167 right.
Charles Lenars: page 167 left.

马萨达
Antonio Attini/Archivio White Star: pages 169 top, 169 center, 171 center top, 171 top right.
Marcello Bertinetti/Archivio White Star: pages 168 top, 168-169, 170-171, 171 left.
Itamar Grinberg: page 171 center bottom.

佩特拉
Antonio Attini/Archivio White Star: page 173.
Massimo Borchi/Archivio White Star: pages 172, 174, 175, 176, 177, 178, 179, 180, 181.

帕尔米拉
Felipe Alcoceba: pages 182 top, 186 bottom, 191 top.
Giovanni Dagli Orti: page 182 bottom, 189 top, 189 bottom left.
Suzanne Held: page 185 bottom.
Franck Lechenet/Ag. Hemispères: pages 182-183, 186-187, 190-191.
Robert Tixador/Ag. Top: pages 183 bottom, 184-185, 186 top, 186 center, 191 bottom.
Angelo Tondini/Focus Team: pages 185 top, 188, 189 bottom right.

巴比伦
Bildarchiv Kulturbesitz: page 194-195.
Giovanni Dagli Orti: pages 193 center, 195 top left, 195 right.
Charles Lenars: page 193 bottom right.
R.M.N.: pages 194 top, 195 bottom left.
Henri Stierlin: page 193 top.
Robert Tixador/Ag. Top: pages 192 top, 192-193, 193 bottom left.

乌尔
Giovanni Dagli Orti: pages 198 bottom, 199 top.
Henri Stierlin: pages 196 top, 197.
The Ancient Art & Architecture Collection: pages 198-199, 199 bottom.
Robert Tixador/Ag. Top: pages 196-197.

波斯波利斯
Christophe Boisivieux: pages 210 bottom, 211 bottom, 212-213, 213 top.
E. Boubat/Ag. Top: page 207 top.
Marco Casiraghi: pages 202 bottom, 204 bottom, 204-205, 206-207, 210-211.
Giovanni Dagli Orti: page 209 top right.
Duclos-Gaillarde/Ag. Gamma: pages 202 center, 208, 209 center.
Suzanne Held: pages 200 left, 200-201, 201 bottom, 202 top, 205 bottom, 206 left, 207 bottom, 209 left, 209 bottom, 212, 213 bottom.
Henri Stierlin: pages 200 bottom, 204 top, 205 top, 210 top.

Minnella/Overseas: pages 202-203.

桑奇
Marcello Bertinetti/Archivio White Star: pages 214-215, 217.
Suzanne Held: pages 214 left, 215 bottom.
Enrico Martino: page 215 top.
Photobank: pages 215 center, 216, 218, 219.

玛玛拉普兰
Photobank: pages 220, 221, 222 top, 222 center top, 222 bottom, 222-223, 223 bottom, 224-225, 224 bottom left, 225.
Robert Tixador/Ag. Top: page 222 center bottom.
Cesare Galli: page 224 bottom right.

阿旃陀
Charles Lenars: page 228.
Photobank: pages 226, 226-227, 227 top left, 227 top right, 228-229, 229 bottom, 230, 231.
The Ancient Art & Architecture Collection: pages 227 center right, 227 bottom right.

蒲甘
Christophe Boisivieux: pages 232-233, 233 top, 233 bottom, 234, 235 bottom, 236, 236-237, 237 left, 238, 238-239, 240 top right, 240-241, 241 top.
Photobank: pages 233 center, 235 left, 235 center, 239, 240 top left, 240 bottom left, 241 center, 241 bottom.
Alison Wright: page 237 right.

婆罗浮屠
Marcello Bertinetti/Archivio White Star: pages 243, 244, 245, 246, 247.
Charles Lenars: page 242.
Photobank: pages 242-243.

吴哥
Patrick Aventurier/Ag. Gamma: page 250 bottom.
Christophe Boisivieux: pages 248 top, 251 bottom right, 252-253, 252 bottom, 253 center left, 254 center top left, 257, 258 bottom, 259 top, 259 bottom right.
Marco Casiraghi: page 249, 254 top left, 254 center bottom left, 256-257, 259 bottom left.
B. Harsford/Fotograff: page 253 center right, 254 bottom right.
A. Lanzellotto/The Image Bank: pages 250-251.
Photobank: pages 248 bottom, 253 top, 254 bottom left, 258-259.
Ben Simmons/The Stock House: page 255.
Alison Wright: pages 251 top, 251 center, 251 bottom left, 253 bottom, 256.

西安
Brissaud/Ag. Gamma: page 261 bottom.
Giovanni Dagli Orti: pages 26, 263, 264, 265, 266, 267.
Nigel Hicks/Woodfall Wild Images: page 263 bottom.
H.LLoyd/SIE: pages 260-261.
Angelo Tondini/Focus Team: page 262.

洛阳

Suzanne Held: page 272 bottom, 273 top.

Christian Viojard/Ag. Gamma: pages 270, 271, 272-273, 273 bottom.

Werner Forman Archive: page 272 top.

美洲和大洋洲

Angelo Tondini/Focus Team: page 274 left.

Massimo Borchi/Archivio White Star: pages 274-275 on the background, 274-275 center, 275 right.

梅萨维德

Christophe Boisivieux: pages 278 bottom center, 281 left, 281 bottom right.

Jerry Jacka: page 281 top right.

Guido Rossi/The Image Bank: page 278 bottom right, 279 bottom, 280.

Simon Wilkinson/The Image Bank: pages 278-279.

特奥蒂瓦坎

Antonio Attini/Archivio White Star: pages 282, 283, 284, 285, 286, 287.

阿尔班山

Antonio Attini/Archivio White Star: pages 288, 289, 290, 291, 292, 293.

帕伦克

Antonio Attini/Archivio White Star: page 301.

Massimo Borchi/Archivio White Star: pages 294, 295, 296, 297, 298, 299, 300.

Giovanni Dagli Orti: page 294.

蒂卡尔

Massimo Borchi/Archivio White Star: pages 302, 303, 304, 305, 306, 307.

乌斯马尔

Massimo Borchi/Archivio White Star: pages 308, 309, 310, 311 top left, 311 top right, 311 center, 311 bottom, 312-313, 312 bottom, 313 top, 313 bottom.

奇琴伊察

Massimo Borchi/Archivio White Star: pages 314, 315, 316, 317, 318 center, 318 bottom, 318-319, 320, 321.

Giovanni Dagli Orti: page 318 top left.

昌昌

Massimo Borchi/Archivio White Star: pages 322-323, 323 top right, 323 center right, 323 bottom right.

Giovanni Dagli Orti: pages 324, 324-325, 325 top left.

Charles Lenars: pages 323 top left, 325 top right.

库斯科

Antonio Attini/Archivio White Star: pages 326, 327, 328-329, 329 top, 329 center.

Giovanni Dagli Orti: page 329 bottom.

奥扬泰坦博

Antonio Attini/Archivio White Star: pages 330, 331 top, 332, 333.

马丘比丘

Marcello Bertinetti/Archivio White Star: pages 337 bottom, 338 top left.

Antonio Attini/Archivio White Star: pages 334, 335, 336, 336-337, 338 center left, 338 bottom left, 338 top left, 339.

蒂亚瓦纳科

Antonio Attini/Archivio White Star: pages 340, 340-341, 342, 342-343, 343 top left.

Massimo Borchi/Atlantide: page 341 bottom, 343 top right.

Giovanni Dagli Orti: page 342 top.

复活节岛

Bruno Barbier/Ag. Hemisperes: page 347 center.

Massimo Borchi/Atlantide: pages 346-347.

Guido Cozzi/Atlantide: pages 348 top, 349 top, 349 bottom.

The Image Bank: pages 344 top, 345.

Angelo Tondini/Focus Team: page 347 top.

Giancarlo Zuin: page 344 bottom.

A. Ponzio/Overseas: page 347 bottom.

黑白地图均由利维奥·波尔本（Livio Bourbon）绘制。

355

图书在版编目（CIP）数据

遗失的文明：走进神秘的考古世界 /（意）法比奥·波本著；梁卿译. -- 北京：中国画报出版社，2025.6. -- ISBN 978-7-5146-2325-3

Ⅰ. K103

中国国家版本馆 CIP 数据核字第 2024L1F417 号

北京市版权局著作权合同登记号：01-2024-2583

WS whitestar·

WS White Star Publishers is a registered trademark property of whiteStar s.r.l.

【1998】white Star s.r.l.

Piazzale Luigi Cadorna, 620123 Milan，Italy

Www.whitestar.it

遗失的文明

走进神秘的考古世界

[意] 法比奥·波本 著　梁卿 译

出 版 人：方允仲
责任编辑：李聚慧
内文排版：郭廷欢
责任印制：焦　洋

出版发行：中国画报出版社
地　　址：中国北京市海淀区车公庄西路 33 号　邮　编：100048
发 行 部：010-88417418　010-68414683（传真）
总编室兼传真：010-88417359　版权部：010-88417359

开　　本：16 开（787 mm×1092mm）
印　　张：22.25
字　　数：612 千字
版　　次：2025 年 6 月第 1 版　2025 年 6 月第 1 次印刷
印　　刷：北京汇瑞嘉合文化发展有限公司
书　　号：ISBN 978-7-5146-2325-3
定　　价：198.00 元